Do it Yourself - Crowdfunding für Einsteiger

Wie Sie Projekte mit der modernen Schwarmfinanzierung erfolgreich auf den Weg bringen

René Gäbler

Impressum

Fragen, Kritik, Wünsche und ähnliches sind immer gern gesehen. Schreiben Sie an:

autor@computerbuch-gaebler.de

Dieses Buch und dessen Inhalt ist urheberrechtlich geschützt. Alle Rechte vorbehalten. Dazu gehören das Recht der Reproduktion, das Recht der Vervielfältigung, das Recht der Speicherung in elektronischen Medien, das Recht des Vortrages und das Recht der Übersetzung.

In diesem Buch wurden Warennamen, Handelsnamen, Softwarebezeichnungen, Programmnamen etc. genannt. Diese können ohne beosondere Kennzeichnung Marken sein und unterliegen gesetzlichen Regelungen. Die Inhalte in diesem Buch wurden ohne ein Rücksicht auf ein eventuell vorliegendes Patentrecht zusammengetragen.

Der Autor und der Verlag übernehmen keine juristische Verantwortung oder eine Haftung, die durch Fehler beim Erstellen der Textinhalte und Bilder im Buch entstanden sind.

Korrektorat: Dr. Thomas Conrad, Studiotextart

Coverbild: StockLayouts:PN0270101

Herstellung und Verlag: BoD-Books on Demand, Norderstedt

ISBN 978-3-7431-4510-8

Bibliographische Information der Deutschen Nationalbibliothek

Die Deutsche Nationalbibliothek verzeichnet diese Publikation in der Deutschen Nationalbibliographie; detaillierte bibliographische Daten sind über das Internet über http://dnb.d-nb.de abrufbar.

© by Autor und Verlag René Gäbler, Nordbahnstraße 3, 13359 Berlin

autor@computerbuch-gaebler.de

http://www.computerbuch-gaebler.de

Alle Rechte vorbehalten

Dieses Buch ist ein Crowdfunding-Projekt. Es wurde über die Plattform Startnext finanziert und verwirklicht. Ich bedanke mich recht herzlichst bei allen Fans und Unterstützern. Ohne euch wäre dieses Projekt nicht möglich gewesen. Vielen Dank.

Mein besonderer Dank geht an:

Julian Jeneralek
René Döring
Markus Becker-Bruchmann
Volker Imhoff

Inhaltsverzeichnis

Impressum 2
Inhaltsverzeichnis 4
Crowdfunding für Einsteiger 15
Crowd...was bitte? 17
Für wen ist dieses Buch geeignet..23
Das Beispielprojekt kurz vorgestellt..24
Vorteile und Nachteile für Autoren und Kunstschaffende 25
Zeit für ein Projekt finden 27
Unterstützung im eigenen Umfeld finden 28
Kostenlos orientieren und informieren...29
Noch nicht sozial aktiv? 29
Das Risiko richtig einschätzen 30
Braucht man Ihr Produkt?...32
Gibt es Ihr Produkt schon?..32
Die Rechte an Text und Bild 33
AGB und Anleitungen aufmerksam durchforsten 33
Was brauchen Sie unbedingt und was vielleicht 34
Lernen und informieren..34
Fachbegriffe 35
Eine Einführung in das Thema Crowdfunding 37
Was genau ist Crowdfunding? 38
Die Vorteile von Crowdfunding-Kampagnen 38
Das Interesse an einem Projekt erkennen und messen 41
Was Sie bei einem Crowdfunding-Projekt messen können 42
Die Finanzierung eines Projektes 43
Betreiber von Crowdfunding-Projekten ausfindig machen 43
Ein weiterer Vorteil bei Crowdfunding-Kampagnen: einfacher Neustart 44
Produkttrends sind leicht ermittelbar 44
Das Beispiel Milchzapfanlage 45
Wer kann Crowdfunding-Kampagnen starten? 47
Crowdfunding bei Startnext 49
Crowdfunding bei VisionBakery 49
Crowdfunding bei Ulule 50
Crowdfunding bei Gemeinschaftscrowd 50

Crowdfunding bei 100Fans	51
Welche Crowdfunding-Kampagnen werden nicht finanziert?	51
Welche Ziele sind erreichbar?	52
Vorstellung der verschiedenen Plattformen	52
Startnext	53
VisionBakery	55
Kickstarter	59
Indiegogo	63
Ulule	65
100Fans	68
Bio, Umweltschutz, Familie – aktuelle Themen in der Crowd	68
Wie finde ich die richtige Plattform für mein Projekt?	69
Warum man Crowdfunding-Projekte nicht streuen sollte	70
Wissensportale und Netzwerke für Crowdfunder	72
Social Communitys aufbauen und nutzen	73
Aktiv sein – Projekte unterstützen und Kontakte pflegen	74
Ein Gebot bei einer Crowdfunding-Kampagne abgeben	77
Für Freunde und Bekannte Dankeschöns buchen	80
So wird eine bestehende Buchung anonymisiert	80
So führen Sie ein Gebot als Gast durch	82
Ein Gebot stornieren	83
Crowdfunding-Preise und -Awards	84
Crowdinvest	84
Was genau ist Crowdinvest?	84
Für wen ist Crowdinvest interessant?	84
Die ersten Schritte für Crowdfunder	87
Registrieren Sie sich bei einer Crowdfunding-Plattform	88
Das erste Mal bei einer Crowdfunding-Plattform anmelden	94
Anmelden über ein soziales Netzwerk	94
Ein Bild für die Verwendung als Profilbild vorbereiten	95
Ein Profil bei den wichtigsten Crowdfunding-Plattformen anlegen	100
Ein Profil bei Startnext anlegen und verwalten	100
Die Einstellungen bei Startnext	104
Ein Profil bei VisionBakery anlegen und verwalten	106
Ein Profil bei Kickstarter anlegen und verwalten	108
Die Einstellungen bei Kickstarter	111
Ein Profil bei Indiegogo anlegen und verwalten	114
Die Einstellungen bei Indiegogo	116
Ein Profil bei Ulule anlegen und verwalten	117

Die Einstellungen bei Ulule	119
Ein Profil bei 100Fans anlegen und verwalten	120
Mein Projekt wird geplant	122
Welches Produkt will ich umsetzen?	126
Gibt es das Produkt schon?	126
Wird sich mein Produkt durchsetzen? Gibt es Konkurrenz?	128
Mögliche Boni, wenn das Produkt Erfolg hat	129
Warum bin ich der Richtige dafür?	129
Was kann ich und was kann ich nicht?	129
Welche Hilfe brauche ich und was kostet mich das?	129
Welches Fachwissen muss ich mir aneignen?	130
Welche Mittel brauche ich und was kostet das?	130
Was kostet mich die Entwicklung des Produktes?	131
Welche Plattform ist die Richtige und warum?	131
Sind meine sozialen Netzwerke für die Crowdfunding-Kampagne bereit?	131
Welche Probleme und Risiken sind möglich?	132
Welche Dankeschön-Geschenke sind bei dieser Kampagne sinnvoll?	133
Wie hoch werden die Versandkosten sein?	133
Welche Kosten sind für die Plattform notwendig?	134
Welche Eigenmittel kann ich aufwenden?	134
Ist ein Kredit notwendig?	134
Entstehende laufende Kosten	134
Wie sieht meine Gesamtkalkulation aus?	135
Ein Crowdfunding-Projekt verwirklichen	139
Entwurf	142
Startphase	142
Finanzierungsphase	143
Abschlussphase	144
Was genau passiert in der Entwurfsphase?	144
Kommunikation & Blog	145
Basisinformation	146
Projektbeschreibung	146
Laufzeit	147
Funding-Ziel	147
Medien	147
Dankeschöns	147
Projektstarter	148
Legitimation	148
Netzwerk	149

Feedback	149
Wechsel beantragen	149
Handbuch	149
Das Projekt erstellen	149
Die Nutzungsbedingungen und die AGBs bestätigen	152
Den Kommunikationsplan ausfüllen	152
Die Basisinformationen eintragen	155
Die Projektbeschreibung erstellen	160
Die Projektbeschreibung	161
Den Realisierungszeitraum festlegen	162
Beschreiben Sie, worum es in dem Projekt geht	163
Legen Sie die Ziele und die Zielgruppe fest	164
Begründen Sie, warum jemand das Projekt unterstützen sollte	165
Beschreiben Sie, was mit dem Geld geschieht	167
Beispiele für mögliche Finanzierungspläne	168
Den Finanzierungsplan formatieren	172
Stellen Sie sich kurz Ihren potenziellen Fans und Unterstützern vor	172
Das Funding-Ziel eintragen	173
Das Impressum ausfüllen	175
Die Netzwerkangaben eintragen	176
Die Legitimation	178
Einen Korrektor für die Überprüfung der Textinhalte nutzen	180
So wählen Sie passende Dankeschöns aus	183
Geschenke und Dankeschöns wählen und anbieten – eine Einführung	184
Zusätzliche Kosten einplanen	186
So geben Sie die Dankeschöns bei Startnext ein	191
Projektfotos erstellen und veröffentlichen	197
Warum die Projektfotos so wichtig sind	198
Diese Projektfotos brauchen Sie bei Startnext	199
Welches Equipment brauchen Sie	201
Das passende Bildbearbeitungsprogramm finden	201
So fügen Sie die Bilddateien dem Projektentwurf hinzu	203
Ein Projekt mit einem Video richtig präsentieren	209
Warum ein Video auf den meisten Plattformen ein Muss ist	210
Die richtige Ausrüstung muss her	211
Warum ein Drehbuch nicht unbedingt notwendig, aber sehr hilfreich sein kann	212
Ein Blick auf das Drehbuch meiner Kampagne	213
Die Struktur eines Projektvideos	214

Das Projektvideo für die Crowdfunding-Kampagne „Eine Reise durch 225 Jahre Berliner Kochgeschichte" 215
Videoschnitt für Funder 219
Videoschnittprogramme kurz vorgestellt 220
iMove 220
Windows Movie Maker 221
YouTube 221
Premiere Elements 222
Movie Studio 13 222
Final Cut Pro 222
Vegas Pro 223
Einfacher Videoschnitt auf einem Mac OSX-Rechner 223
Einfacher Videoschnitt am Windows-PC...234
Hintergrundmusik verwenden 244
So fügen Sie Ihrem Projektvideo einen Musiktrack mit iMove hinzu 247
So fügen Sie Ihrem Projektvideo einen Musiktrack mit Movie Studio Platinum hinzu 249
Mit dem Enhancer von Vimeo ein Video mit Musik versehen 251
Die Video-Plattformen kurz vorgestellt 254
Ein kurzer Blick auf YouTube 254
Ein kurzer Blick auf Vimeo 255
Das Video auf eine Plattform laden 256
So laden Sie ein Video auf Vimeo hoch 256
So laden Sie ein Video auf YouTube hoch 257
Das Produktvideo in den Projektentwurf einbinden 258
Eine kleine Einführung in das Thema Food Photography 265
Was davor kommt 266
Was ist eigentlich Food-Photography 266
Grundlagen der Food-Photography 268
Kameragrundlagen: das Belichtungsdreieck 273
Die Tiefenschärfe richtig einsetzen 275
Den Weißabgleich bei der Kamera einstellen 279
Die Wahl des richtigen Objektivs für die Food-Photography 280
Die Arbeit eines professionellen Food-Stylisten selbst erledigen 281
Fotos planen und erstellen 283
Von der Idee zum fertigen Produkt 287
Feedback nutzen und auswerten 288
Den Projektentwurf freigeben 289
Das Projekt über die sozialen Netzwerke bekanntmachen 291

Facebook und Co: die sozialen Netzwerke nutzen	292
Die wichtigsten sozialen Netzwerke und Dienste	293
Eine neue Facebook-Gruppe erstellen	294
Einen neuen Blog bei Blogger einrichten	295
Die Webadresse der Projektseite in den sozialen Netzwerken teilen	296
Mit den Social-Buttons von Startnext die URL der Projektseite in den sozialen Netzwerken teilen	298
Das Projekt-Widget verwenden	300
Die mobile Version der Crowdfunding-Page aufrufen	301
Den Aktionsplan vorbereiten	302
Einen Newsletter erstellen und pflegen	303
Mit einer Website das Projekt begleiten und bewerben	304
Ein Forum verwenden	306
Klout: Messen Sie Ihre Beliebtheit	307
Google Analytics	309
Notwendige Übel: Legitimation und Kontofreigabe	311
Das Projekt während der Fundingphase begleiten	317
Einen Aktionsplan erstellen	318
Wie weit ist mein Projekt schon?	319
Bedanken Sie sich bei jedem Unterstützer persönlich	321
Ein Blick in das Nachrichtenarchiv	322
Einer bestimmten Gruppe eine Nachricht schreiben	323
Die richtige Reaktion auf die Kommentare der Community	325
Die Pflege der sozialen Community	325
Den Blog bei Startnext füllen	327
Bei Änderungen – Projektupdate bekannt geben	331
Die Statistik der Plattform einsehen und auswerten	333
Pressemeldungen herausgeben	335
Projektende und nun ...	341
Auswertung eines Crowdfunding-Projektes	342
Was tun, wenn es doch länger dauert als geplant	343
Die Projektbestätigung durchführen	344
Der Versand der Dankeschöns	347
Crowdfunding-Kampagnen bei Kickstarter	355
Kickstarter für Einsteiger	356
Die wichtigsten Besonderheiten bei Kickstarter	357
Grundlagen und Richtlinien	359
Die Voraussetzungen für eine Kickstarter-Kampagne	362
Team-Favoriten	363

Die ersten Schritte bei Kickstarter 364
Ein bisschen Theorie vor dem Start der ersten eigenen Kampagne 370
Die Vorarbeit 370
Die Projektseite entwerfen 372
Der Projektstart 373
Projektende 374
Die eigene Kampagne starten 375
Fehler vermeiden und missglückte Projekte analysieren 381
Tipps für eine erfolgreiche Crowdfunding-Kampagne 382
Professionelle Projektbetreuungen nutzen 382
Keine Bitten um Unterstützung im Kommentarfeld 383
Bilddateien und Videomaterial nicht verpatzen 383
Fehler beim Umgang mit Textinhalten vermeiden 385
Warum man nicht zu lustig oder zu ernst sein darf 385
AGBs und Datenschutz beachten 386
Analyse von Crowdfunding-Projekten durchführen 386
Korrektur und Neustart eines fehlgeschlagenen Projektes 387
Erfahrungsberichte von erfolgreichen Crowdfundern 395
Funder finden, die einem etwas erzählen, ist gar nicht so leicht 396
Mit Tim Hochmuth in der Charité-Kantine 399
Ein Interview mit Monika Scheele Knight per E-Mail 413
Bei Literaturschaffenden 416
Bibliotheksbesuch 424
20 Jahre Raumstation 435
Die Milch-Zapfanlage für Landwirtschaftsfans 446
Transform die Zweite 452
Leckeres Eis aus Weimar 460
Anhang 469
In letzter Minute 470
Glossar 471
Die Website zum Buch 474
Die Website und sozialen Netzwerkadressen des Autors 476
Die wichtigsten sozialen Netzwerke 478
Liste der wichtigsten Crowdfunding-Plattformen 482
Liste der wichtigsten lokalen Crowdfunding-Plattformen 487
Liste verschiedener US-Crowdfunding-Plattformen 490
Liste der wichtigsten sozialen Crowdfunding-Plattformen 491
Websiten zum Thema Crowdfunding 492
Liste der wichtigsten Crowdinvest-Plattformen 494

Apps 497
Checklisten 499
Vorüberlegung und Kostenkalkulation / Checkliste Legitimation 499
Das Beispielprojekt Sachbuch und E-Book „Do it Yourself Crowdfunding für alle"
kurz und knapp 501

Crowdfunding für Einsteiger

Dieses Kapitel führt Sie in das Thema Crowdfunding ein. Sie erfahren, was sich dahinter verbirgt und welche Möglichkeiten Sie damit haben. Sie lesen, worin der Unterschied zwischen einer „normalen Produktidee" und einem Crowdfunding-Projekt besteht. Sie lesen, welche Risiken und Möglichkeiten sich hinter einem solchen Projekt verbergen und erfahren anschließend, wie ein Crowdfunding-Projekt funktioniert. Anschauliche Diagramme zeigen den Unterschied zwischen beiden. Es folgt eine Kurzvorstellung meines eigenen Crowdfunding-Projektes. Anschließend stelle ich Ihnen in kleinen, leicht verständlichen Abschnitten die Grundlagen vor, die ein Funder kennen sollte.

Crowdfunding klingt nicht nur gut, sondern bietet auch Supermöglichkeiten. Eine Geschäftsidee oder ein Produkt wird bekanntgemacht und kann von vielen finanziert werden. Das ist wirklich super.

Man braucht keinen Businessberater, keinen überteuerten Kredit. Es ist keine schwierige Marktanalyse notwendig. Teure Werbeanzeigen müssen nicht gebucht werden.

Von alleine läuft eine Crowdfunding-Kampagne nicht. Man meint, die Idee wird mal schnell beschrieben, ein, zwei Bilder dazu und einen Monat später kommt von tausend Leuten die Kohle an. Das wäre zwar schön, ist aber naiv und alles andere als realistisch.

Der ganze Prozess ist nicht so einfach. Welche Ideen eignen sich für ein Crowdfunding-Projekt und wo veröffentliche ich meine Projektidee? Kann ich alles alleine machen oder brauche ich Hilfe? Kann ich alle Kosten verteilen oder muss ich auch etwas selbst finanzieren? Worin besteht der Unterschied zwischen einer Kampagne, in der ein Märchenbuch finanziert wird und einer, in der ein Bildband realisiert wird? Was ist anders, wenn ich mit einem Team arbeite? Welche Plattformen gibt es und was sind deren Vorteile und Unterschiede?

Mit diesem Buch möchte ich Ihnen einen Überblick dazu geben, was mit Crowdfunding-Kampagnen möglich ist. Ich möchte Ihnen zeigen, wie Sie ein eigenes Projekt umsetzen können. Ich zeige Ihnen, auf was es alles zu achten gilt und wie man die einzelnen Schritte umsetzt. Sie finden im Buch Adressen wichtiger Crowdfunding-Portale und lesen, wie Sie das richtige Portal für Ihr Projekt finden. Sie erfahren, worin die Unterschiede bei den verschiedenen Crowdfunding-Portalen bestehen. Anhand einer Kampagne zeige ich Ihnen alle einzelnen Schritte, die Sie von der Planung über die Umsetzung bis zum Erreichen der angestrebten Funding-Summe gehen.

Im letzten Teil des Buches habe ich Ihnen eine Reihe von Erfahrungsberichten zusammengestellt. Wer kann besser zeigen, wie man ein Crowdfunding- Projekt erfolgreich umsetzt, welche Hürden man überwindet und wie man das angestrebte Ziel erreichen kann als die Funder, die das alles selbst gemacht haben? Ich habe mir einige herausgesucht, angeschrieben und Sie um etwas Zeit gebeten, sodass Sie mir von ihren Projekten berichten können.

Mein eigenes Crowdfunding-Projekt soll als Beispiel dienen. Ich zeige Ihnen, welche Vorüberlegungen für mein Projekt notwendig waren. Sie finden alle Textinhalte und Abbildungen, die ich für mein Projekt verwendet habe, in diesem Buch.

Bitte beachten Sie: Ich kann Ihnen nur einen Einstieg vermitteln und ein paar Tipps und Ratschläge geben. Das Thema ist sehr umfassend und die Umsetzung ist individuell von Ihrem Projekt abhängig. Für jeden Einzelfall kann und will dieses Buch keine Lösung anbieten.

Crowd...was bitte?

In meinen Bekanntenkreis kann ich mir gut vorstellen, dass auf meine Aussage „Ich mache Crowdfunding" die Antwort kommt: „Ja. Das nehme ich auch. Prost." Crowdfunding kennt noch nicht jeder. Dennoch wird es immer beliebter.

Der deutsche Begriff für Crowdfunding lautet „Schwarmfinanzierung". Er geht etwas schwer von der Zunge und sagt noch nichts darüber aus, um was es sich eigentlich handelt. Das Prinzip ist simpel. Über eine Internetplattform wird eine Projektidee bekanntgemacht. Die sozialen Medien sind mit eingebunden und werden zum Bewerben der Projektidee genutzt. Mit kleinen Geschenken werden Nutzer und Besucher der Plattform gebeten, das Projekt zu unterstützen. Auf diese Weise kann es finanziert werden.

Stellen Sie sich vor, Sie gehen einer ganz normalen Arbeitstätigkeit nach. An einigen Nachmittagen und am Wochenende gehen Sie angeln. Um nicht so viel Geld in die Fachgeschäfte zu bringen, mischen Sie sich ihr Fischfutter selbst. Sie experimentieren etwas herum und haben nach einiger Zeit für alle Friedfischarten, die sich in den Gewässern um Ihren Heimatort tummeln, eine Mischung zusammengestellt. Ein Freund meint: Das könnten Sie doch im Internet anbieten und zu Geld machen! Gesagt, getan. Gehen Sie den herkömmlichen Weg, sähe das wie folgt aus: Das Konto abräumen. Vielleicht sogar einen Kleinkredit aufnehmen. Die Futtermischungen X, Y und Z in größerer Menge zusammenstellen und in 300 Tüten verpacken. Etiketten drucken lassen und aufbringen. Eine Verpackung anfordern. Die Tüten verpacken. Versandkartons anfordern. Werbeanzeigen in Angelmagazinen schalten. Eine Website ordern. Die Site erstellen oder auch erstellen lassen. Dazu Fotos und Texte ...

Was ist daran falsch? Eigentlich nichts. Aber es gibt einige Unsicherheitsfaktoren. Sie müssen selbst Geld vorstrecken. Sie müssen an Ihr Erspartes gehen. Oder Sie nutzen einen Kredit. Sie wissen nicht, ob Ihr Produkt für andere interessant ist. Sie müssen Ihr Produkt auf Vorrat herstellen, ohne zu wissen, ob Sie diese Menge auch verkaufen. Sie müssen Ihr Produkt bewerben. Möglicherweise werden Sie zu Beginn Verluste einfahren, weil die Kosten der Werbeanzeigen zu hoch sind.

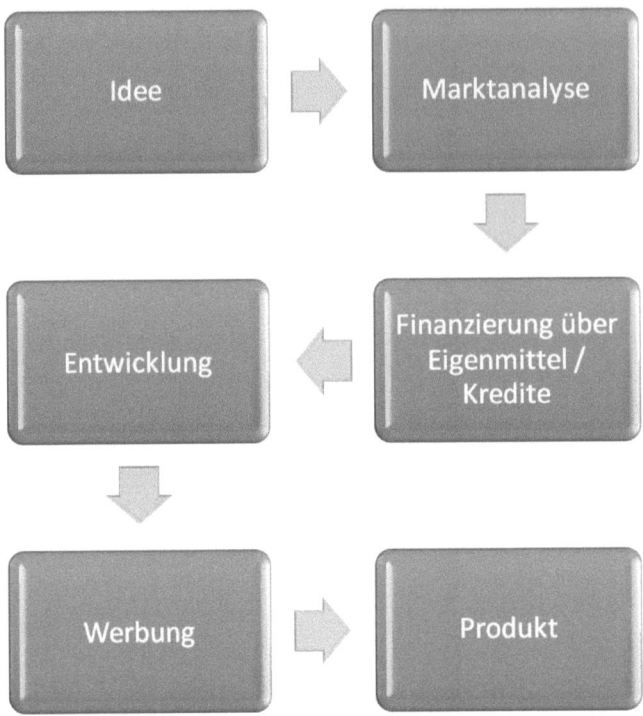

Der herkömmliche Weg eines Produktes. Natürlich ist dies stark vereinfacht. Die Übersicht zeigt aber, dass jede Menge Risiken mit diesem Weg verbunden sind. Auch kann nicht jeder genügend Eigenmittel aufbringen oder den Weg über einen teuren Kredit gehen.

Wäre es nicht toll, wenn Sie einen Teil der Kosten auf die Kunden und auf Interessierte umlegen könnten? Wäre es nicht super, wenn Sie keine teuren Werbeanzeigen schalten müssten und mit modernen Internettechniken sehr einfach herausfinden könnten, wie hoch das Interesse an Ihrem Produkt ist? So könnten Sie etwa so viel Angelfutter mischen, wie später etwa verkauft werden würden. Super Idee. Crowdfunding heißt die Lösung.

Das Beispiel mit dem Angelfutter ist im Übrigen tatsächlich so auf Startnext umgesetzt worden. Ein kleiner Unterschied zu meinem etwas überzogenen Beispiel: Es war Schleien-Futter. 25 Unterstützer und 67 Fans haben das Projekt „Angelfutter mit Erfolg!" unterstützt. Ich habe selbst ein paar Tüten im Keller liegen. Sie finden das Projekt im Internet unter der Adresse
https://www.startnext.com/angelfutter-mit-erfolg

Der Funder hat hier eine Summe von 1000,- € angestrebt und diese auch erreicht. Sie wurde sogar um 55,- € überschritten. Es ist ein Beispiel von vielen, mit dem eine Idee erfolgreich finanziert und ein Produkt vorgestellt und mit Crowdfunding-Dankeschöns vermarktet wurde. Stören Sie sich nicht an der eher kleinen Funding-Summe. Das Projekt habe ich herausgesucht, weil es sehr gut verdeutlicht, was mit einer Crowdfunding-Kampagne möglich ist. Es ist kein Nebenjob, mit dem Sie viel Geld verdienen. Vielmehr geht es darum, eine Produktidee bekanntzumachen, Unterstützer für die Herstellung zu finden und dabei das Produkt zu verkaufen. Viele Schritte geschehen unter dem Dach der Crowdfunding-Kampagne.

Ein Produkt wird mit Texten, Bildern und einem Video vorgestellt. Der Interessierte kann Ihr Fan werden. Einige Fans werden Unterstützer. Einige Interessierte, die auf ganz unterschiedlichen Wegen zu Ihrer Projektseite gelangen, werden ebenfalls Unterstützer. Unterstützer sein meint, Sie spenden Geld und/oder kaufen Dankeschöns. Ein Dankeschön ist nichts weiter als ein kleines Geschenk. Der Unterstützer gibt Geld und erhält dafür Etwas. Unter den Dankeschöns findet sich oft auch das Produkt selbst.

Alles verstanden? Keine Sorge. Ich erkläre und zeige Ihnen alles. Und ich sorge auch dafür, dass es komplizierter wird.

Crowdfunding ist sehr vielfältig. Es gibt viele Möglichkeiten. Sie können die Entwicklung und den Vertrieb eines Produktes finanzieren. Aber auch die Entwicklung eines Servicebüros, eine Klassenfahrt, ein Denkmal oder ein Charity-Konzert. Zurück zum Thema...

Interessant für die Besucher der Crowdfunding-Plattform ist, dass Sie als „Fan" ein Produkt unterstützen können, hierbei aber kein Geld zahlen müssen. Der Kunde selbst kann aktiv auf Ihr Produkt einwirken. Er zeigt sein Interesse und kann mit Ihnen über die Plattform in Kontakt treten.

Crowdfunding ist für viele Produktideen interessant. Sie müssen nicht Ihr Konto räubern oder gar einen Kredit aufnehmen. Neben dem Otto Normalbürger, der sein Hobbyprodukt vermarktet, ist Crowdfunding für jeden interessant. Eine kleine Firma macht ein Produkt bekannt. Ein großer Zeitungsverlag bewirbt ein Buch. Ein Buchverlag setzt nur auf diese Internettechnik. Ein Arbeitsloser versucht einen Neuanfang mit Crowdfunding. Die Wochenend-Frauengruppe finanziert ein lokales Kochbuch. Filmstudenten bringen einen teuren Abschlussfilm auf den Weg. Eine Firma nutzt Crowdfunding für das Bewerben ihrer Kondome. Ein Hilfsprojekt finanziert einen Weihnachtstransport in ein Kinderheim. Ein Programmierer finanziert ein neues Computerspiel, für das eine bekannte Gaming-Firma keinen Blick übrighatte. Ein Herzensprojekt, das eine Weile im Schrank einer Künstlerin lag, wird mit Crowdfunding endlich umgesetzt.

Habe ich erwähnt, dass Crowdfunding nicht zum Geldverdienen taugt? Es gibt auch hier Ausnahmen. Eine Start-up-Firma kann mit Crowdfunding ihre Produkte bekanntmachen und mehr Kapital heranschaffen. Mit Crowdfunding kann man einen Weg aus der Arbeitslosigkeit finden. Es gibt Projekte, bei denen die Funding-Summe um ein Vielfaches überschritten wurde. Diese Beispiele zeigen, wie vielfältig Crowdfunding ist.

Blättern wir einmal zurück. Ich habe festgehalten: „Ein Produkt wird mit Texten, Bildern und einem Video vorgestellt. Der Interessierte kann Ihr Fan werden. Einige Fans werden Unterstützer." Was auf den ersten Blick einfach klingt, hat sehr viele Stolpersteine. Das Angelfutter aus meinem Beispiel interessiert nicht die breite Masse. Sie müssen für Ihr Projekt die richtige Plattform ausfindig machen. Es gilt, Ihr Projekt mit Texten vorzustellen. Diese Texte müssen fehlerfrei und gut überlegt sein. Bilder müssen zeigen, was Sie anbieten und was man damit machen kann. Die Fotos müssen den Vorgaben der Plattform entsprechen. Hier müssen Sie bereits etwas zeigen können. Sie müssen also vorgearbeitet haben. Mit einem Video stellen Sie sich und Ihre Projektidee vor. Dieses Video sollte nicht langweilig, nicht albern, nicht zu kurz und nicht zu lang sein und muss das Produkt ansprechend vorstellen und bewerben. Es gibt Plattformen, auf denen ein Video Pflicht ist. Und es gibt Plattformen, wo es optional verwendet werden kann. In jedem Fall müssen Texte, Bilder und Videos (sofern verwendet) dafür sorgen, dass das Interesse der Besucher der Projektseite geweckt wird. Sie müssen Dankeschöns anbieten. Diese kleinen Geschenke müssen zum Produkt passen. Ein Dankeschön kann das Produkt an sich sein. Sie müssen entscheiden, ob das ausreicht. Ihr Projekt muss gut kalkuliert werden. Erfolgreich ist Ihr Projekt nur, wenn die Finanzierungssumme erreicht wird. Ein zu geringes Funding-Ziel macht den Unterstützer skeptisch. Ist die Zielsumme zu hoch, wird sie womöglich nicht erreicht. Die Funding-Summe kann, wenn das Projekt über die erste Phase gelangt ist, nicht mehr korrigiert werden. Aber Sie haben vielleicht Bekannte und Freunde, die nicht im Internet aktiv sind und kein Online-banking mögen. Auch diese können Sie aktivieren und für Ihr Projekt gewinnen. Sie müssen sich viel Zeit nehmen, um die sozialen Medien zu bedienen und News, Infos und Bilder auf der Crowdfunding-Plattform zu posten. Es gilt zu überlegen, welche Schritte man selbst geht und für welche man professionelle Hilfe benötigt.

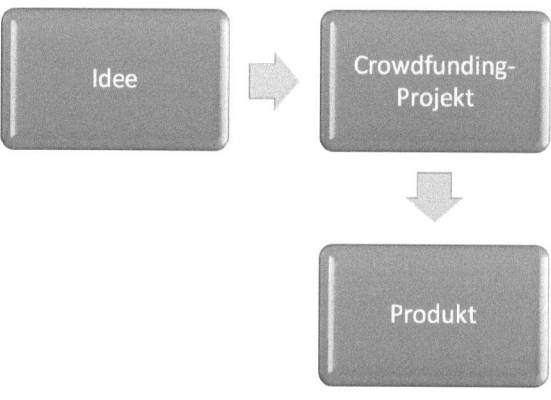

Mit Crowdfunding wird alles ein wenig einfacher. Dieser Weg steht jedem offen.

Fassen wir zusammen:

- Sie müssen eine geeignete Crowdfunding-Plattform finden.
- Sie stellen sich und Ihr Produkt mit Texten vor.
- Sie zeigen das Produkt mit Bildmaterial.
- Sie stellen es mit einem Video vor (Bei Kickstarter optional).
- Sie müssen passende Dankeschöns auswählen.
- Sie müssen die Funding-Summe kalkulieren.
- Sie müssen die sozialen Medien nutzen.
- Sie müssen Freunde motivieren, die im Internet nicht aktiv sind.

Crowdfunding funktioniert nur, wenn zwei Dinge vorhanden sind:

- Die professionelle Präsentation des Produktes. Selbst die tollste Idee nützt nichts, wenn sie langweilig vorgestellt wird oder die Texte holprig und fehlerhaft sind.

- Die Menge muss da sein, die das Produkt durch den Kauf der Dankeschöns unterstützt. Sie muss bereit sein, vor dem Erscheinen des Produktes dies zu finanzieren.

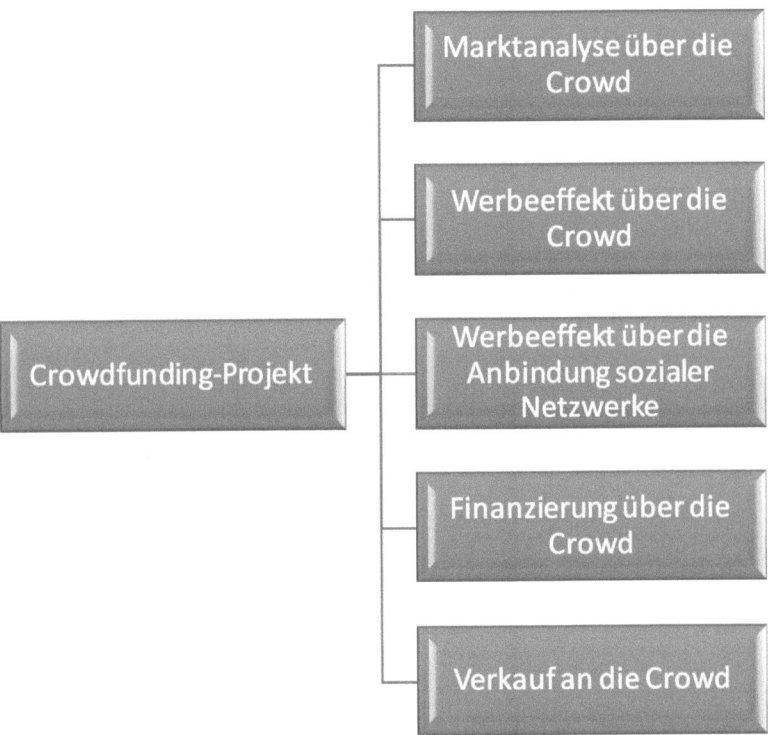

Crowdfunding beinhaltet eine Auswertung des Marktinteresses. Es gibt einen Werbeeffekt über die Plattform und die sozialen Netzwerke. Die Finanzierung erfolgt über die Crowd. Und auch das Produkt wird an die Crowd verkauft.

Mit diesem Buch möchte ich Ihnen eine Start- und Orientierungshilfe geben. Ich gebe Ihnen einen Überblick über die wichtigsten Crowdfunding- Plattformen und zeige Ihnen, wie Sie ein Projekt schrittweise umsetzen können. Alle Phasen eines Crowdfunding-Projektes – von der ersten Idee bis zum fertigen Produktversand an die Unterstützer – werden beschrieben. Dazu können Sie mein eigenes Crowdfunding-Projekt begleiten und lesen, welche Schritte ich gegangen bin.

Lassen Sie sich von meinem langen Abschnitt mit den möglichen „Stolpersteinen" nicht abbringen. Crowdfunding ist eine interessante Möglichkeit, ein Produkt zu finanzieren, zu bewerben und zu verkaufen. Jeder kann dies nutzen.

Schauen Sie sich auf den verschiedenen Plattformen um! Blättern Sie durch regionale - und Topprojekte. Schauen Sie sich an, wer Geld einnimmt und wer nicht. Sie werden interessante, kreative und auch sehr schräge Projekte entdecken. Und vielleicht finden Sie so auch Anregungen für sich.

Fehler gefunden?!

Trotz aller Sorgfalt können sich Fehler einschleichen. Finden Sie einen solchen, geben Sie mir bitte Bescheid. kritik und Verbesserungsvorschläge sind ebenso immer gern gesehen.

Für wen ist dieses Buch geeignet

Dieses Buch richtet sich an keinen bestimmten Lesertyp. Interessieren Sie sich für das Thema Crowdfunding, können Sie das Buch als Nachschlagewerk und Ratgeber nutzen. Sie finden praktische Tipps und eine Übersicht über die Möglichkeiten von Crowdfunding im Buch. Die wichtigsten Anlaufpunkte im Internet werden hier aufgelistet.

Ganz egal, ob Sie ein Hobby zu Geld machen, ein Gewerbe starten, das Produkt einer kleinen Firma bekanntmachen oder neue Wege gehen wollen, Sie finden im Buch die dazu passenden Informationen.

Dieses Buch ist vor allem für die Leser gedacht, die sich über das Thema Crowdfunding informieren wollen und ein Nachschlagewerk mit Anleitungen suchen, um eine eigene Crowdfunding-Kampagne zu starten. Sie finden die Adressen der wichtigsten Crowdfunding-Plattformen im Buch und lesen, worauf es beim Start einer eigenen Kampagne ankommt. Ich leite Sie Schritt für Schritt durch alle Arbeiten, die Sie im Zusammenhang mit einer solchen Kampagne durchführen müssen. Auf diese Weise können Sie alles, was notwendig ist, selbst machen. Das Buch möchte Anleitung, Nachschlagewerk und EDV-Ratgeber in einem sein. Warum EDV-Ratgeber? Vieles, was Sie beim Erstellen einer Crowdfunding-Kampagne tun müssen, erfolgt am PC. Sie arbeiten mit Officeanwendungen, Browsern, Grafik- und Videobearbeitungsprogrammen und den sozialen Netzwerken. Viele Arbeiten kann man an professionelle Berater und Webdesigner delegieren. Selbst machen ist aber spannender.

Beachten Sie bitte, das dieses Buch keineswegs vollständig sein kann. Internetplattformen und -techniken sind in ständiger Bewegung. Die vorhandenen Crowdfunding-Websites werden ergänzt und verbessert.

Das Beispielprojekt kurz vorgestellt

Mein Projekt, das Sie in diesem Buch schrittweise begleiten und beobachten können, ist natürlich das Buch „Crowdfunding für Einsteiger" selbst. Entstehen soll ein E-Book und eine gedruckte Version des Buches. Ich werde meine eigene Website nutzen, um die Inhalte des Buches vorzustellen und es zu bewerben. In den sozialen Medien bin ich sehr aktiv. Hier lassen sich auch Bilder, Texte und Informationen effektiv unterbringen.

Später wird ein Lektor benötigt. Er muss das Buch auf Fehler überprüfen. Außerdem brauche ich passende Versandkartons. Die Kosten sind leicht zu kalkulieren. Überlegen muss ich mir, was ich neben dem Buch als Dankeschön für die Unterstützer anbieten kann. Auch die Inhalte der Fotos und des Videos sind mir zu Beginn noch nicht klar.

Als Plattform wähle ich Startnext aus. Diese Crowdfunding-Plattform kenne ich gut. Hier besitze ich bereits ein Profil. Zu überlegen ist auch, inwieweit das Projekt erfolgreich sein kann und welche Risiken es birgt. Bei einem Sachbuch sind die Risiken gering. Die Kosten für den Lektor fallen an. Diese sind aber nicht zu hoch. Das Projekt hat sehr gute Chancen. Es gibt kein vergleichbares Buch bei Amazon. Nur wenige Bücher zu den Themen Crowdfunding und Crowdinvest sind auf dem Markt. Der Einsteiger und Otto Normalanwender wird meiner Meinung nach nicht bedient. Dazu kommt, dass ich ein erfahrener Autor bin und 53 EDV-Bücher vorweisen kann und jede Menge Beiträge in EDV-Magazinen, Sammelwerken und auf Websites geschrieben habe. Wichtig ist: Es gibt kein umfangreiches Buch zum Thema, in dem Wissensratgeber, Webadressenführer, Do It-Yourself-Anleitungen und Erfahrungsberichte zusammengefasst sind.

Sie denken vielleicht, ich heb jetzt gleich ab und stelle mich als superprominenten Ich-schaffe-das-Typ vor. Keineswegs. Sie müssen vor einem Projekt auch Ihre Chancen und Risiken abwägen. Können Sie das Projekt umsetzen? Haben Sie die notwendige Zeit und alle notwendigen technischen und finanziellen Mittel zur Verfügung? Warum sind Sie der Richtige für dieses Projekt? Welchen Gewinn können Sie erwarten? Welche Plattform ist die richtige für das Projekt? Was können Sie selbst umsetzen und wozu brauchen Sie andere Fachkräfte? Wird man in Ihrem Umfeld Verständnis haben oder Sie ungläubig anstarren? Was passiert, wenn das Projekt nicht erfolgreich finanziert wird? Diesen und ähnlichen Fragen müssen Sie sich zu Beginn eines Crowdfunding-Projektes stellen.

Vorteile und Nachteile für Autoren und Kunstschaffende

Crowdfunding eignet sich sehr gut, um Sachbücher, Kinderbücher und Bildbände umzusetzen. Kreative Ideen und Projekte, die dem Autor und Künstler am Herzen liegen, können von der Crowd unterstützt und an diese verkauft werden. Natürlich gibt es auch ein paar Nachteile.

Haben Sie sich einmal gefragt, warum Computerbücher selten aktuell sind? Entweder stellen Sie aktuelle Versionen von Betriebssystemen und Anwendungsprogrammen vor, sind aber mit einigen Fehlern belastet. Oder sie kommen sehr spät und das Programm oder die neue Version des Betriebssystems ist schon seit einigen Monaten auf dem Markt. Warum ist das so?

Auf Kundenwünsche reagiert man selten. Die Verlage sind in den sozialen kaum aktiv in en Netzwerken. Und wenn, so wird dem Leser nur Werbung von Buchtiteln um die Ohren geworfen. Fehlerhafte Bücher entstehen, weil die Autoren mit frühen Betaversionen gearbeitet haben. Und weil sie unter enormen Zeitdruck standen. Verspätete Buchtitel kommen auf den Buchmarkt, weil der Weg von der Idee zum gedruckten Buch sehr lang ist. Eine Idee fällt in der Montagssitzung der Verlagsredaktion. Der Redakteur erstellt einen Titelvorschlag und stellt ihn in der nächsten Montagssitzung vor. Ein Autor wird angesprochen oder gesucht. Dieser erstellt einen Inhaltsentwurf, der dann eine, zwei Wochen später wieder in der Montagssitzung im Verlag vorgestellt wird. Dann folgt ein O.K. mit einem Autorenvertrag. Zwei Monate später liegt das Manuskript im Verlag. Der Redakteur schaut es durch, korrigiert es und gibt Verbesserungswünsche an den Autor weiter. Der führt sie durch. Das Manuskript geht zum Setzer. Die Druckdatei wird vom Autor geprüft. Dann folgen Druck, Werbung und Auslieferung an den Buchhandel. Letzteres geschieht etwa zwei Monate später je nach Buchtitel.

Konnten Sie mir folgen? Habe ich Sie gelangweilt? Hoffentlich. :-)

Schreibe ich ein Sachbuch mithilfe einer Crowdfunding-Kampagne, bin ich direkt am Leser und Kunden. Die Idee stelle ich mit Text, Bildern und Video vor. Die Fans und Unterstützer können einen direkten Einfluss auf den Inhalt des Buches nehmen, es unterstützen und kaufen. Parallel schreibe ich es, zeige den Fortschritt meiner Arbeit, kümmere mich um einen Korrektor und erstelle selbst eine Druckdatei. Diese gebe ich an eine Druckerei und sende die fertigen Bücher an meine Unterstützer. Der Weg zum fertigen Produkt „Buch" ist kürzer und direkter. Das Buch ist schneller fertig.

Das gleiche Prinzip gilt für Kinderbücher, Kochbücher, Bildbände und Reiseführer. Sie finden einige auf diese Weise umgesetzte Buchprojekte auf den Crowdfunding-Plattformen, insbesondere auf Startnext und Kickstarter. Bei 100 Fans ist die Vorgehensweise und Umsetzung ein wenig anders.

Und die Nachteile? Verlage sind fest in den Buchmarkt integriert. Sie nutzen festangestellte Redakteure, Lektoren, Setzer und sind an Druckereien und den Buchhandel angebunden. Es werden hohe Stückzahlen der fertigen Bücher ausgeliefert. Aber die Autoren bekommen relativ wenig Geld für ihre Arbeit. Nur mit Toptiteln verdient man als Schreiberling wirklich gut.

Crowdfunding-Plattformen eignen sich nicht für Computerbücher. Autoren müssen sich hier selbst um alle Arbeitsschritte und Aufgaben kümmern. Die fertigen Bücher werden nur in kleinen Stückzahlen verkauft und kommen nicht in die Buchläden. Nur in Onlinebuchhandlungen und lokalen Läden können die Bücher zum Verkauf gebracht werden. Aber: Der Autor hat eine direkte Kontrolle. Er kann seine Kontakte nutzen, also die Fans und Unterstützer, um weitere Projekte an den Mann zu bringen.

Wiegen Sie bei Ihren Ideen immer das Für und Wider ab. Überlegen Sie genau, welche Vorteile und welche Nachteile es hat, ein Produkt selbst umzusetzen und mittels Crowdfunding zu entwickeln, zu produzieren und zu verkaufen.

Zeit für ein Projekt finden

Zeit müssen Sie sich nehmen. Beginnen Sie ein Projekt, müssen Sie es umsetzen und begleiten. Die sozialen Medien und die Besucher Ihrer Plattform wollen bedient werden. Auch wenn Sie wochentags bis spät abends arbeiten und einen langen Weg zur Arbeit und zurückhaben, müssen sie sich für Ihr Crowdfunding-Projekt einsetzen. Vielleicht haben Sie die Wochenenden kaum Zeit und sind aktiv in Ihrem Verein beschäftigt, gehen in einer ehrenamtlichen Arbeit auf oder sind immer mit der Familie unterwegs. Beginnen Sie ein Crowdfunding-Projekt, müssen Sie auch dabeibleiben. Sie müssen sich für diese Aufgabe die notwendige Zeit nehmen. Vielleicht genügen 2 Stunden am Tag. Und natürlich können Sie den Sonntag frei nehmen.

Stellen Sie sich vor, Sie wollen einen Bildband über Ihre Heimat an den Mann bringen. Sie starten das Projekt, bewerben es und finden viele Fans. Doch dann haben Sie keine Zeit mehr und bedienen die Plattform nur noch einmal pro Woche. Sie werden Fans verlieren und nicht viele Unterstützer finden. Vielleicht misslingt das Projekt auch, weil Sie nicht genug Zeit haben.

Es ist falsch zu denken, das Projekt wird auf den Weg gebracht und dann läuft alles von allein. Ihre Website sollte das Projekt vorstellen. Sie sollten den Fans zeigen, wie weit Sie sind und sie „bei der Stange halten". Infos und Bilder in den sozialen Medien bringen nicht automatisch neue Fans und Unterstützer. Wie bei Werbeanzeigen ist es hier auch so, dass nur wenige „rüberspringen".

Machen Sie sich einen kleinen Zeitplan und halten Sie sich daran. Das ist eine einfache Lösung. Am Ende eines jeden Tages können Sie schauen, was Sie geschafft haben. In der Regel sehen Sie die Reaktionen gleich. Und wenn auch nur ein paar mehr Leute Ihre Website besucht haben, es drei Kommentare auf Ihrer Projektseite gibt oder zehn Leute auf "Gefällt mir" geklickt haben. Auch das sind Reaktionen und zeigen, dass jemand Ihre Arbeit wahrgenommen hat.

Vergessen Sie nicht, sich die Projekte anderer anzusehen und aktiv in den sozialen Medien zu stöbern. Das bringt Rückantworten und Interesse zu Ihren Bildern, Texten und Ihrem Projekt. Sehen Sie das als notwendige Arbeit an.

Unterstützung im eigenen Umfeld finden

Ob Sie Unterstützung in Ihrem Familien- und Freundeskreis finden, kann ich nicht sagen. Vielleicht wird man Ihre Projektidee interessant finden. Vielleicht auch nur nicken. Vielleicht versteht man auch nicht, dass Sie für ein Was-Auch-Immer-Projekt Zeit opfern.

Versuchen Sie, das Familienumfeld, Freunde, Bekannte, Kollegen und Vereinsmitglieder als Fans zu gewinnen. Fans müssen kein Geld zahlen. Das eigene Umfeld kann man immer direkt ansprechen. Sie wissen hier bereits im Vorfeld, wer aktiv bei Facebook, Instagram und Twitter ist. Und Sie kennen die Facebook-Verweigerer.

Lassen Sie sich aber nicht von Bekannten, Freunden und Kollegen herunterziehen, die Ihre Projektidee als Spinnerei abtun und kein Verständnis dafür aufbringen. Jeder bekannte Bestsellerautor kann in seiner TV-Show Freunde und Familienmitglieder vorweisen, die immer hinter ihm stehen und Verständnis dafür haben, wenn er sich bis spät abends in seinem Büro vergräbt. Im wirklichen Leben ist dies nicht so. Hier schauen die Menschen oftmals nur auf sich selbst und den eigenen Spaß.

Ich kenne das sehr gut aus meiner täglichen Arbeitswelt. Ich arbeite zuhause Sachbücher erfordern Zeit und Ruhe. Man sieht mich aber nur zuhause hocken und nicht auf einem Arbeitsplatz mit geregelter Arbeitszeit. Hier muss man sich durchsetzen und ein dickes Fell entwickeln.

Ihr eigenes Crowdfunding-Projekt bringt für Sie Fans, Unterstützer und macht Ihr Produkt bekannt. Sie werden am Ende, wenn das Projekt erfolgreich wird, ein Ergebnis haben. Ihre Produktidee werden andere in der Hand halten. Die Dankeschön-Geschenke werden in den Wandregalen Ihrer Unterstützer stehen. Das wird Ihr Erfolg sein.

Beachten Sie bitte auch, dass nicht jede angebotene Hilfe wirklich hilfreich ist. Für das Erstellen eines Videos genügen in der Regel zwei Leute. Einer hält die Kamera und Sie oder Ihr Team stehen vor der Kamera. Freunde, die erst versprechen, Ihnen zu helfen, dann aber nicht erscheinen oder mit ihrem eigenen Hobby beschäftigt sind und nur mal kurz rüberkommen, sind keine Hilfe. Das Video muss geplant werden. Sie müssen etwa 3 Minuten Film bei gutem Licht aufnehmen und sollten nicht stocksteif dasitzen. Das braucht schon mal Ruhe, einen geeigneten Ort und auch Zeit.

Einen Videofilm kann man aber auch allein drehen. Das ist keine ideale Lösung. Sie müssen ein Stativ aufstellen und für jede Szene hin- und herrennen. Und Sie müssen auf Kamerabewegungen, also kleine Schwenks, verzichten. Das ist keine gute Lösung. Aber es geht.

Kostenlos orientieren und informieren

Wie bereits kurz angesprochen, sollten Sie sich auf den verschiedenen Plattformen umsehen. Auf diese Weise können Sie sich orientieren, was für Projekte umgesetzt werden. Sie sehen, wie andere ein solches Projekt und sich selbst vorstellen. Sie können sich die Fotos anschauen, die ein Projekt bewerben. Schauen Sie sich die Projektvideos an und beurteilen Sie, ob das Gesehene Sie überzeugt oder eher abstößt. Versuchen Sie herauszufinden, ob witzige Elemente vorhanden sind oder jemand zu stocksteif „herumlabert".

Das Internet ist eine (fast) kostenlose Informationsquelle. Crowdfunding ist hier in aller Munde. Suchen Sie den Begriff bei Google, werden Sie jede Menge Treffer erhalten. Stöbern Sie etwas herum. Ignorieren Sie jedoch die Verkäufer, die Ihnen weismachen wollen, dass ohne ihr Fachwissen ein Projekt nicht möglich ist. Man kann für einige Arbeiten Profis und Berater nutzen. Das hängt aber von den eigenen Möglichkeiten und dem Projekt ab. Viele Aufgaben führt man besser allein und in einem kleinen Team durch.

Werden Sie selbst Fan! Auf diese Weise bringen Sie nicht nur interessante Projektideen auf den Weg, sondern finden auch den einen oder anderen Unterstützer für Ihr eigenes Projekt.

Noch nicht sozial aktiv?

Fast jeder ist heute im Internet aktiv und postet irgendeinen Kram bei Facebook, schickt Bilder auf Instagram oder twittert, was er gerade so vorhat und denkt. Man muss nicht jede erdenkliche soziale Plattform kennen. Man muss nicht überall aktiv sein. Auf einigen Plattformen sollte man dies aber schon.

Wenn Sie nur wenig oder noch gar nicht auf sozialen Netzwerken aktiv sind, sollten Sie dies jetzt ändern. Richten Sie sich ein Profil bei Facebook ein und schauen Sie sich um. Erstellen Sie ein Konto bei Instagram und stellen Sie ein paar Bilder online. Richten Sie sich einen Account bei Twitter ein. Schauen Sie sich die Kurznachrichten an und versenden Sie selbst welche. Suchen Sie Mitglieder mit Interessen auf den Plattformen, die zu Ihrer Projektidee passen. Erstellen Sie ein Profil bei YouTube oder Vimeo. Ein Video brauchen Sie für den Start Ihres Projektes bei Startnext. Und dazu müssen Sie einen Account auf einer der beiden Videoplattformen haben. Hier laden Sie später Ihr Video hoch und tragen den Link in Ihre Projektseite bei Startnext ein.

Zu Beginn müssen Sie Ihr Projekt noch gar nicht bewerben. Schauen Sie sich nur um und sammeln Sie ein paar Freunde bei Facebook, Instagram und Co. Darauf können Sie später aufbauen.

Die sozialen Netzwerke kosten kein Geld. Sie müssen nichts bezahlen, um irgendwo mitzumachen. Sie müssen nur einen Zugang zum Internet besitzen und einen Rechner mit einem Webbrowser. Fotos für einige Netzwerke werden oftmals mit einem Smartphone erstellt und über dieses direkt hochgeladen. Ein solches Smartphone ist heutzutage bei vielen bereits in den Alltag integriert.

Haben Sie keine Angst vor Ihren persönlichen Daten. Sie schützen diese sehr einfach, indem Sie nicht alles von sich preisgeben.

Wenn Sie erst in die sozialen Netzwerke kommen, nachdem Sie mit einem Crowdfunding-Projekt beginnen, ist dies meiner Meinung nach zu spät. In wenigen Wochen können Sie bei Facebook, Instagram und Co. nicht so viele Kontakte sammeln und auf Ihr Projekt aufmerksam machen, wie es notwendig wäre.

Im Anhang dieses Buches finden Sie eine Liste wichtiger sozialer Netzwerke und ihrer Webadressen. Nicht alle sind von Bedeutung für die Umsetzung eines eigenen Projektes. Sie müssen keineswegs „überall" aktiv sein.

Das Risiko richtig einschätzen

Beginnen Sie mit einem Crowdfunding-Projekt, müssen Sie kalkulieren, wie viel Geld Sie als Funding-Ziel einnehmen wollen. Ich werde später noch genauer darauf zurückkommen.

Das Funding-Ziel umfasst die Kosten für die Produktentwicklung, die Produktion, die Dankeschöns, die Gebühren für das Nutzen der Plattform, die Gebühren für Überweisungen und die Kosten für den Versand des Produktes an die Unterstützer. Diese Kosten müssen kalkuliert werden.

Beachten Sie, dass die Betreiber der Crowdfunding-Plattform zwischen den Unterstützern und dem Projektbetreiber stehen. Das eingenommene Geld fließt erst zu Ihnen, wenn das Projekt erfolgreich und seine Laufzeit beendet ist.

Sie müssen den Fans und den Unterstützern zeigen, was diese unterstützen sollen. Sie müssen Ihr Produkt vorstellen und präsentieren. Sie müssen während der Funding-Phase zeigen, wie Ihre Arbeit voranschreitet. Es muss sichtbar sein, wie sich das Produkt entwickelt.

In meinem Beispiel habe ich das Buchprojekt bereits begonnen, noch bevor ich das Projekt dazu auf Startnext umgesetzt habe. Später sind Projekt und Arbeit am Buch parallel gelaufen. Mein Risiko bei diesem Projekt war gering. Hätte das Projekt nicht erfolgreich die Funding-Summe erreicht, hätte ich das Buch mit eigenen Mitteln umgesetzt. Die Kosten für einen Sprachlektor und die Druckkosten sind übersichtlich.

Bei anderen Produktideen sind die Risiken höher. Stellen Sie sich vor, ein Freizeitgruppe von acht Frauen möchte ein Kochbuch erstellen. Das können Sie nicht erst umsetzen, wenn die Funding-Summe erreicht ist. Der Fan und der Unterstützer möchten vorhersehen, was die Frauen tun. Sie müssen also Rezepte sammeln, in Buchform aufschreiben, kochen, Fotos machen und ein Video erstellen. Nahrungsmittel und Gewürze müssen gekauft werden. Ein Ort zum Kochen muss gefunden werden. Eine rumplige Küche bei Oma Maier ist ungeeignet. Das Licht für die Fotos muss passen. Eine Digitalkamera mit Videofunktion und vielleicht ein Stativ müssen her. Die Frauen brauchen ein Notebook und jemanden, der ein Buch schreiben kann. Eine Vorlage tut es auch.

Überlegen Sie genau, welche Risiken ein Crowdfunding-Projekt für Sie persönlich enthält. Gelingt es nicht, müssen Sie mögliche Fehler analysieren und starten Ihr Projekt erneut. Das Risiko sollte überschaubar sein und kein großes Problem darstellen. Zu viele Kosten sollten nicht entstehen.

Haben Sie ein erstes Projekt erfolgreich abgeschlossen, das Produkt und die Dankeschöns versandt, können Sie weitermachen. Dann wissen Sie, was andere interessiert.

Schauen Sie sich unbedingt meine Erfahrungsberichte an! Vieles von dem, was ich in diesem Buch schreibe, ist Theorie und Grundlagenwissen, aber auch Tipps und Ratschläge. Dazu kommt eine Schritt-für-Schritt-Anleitung für eine eigene Crowdfunding-Kampagne, die sich an meinem Buch und an den Möglichkeiten der Plattform Startnext orientiert. Die Erfahrungsberichte zeigen jedoch verschiedene Wege, unterschiedliche Lösungsmöglichkeiten und Herangehensweisen. Das sind Berichte von Leuten, „die es gemacht haben".

Braucht man Ihr Produkt?

Die Frage, ob Ihr Produkt interessant für andere ist, müssen Sie sich zu Beginn stellen. Ein Kochbuch über Berliner Currywürste braucht man wahrscheinlich nicht. Ein Buch, das zeigt, wie man Wein, Bier, Schnaps und Likör selbst macht, stößt wahrscheinlich eher auf Interesse.

Auf den verschiedenen Crowdfunding-Plattformen tummeln sich ganz unterschiedliche Leute. Oftmals sammeln sich bestimmte Themen und andere sind kaum oder gar nicht vertreten. Diese „Interessen" können Sie durch bloßes Absurfen herausfinden.

Produktideen, die die breite Masse ansprechen, die besonders kreativ sind oder auch auf den aktuellen Bio- und Energiespar-Trend aufspringen, sind interessant. Produktideen, die eine kleine Gruppe von Interessenten ansprechen, sind eher schwierig umzusetzen. Hier muss man einen Weg finden, diese Gruppe direkt zu erreichen. Finden sich bestimmte Themen nicht auf einer Plattform, müssen Sie abwägen, ob nicht eine andere Plattform besser für Ihr Projekt wäre. Für Romane und Sachbücher gibt es spezialisierte Plattformen, ebenso für soziales Arrangement, lokale Projekte und für journalistische Beiträge. Im Zweifelsfall nutzen Sie die erste Phase des Projektes, um herauszufinden, ob es Fans gibt und wie hoch das Interesse an Ihrem Produkt ist.

Gibt es Ihr Produkt schon?

Die beiden Fragen, ob man ein Produkt braucht und ob es ein Produkt bereits gibt, hängen unmittelbar zusammen. In einem Verlag sagt man dazu „Marktanalyse". Diese bestimmt, ob ein Buch überhaupt in Auftrag gegeben wird. Gleiches kann man bei jedem Produkt tun, das mit einer Crowdfunding-Kampagne auf den Weg gebracht werden soll. Eine solche Analyse ist wichtig, um zu beurteilen, ob es Sinn macht, ein Projekt zu starten.

Ob es ein Produkt bereits gibt, können Sie mit Webshop-Plattformen, Internetseiten und Google durchführen. Sie müssen für eine solche Betrachtung nur wenig Zeit aufbringen. Schauen Sie sich um und suchen Sie, ob es Ihr Produkt bereits gibt.

Gibt es ein Produkt bereits, heißt das nicht automatisch, dass Sie mit Ihrem Projekt keinen Erfolg haben werden. Sie müssen „nur" andere davon überzeugen, es zu unterstützen. Es muss also besser oder anders sein als vorhandene Produkte. Noch besser ist es natürlich, wenn Sie der Erste sind, der ein bestimmtes Produkt oder der ein bestimmtes Produkt „auf diese Weise" auf den Weg bringt.

Achten Sie unbedingt darauf, dass Sie keine Namens- und Markenrechte verletzen. Es kann teuer werden, wenn Sie etwas bewerben und verkaufen wollen, das von einer Firma geschützt und dessen Markenname bekannt ist.

Die Rechte an Text und Bild

Alle Texte, Bilder und Videos, die Sie auf der Crowdfunding-Plattform, den sozialen Netzwerken und Ihrer Website veröffentlichen, müssen von Ihnen sein. Sie dürfen keine Rechte von Dritten verletzen.

Einzige Ausnahme: Sie lassen Textinhalte, Fotos und/oder Videos von einem Profi für Ihr Projekt erstellen und nutzen diese dann. Dazu ist in der Regel ein schriftlicher Auftrag notwendig, der Sie dazu berechtigt, die Texte, Bilder oder das Video zu nutzen. Diese Information ist eigentlich selbstverständlich. Sie muss jedoch an dieser Stelle noch einmal kurz genannt werden. Möglich ist es auch, Bildmaterial von einer Plattform zu nutzen, die diese für diesen Zweck zu Verfügung stellt. Hier kaufen Sie die Rechte an den Bildern und können sie dann nutzen. Aber auch hier müssen Sie einen Copyrightvermerk verwenden. Und Sie müssen sich ganz genau die Lizenztexte, AGBs und Hinweistexte der Plattform anschauen und sich so informieren, welche Nutzung möglich ist, was Sie dürfen und was nicht geht.

AGB und Anleitungen aufmerksam durchforsten

Bevor Sie mit einem eigenen Projekt loslegen, werfen Sie einen Blick in die AGB der Crowdfunding-Plattform und schauen Sie alle Anleitungen durch. Schauen Sie besonders auf das, was Sie dürfen und was Sie nicht dürfen.

Natürlich haben Sie mein Sachbuch vor sich. In diesem finden Sie jedoch nicht jede Einzelheit, die die verschiedenen Plattformen voneinander unterscheidet. Auch habe ich nicht auf jeder Plattform ein Projekt gestartet. Spätere Neuerungen und Veränderungen auf den Webplattformen finden Sie in meinem Buch leider auch nicht. Das liegt in der Natur der Sache. Ein Buch kann nicht tagesaktuell und vollständig sein und gibt Ihnen nur einen Überblick über ein Thema.

Was brauchen Sie unbedingt und was vielleicht ...

Was Sie für die Umsetzung eines Projektes brauchen, hängt natürlich vom Projekt, besser gesagt, vom umzusetzenden Produkt ab. Einige Dinge können Sie selbst machen. Andere Arbeiten lassen sich von Profis abarbeiten. Hier ist entscheidend, welche Kosten zu investieren Sie bereit sind.

Einen Rechner sollten Sie zur Verfügung haben. Was für ein Betriebssystem auf diesem läuft, spielt keine Rolle. Sie benötigen einen Zugang zum Internet und einen Webbrowser. Sie sollten ein Office-Programm nutzen. Open-Office tut es auch. Ein Grafikbearbeitungsprogramm sollten Sie auch auf Ihrem Rechner haben. GIMP ist eine kostenlose Alternative zu kommerziellen Grafikanwendungsprogrammen. Einige Videoschnittprogramme stehen nur für bestimmte Betriebssysteme bereit. Es gibt jedoch auch Alternativen. So können Sie ein Video auch online auf der YouTube-Plattform schneiden.

Natürlich benötigen Sie bei einigen Projekten etwas mehr. Erstellen Sie eine Liste und stellen Sie alles zusammen, was für Ihre Arbeit notwendig ist. Schauen Sie immer nach möglichen Alternativen.

Lernen und informieren

Wie bereits erwähnt, können Sie viele Aufgaben an Profis abgeben. Das kostet aber Geld. Und die Kosten können sehr hoch sein. Grafikdesigner, ein Kameramann, ein professionelles Webstudium, ein Werbebüro und ein Lektor sind teuer.

Viele Techniken können Sie sich im Selbststudium aneignen. Hier stehen Ihnen Bücher, Fernkurse, Videokurse, programmeigene Hilfen und Anleitungen und vieles mehr zur Verfügung. Einiges davon kostet Geld. Bei anderen können Sie auch auf eine Bibliothek zurückgreifen.

Schauen Sie auch nach den Angeboten von Softwareherstellern. Oftmals werden hier gute Anleitungen, Web-Seminare (Webinare) und vieles mehr gratis geboten. Aber: Sie müssen natürlich nicht alle Informationen und Kurse aufsaugen. Konzentrieren Sie sich auf das, was für Sie und Ihr Projekt wirklich notwendig ist. Denken Sie aber bitte nicht, dass Sie alles erforderliche Fachwissen besitzen oder während Ihrer Arbeit nachschlagen können. Etwas Vorarbeit kann nicht schaden. Ein kleines Beispiel:

In einem Crowdfunding-Projekt soll ein Kochbuch entstehen. Welche Informationen brauchen Sie dafür? Natürlich müssen die Kochrezepte recherchiert werden. Sie müssen Lebensmittel kaufen. Dazu braucht es keinen Kurs. Auch für das Kochen und Aufschreiben des Kochvorganges und der Rezepturen ist kein Lehrgang notwendig.

Sie benötigen jedoch ein paar Informationen zum Fotografieren von Nahrungsmitteln und Essen. „Food-Photography" ist hier das Zauberwort. Für die Fotografie braucht es nicht unbedingt einen Kurs. Ein paar Informationen können Sie über Webforen recherchieren. Weiterhin sind ein paar Informationen zu den Themen Videoschnitt und zum Erstellen von digitalen Videos ist nützlich. Hier gibt es auch ein paar gute EDV-Sachbücher. Arbeiten Sie mit einem DTP-Programm, ist es sinnvoll, sich hier durch das Handbuch und die Anleitungen der Anwendungssoftware zu arbeiten.

Ein guter Anlaufpunkt für Videotrainings ist video2brain. Sie finden diesen Anbieter im Internet unter der Adresse *https://www.video2brain.com/de*. Hier können Sie jede Menge interessanter und aktueller EDV-Kurse kaufen. Die Preise sind nicht all zu hoch.

Für einige Themen eignet sich auch ein Besuch der nahen Volkshochschule. Kurse zu EDV-Themen gibt es hier ebenso wie Seminare zu vielen anderen Themen.

Bücher zu den Themen Videoschnitt, digitales Video, Grafikbearbeitung, zum Umgang mit digitalen Kameras, Information in sozialen Netzwerken, zum Erstellen von modernen Websites und zum Umgang mit Office- und DTP-Programmen finden Sie in Onlinebuchshops, nahen Buchläden und Bibliotheken. Wählen Sie aus, welche Themen für Ihr Crowdfunding-Projekt interessant sind. Grundlagen zu einigen der genannten Themen werden Sie auch in meinem Buch kennen lernen.

Fachbegriffe

In diesem Buch finden Sie immer mal wieder Fachbegriffe vor. Diese werde ich in den Abschnitten, in denen Sie das erste Mal vorkommen, erklären. Am Ende des Buches finden Sie ein Glossar mit einer Liste wichtiger Begriffe und kurzen Erklärungen dazu. Hier können Sie auch durch eine Liste interessanter Websites stöbern und finden Anregungen zu Checklisten, die Sie für Ihr eigenes Crowdfunding-Projekt nutzen können.

Eine Einführung in das Thema Crowdfunding

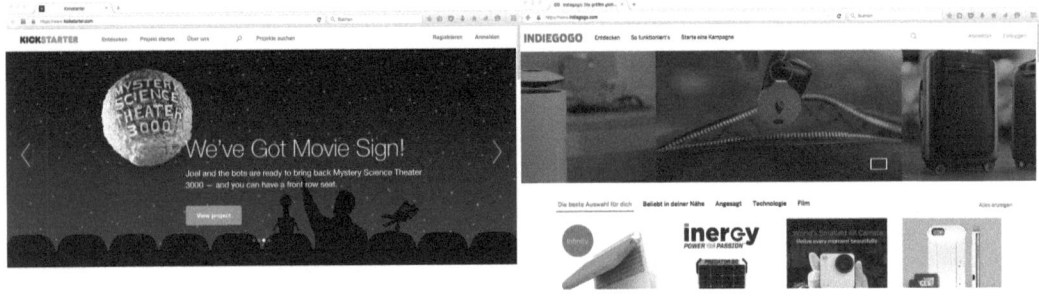

In dieser kleinen Einführung fasse ich noch einmal zusammen, was Crowdfunding eigentlich ist. Sie erfahren, wer eine Crowdfunding-Kampagne starten kann und welche Ziele Sie erreichen können. Ich zeige Ihnen verschiedene Plattformen, auf denen Sie ein eigenes Crowdfunding-Projekt starten können und gehe auch auf Besonderheiten und Unterschiede dieser Plattformen ein. Wir schauen uns aktuelle und besonders erfolgreiche Projekte an. Sie erfahren, was gerade so „in" ist und was sich aus diesem Grund für eine Kampagne eignet. Ich zeige Ihnen, warum das Schreiben von Informationen über die eigene Kampagne in den sozialen Netzwerken so wichtig ist und gehe auch auf das Liken und Unterstützen fremder Kampagnen ein.

Was genau ist Crowdfunding?

Crowdfunding ist eine einfache und moderne Möglichkeit, das Projekt einer Community bekannt zu geben und damit zu finanzieren. Die Finanzierung eines Projektes wird auf Personen verteilt. Dabei wird auch ein Werbeeffekt genutzt. Die Verknüpfungen der sozialen Netzwerke kommen dem Kampagnen-Betreiber zugute. Das Projekt wird auf einem zentralen Punkt bekanntgemacht, der Crowdfunding-Plattform. Mit Text- sowie Bildinhalten und einem Video stellt der Betreiber sich und sein Projekt vor. Er bewirbt es in den sozialen Netzwerken und gibt dem Interessierten ein Feed-back über den aktuellen Status.

Was ich hier als „Projekt" bezeichne, kann etwas ganz Unterschiedliches sein. Ein Roman, ein Bildband, ein Kurzfilm, ein Langfilm, eine Büste, eine Konzertveranstaltung, die neue Single eines Künstlers ... Finanziert wird ein Produkt und damit etwas, das man kaufen kann. Finanziert werden kann auch eine Serviceleistung oder ein soziales Projekt.

Übrigens: Crowdfunding ist in vielen Ländern bekannt und beliebt - aber nicht in allen. Spitzenreiter in Europa ist Großbritannien. Im Jahre 2014 wurden mit Crowdfunding-Kampagnen 2 Milliarden Euro eingenommen. Dahinter folgen Frankreich, Deutschland, Schweden und die Niederlande. In Osteuropa gibt es Crowdfunding so gut wie nicht.

Die Vorteile von Crowdfunding-Kampagnen

Crowdfunding hat mehrere Vorteile:

- Der Betreiber sieht, ob sein Produkt überhaupt auf Interesse stößt.
- Um herauszufinden, ob es einen Markt für das Produkt XYZ gibt, muss ein geringes Risiko aufgenommen werden.
- Die Finanzierung von Produktentwicklung, Herstellung und Versand kann zu einem großen Teil über die Crowd erfolgen. Damit haben Privatleute, Selbstständige, kleine Firmen, Vereine etc. die Möglichkeit, ohne große Geldbeutel Projekte zu finanzieren.
- Über die Crowdfunding-Plattformen können sehr leicht Trends herausgefunden werden.
- Die Betreiber erfolgreicher Projekte können gefunden und angesprochen werden.
- Misslingt ein Projekt, muss der Betreiber mit keinem Verlust rechnen. Das Geld der Unterstützer fließt erst zum Betreiber, wenn das Projekt erfolgreich abgeschlossen wird. Erfolgreich heißt: Die als Ziel gesetzte Funding-Summe muss erreicht oder übertroffen werden.

Schauen Sie sich bitte einmal die Übersichten aus Kapitel 1 an:

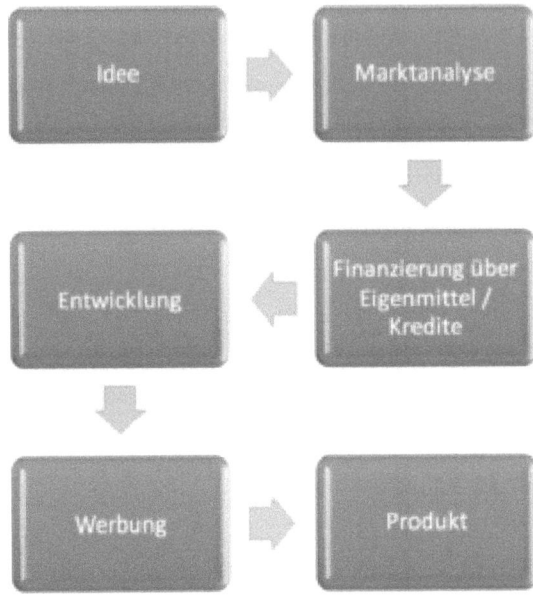

Der Ablauf einer „normalen" Produktentwicklung von der Idee zum verkaufsfertigen Produkt

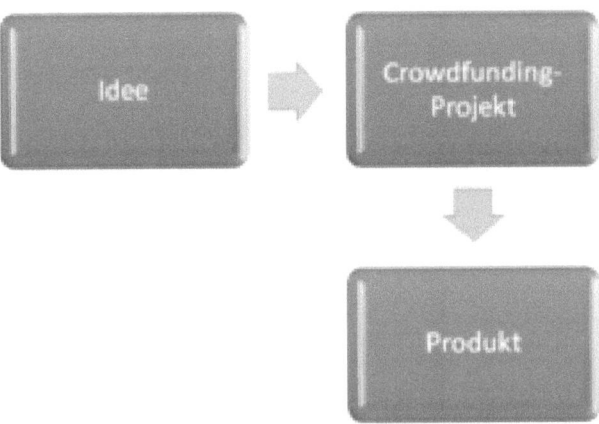

Der Ablauf einer Produktentwicklung auf einer Crowdfunding-Plattform

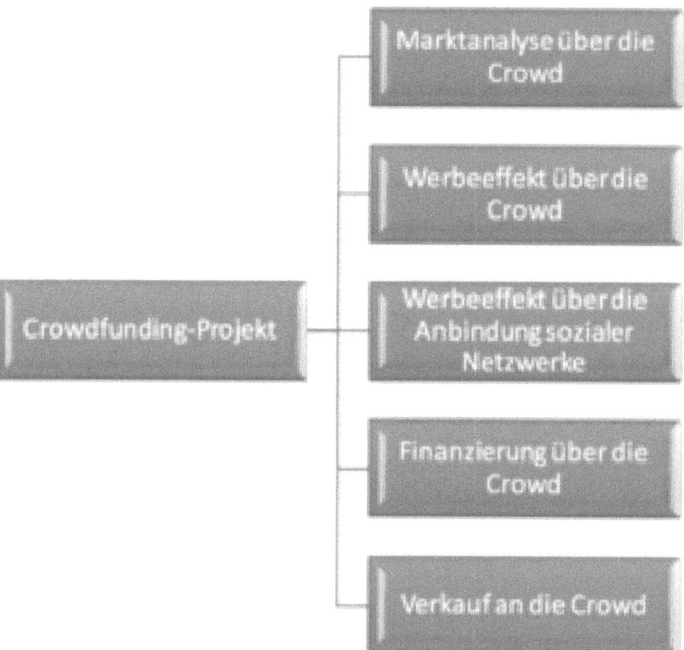

Inhalte einer Crowdfunding-Kampagne

Im ersten Bild sehen Sie, wie normalerweise eine Produktidee umgesetzt wird. Auf die Idee hin folgt eine Marktanalyse. Die Entwicklung geschieht über Kredite oder Eigenmittel. Das Produkt wird teuer beworben und auf den Markt gebracht.

Beim Crowdfunding entfallen viele Schritte. Die Idee wird auch hier analysiert. Und auch hier muss man feststellen, ob das Produkt machbar ist, ob es Konkurrenten gibt und wie der Markt ausschaut. Die Finanzierung sowie die Gewinnung von Fans und ersten Kunden erfolgen jedoch über die Crowdfunding-Kampagne. Die Zwischenschritte entfallen. Die Finanzierung erfolgt über die Crowd. Hier sieht der Funder auch, ob es ein Interesse an dem Produkt gibt und wie stark dieses ist.

Im dritten Bild sehen Sie noch einmal die Vorteile eines Crowdfunding-Projektes. Ein solches Crowdfunding-Projekt hat viele Vorteile und ein geringeres Risiko. Damit erklärt sich auch, warum so viele neue Kampagnen diese Möglichkeit nutzen und ganz unterschiedliche Produkte über eine Crowdfunding-Kampagne auf den Markt bringen.

Das Interesse an einem Projekt erkennen und messen

Das Interesse am Projekt lässt sich sehr leicht erkennen. Sie sehen auf Ihrer Projektseite die Anzahl der Fans. Sie können eine Liste der Unterstützer einsehen und eine Übersicht dazu betrachten, wie oft die Projektseite aufgerufen wurde. Sie sehen, wer Kommentare abgegeben hat. In den sozialen Netzwerken sehen Sie, wer Ihre Beiträge zum Projekt gelikt und wer Sie weitergegeben hat. Bei Ihrem Provider können Sie anhand einer Statistik einsehen, wie oft Ihre Projekt-Website aufgerufen wurde und welche Seiten wie oft betrachtet wurden. Mit Google Analytics oder anderen Analysetools können Sie den Besuch Ihrer Website ebenfalls messen.

All diese Daten zeigen, ob ein Projekt auf Interesse stößt oder die Besucher der Projektseite, Ihrer Website und der Beiträge in Ihren sozialen Netzwerken weiterblättern. Aber: Interesse heißt nicht Erfolg. Wenn Ihr Projekt viele Fans hat, wenn Ihre Website gut besucht wird und Ihre Beiträge sehr oft gelesen, gelikt, kommentiert und weitergeleitet werden, bedeutet das nicht automatisch, dass Ihr Projekt erfolgreich sein wird. Wird Ihr Projekt jedoch nicht wahrgenommen, findet es auch keine Unterstützung. Einige Interessierte bleiben oft übrig und werden zu Unterstützern.

Fans findet man in der Regel schnell. Ein Fan muss ja nur auf eine Schaltfläche klicken und teilt Ihnen virtuell mit – ohne sich aus seinem Sitz zu bewegen –, dass er Ihr Projekt gut findet. Manche Fans wollen auch nur, dass Sie Ihre eigenen Projekte wahrnehmen und unterstützen. Andere surfen durchs Web und nehmen das Gesehene halbherzig wahr. Ein Teil ist wirklich Ihr Fan und findet das, was Sie tun, gut.

Sie merken, dass selbst das Finden von Unterstützern und Fans eine kleine Wissenschaft für sich ist. Der Fan muss etwas gut finden. Dann klickt er auf einen Button und gut. Noch besser wäre es, wenn er zugleich Ihre Projektseite mit anderen in seinem sozialen Netzwerk teilt. Ich selbst tue das ganz gern. Andere klicken auf *Fan werden* und sind damit fertig.

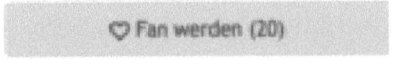

Fan wird man mit wenigen Mausklicks. Fan sein, verpflichtet zu nichts.

Was Sie bei einem Crowdfunding-Projekt messen können

Der Unterstützer muss Ihr Produkt „brauchen" und bereit sein, dafür Geld auszugeben. Er muss es interessant, wichtig und/oder nutzbringend finden. Und er muss seine Geldtasche lockern wollen. Dazu aber später im Buch mehr. Lassen Sie uns hier noch einmal kurz festhalten: Das Interesse an Ihrem Crowdfunding-Projekt ist auf vielfache Weise messbar.

Messen kann der Betreiber eines Crowdfunding-Projektes:

- die Anzahl der Fans eines Projektes,
- die Anzahl der Kommentare auf einer Projektseite,
- die Anzahl der Unterstützer eines Projektes,
- die gebuchten Dankeschöns, die bei einem Projekt angeboten werden,
- das eingenommene Geld,
- die Zugriffe auf die Projektwebsite,
- die Zugriffe der Website zum Projekt und
- die Zugriffe auf die Beiträge, Bilder und Videos in den sozialen Netzwerken.

Notieren Sie sich diese Zahlen. Sie wirken auch als Motivatoren und zeigen, dass Sie auf dem richtigen Weg sind. Oder, sofern es nur wenig Zuspruch gibt, weisen Sie darauf hin, dass Sie noch etwas falsch machen und Ihr Projekt eine Korrektur braucht.

Einige wenige Projekte finden auch den Weg auf lokale Crowdfunding-Plattformen, in ein Fachmagazin und die lokalen Medien. Das ist aber die Ausnahme. Gelingt Ihnen dies, erhalten Sie natürlich kostenlose Werbung und die Anzahl Ihrer Fans und Unterstützer steigt.

Eine Werbeanzeige oder einer Pressemeldung kann für zusätzliche Aufmerksamkeit sorgen. Dazu muss Ihr Projekt besonders interessant sein. Sehen Sie dies aber nicht als Ziel. Werbeanzeigen und Presseberichte sind für viele Crowdfunding-Projekte nicht notwendig.

Die Finanzierung eines Projektes

Die Finanzierung des Projektes erfolgt zum größten Teil über die Crowd. Es hängt natürlich von Ihnen ab, ob Sie bereits etwas vorfinanzieren. Das ist in der Regel auch notwendig. Sie müssen ja auf der Projektseite zeigen, was Sie machen wollen. Fotos können Sie nur machen, wenn es bereits eine Produktidee gibt und vielleicht schon einen Teil des Produktes. Der deutsche Begriff „Schwarmfinanzierung" sagt ja aus, um was es beim Crowdfunding geht.

Im Unterschied zu einem anderen Produkt, das ohne Crowdfunding auf den Markt gebracht werden soll, sind keine Investoren oder Kreditgeber notwendig. Auch hier gibt es Ausnahmen. Crowdinvestoren haben sich auf die Finanzierung von interessanten Crowdfunding-Projekten spezialisiert. Hier stellen Start-ups, kleinere und mittlere Unternehmen ihre Ideen vor. Mehrere Investoren übernehmen die Finanzierung oder einen Teil davon. Auf das Thema Crowdinvest möchte ich in diesem Buch nur am Rande eingehen.

Die Finanzierung der Herstellung eines Produktes kann man oft sehr gut an den Verkauf koppeln. Ein Roman, ein Sachbuch, ein Bildband oder ein Kochbuch lässt sich finanzieren und verkaufen.

Sie sehen, dass ich hier und an anderen Stellen im Buch von „kann" spreche. Es gibt bei einigen Techniken keine konkreten Anleitungen. Es ist ein Unterschied, ob Sie ein Sachbuch zum Thema „Steuern sparen im Haushalt" schreiben wollen oder ein Umrüstungs-Kit für den Bau eines Elektroautos auf den Markt bringen wollen.

Betreiber von Crowdfunding-Projekten ausfindig machen

Auf den Plattformen sehen Sie auch die Betreiber der Projekte. Sie haben hier die Möglichkeit, diese anzuschreiben und Ihre Fragen loszuwerden. Sie können Tipps und Ratschläge erbitten und sich auch Erfahrungen erzählen lassen. Wahrscheinlich wird nicht jeder zurückschreiben und auf Ihre Fragen antworten. Aber eine Frage oder eine Bitte um Rat kostet nichts. Versuchen Sie es einfach einmal.

Wichtig ist auch: Die Crowdfunder mit Ihren erfolgreich abgeschlossenen Projekten sind eine kostenlose Wissens- und Informationsquelle. Sie können sehen, wie etwas beschrieben und vorgestellt wurde. Sie sehen auf der Projektseite, welche Dankeschöns gewählt wurden und wie ein Video, das eine Kampagne vorstellt, gemacht wurde. Sie können die Textinhalte einsehen und nachlesen, wie ein Projekt beschrieben und beworben wurde.

Natürlich gibt es für Crowdfunder auch Berater und Events. Im Magazin Fundscene und auf den Crowdfunding-Plattformen finden Sie mehr dazu. Eine kleine Auswahl finden Sie auch im Anhang dieses Buches.

Ein weiterer Vorteil bei Crowdfunding-Kampagnen: einfacher Neustart

Wird das Crowdfunding-Projekt nicht erfolgreich beendet, starten Sie es einfach neu. Oftmals müssen Sie nur die Funding-Summe korrigieren, andere Dankeschön-Geschenke anbieten oder das Produkt besser beschreiben und den Unterstützern schmackhafter machen. In einigen Fällen kann es auch sinnvoll sein, eine andere Crowdfunding-Plattform für einen Neustart zu wählen.

Produkttrends sind leicht ermittelbar

Die auf den verschiedenen Crowdfunding-Plattformen gelisteten Kampagnen lassen gut erkennen, was gerade im Trend ist. Sie sehen, welche Kampagnen gut laufen, was erfolgreich auf den Markt kommt und welche Kampagnen es leider nicht zum Ziel geschafft haben. Sie können ohne große Webanalysen oder Marktforscher sehen, wer zu den Gewinnern der Plattform zählt. Oftmals werden besondere Kampagnen auf den Startseiten der Crowdfunding-Plattformen gelistet. Dazu finden Sie in den Weblogs und den sozialen Netzwerken der Plattformen einen Platz.

Auf diese Weise können sie sehr leicht beurteilen, ob das von Ihnen umzusetzende Produkt eine gute Chance hat oder ob Sie vielleicht auf einer anderen Plattform schauen sollten. Manchmal müssen Produkte, die nicht auf aktuellen Trendwellen mitschwimmen, besonders interessant gemacht werden.

Kreative regionale Kochbücher, Bio-Produkte und Energiesparthemen sind oft Trendthemen. Interessant sind auch Projekte, die Bekanntes auf eine kreative Weise auf den Markt bringen. Suchen Sie bei Startnext einmal nach „Einhorn". Hier wurden Kondome auf eine neue Art angeboten. Sie finden die Projektseite unter der Adresse *https://www.startnext.com/einhorn*. Das Projekt hat 1.286 Fans und 1.984 Unterstützer gefunden. Eingenommen wurden 104.345 €. Das ist ein erstaunlicher Erfolg.

Das Beispiel Milchzapfanlage

Schauen wir uns einmal ein anderes Beispiel an:

Das Projekt „MilchQuelle: Frische Hofmilch in Berlin" ist gerade aktuell, während ich dieses Buch schreibe. Auf der Webseite des Regionalsenders RBB wurde das Projekt vorgestellt, ebenso in einem Beitrag des RBB. Auch in der Märkischen Allgemeinen findet sich ein Beitrag zu dieser Kampagne.

Um was geht es? Ein Landwirt, der Kühe versorgt, möchte in Berlin 5 Frischmilchzapfanlagen aufstellen. Eine solche betreibt der Landwirt bereits am Kuhstall in Buchholz. Diese kommt bei den Kunden sehr gut an.

Das Projekt können Sie auf der Webseite *https://www.startnext.com/milchquelle* sehen. Um die Website anzuschauen, müssen Sie sich anmelden. Es ist sehr originell. Die Geschäftsidee eines Landwirtes wird umgesetzt. Das Funding-Ziel liegt bei 50.000 €. Die Funding-Schwelle wurde mit 15.000 € festgelegt.

Interessant sind die Dankeschöns zu diesem Projekt. Ein Liter Milch gehört natürlich dazu. Ebenso wie die Möglichkeit, ein Kälbchen zu taufen, eine Führung über den Hof, der Namenseintrag für eine Kuhstatue und eine Traktorfahrschulstunde. Es gibt eine Melkaktie und einen Kurs zum Melken. Die Unterstützer mit dem dicksten Geldbeutel erhalten einen eigenen Kornkreis in Herzchenform.

An dieser Stelle lesen Sie 2 Zielsummen, die mit unterschiedlichen Begriffen bezeichnet werden. Das „Funding-Ziel" will der Betreiber erreichen. Dann kann er ein bestimmtes Produkt oder eine Serviceleistung anbieten. Das eigentliche Ziel wurde hier mit der „Funding-Schwelle" beschrieben. Diese muss erreicht werden, damit die Crowdfunding-Kampagne erfolgreich abgeschlossen wird.

Im oberen Beispiel werden beim Erreichen der Funding-Schwelle die fünf Milchzapfanlagen aufgestellt und betrieben. Wird das Funding-Ziel erreicht, reicht es sogar für einen Milchwagen. Der Landwirt bewirbt das Projekt „ohne Gentechnik" – direkt, melkfrisch und regional. Das sind sehr gute Argumente.

Da es bereits eine Anlage gibt, kann diese im Bildmaterial gezeigt werden. Über die Kosten, Aufwendungen und notwendigen Schritte bei diesem Projekt kann ich nicht viel sagen. Dazu muss man Landwirt sein und wissen, was eine Milchzapfanlage kostet, wie diese betrieben und bereitgestellt wird.

Die Idee ist gut, das Medienecho beachtlich. Jedoch ist die Kampagne gescheitert. Nur 13.200 € sind eingenommen wurden. Es gab 118 Fans und 84 Unterstützer. Woran lag das?

Die hohe Zielsumme ist schwierig zu erreichen und benötigt sehr viele Unterstützer. Bio ist zwar in, aber nicht für jeden. Es gibt in Berlin bereits viele Bioläden und viele Märkte mit frischen Produkten. Dennoch ist das Echo auf diese Kampagne sehr hoch und der Funder spricht selbst auf seinem Blog davon, am Ball zu bleiben.

Eine ähnliche Idee hatte „agrafrisch" auf Vision Bakery mit der Kampagne „24 h Hofmilch zum selber zapfen". Diese hat ihr Ziel erreicht und sprach auch eher die ländliche Bevölkerung an. Es wurde auch nur eine Funding-Summe von 4.476,00 € für eine Anlage angestrebt. Erreicht wurden 5.504,00 €, die durch 101 Unterstützer erreicht wurden. Diese Kampagne finden Sie unter: *http://www.visionbakery.com/milchquelle*

Bei näherem Hinsehen zeigt sich, dass hinter beiden Kampagnen der gleiche Unternehmer steht. Ich habe den Mann getroffen und konnte ihn mit meinen Fragen löchern. Das Ergebnis davon lesen Sie in den Erfahrungsberichten in diesem Buch.

Ich weiß, ich habe zuvor gesagt, ich wollte keine Kampagnen vorstellen, die zu den Verlierern gehören. Ich entschuldige mich dafür. Aber die Milchzapfanlage für Berlin ist nicht wirklich eine Looser-Kampagne. 84 Unterstützer, 118 Fans und 13.200 € muss man erst einmal erreichen. Ich habe sie hier aufgeführt, weil sie einige Dinge deutlich macht:

- Um so höher die angestrebte Funding-Summe, um so schwieriger ist das Ziel zu erreichen.
- Eine coole Idee kann nicht überall umgesetzt werden.
- Ein hohes Medienecho ist keine Garantie für das Erreichen einer Funding-Summe.

Noch ein kleiner Nachtrag. Überlegen Sie selbst einmal, wo der Unterschied zwischen beiden Kampagnen liegt. Wenn Sie auf dem Land leben und der Weg zu einem Hofladen nicht allzu weit ist, würden Sie dann zu diesem fahren und frische Milch kaufen? Würden Sie diesen Weg auch in der Stadt Berlin auf sich nehmen? Den Milchkrug in der Hand zu einer Milchzapfanlage bei einem S-Bahn-Preis von 5,40 € hin- und zurück? Vielleicht war auch dies genau der Grund, warum die sehr gute Idee bei den Hauptstädtern nicht so ankam.

Wer kann Crowdfunding-Kampagnen starten?

Diese Frage lässt sich sehr leicht beantworten: Jeder.

Die Voraussetzungen sind sehr einfach: Sie müssen einen Wohnsitz in Deutschland besitzen. Einige Crowdfunding-Plattformen akzeptieren auch einen Wohnsitz in Österreich oder richten sich nur an Österreicher oder Schweizer. VisionBakery macht hier eine Ausnahme. Hier kann jeder eine Kampagne starten. Voraussetzung ist lediglich ein Account bei dem Zahlungsanbieter PayPal oder ein Bankkonto bei einer Bank in Europa.

Sie müssen mindestens 18 Jahre alt sein. Ab 18 sind Sie geschäftsfähig und für Käufe und Verträge allein verantwortlich. Crowdfunding-Kampagnen von unter 18-Jährigen sind bei Startnext in Absprache mit der Plattform und unter Zuhilfenahme eines gesetzlichen Vertreters möglich.

Sie registrieren sich auf einer Crowdfunding-Plattform. Sie besitzen eine deutsche Kontoverbindung. Sie lassen diese und Ihre Identität überprüfen. Dazu werden die Verfahren „PostIdent" oder „BankIdent" verwendet. Bei VisionBakery erfolgt die Identifizierung mit einer Kopie des Ausweises oder Reisepasses und anhand eines aktuellen Kontoauszugs.

Das Projekt muss den Richtlinien der gewählten Plattform entsprechen.

Die Registrierung auf der Crowdfunding-Plattform erfolgt mit dem realen Namen und dem eigenen Foto. Sie dürfen keine ausgedachten Identitäten verwenden.

Sie dürfen nicht gegen deutsche Gesetze verstoßen. Wurden Sie von einer Crowdfunding-Plattform ausgeschlossen, können Sie logischerweise auf dieser keine Kampagnen betreiben.

Sie müssen sich an Urheberrechte und Persönlichkeitsrechte halten. Das verwendete Bild, Text- und Videomaterial muss Ihnen gehören. Rassistische und obszöne Inhalte sowie Inhalte, die das Persönlichkeitsrecht verletzen, sind nicht erlaubt. Ebenso nicht erlaubt sind menschenverachtende Inhalte, ausländerfeindliche Inhalte, pornografische und gewaltverherrlichende Inhalte.

Noch einmal in der Zusammenfassung – folgende Bedingungen müssen beim Start einer Crowdfunding-Kampagne erfüllt sein:

- 18 Jahre oder älter.
- Einhaltung von deutschem Recht.
- Einhaltung von Urheberrecht und Persönlichkeitsrechten.
- Besitz eines Bankkontos, um das von der Plattform akzeptierte Zahlungssystem zu nutzen.
- Zustimmung zur AGB der Plattform.
- Registrierung mit Realnamen und korrekten Adressdaten.
- Legitimation muss erfolgreich durchgeführt werden.

Darüber hinaus dürfen Sie keine Spam-Nachrichten versenden und in den Kommentarfeldern auf andere Projekte verweisen. In den Kommentaren anderer Projekte dürfen Sie nicht auf Ihre eigenen Projekte hinweisen. Verstoßen Sie gegen diese Netiquette, erhalten Sie eine Verwarnung. Eine weitere Verwarnung kann dazu führen, dass Sie von der Plattform ausgeschlossen werden. Diese „Community-Richtlinien" sind einfach und sollten unbedingt eingehalten werden.

Kommen wir zum Thema zurück: Wer darf eigentlich eine Crowdfunding-Kampagne starten? Wie bereits gesagt: Jeder. Privatpersonen, Start-up-Unternehmen, Unternehmer, Selbstständige, kleine und große Firmen, Vereine, Studenten, Lehrer, Stiftungen...

Sie können Crowdfunding nutzen, um ein neues Produkt zu finanzieren und bekanntzumachen. Sie können ein künstlerisches Projekt starten und so eine Büste, ein Bild, eine Ausstellung etc. finanzieren. Sie können Bücher, Filme, Bildbände und die unterschiedlichsten Produkte der verschiedensten Art mit Crowdfunding finanzieren.

Wichtig ist: Die verschiedenen Crowdfunding-Plattformen haben sehr unterschiedliche Regeln und AGBs. Es gibt daher keine allgemein gültige Verhaltensweise, die für alle Plattformen gilt. Jede Plattform möchte Sie natürlich als Funder gewinnen. Darum unterschieden sie sich durch verschiedene Layouts, Kategorien und die akzeptierten Zahlungsmittel.

Einige Bedingungen sind immer gleich. Das ist auch nachvollziehbar. Sie müssen sich auf allen Crowdfunding-Plattformen mit realen Adressdaten anmelden, die AGB einhalten, die Netiquette im Umgang mit anderen Fundern respektieren und dürfen nicht gegen geltendes deutsches Gesetz verstoßen (bzw. gegen das Gesetz des Landes, in dem die gewählte Plattform ihren Firmensitz hat).

Verboten sind auf allen Plattformen gewaltverherrlichende, sexistische und radikale Inhalte. Ebenso verboten sind diskriminierende, menschenverachtende und FSK 18-Inhalte. Alle Crowdfunding-Kampagnen auf allen in Deutschland verfügbaren Plattformen müssen sich an die Gesetze der Bundesrepublik Deutschland halten. Ulule macht eine Ausnahme. Die Plattform stammt aus Frankreich. Deswegen müssen deutsche und französische Gesetze eingehalten werden.

Diese Regeln sind selbstverständlich, müssen aber dennoch immer wieder genannt werden. Darüber hinaus gibt es zwischen den Plattformen Unterschiede. Damit diese besser ersichtlich sind, habe ich Ihnen einmal für die wichtigsten Crowdfunding-Plattformen, die ich auch in diesem Buch vorstelle, die Grundvoraussetzungen zusammengestellt.

Bitte haben Sie dafür Verständnis, dass ich hier nur auf die Regeln und Besonderheiten der Plattformen eingehe, deren Support und Benutzeroberfläche deutschsprachig ist.

Crowdfunding bei Startnext

Folgende Bedingungen müssen beim Start einer Crowdfunding-Kampagne bei Startnext erfüllt sein:

- Wohnsitz in Deutschland und Österreich.
- 18 Jahre oder älter (in Absprache der Plattform auch mit einem gesetzlichen Vertreter).
- Einhaltung von deutschem Recht.
- Einhaltung von Urheberrecht und Persönlichkeitsrechten.
- Besitz eines Bankkontos in Deutschland.
- Zustimmung der AGB der Plattform.
- Registrierung mit Realnamen und korrekten Adressdaten muss erfolgt sein.
- Legitimation muss erfolgreich durchgeführt werden.

Crowdfunding bei VisionBakery

Folgende Bedingungen müssen beim Start einer Kampagne bei VisionBakery erfüllt sein:

- Einhaltung von deutschem Recht.
- Einhaltung von Urheberrecht und Persönlichkeitsrechten.
- Zustimmung zur AGB der Plattform.
- Der Funder muss ein PayPal-Konto besitzen.

- Legitimation durch Kopie des Personalausweises oder Reisepasses.
- Vorlage der Kopie eines Kontoauszuges.
- Vorlage eines Gewerbescheines (nur für gewerbliche Nutzer) oder Handelsregisterauszuges.
- Vorlage eines Vereinsauszuges (nur für Vereinsmitglieder bei Kampagnen für Vereine) oder ein Schreiben des Vereinsvorstandes (sofern der Name nicht in der Vereinssatzung genannt wird).

Crowdfunding bei Ulule

Folgende Bedingungen müssen beim Start einer Crowdfunding-Kampagne bei Ulule erfüllt sein:

- Einhaltung von französischem und deutschem Recht.
- Einhaltung von Urheberrecht und Persönlichkeitsrechten.
- Zustimmung zur AGB der Plattform.
- Eine Kampagne muss kreativ, solidarisch und oder innovativ sein.
- Das Projekt muss eine gemeinschaftliche, künstlerische oder öffentliche Bestimmung haben.
- Der Funder ist eine Privatperson, Mitglied in einem Verein oder einer Gesellschaft.
- Das Projekt muss komplett erläutert sein. Der Projektleiter (Funder) muss sich vorstellen. Die Dankeschöns müssen aufgelistet sein. Die Beschreibung des Projektes muss verständlich sein. Die Finanzierung muss klar sein, jedoch ist auch eine Teilfinanzierung möglich.

Crowdfunding bei Gemeinschaftscrowd

Folgende Bedingungen müssen beim Start einer Kampagne bei Gemeinschaftscrowd erfüllt sein:

- Einhaltung von deutschem Recht.
- Einhaltung vorn Urheberrecht und Persönlichkeitsrechten.
- Zustimmung zu AGB der Plattform.
- Mitglied eines gemeinnützigen Vereins oder einer gemeinnützigen Institution.
- Einverständniserklärung des Vorstandes muss erteilt und Gemeinschaftscrowd vorgelegt werden.

Crowdfunding bei 100Fans

Folgende Bedingungen müssen beim Start einer Crowdfunding-Kampagne bei 100Fans erfüllt sein:

- Einhaltung von deutschem Recht.
- Einhaltung von Urheberrecht und Persönlichkeitsrechten.
- Zustimmung zur AGB der Plattform.
- Sie müssen mindestens 18 Jahre alt sein.
- Ein Girokonto bei einer Bank in Deutschland ist notwendig.
- Der Funder ist Autor und will sein Buchprojekt verwirklichen.
- Der Autor muss sein Buch selbst schreiben. Es dürfen keine Rechte von anderen verletzt werden.
- Texte und Bilder dürfen niemanden beleidigen, herabwürdigen, diskriminieren oder seine Ehre verletzen.
- Das verwendete Bild- und Fotomaterial muss selbst erstellt sein oder es müssen, schriftlich vereinbart, die Rechte für die Veröffentlichung und Nutzung im Buch vereinbart werden.

Welche Crowdfunding-Kampagnen werden nicht finanziert?

Nicht jedes Produkt, jede Serviceleistung, nicht jede Idee oder jede künstlerische Kampagne kann mit Crowdfunding finanziert werden.

Bei der Plattform Startnext dürfen Sie z.B. keine Ausbildung finanzieren. Sie können keine Doktorarbeit, keinen Meister und kein Studium finanzieren. Das Sammeln der Kosten für Reisen und Charity-Projekte ist nicht möglich. Der Kauf von technischem Zubehör oder anderen Produkten bzw. Equipment kann nicht finanziert werden. Auch Werbemaßnahmen dürfen nicht finanziert werden.

Lesen Sie sich vor dem Start einer Kampagne unbedingt die Regeln, AGB und Anleitungen der gewählten Crowdfunding-Plattform durch. In der Regel liest man Handbücher und Anleitungen nicht gern. Zumindest mir geht es so. Aber ein Crowdfunding-Projekt ist kein Computerspiel, bei dem man einfach starten, seinen Charakter erstellen und loslegen kann. Fehler, Missverständnisse und Rückschläge lassen sich vermeiden, indem man sich vor Beginn einer Kampagne gut informiert.

Welche Ziele sind erreichbar?

Es sind viele verschiedene Ziele erreichbar. Sie können einen Start aus der Arbeitslosigkeit wagen. Sie können einen Kurzfilm finanzieren. Sie können ein ganz besonderes Produkt Ihrer Firma bekanntmachen und verkaufen. Sie können ein Hilfsprojekt finanzieren, ohne auf öffentliche Mittel angewiesen zu sein. Sie können ein Start-up-Unternehmen mit seinem innovativen Produkt bekanntmachen. Sie können die kostenintensive Entwicklung eines Produktes finanzieren. Eine Firma kann mit Crowdfunding neue Wege gehen. Sie können ein kleines Museum umsetzen oder Ihrem Lehrer eine Erinnerungsbüste bauen. Sie können etwas, das Sie in Ihrer Freizeit bauen, bekanntmachen und verkaufen. Sie können Ihrer Kreativität freien Lauf lassen und auf diese Weise eine Idee finanzieren. Ihr Verein kann ein Produkt finanzieren und auf den Markt bringen.

Die möglichen Ziele werden lediglich durch die AGBs und die Regeln einer Cowdfunding-Plattform begrenzt; im weitesten Sinne auch durch die Ausrichtung der Plattform. Einen ersten Eindruck erhalten Sie, wenn Sie einfach einmal durch die verschiedenen Plattformen surfen und sich anschauen, wer dort etwas umsetzt.

Vorstellung der verschiedenen Plattformen

In diesem Kapitel möchte ich Ihnen die wichtigsten Crowdfunding-Plattformen vorstellen. Sie erfahren, welche Besonderheiten diese haben und auf welche Projekte sie ausgerichtet sind. Ich zeige Ihnen, welche Projekte Sie nicht machen können und verrate Ihnen, ob Gebühren anfallen oder ob dies nicht der Fall ist. Ich stelle Ihnen die Kategorien der Plattformen vor und verrate Ihnen, welche Projekte häufig vorkommen und zeige Ihnen eine Auswahl von erfolgreichen Projekten.

Auch hier noch einmal der Hinweis: Die vorgestellten Crowdfunding-Plattformen sind eine Auswahl der bekanntesten Plattformen. Diese Auswahl erhebt keinen Anspruch auf Vollständigkeit. Bitte schauen Sie sich ausgiebig vor dem Start einer eigenen Kampagne um. Orientieren Sie sich, was aktuell gut läuft und welche Projekte erfolgreich sind und welche weniger Erfolg haben.

Startnext

https://www.startnext.com

https://www.facebook.com/startnext

https://twitter.com/startnext

https://plus.google.com/+startnext

https://www.startnext.com/blog.html

Startnext ist eine Crowdfunding-Plattform mit Sitz in Berlin. Die Plattform ist sehr beliebt und stark frequentiert. Startnext gibt es seit 2010. Auf der Startseite der Webplattform findet sich eine Übersicht über den Erfolg der Projekte (in %). Hier sehen Sie auch die Anzahl der erfolgreichen Crowdfunding-Projekte und die Summe der Finanzierungen. Darunter findet sich eine Liste empfohlener und aktueller Projekte.

Die Plattform

Startnext setzt auf Projektstarter aus Deutschland. Die Plattform bietet eine Reihe verschiedener Bezahlmethoden an.

Startnext bietet eine Crowdfunding-Page an. Diese kann von Unternehmen, Vereinen, Stiftungen, Förderinstitutionen und Städte genutzt werden. Dafür gibt es ein kostenloses und zwei kostenpflichtige Angebote.

Startnext bietet auf einigen Websites einen Stylguide an. Hier finden Sie Tipps zum Gestalten Ihrer Projektseite. Wer mag, kann auch spezielle Veranstaltungen und Kurse nutzen und bei Startnext eine Beratung buchen.

Angeboten werden ebenso eine Software und APIs für Programmierer. So kann Crowdfunding, Crowdfinanzierung und eCommerce verbunden werden. Auf diese möchte ich an dieser Stelle nicht näher eingehen. Das würde den Rahmen dieses Buches sprengen.

Die Crowdfunding-Plattform Startnext

Gebühren und Besonderheiten auf dieser Crowdfunding-Plattform

Die Crowdfunding-Plattform Startnext verlangt keine Provision. Die Plattform setzt auf eine freiwillige Spende.

Die Plattform richtet sich ausschließlich an Starter aus Deutschland, Österreich und der Schweiz. Neben einer im Browser anzeigbaren FAQ-Webseite gibt es einen Online-Starter-Guide und ein Weblog mit Tipps.

Erfolgreiche Projekte auf dieser Crowdfunding-Plattform

Zu den erfolgreichen Projekten gehören das Buchprojekt Grönland, in dem das Leben der Inuit vorgestellt wird. Unter „Marcel & Herr Wiesner" wurde eine Musik-CD finanziert. „Floh Ferdinand" ist ein lustiges und schönes Kinderbuch, das auf Startnext erfolgreich finanziert wurde. Das Projekt „SHOEbuntu" hat 100 Kinder aus einem südafrikanischen Township mit neuen Schuhen versorgt. Mit dem Projekt „dna merch - made with dignity, worn with attitude" sind Fan-T-Shirts finanziert wurden. „ANDERSWO - Auf den Spuren von Mascha Kaléko" ist ein interessantes Amateur-Theaterprojekt.

Kategorien

Auf Startnext gibt es die folgenden Kategorien:

Bildung	Umwelt	Kunst
Comic	Film / Video	Landwirtschaft
Community	Food	Literatur
Design	Fotografie	Mode
Erfindung	Hörspiel / Hörbuch	Musik
Event	Journalismus	Social Business
Spiele	Technologie	Theater

VisionBakery

http://www.visionbakery.com

https://www.facebook.com/VisionBakery

http://www.visionbakery.com/vb/

https://plus.google.com/+VisionBakery

https://twitter.com/Visionbakery

VisionBakery beschreibt sich selbst als zweitgrößte Crowdfunding-Plattform in Deutschland. Die Plattform hat 704 Projekte aufgeführt und zählt 33.768 Unterstützer (Stand Dezember 2015). Das Unternehmen gibt es seit 2010. VisionBakery hat seinen Sitz in Dresden.

Auf der Startseite kann man einen Mitarbeiter kontaktieren und sich so beraten lassen. Es ist auch möglich, hier einen kostenlosen Beratungstermin zu buchen.

Auf der Website kann der Interessierte einen kostenlosen Newsletter abonnieren, den Blog der Plattform besuchen und eine FAQ durchforsten. Sehr einfach kann durch die verschiedenen aktiven Projekte geblättert werden. Unter dem Menüpunkt „Wir über uns" stellt sich das Team vor.

Die Plattform

Jeder Funder kann sein Projekt auf einer individuell eingerichteten Website präsentieren. Die Plattform bietet ein buntes Sammelsurium interessanter Produkte und Projekte. Da der Starter einer Kampagne nicht aus Deutschland stammen muss, finden sich auch internationale Kampagnen auf der Plattform. Es macht sehr viel Spaß, durch die Projekte zu blättern. Junge Ideen, Kultur, internationale Hilfsprojekte, Bio-Projekte, die im Trend liegen, finden sich hier neben vielen interessanten Geschäftsideen.

Gebühren und Besonderheiten auf dieser Crowdfunding-Plattform

Eine Provision an die Plattform ist nur beim Erfolg des Projektes zu zahlen. Support bietet VisionBakery kostenlos an. Dieser kann im Büro der Firma, per Telefon oder auch Skype genutzt werden. Beim Erfolg einer Kampagne werden 11,9 % Provision fällig. Darin enthalten sind die Gebühren für den Überweisungsdienstleister PayPal und die Kosten für die Dienstleistung.

Für Unterstützungen fallen 0,36 € pro Leistung an. Dieser Betrag ist unabhängig davon, wie hoch eine Unterstützung ausfällt. Erreicht eine Kampagne nicht die angestrebte Finanzierungssumme, werden die Gebühren und die einbezahlten Beträge für den Kauf der Dankeschöns zurückgezahlt. Es entstehen also keine Kosten bei Nichterreichen der Funding-Summe .

Die Crowdfunding-Plattform steht jedem offen. Das beschränkt sich nicht nur auf Menschen aus Deutschland. Sie benötigen ein Konto beim Bezahlungsdienst PayPal. Innerhalb Europas können Sie ein herkömmliches Bankkonto für Ihre Überweisungen an die Plattform nutzen.

Ein Projekt hat eine Laufzeit von bis zu 55 Tagen. Der Start eines Projektes erfolgt in vier einzelnen Schritten. Crowdfunder authentifizieren sich mit einer Kopie des Personalausweises oder Reisepasses. Ebenso wird eine Kopie eines aktuellen Kontoauszuges benötigt. Bei dieser werden aller Inhalte außer Anschrift, Namen, Datum und Bankverbindung geschwärzt. Gewerbliche Nutzer müssen einen Gewerbeschein einreichen. Vereine erbringen als Nachweis einen Vereinsauszug.

VisionBakery heißt den Websurfer willkommen

Andere	International	Spiele
Comedy	Journalismus	Sport
Comics	Kunst	Tanz
Design und Essen	Literatur	Technologie und Erfindungen
Film und Video	Mode	Theater
Fotografie	Musik	Veranstaltungen
Handwerk	Soziale Projekte	

Häufige Projekttypen

Bei VisionBakery werden oft finanziert:

- Dokumentarfilme
- Filmprojekte
- Radio-Projekte
- Soziale Projekte
- Internationale soziale Projekte
- Inklusions-Projekte
- Projekte rund um Kinder
- Finanzierung von Kongressen
- Sportprojekte
- Fashion-Projekte
- Umweltschonende und moderne Energietechniken inklusive Solar- und Windkraftanlagen und deren Wiederaufbau
- Projekte rund um Ernährung und Lebensmittel (Bäckereien, Cafés, vegane Straßenfeste)
- Kunstprojekte (Musik, Bildbände, Kinderbücher, Theater-Projekte, Projekte aus der Club-Szene, Romane, Magazine, Kunst- und Festivalkataloge, Festivals, Benefizkonzerte, Zirkusprojekte, Ausstellungen, Museen, Lesungen)
- Rekonstruktionen von Baumaterial (insbesondere denen, die zu Vereinen und Hilfsprojekten gehören)

Beachten Sie bitte, dass diese Aufzählung auf Basis der Liste der erfolgreichsten Projekte auf der Plattform erstellt wurde. Sie kann eine Hilfe sein, um die richtige Plattform für Ihr Projekt zu finden. Das heißt aber nicht, dass, wenn Ihr Projekt zu keinem der genannten Themen passt, es nicht auf dieser Plattform erfolgreich finanziert werden würden. Im Zweifelsfall nutzen Sie die Beratung des Plattform-Anbieters. Kreative und ungewöhnliche Projekte sind immer gern gesehen. Besonders dann, wenn Sie eine breite Menge oder eine bestimmte, über die Crowd erreichbare Zielgruppe ansprechen.

Erfolgreiche Projekte auf dieser Crowdfunding-Plattform

Zu den erfolgreichsten Projekten gehört die Radiosendung detektor.fm, die Finanzierung des ersten klimaneutralen Weltkongresses und der Aufbau eines Notrufers für alleinlebende Senioren. Es finden sich hier die Dokumentarfilmtrilogie „Geschichten hinter vergessenen Mauern" und der Dokumentarfilm „Vergessen im Harz". Erfolgreich finanziert wurde der Jugendtreff Rainbow in Schöneck (Sachsen-Anhalt) und der TID. TID steht für Tour International Danubien und bezeichnet den längsten und härtesten Wasserwanderweg der Welt (laut Projektbeschreibung). Unter den erfolgreichsten Projekten findet sich die Finanzierung der 4. internationalen Degrowth-Konferenz und die Finanzierung des sozialen Projektes Buchkinder Leipzig e.V.

Kickstarter

https://www.kickstarter.com

https://www.kickstarter.com/happening?ref=footer

https://www.kickstarter.com/blog?ref=footer

https://www.kickstarter.com/backing-and-hacking?ref=footer

https://www.facebook.com/Kickstarter

https://twitter.com/kickstarter

http://kickstarter.tumblr.com

https://www.instagram.com/kickstarter

https://www.pinterest.com/kickstarter

https://www.youtube.com/user/kickstarter

Die Plattform

Kickstarter ist aus den USA bekannt. Auf der US-amerikanischen Plattform wurden interessante Projekte verwirklicht und sehr hohe Summen eingenommen und investiert. Kickstarter gibt es seit 2009 auch in Deutschland. Die Plattform ist in den meisten sozialen Netzwerken vertreten.

Für alle neuen Starter gibt es eine FAQ und ein Handbuch. Um bei Kickstarter ein Projekt einzustellen und es mit dieser Crowdfunding-Plattform umzusetzen, muss es in eine der Kategorien passen. Sie müssen „etwas Neues erschaffen" und anschaulich und wahrheitsgetreu beschreiben. Sie dürfen bei Kickstarter keine Spenden sammeln und den Unterstützern keine finanziellen Anreize versprechen. Sie dürfen darüber hinaus keine verbotenen Produkte anbieten. Dies sind die Grundregeln von Kickstarter. Diese sind einfach und dürften leicht umgesetzt und eingehalten werden.

Mit „Spotlight" können Sie anderen Crowdfundern Ihre Projekte und deren Weg bis zur erfolgreichen Finanzierung vorstellen. Diese Videoerfahrungsberichte sind interessant und bergen viele Tipps und Anregungen.

Kickstarter verlangt kein Pitchvideo. Dem Funder ist es freigestellt, ob er sein Projekt mit einem Video vorstellt oder ob er dies nicht tut. Kampagnen mit einem Video sind in der Regel jedoch erfolgreicher.

Die Plattform bietet eine Kampagne mit einem festen Ziel und eine offene Kampagne an. Eine Kampagne mit einem festen Ziel entspricht der „Alles-oder-nichts"-Regel. Das Ziel muss erreicht werden. Ansonsten werden die Geldsummen nicht an den Funder ausgezahlt und die Kampagne gilt als gescheitert. Eine offene Kampagne kostet eine höhere Gebühr. Die eingenommenen Gelder werden auf jeden Fall an den Funder ausgezahlt.

Zu beachten ist: Bei Kickstarter-Kampagnen treten Zahlungsausfälle auf. Anders als bei Startnext kümmert sich kein Zahlungsdienstleister um Buchungen, die aufgrund ungedeckter Konten nicht ausgeführt werden können. Bei einem Zahlungsausfall erhält der Funder eine E-Mail und wird gebeten, sich selbst um das Problem zu kümmern. Aufgrund der Internationalität und der E-Mail-Bitte, die meist ignoriert wird (sofern der Funder überhaupt eine solche verschickt), sind die Gebote meist verloren. Ungewöhnlicherweise werden die Beträge dennoch gezählt. Die erreichte Funding-Summe enthält auch die Beträge, die nicht eingezogen und überwiesen werden konnten.

Der Funder muss Zahlungsausfälle mit einkalkulieren. Nach den Erfahrungen eines Funders, den ich in einem Interview gesprochen habe, liegen bei 12.000 $ Summe ca. 500 - 800 $ Zahlungsausfälle vor. Dieser Betrag kann natürlich schwanken.

Mit einkalkulieren müssen Funder auch, dass durch den internationalen Versand auch unterschiedliche Versandkosten auftreten. Es erfordert ein wenig Zeit, diese zu recherchieren. Die Kosten finden Sie jedoch auf den Internetseiten der Transportdienste.

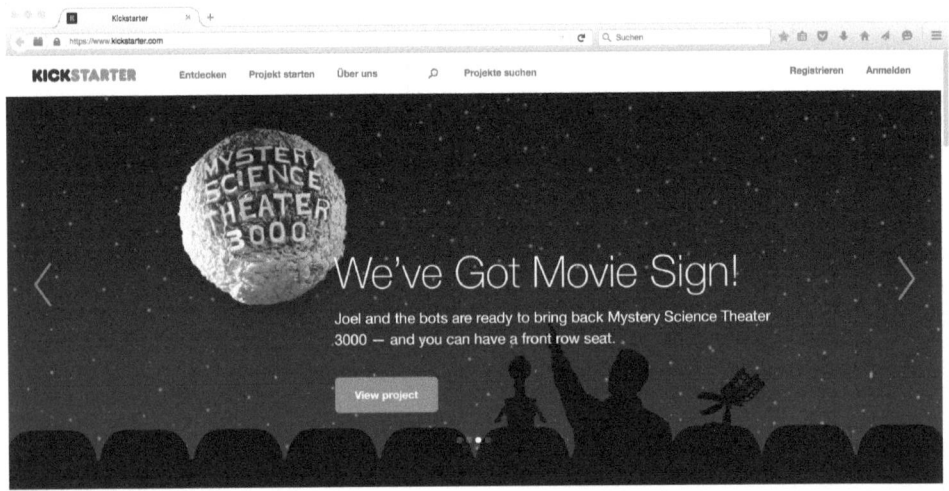

Kickstarter gibt es nun auch in Deutschland

Gebühren und Besonderheiten auf dieser Crowdfunding-Plattform

Eine Gebühr wird bei Kickstarter nur fällig, wenn ein Projekt das Finanzierungsziel erreicht. Ist dies der Fall, werden 5 % Provision für den Betreiber der Plattform fällig. Zahlungen werden mit dem Anbieter Stripes abgewickelt. Dieser verlangt eine Gebühr von 3 - 5 %.

Erfolgreiche Projekte auf dieser Crowdfunding-Plattform

Die Beschilderung der New Yorker U-Bahn ist bei Kickstarter als Bildband umgesetzt wurden. Zu den erfolgreichsten Projekten gehört eine Dokumentation über den chinesischen Künstler Ai Weiwei. Das Computerspiel Wasteland 2 war supererfolgreich. Das Modeprojekt „We Flashy: Reflective Clothing For Modern Times" zeigt eine reflektierende Streetwear. Mit „Tar Sands Reporting Project" haben kanadische Journalisten ein Jahr lang die Auswirkungen des Teersandes verfolgt und dokumentiert.

In den Comics gibt es einige supercoole und spannende Projekte. Das Tanzprojekt „STANDARD TIME - The Production" wurde mit Kickstarter umgesetzt. Der Bildband „MOSSLESS Issue Three: The United States (2003-2013)" wurde mit Kickstarter erfolgreich finanziert. Er zeigt, wie sich Amerika in einer Zeitspanne von 10 Jahren verändert hat. Der Bildband war so erfolgreich und qualitativ gut, dass ihn die New York Times vorgestellt hat. Mit „Set Chopin Free" wurde mit einem Kickstarter-Projekt das Lebenswerk von Chopin von den bisher vorliegenden Urheberrechtsbeschränkungen befreit und öffentlich zugänglich gemacht. Aus einer Webseite wurde mit dem Projekt „The Great Discontent Magazine" ein interessantes Hochglanz-Magazin.

Auf Kickstarter wurden sehr viele interessante Projekte umgesetzt. Schauen Sie sich um und blättern sich durch die Plattform. Schauen Sie sich die News unter der Überschrift „Happening" an. Auch ein Blick auf den englischsprachigen Blog ist empfehlenswert. Hier findet man viele interessante Anregungen.

Kategorien

Bei Kickstarter gibt es die folgenden Kategorien:

Comic	Mode	Musik
Kunst	Film und Video	Fotografie
Kunsthandwerk	Essen/ Trinken	Publishing
Tanz	Spiele	Technologie
Design	Journalismus	Theater

Indiegogo

https://www.indiegogo.com

https://www.facebook.com/Indiegogo

https://twitter.com/indiegogo

https://plus.google.com/+indiegogo/about

https://www.instagram.com/indiegogo

https://www.linkedin.com/company/indiegogo

https://www.youtube.com/user/IndiegogoVideo

Die Plattform

Indiegogo ist vor allem interessant für Independent-Künstler und kreative Macher, die eigene Wege gehen. In letzter Zeit ist die Plattform jedoch größer, bekannter und erfolgreicher geworden. So sind auch Kampagnen vorhanden, die nicht mehr in den Independent-Bereich hineingehören.

Indiegogo beschränkt sich nicht auf Deutschland, sondern erlaubt internationale Crowdfunding-Kampagnen. FAQ und Hilfe-Handbücher sind in englischer Sprache gehalten. Es gibt hier ein „Film Handbook", ein „Hardware Handbook", ein „Indiegogo Playbook..." und einen „Crowdfunding Field Guide ...".

Eine eigene Crowdfunding-Kampagne wird mit dem Kampagneneditor erstellt. Wie bei anderen Plattformen werden alle benötigten Informationen Schritt für Schritt eingegeben. Laut Angaben auf der Webseite des Anbieters bietet Indiegogo mehr Statistiken als jede andere Crowdfunding-Plattform.

Nach einer Anfrage erhält man sehr schnell eine Antwort vom Supportmitarbeiter. Die Plattform beschäftigt auch einen deutschsprachigen Mitarbeiter. Auf eine Anfrage von mir hat man sehr schnell geantwortet und geschrieben, dass der Google-Translate keine verständliche Übersetzung geliefert hat. Die Deutsch sprechende Mitarbeiterin wird sich am nächsten Tag um mein Problem kümmern.

Das ist eine nette und schnelle Antwort. Der Support-Dienst hat damit schneller reagiert als der von Startnext, Kickstarter und Ulule.

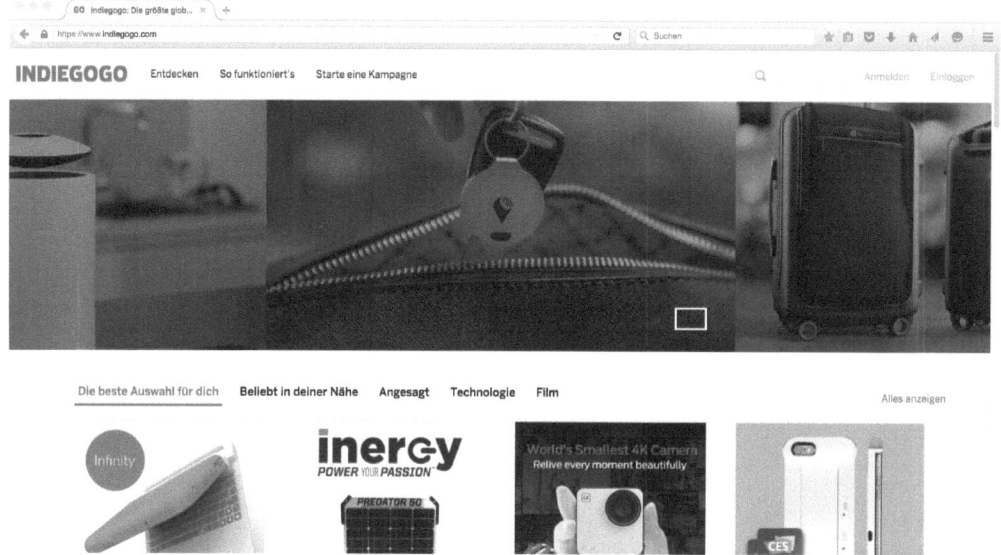

Die Plattform INDIEGOGO

Gebühren und Besonderheiten auf dieser Crowdfunding-Plattform

Erreicht die Crowdfunding-Kampagne das angestrebte Ziel, erhebt die Plattform 5 % Provision. Hinzu kommen je 3 % Gebühren bei Geldtransaktionen per Kreditkarte und PayPal.

Indiegogo unterscheidet zwischen zwei Arten von Kampagnen: Zum einen werden kreative, unternehmerische und sonstige Projekte umgesetzt. Hierbei werden 5 % Provision bei erfolgreichen Kampagnen fällig. Die zweite Art von Crowdfunding-Kampagnen sind Kampagnen, die einem persönlichen oder gemeinnützigen Zweck dienen. Hierbei wird keine Gebühr fällig.

Erfolgreiche Projekte auf dieser Crowdfunding-Plattform

Der „Core Wireless Speaker Was Designed To Be The Core Of Your Musical Universe" hat unglaubliche 1.516.506 Dollar eingenommen. Das sind 3160 % der angestrebten Summe. Das Projekt „Misfit Shine Changes the Game for Wearables" gehört zur Kategorie „Design" und konnte sich über 846.675 Dollar freuen. Das Community-Projekt „Thousands Help Cecil Williams Keep his Dog" hat ganze 78.578 Dollar eingenommen. Der Dokumentarfilm „Roger Ebert Documentary Makes History" ist mit 153.875 Dollar finanziert wurden. Das zur Kategorie „Fashion" gehörende Projekt „MVMT Watches Hit the Scene", mit dem die Entwicklung einer Armbanduhr finanziert wurde, konnte sich über 219.898 Dollar freuen.

Kategorien

Indiegogo bietet eine große Anzahl an verschiedenen Kategorien. Diese sind:

Bildung	Kleinunternehmen	Spiele
Comic	Kunst	Sport
Community	Medienübergreifend	Tanz
Design	Musik	Technologie
Ernährung	Mode	Theater
Film	Politik	Tiere
Fotografie	Religion	Umwelt
Gesundheit	Schreiben	Video / Web

Ulule

http://de.ulule.com

http://blog-de.ulule.com

https://www.facebook.com/ulule

https://twitter.com/ulule

https://www.linkedin.com/company/ulule

Die Plattform

Die Crowdfunding-Plattform Ulule kenne ich persönlich noch nicht so gut. Im Zusammenhang mit der Arbeit an diesem Buch bin ich auf diese Plattform gestoßen. Ein Blick auf die Plattform zeigt, dass hier jede Menge los ist. Ulule ist international. Die Plattform beschränkt sich nicht auf Deutschland. Ulule gibt es seit 2010. Es stehen verschiedene Währungen zur Verfügung. Die Webseite gibt es in mehreren Sprachen. Selbst im Forum sind Bereiche für ganz unterschiedliche Sprachgebiete vorhanden.

Ulule ist eine weitere, interessante Crowdfunding-Plattform

Gebühren und Besonderheiten auf dieser Crowdfunding-Plattform

Wie bei anderen Crowdfunding-Plattformen so ist auch bei Ulule erst dann eine Provision fällig, wenn das Projekt erfolgreich finanziert wurde. Die Höhe hängt von der Höhe der erreichten Funding-Summe und der gewählten Zahlungsart ab. Hier sind bis zu 8 % fällig.

Ulule arbeitet mit „Vox". Darunter versteht man eine Cloud. Hier können Sie sich mit anderen Fundern austauschen, Anzeigen posten sowie praktische und technische Fragen stellen.

Kategorien

Bei Ulule gibt es die Kategorien:

Filme und Videos	Spiele	Crafts & Food
Darstellende Kunst	Charities und Citizen	Kulturerbe
Fashion & Design	Publishing und Journal	Childhood und Educ
Musik	Art & Photo	Andere
Comics	Sport	

Erfolgreiche Projekte auf dieser Crowdfunding-Plattform

„Noob, der Film" wurde mit 680.000 € finanziert. Das Rollenspiel „Der Ruf von Cuthullu" hat einen Zeitrekord aufgestellt und die Summe von 10.000 € innerhalb von 25 Minuten eingenommen. Das Projekt „Ein Kalender mit Lateinlehrerinnen" hat unglaubliche 6500 % der angestrebten Funding-Summe erreicht. Das „Debian-Administrationshandbuch" wurde von Linux-Fans aus 46 verschiedenen Ländern finanziert.

Ulule ist eine Plattform, deren Möglichkeiten sich erst auf den zweiten Blick erschließen und die voll von kreativen und spannenden Ideen ist. Schauen Sie sich genau um. Kreative Projekte, Community-Projekte und Projekte mit viel Herz findet man hier.

100Fans

https://100fans.de

http://www.facebook.com/100fans.de

https://twitter.com/100fansde

Die Plattform

Die Crowdfunding-Plattform 100Fans richtet sich nur an Autoren. Hier werden ausschließlich Bücher umgesetzt. Diese werden mit einem Coverbild, einem Teaser, einer Beschreibung und einer Leseprobe präsentiert.

Ein Buch wird gedruckt, wenn es 100Fans oder mehr bekommt. Daher auch der Name. Der Verlag kann auf diese Weise sehen, dass es genügend interessierte Leser gibt, die sich für ein Buch interessieren. Diese kaufen das Buch vor dem Druck und finanzieren es damit. Der Crowdfunding-Gedanke ist somit in die Herstellung eines Buches eingebettet.

Der Projektanbieter erhält, wenn ein Buch genug Interessenten bekommen hat und die Funding-Phase abgeschlossen ist, einen Autorenvertrag. Der Verlag kümmert sich um den Lektor, den Satz, die Zuteilung der ISBN-Nummer und den Druck. Das Cover wird von Grafikern des Verlages erstellt. Ebenso kümmert sich der Verlag um das Erstellen des EBooks und den Versand der Bücher an die Unterstützer. Der Verlag sorgt für die Lieferbarkeit von Buch und EBook im Buchhandel und den Onlinebuchshops.

Bio, Umweltschutz, Familie – aktuelle Themen in der Crowd

Viele aktuelle Themen finden sich immer wieder in Crowdfunding-Kampagnen. Bio-Läden und gesunde, umweltbewusste Ernährung, neue Energien, Umweltschutz und Flüchtlinge. Schauen Sie sich auf den Crowdfunding-Plattformen um. Sie werden diese Themen immer wieder finden. Trends spiegeln sich in den Kampagnen wider. Das heißt aber nicht, dass ein Projekt unbedingt auf einen Trend ausgerichtet sein muss. Es funktionieren auch andere Themen sehr gut. Wichtig ist nur, dass Sie Unterstützer für Ihr Projekt begeistern können.

Wie finde ich die richtige Plattform für mein Projekt?

Die verschiedenen Plattformen unterscheiden sich mehr oder weniger voneinander. In diesem Buch lernen Sie die Unterschiede und Besonderheiten kennen. Ich möchte Ihnen an dieser Stelle eine kleine Hilfe bei der Auswahl der richtigen Plattform für Ihr Crowdfunding-Projekt geben.

Die Entscheidung, welche Plattform Sie für Ihr Crowdfunding-Projekt nutzen, müssen Sie allein treffen. Schauen Sie sich deshalb an, welche Eigenschaften Sie für Ihr Projekt brauchen. Einige Entscheidungshilfen möchte ich Ihnen mit der folgenden kleinen Übersicht geben:

- Welche Zahlungsmöglichkeiten bietet die Plattform an?
- Wie erfolgt die Authentifizierung und Legitimation?
- Welche Kategorien werden angeboten?
- Welche Projekte welcher Kategorien sind bei der Plattform besonders beliebt?
- Welche Projekte gehören zu den Gewinnern, welche zu den Verlierern? Wo wird das meiste Geld umgesetzt? Wo kommt wenig oder gar kein Geld an?
- Welche Supportangebote gibt es?
- Wird der Support der Plattform in Deutsch oder Englisch angeboten?
- Welche Kosten entstehen? Wie hoch ist die Provision bei erfolgreichen Projekten?
- Wie hoch ist die Erfolgsquote der Plattform?
- Welche Grundvoraussetzungen sind bei der Plattform erforderlich? Was ist erlaubt und was nicht? Welcher Wohnort wird vorausgesetzt und welches Alter muss der Funder haben?

Sie finden auf meiner Website einen Bereich mit Infos zum Thema Crowdfunding und zu diesem Buch. Ebenso auf meinem Weblog. Sie erreichen die Website unter der Adresse *http://www.computerbuch-gaebler.de*. Wählen Sie im Menü Do-it-Yourself-Crowdfunding und dann eines der untergeordneten Menüelemente. Mit der URL *http://www.computerbuch-gaebler.de/index.php/do-it-yourself-crowdfunding* gelangen Sie direkt in diesen Bereich. Das Weblog erreichen Sie über *http://zwiebellatsch.blogspot.de*. Die Adressen finden Sie auch im Anhang dieses Buches plus die der sozialen Netzwerke, in denen ich mich herumtreibe.

Auf der Website finden Sie auch einen Downloadbereich. Wählen Sie im Menü *Downloads* und klicken Sie auf *Crowdfunding*. Sie sehen nun eine Übersicht der Downloadkategorien. Hier finden Sie eine Checkliste, die Sie für Ihre eigene Crowdfunding-Kampagne nutzen können, Kostenkalkulationen für Kampagnen auf Startnext und Kickstarter, eine Checkliste für den Legitimationsvorgang und eine Übersicht der nationalen Paket- und Päckchengebühren der Versanddienstleister Hermes und DHL. Die Checklisten, Infos und Übersichten werden immer mal wieder von mir aktualisiert und ergänzt. Der Download ist kostenlos. Schauen Sie sich ruhig einmal um!

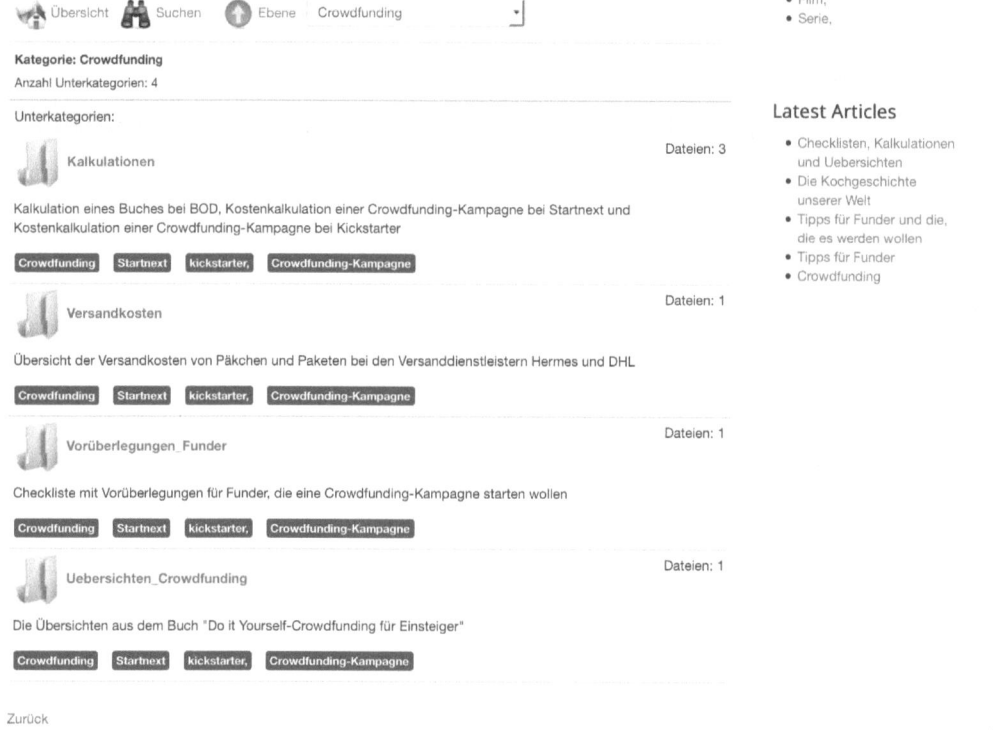

Auf meiner Website finden Sie einen Downloadbereich mit ergänzenden Dateien zum Buch

Warum man Crowdfunding-Projekte nicht streuen sollte

Eigentlich klingt doch die Idee, ein Projekt auf mehreren Crowdfunding-Plattformen zu veröffentlichen, gut. Sie würden die User, die auf der jeweiligen Plattform immer mal wieder vorbeischauen, besser erwischen und ein breiteres Feld von Interessenten von Ihrem Projekt überzeugen können. Es gibt keine direkten Verbote in den AGBs der verschiedenen Plattformen, die ein solches Verfahren verbieten.

Warum also sollte man es nicht tun? Natürlich möchte jede Plattform, dass Sie Ihr Projekt bei der Plattform X veröffentlichen. Sie ist die beste Plattform! Und haben Sie Erfolg, ist das auch ein Verdienst von Plattform X. Die Plattformen Y und Z haben nichts damit zu tun! Es ist ein ganz normales

Konkurrenzverhalten.

Die Unterschiede der Plattformen sprechen dafür, sich für eine zu entscheiden. Ganz egal, ob es der Standort ist, die angebotenen Zahlungsverfahren, der Support, die Kategorien oder das Layout der Plattform. Irgendetwas spricht immer für eine Plattform und gegen die anderen.

In den AGBs und im Regelwerk aller Plattformen sind Informationen enthalten, bei deren Einhaltung die Plattform Ihre Kampagne ablehnen kann. Das muss kein eindeutiger Grund sein. Ein Ablehnungsgrund kann auch sein, dass Ihr Projekt nicht zur Plattform passt. Und gibt es Ihre Kampagne bereits auf einer anderen Plattform, kann dies zur Ablehnung der Kampagne führen.

Natürlich habe ich die Frage, ob es möglich ist, eine Kampagne auf mehreren Plattformen zu veröffentlichen, an die verschiedenen Supportdienste der Portale geschickt. Die Antworten fielen sehr unterschiedlich aus. Bei Startnext werden Kampagnen abgelehnt, die bereits auf einer anderen Plattform vorhanden sind. Hier sagt man: Man nimmt sich die Unterstützer weg und es besteht das Risiko, das beide Kampagnen scheitern. Bei Kickstarter hat man keine Probleme damit, wenn eine Kampagne auch auf einer anderen Plattform vorhanden ist. Man rät jedoch davon ab. Die Begründung ist nachvollziehbar: Ein gut laufendes Crowdfunding-Projekt kann sich zu einer Vollzeitbeschäftigung entwickeln. Hier ist es besser, sich ganz auf das Projekt zu konzentrieren. Es erhöht die Chancen der erfolgreichen Finanzierung, wenn man sich ganz auf das eine Projekt und auf eine Plattform konzentriert, sagt Kickstarter. Indiegogo hat mit einem allgemeinen, vorgefertigten Text zum Thema Crowdfunding geantwortet. Die gestellte Frage wurde nicht wirklich beantwortet. Ulule hat auf meine Frage gar nicht geantwortet.

Um Probleme zu vermeiden, empfehle ich Ihnen, eine Crowdfunding-Kampagne nicht über zwei oder mehrere Plattformen zu streuen. Entscheiden Sie sich unbedingt für eine einzige Crowdfunding-Plattform.

Bedenken Sie auch, dass Sie bei einem sehr gut laufenden Projekt alle Hände voll zu tun haben werden. Sie müssen Ihr Produkt weiterentwickeln und die Unterstützer und Fans auf dem Laufenden halten. Sie müssen neue Unterstützer gewinnen und von Ihrem Produkt überzeugen. Sie müssen einen Newsletter schreiben, neue Fotos machen und viele Fotos und Texte in den sozialen Netzwerken ablegen. Das sollte Sie so sehr beschäftigen, dass für ein zweites, gut laufendes Projekt auf einer anderen Plattform keine Zeit bleibt.

Es spricht jedoch nichts dagegen, mit einem zweiten, ganz anderen Projekt später auf einer anderen Crowdfunding-Plattform zu erscheinen. Lassen Sie ein Projekt auslaufen. Versenden Sie alle Produkte und Dankeschöns und starten Sie dann ein neues Projekt auf einer anderen Plattform. Auf diese Weise können Sie sich eine zweite Community aufbauen. Und Sie können die Vor- und Nachteile, die unterschiedlichen Besucher des Portals und deren Interessen sowie die verschiedenen Funktionen und Möglichkeiten der Portale gegeneinander abwägen. Sie müssen jedoch auch die erste Community auf dem Laufenden halten und mit aktuellen Informationen oder gar einem neuen Projekt versorgen. In der Regel sind die Funder aber nicht so aktiv, dass Sie Projekte auf verschiedenen Plattformen starten.

Wissensportale und Netzwerke für Crowdfunder

Websites, Foren, Newsletter, Magazine und die sozialen Plattformen sind Anlaufpunkt, um sich zu informieren. Hier erfahren Sie, was andere Crowdfunder gemacht haben. Sie können sich über besonders interessante und auch sehr erfolgreiche Projekte informieren. Hier können Sie von den Erfahrungen anderer Crowdfunder profitieren und verschiedene Tipps und Tricks aufschnappen. Hier lesen Sie auch, wo Sie Hilfe bekommen, wenn Sie einen Lektor, Grafiker, Designer, Kameramann oder Cutter brauchen.

Der Besuch von Websites und Portalen ist wichtig, um aktuelle Trends aufzuschnappen und zu erfahren, wenn neue Plattformen an den Start gehen. Sie sollten einmal im Monat die Crowdfunding-Plattformen besuchen. Die Plattformen entwickeln sich kontinuierlich weiter. Es gibt neue Features, die die Plattformen anbieten. Diese sind vielleicht für Ihre Projekte nützlich. Es kann nie verkehrt sein, neue Funktionen kennen zu lernen und auf dem Stand der Technik zu bleiben.

Fassen wir einmal zusammen:

- Informieren Sie sich über aktuelle Trends.
- Schauen Sie an, welche Projekte im Trend liegen.
- Stellen Sie sich Kontaktadressen zusammen, die Sie für Ihre Projekte gebrauchen können.
- Nutzen Sie die Erfahrungen erfolgreicher Crowdfunder.
- Schauen Sie sich an, wie sich die aktuellen Crowdfunding-Plattformen weiterentwickeln. Nutzen Sie aktuelle Funktionen, sofern Sie für Ihre Projekte interessant sind.

Zu den Anlaufpunkten gehört die Website des Magazins FUNDSCENE. Das Magazin kommt aller zwei Monate heraus und berichtet auf 80 Seiten aus der Crowdfunding-Szene. Es gibt eine Druckausgabe und eine ePaper-Ausgabe.

Interessierte aus der Start-up-Szene und dem Mittelstand informieren Sie auf Seminaren und Events. Hier erfahren Sie aus erster Hand, was sich in der Crowdfunding-Szene tut. Neben Referenten können Sie auch Kontakte knüpfen und sich austauschen. 2015 war der Crowddialog in München ein solcher Anlaufpunkt. Infos dazu finden Sie unter *http://www.crowddialog.de*. Es gibt viele weitere ähnliche Veranstaltungen. Schauen Sie sich nach den entsprechenden Eventankündigungen um.

Weitere Informationen finden Sie z.B. auf *http://www.crowdfunding.de/termine* und auf *http://www.germancrowdfunding.net/category/allgemein/veranstaltungen*. Suchen Sie auch einmal auf Google nach „Crowdfunding" und „Events" oder „Termine", um weitere Termine und Anlaufpunkte zu erhalten. Oftmals finden Sie auch auf den Seiten der Portale Hinweise auf solche Events. Eine Auswahl von Webportalen habe ich Ihnen im Anhang dieses Buches zusammengestellt.

Social Communitys aufbauen und nutzen

Die sozialen Netzwerke sind in doppelter Hinsicht für Crowdfunder interessant. Zum einen sehen Sie hier, was andere Funder tun und welche Projekte auf den verschiedenen Plattformen aktuell sind. Der andere Grund ist noch viel wichtiger: Sie sollten die sozialen Netzwerke nutzen, um von Ihrem Projekt zu erzählen und so Interessierte zu gewinnen. Sicher werden einige nur auf „Gefällt mir" klicken. Sie gewinnen hier und da nur Besucher und soziale Kontakte. Das bringt nicht wirklich etwas für Ihr Projekt. Es ist hier jedoch auch nicht anders als bei Werbeaktionen. Viele schauen, werden aber nicht zu potenziellen Käufern.

Traffic, Interessierte und viele Kontakte zählen sehr in sozialen Netzwerken. Umso mehr Personen das sehen, was Sie posten, um so eher kommen Kontakte auf Ihre Projektseite.

Bauen Sie sich vor dem Beginn eines Crowdfunding-Projektes ein Netz auf. Registrieren Sie sich auf den Plattformen, schauen Sie sich um und machen Sie sich mit der Bedienung vertraut. Beginnen Sie mit einem Projekt bei einer Crowdfunding-Plattform und erstellen sich erst dann einen Account bei Facebook, Instagram und Twitter. Es kostet viel Arbeit und Zeit, ein Netz von Kontakten aufzubauen.

Die sozialen Netzwerke sind aber nicht das Allheilmittel für den Erfolg eines Crowdfunding-Projektes. Sie sind eine Hilfe. Sie bringen Interessierte zu Ihnen und informieren andere, die über die Plattform zu Ihnen gelangt sind. Wer jedoch vom Leser Ihrer Beiträge, vom Betrachter Ihrer Bilder und Videos bei Facebook, Instagram, Twitter, YouTube und Co. zu einem Fan und Unterstützer wird, kann man nicht sagen. Es hängt von Ihrem Projekt ab, dem Beitrag, den Bildern oder Videos, dem Interesse und Kaufverhalten desjenigen, der es sieht bzw. liest. Wecken Sie Interessen und machen Sie andere neugierig auf das, was Sie tun!

Aktiv sein – Projekte unterstützen und Kontakte pflegen

Es ist nicht nur wichtig, in den sozialen Netzwerken aktiv zu sein, sondern auch auf den Crowdfunding-Plattformen. Auch hier kann ich jedem zukünftigen Funder empfehlen: Arbeiten Sie vor! Schauen Sie sich um und unterstützen Sie als Fan interessante und spannende Projekte. Tauschen Sie sich in den Kommentaren aus. Geben Sie ruhig mal eine kleine Kritik und Meinung ab. Wünschen Sie einen Crowdfunder Glück und gratulieren Sie, wenn er es geschafft und sein Projekt das Finanzierungsziel erreicht hat. Speichern Sie sich interessante Kontakte ab und schauen Sie später einmal, ob es bei diesen etwas Neues gibt.

Einige der Funder, die Sie unterstützt haben, schauen auch bei Ihnen rein. So entsteht ein kleines Netzwerk. Natürlich können Sie auch einmal fragen, wie jemand das eine oder andere Problem angegangen hat. Fragen kostet ja nichts. Sicher gibt es auch „knarzige" Leute, die Ihnen nicht antworten, komische Filmschaffende und schräg wirkende Künstler. Einige haben keine Zeit oder keine Lust, zu antworten. Davon sollten Sie sich aber nicht abschrecken lassen.

- Bauen Sie sich ein kleines Netzwerk auf. Speichern Sie interessante Kontakte ab.
- Schauen Sie ab und zu nach News.
- Werden Sie Fan von interessanten Projekten, die Sie ansprechen.
- Kommentieren Sie bei Projekten. Geben Sie Kritik ab. Geben Sie auch einmal einen Tipp.
- Wünschen Sie einem Funder Glück und beglückwünschen Sie die Crowdfunder, die ein Projekt, das Sie als Fan unterstützt haben, erfolgreich abgeschlossen haben.

Wenn Sie möchten und ein paar Euro übrighaben, unterstützen Sie auch einmal das eine oder andere kreative Projekt. Projekte, die Sie ansprechen oder die einem guten Zweck dienen, kann man auch gern unterstützen. Es muss kein großer Betrag sein, den Sie abgeben. Ein Euro tut es auch. Aber das ist etwas, das Sie für sich entscheiden müssen.

Vielleicht werden Sie sich jetzt fragen, ob ich jetzt in diesem Buch nicht nur schlau dahergeschrieben habe oder auch mal etwas unterstützt habe. Erzählen und klug mit dem Finger wedeln kann ja jeder. Bei Startnext habe ich 123 Kontakte als Favoriten abgelegt (Stand Juli 2016) und 14 Projekte mit 219,60 € finanziert. Neben dem Buch „Benjamin Fokken - Ein Buch gegen Mobbing" habe ich Geld für ein Angelfutterprojekt, einen Fantasyroman, zwei Filmprojekte und eine Dokumentation mitfinanziert. Das aber nur nebenbei.

Hier sehen Sie drei der Produkte, die ich auf einer Crowdfunding-Plattform gefördert habe

Räumen Sie ab und zu Ihre Kontakte auf den verschiedenen Crowdfunding-Plattformen auf. Mit der Zeit sammeln sich viele Kontaktadressen an. Bei mir waren es bis zum Dezember 2015 schon 148 Kontakte. Davon hatten nur 10 auch mich als Kontakt abgelegt. Wenn Sie sehr aktiv auf einer Crowdfunding-Plattform sind, gehört das Aufräumen im Profil zu Ihren wichtigen Arbeiten.

Im Sommer 2016 hatte sich die Zahl meiner Kontakte verändert. Hier hatte ich 98 Kontakte. 86 Kontakte folgten mir. Inzwischen hatte ich 12 Projekte unterstützt.

Ordnung muss sein! Kontakte sortieren und auch einmal selbst eine Kampagne unterstützen gehört für mich dazu

Crowdfunding profitiert von dem Austausch der verschiedenen Crowdfunder und der Anbindung an die sozialen Netzwerke. Viele Funder nutzen die Plattformen, sammeln aber keine Kontakte und/oder unterstützen keine anderen Funder. Es gibt auch Crowdfunder, die nur eine Aktion gestartet, diese erfolgreich absolviert haben und sich dann zurückziehen. Eine Hand voll aktiver Kontakte ist besser als eine große Anzahl Kontakte mit vielen inaktiven Mitgliedern und Fundern.

Aber: Schauen Sie vor dem Löschen von Kontakten unbedingt darauf, welche Projekte diese gestartet haben, welche Projekte sie schon abgeschlossen haben und was sie vorhaben. Oftmals gibt es einige sehr interessante neue Projekte. Natürlich sollten Sie diese Kontakte behalten. Kontakte, deren Projekte Sie unterstützt haben, sollten Sie ebenfalls behalten. Auf diese Weise werden Sie auf dem Laufenden gehalten, wie es um die Projekte der Funder steht.

Interessant sind auch Kontakte, die ihrerseits sehr viele Kontakte verschiedener Kategorien abgelegt haben. Auch wenn Sie nicht unter diesen zu finden sind, lohnen sich ein Abspeichern dieser Funder und Mitglieder sowie ein Halten der Kontakte. Im Übrigen spricht ja nichts dagegen, einmal zu fragen, ob der andere nicht auch Ihre Kontaktdaten speichern könnte. Eine Frage kostet nichts. Und wenn er nicht antwortet und/oder es nicht tut, na, dann eben nicht.

Und... Was noch viel wichtiger ist: Schauen Sie sich die Profile und Kurzbiografien der Funder und Mitglieder an. Vielleicht brauchen Sie einmal einen Kameramann, Designer oder Medienschaffenden. Vielleicht findet sich ein Webdesigner, Fotograf, Texter, Übersetzer oder Cutter. Die Crowdfunding-Plattformen sind eine wahre Fundgruppe für die Suche nach professioneller Hilfe und neuen Talenten.

Überprüfen Sie, ob Sie auch alle Kontakte gespeichert haben, die Sie in Ihrer Kontaktliste fest abgelegt haben. Oftmals vergisst man, die Kontakte festzuhalten, bei denen man selbst gespeichert ist.

Von Kontakten mit folgenden Eigenschaften können Sie sich trennen:

- Inaktive Kontakte, die weder Crowdfunding-Projekte unterstützen noch eigene Projekte laufen haben.
- Kontakte, deren Projekte schon länger zurückliegen und die keine neuen Projekte gestartet haben.

Die Kontakte mit den folgenden Eigenschaften sollten Sie in Ihrer Kontaktliste behalten:

- Kontakte, die (auch) Sie als Kontakt gespeichert haben.
- Kontakte, deren Projekte Sie unterstützen oder unterstützt haben.
- Kontakte von Personen, die Ihre eigenen Projekte unterstützt haben.
- Aktive Kontakte mit sehr vielen Kontakten aus verschiedenen Interessengebieten.
- Kontakte mit einem interessanten Beruf oder Interesse, die Sie vielleicht einmal nutzen können.
- Gründer und Mitarbeiter der Crowdfunding-Plattform.

In jedem Fall müssen Sie selbst entscheiden, welche Kontakte sich lohnen und von welchen Sie sich trennen können. Ich kann an dieser Stelle nur eine Anregung und ein paar persönliche Tipps geben.

Ein Gebot bei einer Crowdfunding-Kampagne abgeben

Die Abgabe eines Gebotes bei verschiedenen Crowdfunding-Plattformen ähnelt sich in ihrer Abfolge. Es gibt natürlich Unterschiede bei den Zahlungsanbietern. Auch die Formulare sehen ein wenig anders aus. Dazu bieten natürlich die verschiedenen Plattformen auch ganz unterschiedliche Möglichkeiten.

Ein ganz großer Vorteil von Startnext ist, dass Sie auch bei Ihren eigenen Kampagnen ein oder mehrere Gebote abgeben können. Mehr dazu im nächsten Kapitel.

Bei Startnext können Sie mit Ihrem Realnamen ein Gebot abgeben, ein Gebot als Gast abgeben und ein vorhandenes Gebot anonymisieren. Bei einem anonymen Gebot und einem Gebot als Gast sieht nur der Funder auf seiner Profilseite Ihren Namen.

Die einfachste Möglichkeit ein Gebot abzugeben, sieht wie folgt aus:

1. Rufen Sie die Website des Crowdfunding-Portals auf, z.B. Startnext mit *https://www.startnext.com*.
2. Wählen Sie *Anmelden*. Geben Sie E-Mail und Passwort ein oder melden Sie sich mit Ihrem Facebook- oder Google plus-Account an.
3. Suchen Sie das Projekt, das Sie unterstützen wollen.
4. Klicken Sie auf *Projekt unterstützen*.
5. Tragen Sie einen freien Betrag ein. Alternativ schauen Sie sich die Dankeschöns an und wählen mit einem Mausklick eines. Klicken Sie dann auf *Auswählen*.
6. Wählen Sie mit einem der Optionskästchen eines der Bezahlverfahren *Lastschrift*, *Sofortüberweisung* oder *Kreditkarte*.
7. Möchten Sie Startnext unterstützen, wählen Sie einen Prozentbetrag aus.
8. Schalten Sie die Schaltfläche *Ich stimme den Allgemeinen Nutzungsbedingungen zu* an. Klicken Sie auf *Jetzt zahlungspflichtig unterstützen*.
9. Tragen Sie die Daten zu Ihrem Bankkonto oder Ihrer Kreditkarte ein und bestätigen Sie.

Die Schritte scheinen auf den ersten Blick recht kompliziert und umfangreich zu sein. Es geht jedoch schnell. Es ist einfacher, als es ausschaut. :-)

Wichtig ist, dass Sie sich vor der Abgabe des Gebots oder in deren Verlauf anmelden. Nur so erscheint Ihr Name in der Liste der Unterstützer.

Ein Mausklick auf diese Schaltfläche führt zur Unterstützung eines Projektes

Mit je einer Optionsschaltfläche sorgen Sie dafür, dass Sie eine Rechnung erhalten und oder den Newsletter von Startnext. Beides ist optional. Sie können die Schaltflächen auch leer lassen.

Mit der Option *Ich möchte meinen Namen auf der öffentlichen Liste der Unterstützer verbergen* sorgen dafür, dass Ihr Name nicht auf der Seite Unterstützer zu finden ist. Stattdessen steht hier *Anonym*.

Jetzt zahlungspflichtig unterstützen

Ein Mausklick auf diese Schaltfläche bringt Sie zur Eingabe der Zahlungsdaten

☑ Ich möchte meinen Namen auf der öffentlichen Unterstützerliste verbergen.

Anonym
11.04.2016, 10:14

Wer mag, kann sein Gebot anonym abgeben. Nur der Funder sieht nach dem Einloggen auf der Projektseite, wer sich hinter dem anonymen Bieter verbirgt.

Eine andere Möglichkeit, sein Gebot abzugeben, ist, es gleich in das Feld *Unterstützen einzutragen* und mit *Eingabe* zu bestätigen – der eben ein Dankeschön auf der Projektseite zu wählen und mit *Auswählen* zu bestätigen. Anschließend geben Sie Ihren Vor- und Nachnamen sowie Ihre E-Mail-Adresse ein und füllen die Formularfelder aus. So kombinieren Sie die Anmeldung bei Startnext mit der Eingabe eines Gebotes.

Natürlich können Sie auch verschiedene Dankeschöns buchen und kombinieren. Oder einen freien Betrag wählen und ein Dankeschön buchen. Der Funder wird sich sicher freuen, wenn Sie mehr für ihn tun.

Einige Dankeschöns sind in Ihrer Stückzahl begrenzt. Wurde die zur Verfügung stehende Zahl schon gebucht, können Sie das Dankeschön nicht mehr wählen.

Unterstützer, die als Zahlungsverfahren Vorkasse wählen, erscheinen bei Startnext nicht sofort auf der Liste der Unterstützer. Machen Sie sich hierzu keine Gedanken. Das Gebot wird eingezogen und erst nach diesem Vorgang erscheinen Sie auf der Projektseite in der Liste der Unterstützer.

Wichtig ist auch: Ist eine Kampagne noch aktiv, können Sie in den Unterstützungsdetails die Rechnungsadresse und weitere Angaben wie z.B. Kleidergrößen ändern.

Für Freunde und Bekannte Dankeschöns buchen

Nicht jeder ist in den sozialen Netzwerken aktiv. Einige weigern sich, sich auf einer Plattform anzumelden. Sie haben Angst um ihre persönlichen Daten. Andere möchten kein Onlinebanking durchführen. Auch hier spielen Ängste eine große Rolle. Was aber, wenn man gerade diese Freunde und Bekannte als Unterstützer braucht oder gewinnen möchte? Kann man ein Dankeschön für andere buchen?

Bei Startnext können Funder auch Dankeschöns aus der eigenen Kampagne buchen. Auf diese Weise können Sie Geld von anderen entgegennehmen, die Buchung durchführen und die Dankeschöns dann persönlich verteilen. Zu beachten ist jedoch: Bucht man selbst ein Dankeschön aus der eigenen Kampagne, steht auch der eigene Name in der Liste der Unterstützer. Um dies zu vermeiden, kann man bei Startnext einen von zwei Umwegen gehen:

- Sie anonymisieren Ihre Buchung. In der Buchungsübersicht müssen Sie dazu eine Optionsschaltfläche anklicken. Damit steht dann „Anonym" in der Liste der Unterstützer. Nach dem Anmelden sehen nur Sie in der Übersicht der Unterstützer Ihren Namen.
- Sie melden sich nicht an. Führen Sie die Unterstützung als „Gast" durch. Das kann auch der Bekannte bzw. Freund tun. Auch hier steht in der Liste der Unterstützungen Anonym.

Das Anonymisieren eines Gebots und das Bieten als Gast hat natürlich auch den Nachteil, dass eine Kampagne „gepuscht wirkt". Dennoch ist es jedem selbst überlassen, seine persönlichen Daten preiszugeben oder dies nicht zu tun.

Mit einem anonymen Gebot können Sie auch eine Kampagne retten, bei der nur noch wenige Euro bis zum Ziel fehlen.

Bei Kickstarter können Funder zu ihren eigenen Kampagnen kein Gebot abgeben. Hier haben Sie deutliche Vorteile bei der Arbeit im Team und können einen Teamkollegen bitten, für Freunde und Bekannte zu bieten.

So wird eine bestehende Buchung anonymisiert

Vielleicht haben Sie eine Buchung mit Ihrer E-Mail-Adresse durchgeführt und möchten, dass Ihr Name von der Liste der Unterstützer einer Kampagne verschwindet. Vielleicht haben Sie sich auch angemeldet, eine Kampagne unterstützt und möchten nun, dass Sie hier nicht mit Ihrem wirklichen

Namen aufgeführt werden. Startnext bietet Ihnen die Möglichkeit, eine einmal gemachte Buchung zu anonymisieren. Das ist natürlich nur möglich, wenn die Kampagne noch läuft. Sinnvoll ist dies auch, wenn Sie bei Ihrer eigenen Kampagne für Freunde gebucht haben.

1. Melden Sie sich bei Startnext an.
2. Wählen Sie auf Ihrer Profilseite Unterstützte Projekte.
3. Suchen Sie die Kampagne, zu der Sie Ihr Gebot anonymisieren wollen. Öffnen Sie dazu die Informationen mit einem Mausklick auf die Pfeilschaltfläche in der rechten oberen Ecke.
4. Scrollen Sie etwas nach unten. Im Fenster Unterstützungsdetails finden Sie eine Optionsschaltfläche mit der Bezeichnung Anonym unterstützen. Schalten Sie die Option mit einem Mausklick an.

Das war es auch schon. Eine OK- oder Bestätigen-Schaltfläche gibt es nicht. Es genügt ein Mausklick außerhalb des Fensters, um die gemachte Änderung zu übernehmen.

Überprüfen Sie nun, ob Sie nicht mehr mit Ihrem Namen in der Liste der Unterstützer aufgeführt werden. Melden Sie sich ab. Rufen Sie die Projektseite auf. Schauen Sie nach, ob Ihr Name aufgeführt wird oder ob ein „Anonym" in der Liste zu finden ist.

Sollte es nicht funktioniert haben, wiederholen den Vorgang. Überprüfen Sie noch einmal, ob es funktioniert hat. Ist dies nicht der Fall, schreiben Sie den Support von Startnext an.

In den Unterstützungsdetails können Sie auch nachträglich dafür sorgen, dass Sie für eine Unterstützung eine Rechnung erhalten.

Natürlich ist es auch umgekehrt möglich, eine als anonym getätigte Unterstützung mit Ihrem realen Namen zu versehen.

So führen Sie ein Gebot als Gast durch

Startnext erlaubt weiterhin die Abgabe eines Gebotes als Gast. Das heißt, Ihr wirklicher Name ist in der Liste der Unterstützer nicht zu sehen. Der Funder sieht nur nach dem Einloggen Ihren Namen auf der Liste der Unterstützer. Für andere ist Ihr Name nicht sichtbar.

Um ein Gebot als Gast abzugeben, gehen Sie wie folgt vor:

1. Rufen Sie die Website des Crowdfunding-Portals auf, so z.B. Startnext mit *https://www.startnext.com*.
2. Suchen Sie das Projekt, das Sie unterstützen wollen.
3. Klicken Sie auf *Projekt unterstützen*.
4. Tragen Sie einen freien Betrag ein. Alternativ schauen Sie sich die Dankeschöns an und wählen mit einem Mausklick eines aus. Klicken Sie dann auf *Auswählen*.
5. Tragen Sie Vornamen, Nachnamen und Ihre E-Mail-Adresse in die Formularfelder ein.
6. Wählen Sie mit einem der Optionskästchen eines der Bezahlverfahren *Lastschrift*, *Sofortüberweisung* oder *Kreditkarte*.
7. Möchten Sie Startnext unterstützen, wählen Sie einen Prozentbetrag aus.
8. Schalten Sie die Schaltfläche *Ich stimme den Allgemeinen Nutzungsbedingungen zu* an. Klicken Sie auf *Jetzt zahlungspflichtig unterstützen*.
9. Tragen Sie die Daten zu Ihrem Bankkonto oder Ihrer Kreditkarte ein und bestätigen Sie.

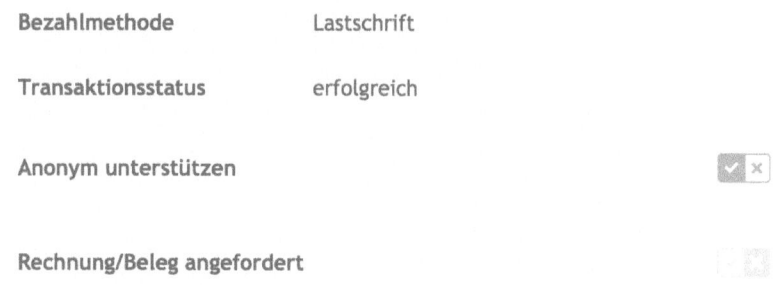

Die Option *Anonym unterstützen* ist zunächst ausgegraut. Ein Mausklick ändert dies. In den Unterstützungsdetails können Sie mit einer weiteren Option auch eine Rechnung anfordern.

Deine Daten   Anmelden

Du kannst als Gast unterstützen oder dich direkt anmelden.

Vorname *   Nachname *

| Max | Mustermann |

E-Mail *

| mustermann@t-online.de |

Für ein Gebot als „Gast" müssen Sie Ihren Vor- und Zunamen, Ihre E-Mail-Adresse und Ihre Zahlungsdaten eingeben.

Ein Gebot stornieren

Um ein abgegebenes Gebot zu stornieren, melden Sie sich an. Rufen Sie die Liste der Unterstützungen auf. Wählen Sie die Kampagne aus, bei der Sie ein Gebot stornieren möchten. Öffnen Sie mit der Pfeilschaltfläche rechts oben die Unterstützungsdetails. Scrollen Sie nach unten. In der rechten unteren Ecke sehen Sie Stornieren. Klicken Sie darauf.

Um ein Gebot zu stornieren, muss die Kampagne noch aktiv sein und sich in der Finanzierungsphase befinden. Ist die Kampagne beendet und wurde das Finanzierungsziel erreicht, kann ein Gebot nicht mehr zurückgenommen werden.

Stornieren Sie ein Gebot, müssen Sie keinen Grund angeben. Sicherlich sieht es nicht gut aus, wenn Sie erst ein Projekt unterstützen und als Unterstützer auf der Projektseite erscheinen, später der Name aber wieder verschwindet.

Nach dem Ende einer Kampagne erhalten Sie eine E-Mail mit dem Hinweis, dass der Betrag Ihrer Unterstützung in den nächsten Tagen eingezogen wird. Kann der Betrag nicht eingezogen werden, erhalten Sie eine Mahnung und es wird ein paar Tage später ein wiederholter Zahlungseinzug versucht.

Crowdfunding-Preise und -Awards

Für besonders innovative Projekte können Crowdfunder auch einen Preis bekommen. Der „Berliner Crowdfunding-Preis" wird jedes Jahr für innovative Projekte, die per Crowdfunding finanziert und bekanntgemacht wurden, vergeben. Informationen dazu finden Sie unter *http://www.berlin.de/projektzukunft/wettbewerbe/berliner-crowdfunding-preis*.

Im Dezember 2015 wurde in Berlin zum ersten Mal der „Deep Tech Award" vergeben. Auch dieser richtet sich an Crowdfunding-Projekte. Infos dazu finden Sie unter *http://www.berlin.de/projektzukunft/wettbewerbe/deep-tech*.

Crowdinvest

In diesem Buch wird das Thema Crowdinvest nur am Rande behandelt. Dennoch soll es an dieser Stelle der Vollständigkeit halber erwähnt werden. Auch möchte ich den Begriff erklären.

Crowdinvest spielt in diesem Buch keine große Rolle. Das Finanzierungsverfahren ist nur für kleinere bis mittlere Unternehmen, für Start-ups usw. interessant.

Was genau ist Crowdinvest?

Crowdinvest ist ein Finanzierungsverfahren für eine Geschäftsidee. Risikokapital wird zur Finanzierung herangezogen und die Finanzierer werden am möglichen Erfolg beteiligt. „Risikokapital" bedeutet, dass es keine Garantie für einen Erfolg des Crowdfunding-Projektes gibt. Es kann geschehen, dass der Investor seine Einlagen verliert und keinen Gewinn erhält.

Crowdinvest ist nur dann interessant, wenn der Funder ein sehr hohes Kapitel für den Erfolg seiner Geschäftsidee benötigt. Ab einer Summe von 25.000 € ist Crowdinvest eine Option.

Für wen ist Crowdinvest interessant?

Die Finanzierungsform Crowdinvest unterliegt in Deutschland dem Kleinanlegerschutzgesetz. Bei Startnext können nur Sozialunternehmen, Genossenschaften und Start-ups, die der Kultur- oder Kreativszene angehören, auf Crowdinvest zurückgreifen. Dazu bietet Startnext die beiden Vertragstypen Partiarische Nachrangdarlehen und Genossenschaftsanteile an.

Crowdinvest erfordert Verträge, die von einem darauf spezialisierten Anwalt geprüft wurden. Die Crowdfunding-Portale nehmen eine recht hohe Einrichtungsgebühr für eine Crowdinvest-Kampagne. Bei Startnext sind dies 595,- €. Jedoch wurde zum Augenblick, als diese Zeilen geschrieben wurden, auf der Startnextseite auch darauf hingewiesen, dass derzeit keine Crowdinvest-Projekte angenommen werden. Einige Portale haben sich auf Crowdinvest spezialisiert. Über eine Internetsuche findet man diese sehr leicht. Eine kleine Auswahl ist auch im Anhang

diese

Die ersten Schritte für Crowdfunder

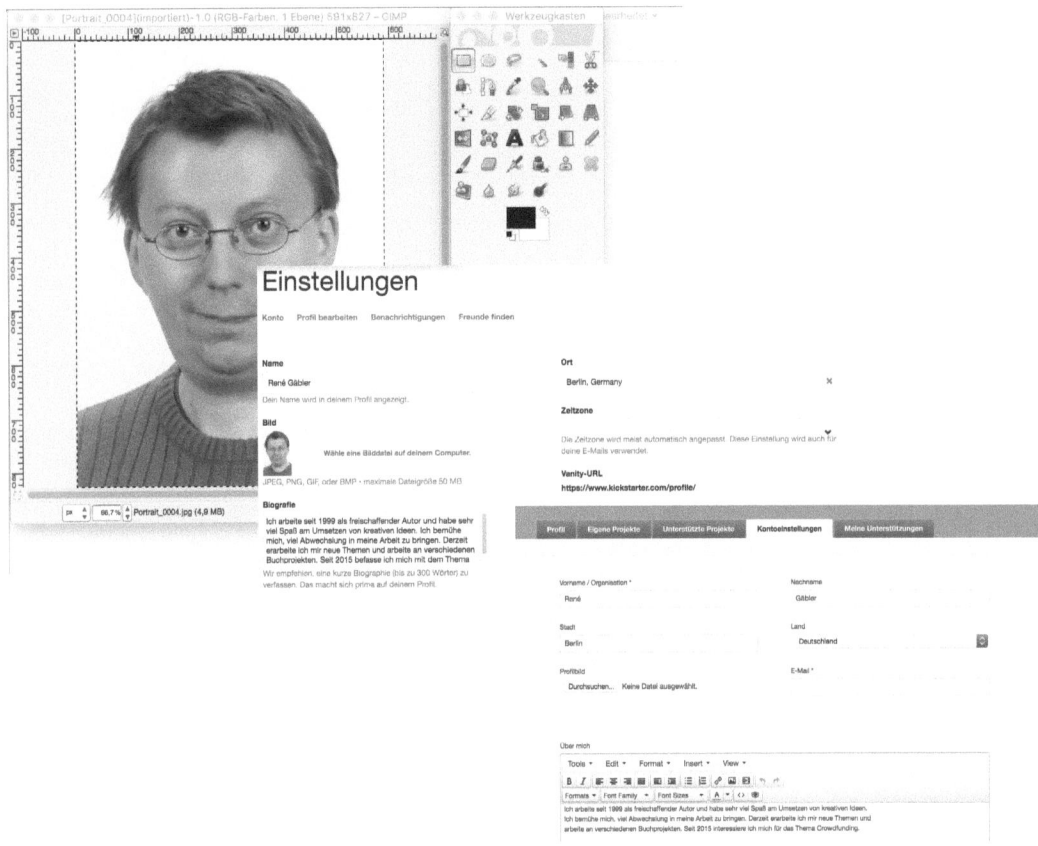

In diesem Kapitel führe ich Sie durch die einzelnen Schritte, die bei der Registrierung und Anmeldung bei einer Crowdfunding-Plattform notwendig sind. Sie lesen, wie Sie sich nach der Registrierung das erste Mal anmelden und ich verrate Ihnen, wie und warum Sie ein Profil erstellen sollten. Ich zeige Ihnen Schritt für Schritt, wie ein solches Profil erstellt wird. Ganz zum Schluss demonstriere ich am Beispiel meiner persönlichen Kampagne, welche Vorüberlegungen und Recherchen bei der Planung des eigenen Crowdfunding-Projektes wichtig sind.

Ein kleiner Hinweis vorab

Alle Plattformen haben ihre Eigenheiten. Sie unterscheiden sich unter anderem durch verschiedene Funktionen, verschiedene Ausrichtungen, unterschiedliche Zahlungsanbieter und die unterschiedlichen Gebühren. Hier die richtige Plattform zu finden, ist gar nicht so einfach. Aber das ist noch nicht alles ...

Die Betreiber der Plattformen optimieren und verändern die Funktionen. Es kommen neue Funktionen hinzu und alte werden verbessert, verändert oder verschwinden. So wurden bei Startnext zum Beispiel das Fansystem ausgetauscht, die Profilseite verändert sowie optimiert; das Nachrichtensystem erscheint gleichsam in neuer Gestalt. Das ist gut so. Es sollte und muss so sein. Es bedeutet aber auch, dass sich der Anwender immer wieder neu einarbeiten und umgewöhnen muss. Unerfahrene Anwender fällt es nicht immer leicht, sich auf den etwas überladenen Plattformen und in der Fülle ihrer Funktionen und Möglichkeiten zurechtzufinden.

Es bedeutet auch, dass einige Informationen, Anleitungen und Screenshots in diesem Buch schon überholt sein können. Der Inhalt des Buches ist so aktuell wie nur möglich. Bitte haben Sie jedoch Verständnis dafür, dass ein Buch nicht tagesaktuell sein kann. Das liegt in der Natur der Sache.

Schauen Sie immer einmal auf die Blogs, die sozialen Netzwerke der Crowdfunding-Plattformen und natürlich auch auf die Plattformen selbst. Werfen Sie regelmäßig einen Blick auf mein Weblog und meine Website. So verpassen Sie keine Neuerungen und keine Veränderungen.

Registrieren Sie sich bei einer Crowdfunding-Plattform

Bevor Sie eine Crowdfunding-Plattform nutzen können, müssen Sie sich registrieren. Diesen Vorgang kennen Sie sicher von anderen Internetplattformen und -diensten.

1   Rufen Sie zunächst die Startseite auf, zum Beispiel *www.startnetxt.de*.

2   In der rechten oberen Ecke der Startseite sehen Sie die Schaltfläche *Registrieren*. Klicken Sie darauf.

3   Nun wird ein Formular eingeblendet. Füllen Sie die leeren Formularfelder mit den entsprechenden Inhalten. Geben Sie Ihren Vornamen und Ihren Nachnamen ein. Geben Sie Ihre E-Mail-Adresse ein. Wählen Sie ein Passwort und tragen Sie es ein. Zur Bestätigung des Passwortes geben Sie dieses in das mit Passwort wiederholen beschriftete Feld noch einmal ein. Die Anmeldung zum Newsletter mit einem Optionskästchen ist optional. Es bleibt Ihnen überlassen, ob Sie den Newsletter abonnieren oder nicht. Ein Abbestellen der Newsletter ist später auch über die Einstellungen möglich. Schauen Sie noch einmal durch, ob alle Angaben korrekt sind und bestä-

tigen Sie mit einem Mausklick auf die Schaltfläche *Jetzt registrieren*.

4 Sie finden nun in Ihrem E-Mail-Postfach eine automatisch generierte Nachricht. Für den Abschluss des Vorganges müssen Sie noch auf einen Link klicken. Tun Sie dies. Dieser Vorgang ist notwendig, damit die Plattform erkennt, dass tatsächlich Sie sich registriert haben und niemand sich einen Spaß erlaubt hat. Nach dem Mausklick auf den Bestätigungslink öffnet sich eine Website, in der Sie über die erfolgreiche Registrierung informiert werden. Jetzt können Sie sich mit Ihrer E-Mail-Adresse und dem gewählten Passwort auf der Crowdfunding-Plattform anmelden.

Rechts oben finden Sie bei Startnext die Schaltflächen zum Anmelden und zum Registrieren

Wenige Angaben genügen bei der Registrierung auf einer Crowdfunding-Plattform

Die Registrierung müssen Sie hinter sich bringen, wenn Sie auf einer Crowdfunding-Plattform eine eigene Crowdfunding-Kampagne starten möchten. Sie ist auch nötig, wenn Sie als Unterstützer oder

Fan dazu beitragen wollen, dass andere Crowdfunding-Projekte Erfolg haben.

Ohne eine Registrierung können Sie nur durch die Plattform blättern und sich die Projekte und Informationen ansehen.

Alternativ zur Registrierung über das Formular ist auch eine Registrierung über soziale Netzwerke möglich. Bei Startnext werden hierzu Facebook und Google plus unterstützt, Ihre Anmeldedaten und E-Mail-Adresse werden von dem gewählten sozialen Netzwerk übernommen. Sie müssen dem Zugriff der App auf das Netzwerk zustimmen. Die Anmeldung erfolgt dann über die Netzwerkverknüpfung. Ich empfehle Ihnen, das Registrierungsformular zu nutzen. Es sind nur wenige Daten einzugeben und Sie haben eine Kontrolle darüber, was mit Ihren Daten passiert.

Lesen Sie sich vor dem Registrieren die AGB der Plattform, die Nutzungsbedingungen und Datenschutzrechtlinien durch.

Die Registrierung unterscheidet sich nur in kleinen Einzelheiten bei den verschiedenen Plattformen:

- Bei Kickstarter gibt es keine Felder *Vorname* und *Nachname*, sondern nur das Feld Name. Hier müssen Sie auch die E-Mail-Adresse wiederholen. Die Bestätigung erfolgt mit einem Mausklick auf *Anmelden*. Für eine Anmeldung mit einem sozialen Netzwerk steht nur Facebook zur Verfügung.

- Bei Indiegogo wird das Registrierungsformular mit *Anmelden* aufgerufen. Sie geben wie bei Startnext Vorname, Nachname, E-Mail-Adresse und Passwort ein. Das Passwort muss hier nicht wiederholt werden. Das Abonnieren der Newsletters ist hier vorausgewählt. Möchten Sie die Newsletters nicht erhalten, entfernen Sie das Häkchen aus dem Optionskästchen. Die Bestätigung erfolgt mit einer Schaltfläche, die mit *Erstelle ein Konto* beschriftet ist. Facebook kann hier auch für die Registrierung und Anmeldung verwendet werden.

- Die Anmeldung bei Ulule erfolgt in drei Dialogen. Im ersten Dialog werden ein Benutzername und die E-Mail-Adresse eingegeben sowie ein Passwort gewählt. Sie stimmen mit einem Optionskästchen den AGBs der Plattform zu. Das schauen wir uns gleich einmal genauer an.

- Bei VisionBakery klicken Sie auf *Registrieren* und geben Ihren Vornamen, Nachnamen, Ihre E-Mail-Adresse und ein Passwort ein. Mit zwei Optionskästchen bestätigen Sie die AGBs und Datenschutzrichtlinie und abonnieren den Newsletter der Plattform. Letzteres ist optional. Der Vorgang wird hier mit *Los geht´s* abgeschlossen. Eine Registrierung und die spätere Anmeldung sind mit Facebook möglich.

- Bei 100Fans genügen für die Registrierung die E-Mail-Adresse, das Passwort und die Wiederholung des Passwortes. Auch hier können Sie sich mit Facebook anmelden.

Für die Registrierung bei Kickstarter und Indiegogo sind nur wenige Daten erforderlich

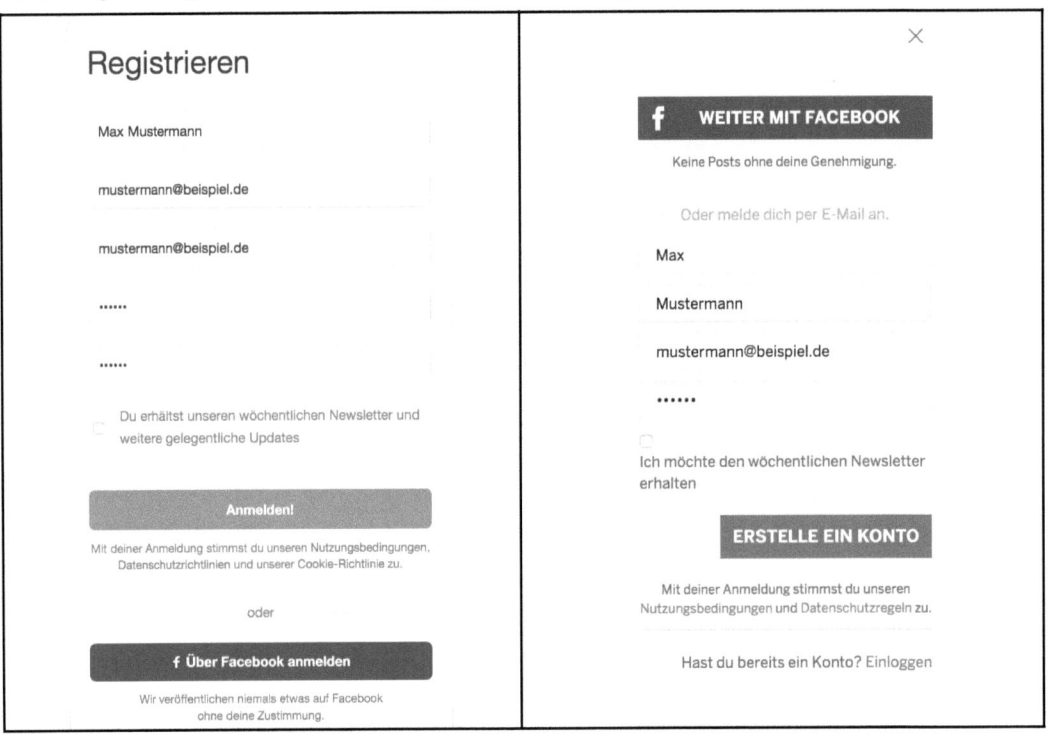

Bei VisionBakery täuscht das große Formular. Nur im mittleren Teil muss der Anwender Daten für die Registrierung eingeben

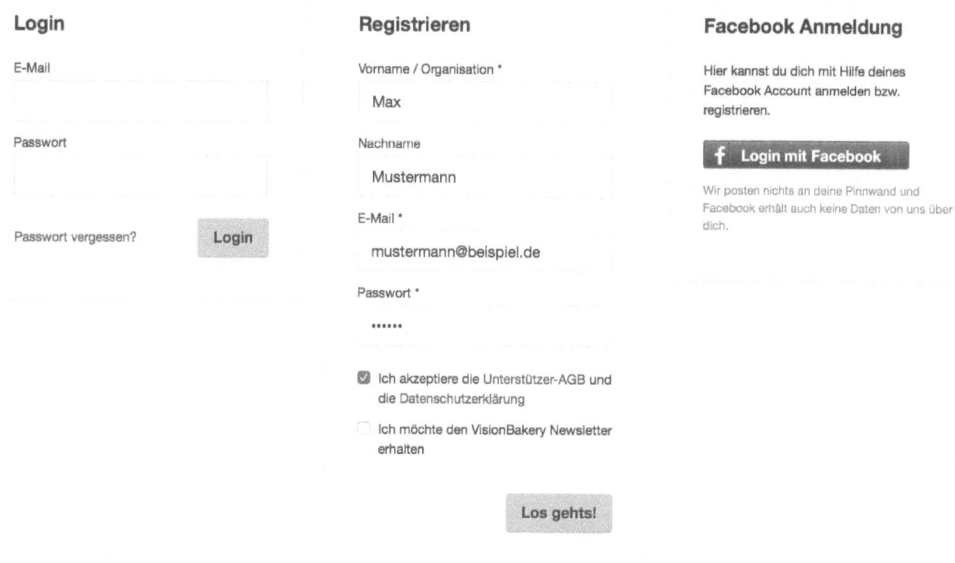

Schauen wir uns nun einmal die Registrierung bei Ulule an:

1   Rufen Sie die Website der Crowdfunding-Plattform auf. Geben Sie in der Adressleiste Ihres Browsers die Adresse *http://de.ulule.com* ein. Bestätigen Sie mit *Eingabe*.

2   Auf der Startseite der Plattform klicken Sie auf *Anmelden*.

3   Geben Sie in das Formularfeld einen Benutzernamen, Ihre E-Mail-Adresse und ein Passwort ein. Notieren Sie sich den Benutzernamen und das zugehörige Passwort. Sie brauchen beides für die Anmeldung auf Ulule. Bestätigen Sie mit einem Häkchen im Optionskästchen Ich stimme den Benutzerregeln zu diese. Vorher sollten Sie sich diese natürlich durchlesen. Um Automatikprogramme auszuschließen, gibt es im Anmeldeformular einen Spamschutz. Dazu sind vier kleine Zeichnungen vorhanden. Diese verändern die Reihenfolge. Schauen Sie sich die Bildchen an und wählen Sie mit der Maus die kleine Eule aus. Klicken Sie auf *Nächster Schritt*.

4   Sie können nun Ihre Freunde von Facebook und Google plus einladen. Möchten Sie dies tun, klicken Sie auf einen der Links *Finden Sie Ihre Facebook Freunde* oder *Finden Sie Ihre Gmail-Kontakte*. Sie können diesen Schritt auch überspringen. Er ist für die Einrichtung eines

Benutzerkontos bei Ulule nicht notwendig. Wählen Sie *Nächster Schritt*.

5   Ulule schlägt Ihnen vor, bestimmten Inhalten zu folgen. Mit *Mal sehen* erhalten Sie drei weitere Vorschläge. Klicken Sie auf *Verfolgt*, können Sie diese Vorgabe auch zurücknehmen. Mit einem Mausklick auf *Registrierung beenden* schließen Sie den Anmeldeassistenten ab.

6   Im Browser sehen Sie nun Ihr Profil bei Ulule. Das sieht natürlich noch recht leer aus. Hier können Sie Ihre Anmeldungen verwalten, Ihre Projekte einsehen, ein Profilbild hochladen und mehr. Schauen Sie sich ruhig einmal um.

7   Um die Registrierung abzuschließen, öffnen Sie Ihr E-Mail-Programm. Sie haben eine Nachricht von Ulule erhalten. Mit einem Mausklick auf den Link in der E-Mail wird Ihre E-Mail-Adresse „validiert". Das heißt, sie wird bestätigt. Machen Sie das bitte.

Auch bei Ulule geben Sie bei der Registrierung einen Benutzernamen, ein Passwort und Ihre E-Mail-Adresse ein

Das erste Mal bei einer Crowdfunding-Plattform anmelden

Rufen Sie die Startseite der Crowdfunding-Plattform auf und klicken Sie auf Anmelden. Tragen Sie Ihre E-Mail-Adresse oder Ihren Benutzernamen ein. Geben Sie Ihr Passwort ein und bestätigen Sie.

Verwenden Sie ein sicheres Passwort. Passwort und Benutzernamen sollten nicht durch Raten und Ausprobieren von Dritten genutzt werden können. Sie selbst sind für einen sicheren Zugang zu den Plattformen verantwortlich. Treibt jemand Schabernack mit Ihren Daten, ist es schwer, das später nachzuweisen.

Bewahren Sie Ihre Anmeldedaten sicher auf. Um die Sicherheit zu erhöhen, sollten Sie von Zeit zu Zeit das Passwort ändern.

Wer mag, kann die automatische Anmeldung des Browsers verwenden. So müssen Sie später die Daten nicht erneut eingeben und überlassen diese Aufgabe dem Webbrowser (im Bild zu sehen).

Anmelden über ein soziales Netzwerk

Wie bereits erwähnt, unterstützen die Crowdfunding-Plattformen die Anmeldung über Facebook und andere soziale Netzwerke. Inwieweit dies sicher ist und Ihre Daten nicht Gefahr laufen, bei dieser Art der Anmeldung an Dritte zu gelangen, kann ich nicht beurteilen. Entscheiden Sie selbst, ob Sie diese Funktion nutzen möchten. Auf jeden Fall ist es eine bequeme Art, sich bei einer Crowdfunding-Plattform zu registrieren und anzumelden.

Facebook wird von den meisten Crowdfunding-Plattformen angeboten. Nutzen Sie diese Option, müssen Sie auf Facebook die Nutzung Ihrer Daten bestätigen. Die Plattform übernimmt Ihre Daten. In Ihrem Profil finden Sie anschließend das generierte Passwort und den Anmeldenamen. Verändern Sie das Passwort und notieren Sie sich den Benutzernamen und das neue Passwort. So können Sie sich auch mit Ihren Benutzerdaten anmelden.

Ein Bild für die Verwendung als Profilbild vorbereiten

Für Ihr persönliches Profil bei einer Crowdfunding-Plattform benötigen Sie ein Profilbild. Das muss den Vorgaben der jeweiligen Plattform entsprechen. Mit einem Grafikbearbeitungsprogramm können Sie das Bild anpassen. Wie das geht, möchte ich Ihnen in diesem Kapitel zeigen.

Startnext verlang zum Beispiel ein Profilbild in den Dateiformaten JPG, GIF oder PNG. Das Bild muss eine Auflösung von 800 mal 800 Bildpunkten haben und darf nicht größer als 8 MB sein. Haben Sie ein Foto bei einem Fotografen erstellt, liegt es möglicherweise im Format TIFF vor, besitzt eine hohe Auflösung und ist sehr groß. Nun müssen Sie kein Grafikdesigner sein, um die Bilddatei anzupassen. Dies ist in wenigen Arbeitsschritten getan.

Für Ihr Profil ist nicht unbedingt ein von einem Profifotografen gemachtes Bild notwendig. Ein gutes Foto, das Sie selbst oder ein Bekannter geschossen hat, genügt. Einen spaßigen Schnappschuss sollten Sie aber nicht verwenden.

Ich verwende als Grafikbearbeitungsprogramm GIMP. Hat das seinen besonderen Grund? Nein. Absolut nicht. In einem Computerbuch für den Verlag XYZ würde ich jetzt die Vorteile des Programmes hervorheben und bewerbend beschreiben. GIMP ist bei mir hängen geblieben. GIMP ist kostenlos. Das Programm können Sie unter *http://www.gimp.org/* auf Ihren Rechner laden. GIMP gibt es für Windows, MacOS X und Linux. Die Bedienung ist ein wenig gewöhnungsbedürftig. Die Funktionen sind etwas verschachtelt und manchmal auch versteckt.

Nach dem Öffnen der Bilddatei finden Sie zwei einzelne Fenster. In einem befindet sich die geöffnete Bilddatei und in einem zweiten der „Werkzeugkasten". In diesem sind die verschiedenen Bildbearbeitungswerkzeuge über Piktogramme abrufbar. Die Menüzeile ist bei MacOS X am oberen Rand des Bildschirmes zu sehen.

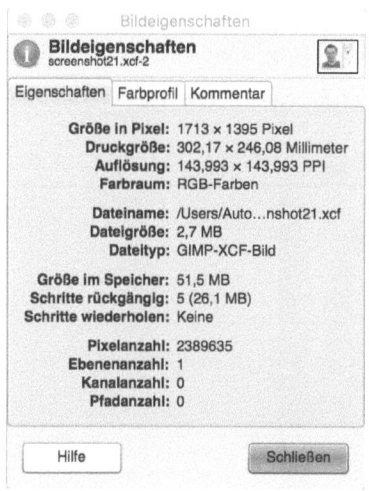

Wählen Sie *Bild/Bildeigenschaften*. Nun sehen Sie in einem Fenster die Eigenschaften der Bilddatei. Wichtig ist die Größe der Bilddatei in MB. Wichtig darüber hinaus ist auch die Größe des Bildes in Pixeln.

Wählen Sie das Zuschneiden-Werkzeug aus dem Werkzeugkasten und passen Sie das Bild an. So werden Inhalte aus dem Bild entfernt, die nicht unbedingt notwendig sind. Nach der Auswahl des Werkzeuges umfahren Sie bei gedrückt gehaltener linker Maustaste den Bereich, der im Bild enthalten sein soll. Die Ränder der Markierung verschieben Sie mit der Maus. Ist alles markiert, klicken Sie in das Bild.

Das Schneidwerkzeug (in der Mitte) ist ausgewählt

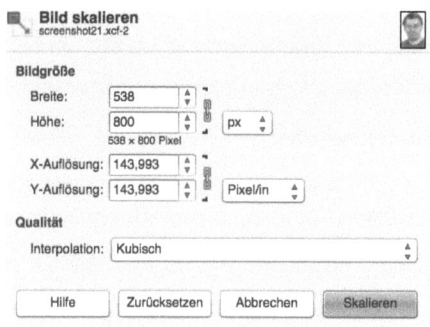

Werfen Sie nun noch einmal einen Blick in die *Bildeigenschaften*. Die Dateigröße sollte passen. Die Größe in Pixeln muss wahrscheinlich angepasst werden. Wählen Sie *Bild/Bild skalieren*. Achten Sie darauf, dass *px* ausgewählt ist – steht für Pixel und bedeutet auf Deutsch: Bildpunkte. Stellen Sie nun die gewünschte Bildgröße ein. Im Fall von Startnext ist dies 800 mal 800.

Achten Sie darauf, dass das Kettensymbol zwischen den Werten „Breite" und „Höhe" geschlossen ist. Das bedeutet, dass Breite und Höhe gleichförmig verändert werden. Lösen Sie die Kette mit einem Mausklick und stellen Sie beispielsweise 800 und 800 ein, erhalten Sie ein verzogenes oder gequetschtes Bild. Das geht natürlich nicht. Einer der Werte kann (und wird auch) unter 800 liegen. Das ist durchaus o.k. Bestätigen Sie mit einem Mausklick auf die Schaltfläche OK.

Der Bereich, der nach dem Zuschneiden im Bild verbleibt, ist hell gekennzeichnet. Der dunkel markierte Bereich wird entfernt.

Speichern wir die Datei nun ab und laden sie bei Startnext hoch, müssen wir sie im Browserfenster verschneiden und auf die passende Bildgröße bringen. Startnext möchte eine Datei, die genau 800 mal 800 Bildpunkte groß ist. Mit der bestehenden Datei würde ein großer Teil des Bildes abgeschnitten werden.

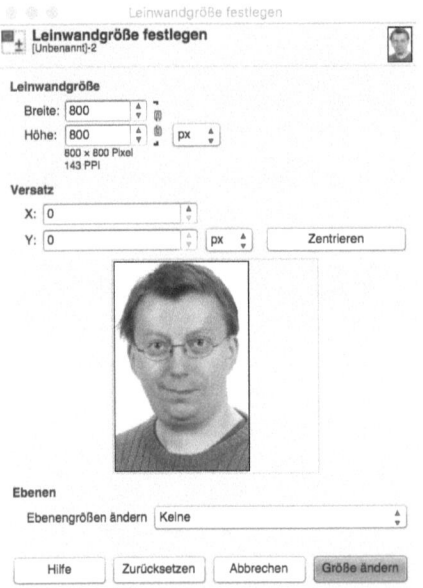

Das Problem lösen wir, indem wir einfach die Bildfläche vergrößern. Das ist schnell gemacht. Wählen Sie Bild/Leinwandgröße. Lösen Sie das Kettensymbol. Tragen Sie in das Feld mit der kleineren Zahl eine 800 ein. Sie sehen, die Bildfläche (die Leinwand) wird vergrößert. Bestätigen Sie mit einem Mausklick auf Größe ändern.

Meine Bilddatei liegt bereits im passenden Format JPG vor. Vielleicht ist dies bei Ihnen noch nicht der Fall. Sie muss also in dieses Format konvertiert werden. Dann kann Sie auf der Crowdfunding-Plattform im Profil verwendet werden. Ein weiterer Vorteil: Sie speichern die bearbeitete Datei unter einem eigenen Dateinamen ab. Die Originaldatei bleibt vorhanden. Vielleicht wird sie ja später noch einmal gebraucht. GIMP selbst verwendet das Dateiformat XCF. Das ist für die Verwendung im Web ungeeignet und wird auch nicht unterstützt.

Wählen Sie *Datei/Exportieren als* und einen geeigneten Speicherort. Geben Sie einen Dateinamen ein, gefolgt von einem Punkt und dem Kürzel *jpg*. – zum Beispiel *ich_crowd.jpg*. Bestätigen Sie mit *Exportieren*.

Laden Sie nun die Bilddatei auf Ihre Crowdfunding-Plattform in das Profil hoch. Nun sollte es passen.

Bei Startnext wird im Browserfenster übrigens immer noch die Funktion zum Zurechtschneiden der Bilddatei angezeigt. Nur diesmal können Sie den gesamten Inhalt des Bildfensters auswählen. Die vorgestellten Funktionen benötigen Sie später auch, um Bilddateien in das richtige Format und die gewünschte Größe zu bringen.

Ein kleines Fenster klappt auf. Hier können Sie die Qualität der JPG-Datei mit einem Schieberegler bestimmen oder auch als Zahlenwert eintragen. Eine hohe Qualität bedeutet eine große Datei. Soll

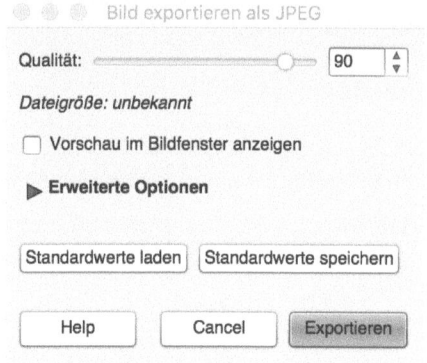

die Datei besonders klein sein, wird die Qualität heruntergesetzt. Unter Erweiterte Optionen sind weitere Einstellungen möglich. Das ist in unserem Fall nicht notwendig. Eine Qualität von 90 genügt. Bestätigen Sie diese Vorgabe.

In diesem Vergleich sehen Sie vorher und nachher. Nach der Bearbeitung bin ich komplett zu sehen. :-)

Auch bei Kickstarter findet das mit GIMP bearbeitete Bild gute Verwendung

Auf anderen Crowdfunding-Plattformen gelten andere Bedingungen. In einer kleinen Übersicht habe ich Ihnen einmal alle Daten zu den Profilbildern zusammengefasst:

Plattform	Bilddateitypen	Auflösung	Maximale Größe
Startnext	JPG, GIF, PNG	800 x 800 px	8 MB
Kickstarter		800 x 800 px	50 MB
Indiegogo	JPG, PNG	460 x 285 px	

Ein Profil bei den wichtigsten Crowdfunding-Plattformen anlegen

Sie können auf allen Crowdfunding-Plattformen ein Profil anlegen und verschiedene Einstellungen vornehmen. Schauen wir uns nacheinander einmal die Möglichkeiten auf den verschiedenen Plattformen an:

Ein Profil bei Startnext anlegen und verwalten

Nach der Anmeldung bei Startnext finden Sie in der rechten oberen Ecke ein aufklappbares Menü. Es enthält die Einträge

- *Profil*
- *Meine Unterstützungen*
- *Eigene Projekte*
- *Nachrichten*
- *Profileinstellungen*
- *Abmelden*

Wählen Sie *Profil*. Sie landen auf der Startseite Ihres Profils. Hier sehen Sie alle Ihre Kontakte, die eigenen und die unterstützten Projekte, ihre als Favoriten markierten Kampagnen und eine Liste Ihrer Aktivitäten. Hier sehen Sie auch Ihren Profiltext, ein Statement, Ihr Profilbild, eine kleine Statistik, ein Menü und die Verknüpfungen zu verschiedenen sozialen Netzwerken. Zu Beginn sind natürlich noch keine Inhalte vorhanden. Am linken Rand finden Sie ein kleines Menü. Hier wählen Sie die *Profileinstellungen*.

Im oberen Bereich können Sie Ihre persönlichen Daten einsehen und bei Bedarf editieren. Mit dem *automatischen Facebook-Login* werden Sie automatisch bei Startnext angemeldet, wenn Sie sich bei Facebook anmelden. Etwas weiter unten können Sie ein neues Passwort eingeben und die Verknüpfung zu Google plus verwenden. Im Bereich *Öffentliches Profil* tragen Sie eine kurze Vorstellung ein. Klicken Sie auf das große Viereck und wählen Sie ein Bild aus. Bestätigen Sie. Es wird nun als Ihr „Profilbild" verwendet. Rechts daneben tragen Sie die Adressen zu Ihrer Website, Ihrem Twitter und Facebook-Account ein. Hier geben Sie die Links zu Ihrer MySpace-Site ein und zu Ihrem Google plus-Profil.

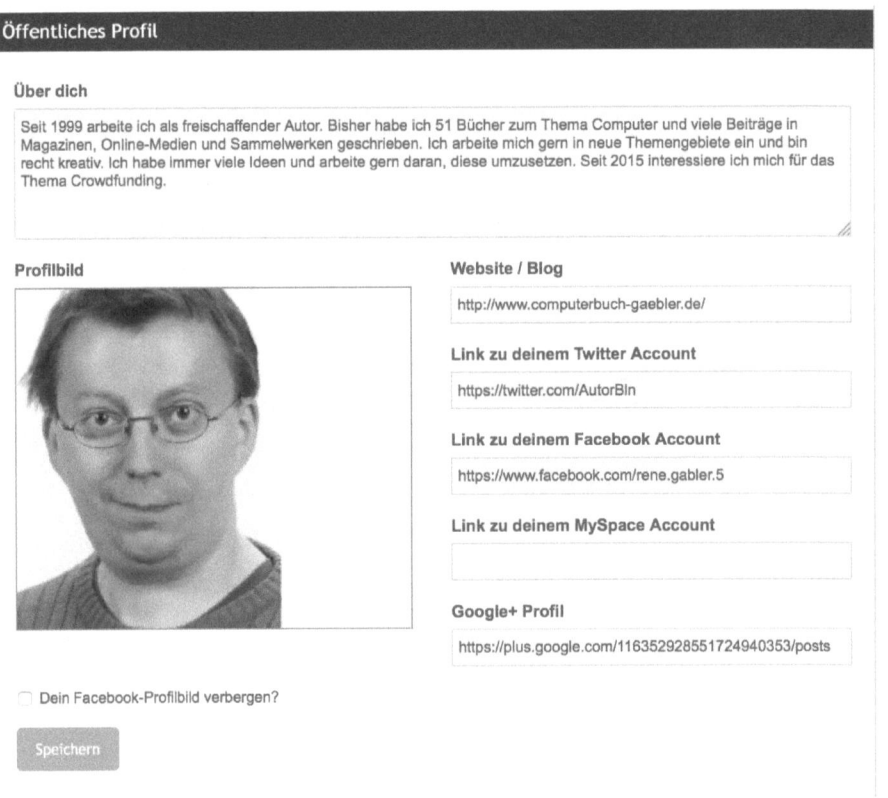

Mein öffentliches Profil mit einer dreizeiligen Kurzbeschreibung, einem Profilbild und den Links zu den Netzwerken, in denen ich aktiv bin

Die Links zur Website, zu Facebook, Twitter, Google plus und MySpace sind optional. Sie müssen keine Adressen eintragen. Sofern Sie auf dem jeweiligen Netzwerk aktiv sind, sollten Sie den dazu gehörenden Link eintragen. Crowdfunding beruht auf den Verknüpfungen mit sozialen Netzwerken. Sie können davon nur profitieren.

Sie sollten ein Profilbild hochladen, weiterhin ist eine kurze Vorstellung Ihrer Person zu empfehlen. Damit machen Sie sich anderen Fundern, Fans und Unterstützern bekannt. Sie zeigen, wer Sie sind. Die Vorstellung benötigt keine großen Worte oder einen ausführlichen Lebenslauf. Eine kurze Beschreibung genügt: zu dem, was Sie tun, wer Sie sind und warum Sie bei Startnext sind.

Bereiten Sie zunächst ein passendes Bild mit einem Grafikbearbeitungsprogramm vor. Startnext verlangt ein Profilbild in JPG, GIF oder PNG. Das Bild muss eine Auflösung von 800 mal 800 Bildpunkten haben und darf nicht größer als 8 MB sein.

1   Um ein Bild in das Profil Ihres Startnext-Accounts hochzuladen, klicken Sie auf den freien Bereich unter der Überschrift *Profilbild*.

2   Nun wird ein kleines Fenster geöffnet. Klicken Sie auf *Durchsuchen*. Suchen Sie auf Ihrem Rechner ein passendes Profilbild. Markieren Sie es und bestätigen Sie.

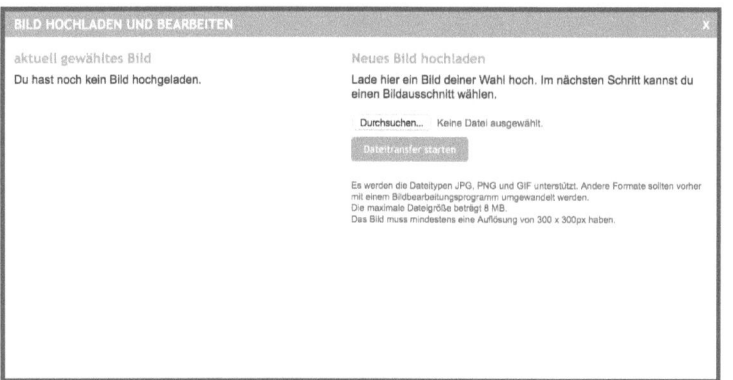

3   Der Dateiname des gewählten Bildes ist nun im Dialog *Bild hochladen und bearbeiten* zu sehen. Bestätigen Sie mit *Dateitransfer starten*. Der Dialog gibt eine Fehlermeldung aus, wenn die Breite oder Höhe des Bildes nicht stimmt, das Bild zu groß oder zu klein ist. Achten Sie vorher darauf, sich ein Porträtbild mit den richtigen Abmessungen zurechtzulegen.

4 Das Bild wird in einer Vorschau angezeigt. Mit einem ziehbaren Rahmen können Sie auswählen, welche Inhalte in Ihrem Profilbild zu sehen sein sollen. Sie schneiden so das Bild zurecht. Bewegen Sie die Rahmenlinien nach innen oder außen und verschieben Sie den Rahmen, bis der gewünschte Bereich markiert ist. Bestätigen Sie mit *Bild übernehmen*.

5 Das Bild wird nun in Ihr Profil übernommen. Halten Sie die Änderungen mit einem Mausklick auf *Speichern* fest.

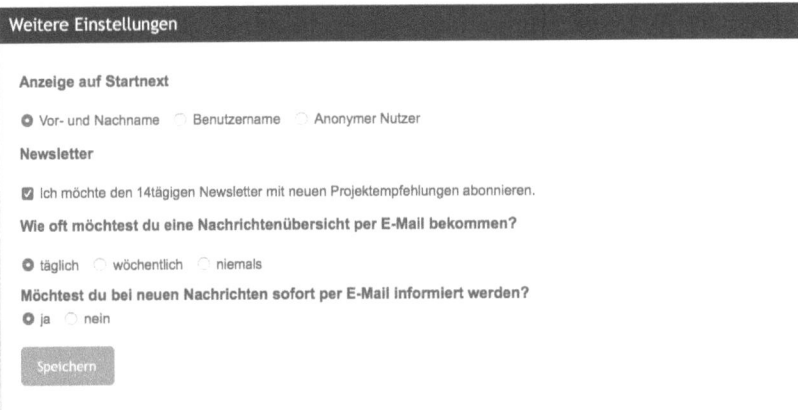

Die weiteren Einstellungen Ihres Profils bei Startnext

Unter dem Profilbild finden Sie eine Option, mit der Sie das Facebook-Profilbild verbergen können. Darunter befinden sich unter der gleichnamigen Überschrift Ihre persönlichen Daten. Hier können Sie bei einem Umzug Ihre Adresse anpassen, sofern dies notwendig ist.

Laden Sie kein Profilbild auf Ihre Startnextseite, wird Ihr Facebook-Profilbild verwendet.

Im Abschnitt *Weitere Einstellungen* bestimmen Sie, ob bei Startnext Ihr Vor- und Nachname oder Ihr Benutzername angezeigt wird. Alternativ können Sie auch die Option *Anonymer Nutzer* wählen. Mit einem Optionskästchen können Sie die Newsletters von Startnext abonnieren oder das Abo beenden. Bestimmen Sie, wie oft Sie eine Nachrichtenübersicht erhalten möchten. Sie können hier zwischen *täglich*, *wöchentlich* und *niemals* wählen. Mit einer weiteren Option werden Sie beim Eingang einer Nachricht auf Startnext per E-Mail benachrichtigt.

Ganz am unteren Ende des Fensters befindet sich noch eine Schaltfläche, mit der Sie Ihr Startnext-Profil löschen können. Wenn Sie als Fan, Unterstützer und/oder Funder bei Startnext aktiv sein wollen, sollte natürlich Ihr Profil weiter vorhanden sein.

Die Einstellungen bei Startnext

Die *Privatsphäre-Einstellungen* sind über das Profil zugänglich. Hier können Sie Ihr Profil mit einem spezialisierten oder lokalen Netzwerk verbinden. Dazu muss natürlich der Inhalt Ihrer Kampagnen zu diesem Netzwerk passen.

Mit einer Option unter der Liste sorgen Sie dafür, dass Sie nicht in Crowdfunding-Suchmaschinen gelistet werden und dass Sie nur für bei Startnext angemeldete Benutzer sichtbar sind. Die Option ist mit *Sichtbarkeit meines Profils* betitelt.

Alle anderen Einstellungen finden sich direkt im Profil. Eine Ausnahme ist das Statement. Hier kann man einen kurzen Text zu Crowdfunding hinterlassen. Nach der Prüfung des Textes durch die Mitarbeiter von Startnext wird der Text frei gegeben. Ein Anspruch auf Freigabe besteht jedoch nicht. Ein peppiger, kurzer Text, der nicht gegen die AGBs, gegen geltende Gesetze sowie Community-Regeln verstößt und nicht die Privatsphäre eines anderen verletzt, sollte ohne Probleme frei gegeben werden und auf Ihrer Profilseite erscheinen.

Ich habe mich für „Crowdfunding macht Spaß! Ohne Klugscheißer-Redaktion bist du näher dran am Interessenten! :-)" entschieden. Ein bisschen die Zunge rausstrecken in Richtung bequemer und altmodischer Verlagsredaktionen darf man ja wohl noch. :-)

Über die Schaltfläche *Suchen* können Sie Ihr Profil ansehen. Loggen Sie sich bei Startnext aus. Geben Sie Ihren Namen in das Feld *Suchen* ein. Verwenden Sie einen Benutzernamen, so tragen Sie diesen in das Feld ein. Bestätigen Sie mit *Eingabe*. Nun wird in der Trefferliste Ihr Nutzerprofil aufgelistet.

Ein Vorteil von Startnext besteht darin, dass die aktuellen Tweets (Beiträge) Ihres Twitter-Accounts direkt auf Ihrem Profil zu sehen sind – vorausgesetzt, Sie besitzen einen Twitter-Account und haben diesen in Ihr Profil eingetragen haben. Haben Sie das getan, sollten Sie zu Ihren Kampagnen passende Einträge posten. Auch der eine oder andere Eintrag zu Ihrer Arbeit an den Kampagnen und zu Ihrer Person ist o.k. Halligallikram, Werbelinks, private Probleme, Sorgen und Ähnliches passen nicht auf einen seriösen Twitter-Account, der auf Ihrem Crowdfunding-Profil zu sehen ist. Oder wollen Sie auf einem Startnext-Account bei XYZ sehen, dass die neue Nachbarin eine blöde Kuh ist und dauernd ihre Mozart-Platten viel zu laut abspielt? Bestimmt nicht.

Ein Profil bei VisionBakery anlegen und verwalten

Melden Sie sich mit Ihren Benutzerdaten oder über Facebook bei VisionBakery an. Auf Ihrer Startseite sehen Sie ein Menü mit den folgenden Einträgen:

- *Profil*

- *Eigene Projekte*

- *Unterstützte Projekte*

- *Kontoeinstellungen*

- *Meine Unterstützungen*

Blättern Sie durch die aktuellen Kampagnen von VisionBakery, kommen Sie mit *Mein Account* (rechte obere Ecke des Browsers) auf Ihre Startseite zurück.

Wählen Sie *Kontoeinstellungen*. Hier können Sie Ihre Daten einsehen und bei Bedarf anpassen. Sie finden hier Vor- und Nachnamen, Ihre E-Mail-Adresse, Land und Wohnort.

VisionBakery hat mein Facebook-Bild übernommen. Das möchte ich nun anpassen. Sonst noch gar nichts über mich. Auch das muss geändert werden.

Haben Sie sich über Facebook registriert, werden die privaten Daten von diesem sozialen Netzwerk übernommen. Tragen Sie in diesem Fall ein neues Passwort ein und notieren Sie es, auch die von Facebook übernommene E-Mail-Adresse. Ebenfalls anpassen sollten Sie das Profilbild. Dazu klicken Sie im gleichnamigen Bereich auf *Durchsuchen*, wählen ein passendes Bild aus und bestätigen. In das Feld *Über mich* geben Sie eine Beschreibung zu Ihrer Person ein. Über die Symbolleisten im integrierten Editor können Sie diesen Text formatieren. Links unter dem Editor können Sie ein neues Passwort eingeben und mit einer zweiten Eingabe es bestätigen.

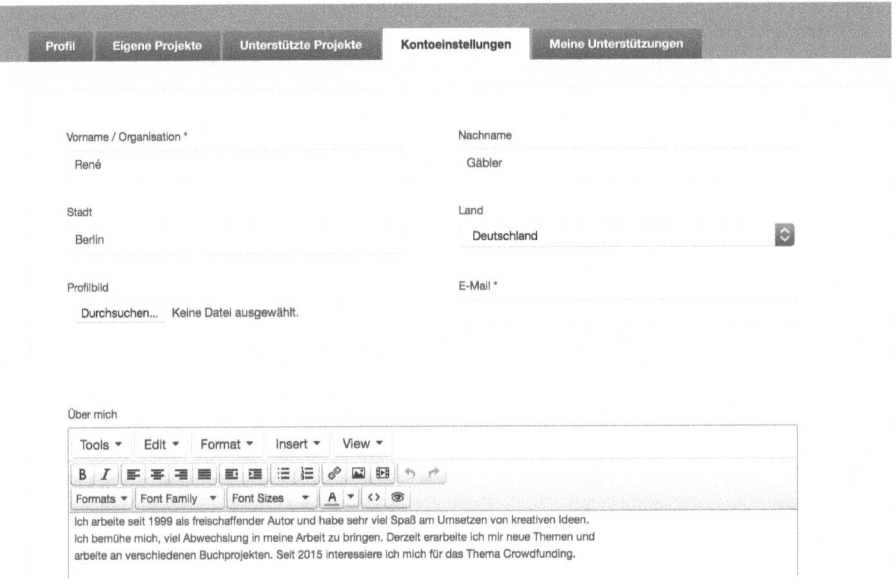

Die Profileinstellungen bei VisionBakery sind übersichtlich. Es gibt nur wenig einzustellen.

Rechts unter dem Editor finden Sie drei Optionsschaltflächen. Mit einer können Sie die Newsletters von VisionBakery abonnieren oder das Abo beenden. Mit einer weiteren stellen Sie ein, dass Sie per E-Mail benachrichtigt werden, wenn jemand Kommentare zu Ihrem Crowdfunding-Projekten abgibt. Die dritte Optionsschaltfläche sorgt dafür, dass Sie eine E-Mail in Ihrem Postfach finden, wenn es Neuigkeiten zu den von Ihnen unterstützten Projekten gibt. Nach der Eingabe aller Daten und Korrekturen klicken Sie auf die Schaltfläche Speichern im unteren Bereich der Seite. Bei VisionBakery gibt es keinen weiteren Dialog mit Einstellungen. Alles findet in den *Profileinstellungen* statt.

Das Profil wirkt aufgeräumt und übersichtlich. So muss das sein!

Ein Profil bei Kickstarter anlegen und verwalten

Nach dem Anmelden bei Kickstarter finden Sie in der rechten oberen Ecke Ihr Profilbild und eine kleine nach unten zeigende Pfeilschaltfläche. Klicken Sie darauf, um ein Menü sichtbar zu machen. In diesem finden Sie die folgenden Einträge:

- *Nachrichten*

- *Aktivität*

- *Profil*

- *Unterstützte Projekte*

- *Meine Favoriten*

- *Freunde finden*

- *Konto*

- *Profil bearbeiten*

- *Benachrichtigungen*

Mit dieser kleinen unscheinbaren Schaltfläche öffnen Sie das Menü bei Kickstarter

Nachrichten ist selbsterklärend. Unter *Aktivität* finden Sie eine Liste der bisher von Ihnen unterstützten Projekte. Hier gibt es auch einen Link zum „Projekt des Tages". Beim ersten Aufruf von *Unterstützte Projekte* müssen Sie Ihr Passwort „verifizieren". Sie müssen es einfach mit einer erneuten Eingabe bestätigen. Später finden Sie hier die bereits von Ihnen unterstützten Projekte. Worin besteht der Unterschied zwischen *Aktivität* und *Unterstützte Projekte*? Mit *Aktivität* werden die aktiven Unterstützer gelistet. Unter *Unterstützte Projekte* finden Sie die bereits von Ihnen unterstützten Projekte.

Meine Daten

Nachrichten
Aktivität
Profil
Unterstützte Projekte
Meine Favoriten
Freunde finden

Einstellungen

Konto
Profil bearbeiten
Benachrichtigungen

Du bist als **René Gäbler** angemeldet
Abmelden

Unter *Favoriten* können Sie über einen Menülink das Projekt des Tages als Favorit übernehmen. Haben Sie sich bei Kickstarter über Facebook angemeldet, sehen Sie unter *Freunde finden*, ob Facebook-Freunde auch bei Kickstarter vertreten sind und können diesen mit einem Mausklick folgen. Wie bei einem sozialen Netzwerk können Sie mit Kickstarter bestimmten Benutzern und Ihren Aktivitäten folgen. Die Aktivitäten von Freunden können abonniert werden. Kommen Sie mit einigen Kickstarter-Benutzern nicht klar, lassen sich diese unter „Freunde finden" blockieren.

Die Funktion *Freunde finden* ist ziemlich cool und integriert in die Crowdfunding-Plattform ein Feeling, das Sie aus anderen sozialen Netzwerken kennen. Richtig nützlich wird diese Funktion, wenn die Verknüpfungen beidseitig sind und man gegenseitig den Aktivitäten des anderen folgt.

Aber: Schauen Sie sich vor dem Klick auf *Follow* an, ob die Benutzer auch wirklich aktiv sind. Folgen ist nur dann sinnvoll, wenn jemand auch wirklich aktiv ist. In meinem Beispiel sind die drei Facebook-Freunde bei Kickstarter angemeldet, haben aber weder eigene Kampagnen laufen noch unterstützen sie andere.

Öffnen Sie das Kickstarter-Menü und wählen Sie *Profil bearbeiten* im Bereich *Einstellungen*. Mit *Profil/Profil bearbeiten* erreichen Sie ebenfalls den Dialog. Unter *Profil bearbeiten* können Sie Namen und Ort korrigieren. Laden Sie Ihr Profilbild hoch und geben den Text Ihrer Biografie ein. Unter *Websites* tragen Sie die URL zu Ihrer Website ein. Bei Kickstarter lassen sich auch mehrere Webadressen angeben. Das ist zum Beispiel interessant, wenn Sie zu Ihrer Crowdfunding-Kampagne noch einen Weblog aufbauen und unterhalten, eine Facebookseite oder Ähnliches.

Die Auswahl und das Hochladen einer Bilddatei für Ihr Profil geschieht bei Kickstarter recht problemlos. In den Profileinstellungen klicken Sie im Bereich *Bild* auf *Wähle eine Bilddatei auf deinem Computer*. Suchen Sie das Verzeichnis, in dem sich die Bilddatei befindet. Markieren Sie diese. Be

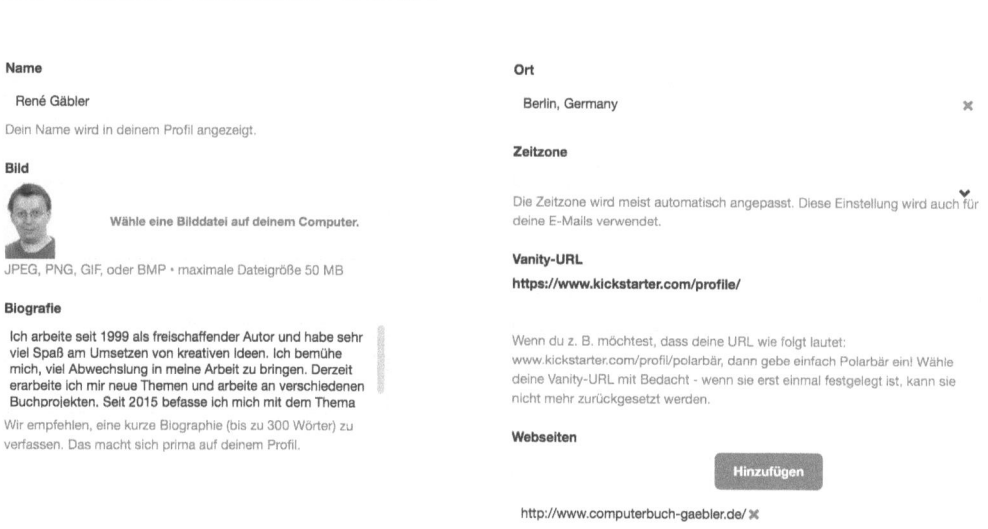

Kickstarter ist sehr übersichtlich. In den Profileinstellungen sind wenige Einstellungen möglich. Diese genügen für ein aussagekräftiges Profil auf der Crowdfunding-Plattform.

stätigen Sie. Kickstarter lädt die Datei hoch, verarbeitet sie und integriert sie in Ihr Profil. Das wars auch schon. Beenden Sie alle Angaben mit einem Mausklick auf die Schaltfläche *Einstellungen speichern*.

Schauen Sie sich nun Ihr Profil an. Das Kreissymbol zeigt Ihre Aktivitäten in den einzelnen Kategorien, die es bei Kickstarter gibt. Zu Beginn ist natürlich hier noch nichts zu sehen. Wählen Sie auf der Profilseite *Ganze Bio und Links zeigen*. Ein Fenster wird aufgeklappt. In diesem sehen Sie den kompletten Text Ihrer persönlichen Beschreibung und die angegebenen Links zu Ihrer Website.

So sieht mein Kickstarter-Profil nach allen gemachten Einstellungen aus. Das Kreismenü wird natürlich erst dann gefüllt, wenn ich aktiv auf der Plattform werde.

Die Einstellungen bei Kickstarter

Unter *Konto* können Sie die Verbindung zwischen Facebook und Kickstarter lösen. *Sicherheit* erhöht den Zugriffsschutz Ihres Kontos. Sie können hier eine zweistufige Authentifizierung einrichten. Unter *Sitzungen* verwalten können Sie sich auf allen anderen Geräten abmelden. Mit einem weiteren Menüpunkt können Sie bei Bedarf Ihr Kickstarter-Konto löschen. Der letzte Menüpunkt ermöglicht das automatische Abspielen von Videos.

Im unteren Bereich der Seite finden Sie die Meldungen des Anmeldeprotokolles. Hier sehen Sie, wann sich jemand auf Ihrem Konto angemeldet und wer versucht hat, sich mit Ihrem Facebook-Profil auf Kickstarter anzumelden. Klicken Sie auf *Weitere laden*, um das komplette Protokoll mit den letzten Einträgen zu sehen.

Biografie

Ich arbeite seit 1999 als freischaffender Autor und habe sehr viel Spaß am Umsetzen von kreativen Ideen. Ich bemühe mich, viel Abwechslung in meine Arbeit zu bringen. Derzeit erarbeite ich mir neue Themen und arbeite an verschiedenen Buchprojekten. Seit 2015 befasse ich mich mit dem Thema Crowdfunding.

[Einstellungen bearbeiten]

Webseiten

computerbuch-gaebler.de

Meine Biografie enthält vier kurze Sätze und den Link zu meiner Website.

Im Protokoll sehen Sie auch, wenn Sie selbst einen Anmeldeversuch gestartet und Ihr Passwort falsch eingetragen haben. Die Meldung „Du hast versucht, ein Facebook-Konto zu verbinden, dass bereits einem anderen Kickstarter-Nutzer zugeordnet ist" deutet noch nicht auf einen anderen Benutzer an, der sich auf Ihrem Kickstarter-Konto austobt. Überlegen Sie einfach, ob Sie nicht selbst einen Fehler gemacht haben. Das kann vorkommen.

Auffallen wird Ihnen auch, dass Kickstarter die Orte nicht korrekt erfasst. Aus der kleinen Stadt Uebigau-Wahrenbrück macht Kickstarter ein Cottbus. Erfasst werden nur große Städte.

Mit den *Benachrichtigungen* können Sie sich bei Neuigkeiten und Veranstaltungen von Kickstarter eine E-Mail zusenden lassen. Zwei weitere Newsletters informieren über die Lieblingsprojekte des Kickstarter-Teams sowie Projekte aus dem Bereich „Kunst und Kultur". Nachrichten erhalten Sie auch, wenn ein Freund ein Projekt veröffentlicht, Sie selbst neue Abonnenten erhalten und wenn es Neuigkeiten im Hinblick auf die von Ihnen unterstützten Projekte gibt. Alle diese Benachrichtigungen können Sie unter dem gleichnamigen Menüpunkt an- und ausschalten. Haben Sie einen Newsletter ausgewählt, erhalten Sie von Kickstarter eine E-Mail mit einem Link, den Sie für das Newsletter-Abo bestätigen müssen.

Facebook
Die Verbindung zwischen diesem Konto und
Facebook trennen
Abwählen

Sicherheit
Zweistufige Authentifizierung einrichten Deaktiviert

Sitzungen verwalten
Auf allen anderen Geräten abmelden

Konto löschen
Mein Kickstarter-Konto löschen

Videos automatisch abspielen
Videos automatisch abspielen AUS

In den Einstellungen kann die Verknüpfung mit Ihrem Facebook-Account gelöst werden

Konto   Profil bearbeiten   **Benachrichtigungen**   Freunde finden

Abonnements:
☑ Neuigkeiten und Veranstaltungen (ab und zu)
Wichtige Ankündigungen, Dinge, die in deiner Umgebung passieren, und andere (hoffentlich) interessante Dinge

☑ Unsere Lieblingsprojekte (wöchentlich)
Projekte, die wir kreativ, inspirierend und unterhaltsam finden

☑ Happening (mehrmals pro Woche)
Kunst und Kultur aus dem Kickstarter-Universum und darüber hinaus

Unterstützte Projekte: ✉ ☐ Neue Projekt-Updates

Neues aus deinem Netzwerk: ✉ ☐ Ein Freund unterstützt oder veröffentlicht ein Projekt
                                  ✉ ☐ Neue Abonnenten

Für Projektgründer: ☑ Tipps für dein Projekt

[Einstellungen speichern]

In den Benachrichtigungen wählen Sie einen Newsletter aus oder kündigen das entsprechende Abo. Hier können Sie einstellen, ob Ihnen Kickstarter eine E-Mail bei Projekt-Updates und neuen Abonnenten zusenden soll.

Ein Profil bei Indiegogo anlegen und verwalten

Nach dem Anmelden bei Indiegogo sehen Sie in der rechten oberen Ecke Ihres Browserfenster ein aufklappbares Menü. Sie erkennen es an Ihrem Namen und einem nach unten zeigenden Pfeilsymbol. Es enthält die folgenden Einträge:

- *Meine Kampagnen*

- *Unterstützte Kampagnen*

- *Mein Profil*

- *Meine Einstellungen*

- *Ausloggen*

Im Profil sehen Sie eine Übersicht mit Ihren Kampagnen, Ihren Unterstützungen und die Anzahl der erhaltenen Kommentare. Haben Sie sich mit Facebook registriert und angemeldet, sehen Sie eine verkleinerte Version des Profilbildes, das Sie bei Facebook im Profil abgelegt haben. Auch die Anzahl Ihrer Facebook-Freunde wird angezeigt. Unter Ihrem Namen finden Sie ein kleines Menü mit den Einträgen *Profil*, *Kampagnen*, *Aktivität*, *Unterstützungen* und *Empfehlungen*.

Wählen Sie im Menü *Meine Einstellungen* und klicken Sie dann auf *Profil*. Hier können Sie Ihren Namen und Ihre Adressdaten einsehen und wenn notwendig korrigieren. Nach der Registrierung mit Facebook ergänzen Sie Land, Stadt und Postleitzahl.

Geben Sie anschließend eine Überschrift zu Ihrer Beschreibung und eine kurze Vorstellung ein. Insgesamt sind 500 Zeichen möglich.

René Gäbler

Das Profil sieht nach dem Registrieren mit Facebook ziemlich leer und langweilig aus

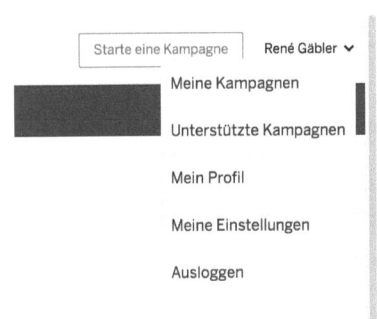

Klicken Sie auf das leere Feld unter *Deine Fotos*. Wählen Sie ein geeignetes Bild aus und bestätigen Sie mit *Öffnen*. Das Bild wird hochgeladen und in Ihrem Profil angezeigt. Wenn Sie möchten, fügen Sie ein zweites Bild als Avatar hinzu.

Scrollen Sie nach unten und ergänzen Sie den Link zu Ihrem Facebook-Profil, Ihren Twitter-Account, Ihrem YouTube-Account und Ihrer Website. Außerdem können Sie einen Eintrag aus der Filmdatenbank IMdB eintragen. Mit *Eigenen Link hinzufügen* können Sie weitere Links eintragen. Haben Sie aller Angaben gemacht, bestätigen Sie mit *Speichern*.

Ein kleiner Tipp: Tragen Sie die Links zu Ihren Profilen bei Indiegogo, Kickstarter, Startnext usw. auf Ihrer Website und auf anderen Plattformen ein (XING, LinkedIn, Facebook etc.). So erhalten Sie mehr Besucher und wertvolle Backlinks.

Die Einstellungen bei Indiegogo

In den Einstellungen können Sie die Verbindung mit Facebook lösen. Hier ist es auch möglich, Indiegogo mit LinkedIn zu verknüpfen. Sie können hier Ihre E-Mail-Adresse ändern und ein neues Passwort festlegen. In den Einstellungen lässt sich außerdem die Benutzersprache des Indiegogo-Profils und der -Plattform festlegen. Darüber hinaus können Sie hier den Account löschen.

Unter *Abonnements* finden Sie die Newsletters und Benachrichtigungen der Plattform. Indiegogo versendet Newsletters mit News und Infos zu angesagten Geräten, Empfehlungen und zu den Aktionen, denen die Facebook-Freunde auf der Crowdfunding-Plattform nachgehen. Weitere E-Mails versendet Indiegogo auf Wunsch und berichtet von Events sowie interessanten Veranstaltungen und gibt Tipps zu Generosity, Umfragen, Angeboten von Rabatten und speziellen Kampagnen. Eine Benachrichtigung können Sie natürlich auch erhalten, wenn sich in den unterstützten Kampagnen etwas verändert hat. Wie üblich lassen sich die Newsletters und Info-Mails ganz nach Lust und Laune an- und abschalten.

So sieht mein Profil bei Indiegogo aus

Du findest mich bei

Über diese Schaltflächen sind die verknüpften Webadressen und sozialen Netzwerke erreichbar

Ein Profil bei Ulule anlegen und verwalten

Melden Sie sich bei Ulule an. In der rechten oberen Ecke des Fensters werden mit kleinen Symbolschaltflächen Neuigkeiten und neue Nachrichten angezeigt. Mit einem Klick auf Ihr verkleinertes Profilbild öffnen Sie ein Auswahlmenü. Es enthält die folgenden Inhalte:

- *Mein Profil*

- *Einstellungen*

- *Transaktionen*

- *Abmelden*

Bei Indiegogo können Sie verschiedene Newsletters und Benachrichtigungen erhalten

Das Profil zeigt Ihre Aktivitäten, Projekte und Anmeldungen. Letzteres sind die Projekte, denen Sie folgen. Über zwei Schaltflächen können Sie Facebook- und Gmail-Freunde finden.

Um ein Profilbild hochzuladen oder das vorhandene gegen ein aktuelleres auszutauschen, klicken Sie auf das Bild bzw. den Bereich, in dem dieses im Profil angezeigt wird. Wählen Sie eine geeignete Bilddatei aus und bestätigen Sie mit *Öffnen*. Das gewählte Bild wird in einem Fenster angezeigt. Hier können Sie es zurechtschneiden. Verschieben Sie dazu die Anfasser oder die Rahmenlinien. Bestätigen Sie mit *Gemacht*. Das Bild wird nun hochgeladen und in das Profil übernommen.

In den Einstellungen können Sie Vor- und Nachnamen sowie den Benutzernamen einsehen und bei Bedarf korrigieren. Hier finden Sie auch Ihre E-Mail-Adresse, Ihren Wohnort und ein Eingabefeld, in das Sie eine Kurzbiografie eintragen können. Es folgen Listenfelder, in denen Sie Sprache, Land, Währung und Zeitzone auswählen. Wer mag, kann sein Geburtsdatum eintragen. In *Soziale Netzwerke* tragen Sie die Webadresse zu Ihrer Webadresse, Ihrem Twitter-Account oder Ihrem Facebook-Profil ein. Mit *Zusätzliches Feld hinzufügen* erweitern Sie das Feld und können eine weitere Adresse eintragen. Ganz unten können Sie Ihr Profil bei Ulule löschen, sofern das einmal nötig sein sollte.

Schauen Sie sich alle Angaben an. Ergänzen Sie fehlende Daten. Tragen Sie eine Kurzbiografie oder kurze Vorstellung ein. Tragen Sie die Webadressen zu Ihrer Website und zu Ihren Profilen bei Facebook und Twitter ein. Bestätigen Sie mit *Sichern*.

Einige Angaben müssen nicht unbedingt gemacht werden. Auf Ihrem Profil genügt auch ein Benutzername. Vor- und Nachname müssen nicht auf dem Profil stehen. Ein Pseudonym tut es auch.

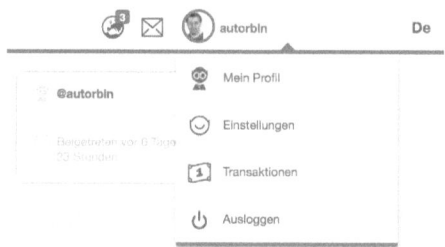

Das Menü bei Ulule führt Sie in die Einstellungen, in Ihr Profil und in eine Übersicht Ihrer Transaktionen

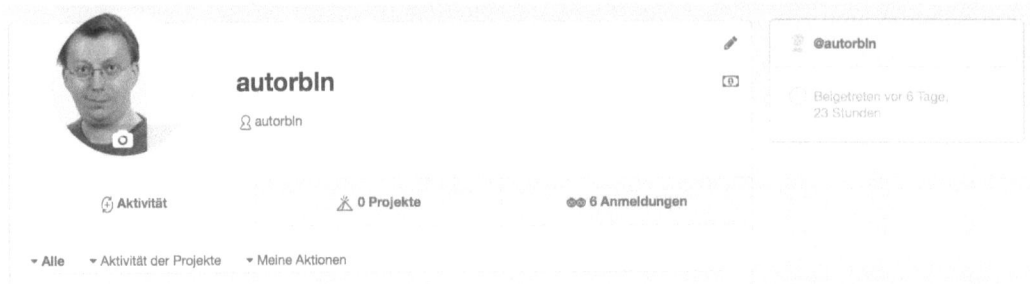

Ulule zeigt mein Profilbild und mein Pseudonym an

Die Einstellungen bei Ulule

Unter *Passwort* können Sie Ihr bisheriges Passwort ändern.

Ulule bietet eine große Auswahl verschiedener Newsletters und Benachrichtigungen an. Diese werden in die drei Rubriken *Soziale Benachrichtigungen*, *Ulules Auswahl und Highlights* und *Meine Projekte* eingeteilt. Die Plattform kann Ihnen auf Wunsch einmal pro Woche einen Newsletter zusenden. Unter den sozialen Benachrichtigungen können Sie eine Nachricht erhalten, wenn Sie einen neuen Follower erhalten haben oder wenn Ihnen jemand eine private Nachricht geschickt hat. Sie werden auf Wunsch informiert, wenn ein Freund auf Ulule online ist, ein Kontakt ein neues Projekt unterstützt hat, sie ein neues Abzeichen erhalten haben oder jemand, dem Sie folgen, ein neues Abzeichen erhalten hat. Im letzten Bereich stellen Sie ein, dass Sie eine Nachricht wünschen, wenn Sie eine Unterstützung zu Ihrer Kampagne, oder einen neuen Kommentar erhalten haben, eine Unterstützung storniert wurde oder eine Frage zu Ihrem Projekt beantworten sollen.

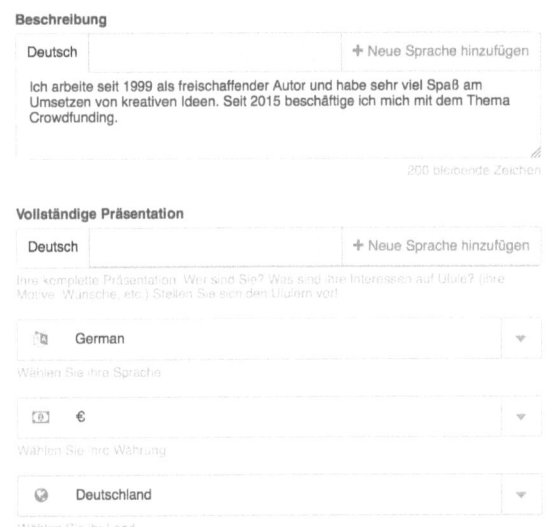

Mit einer weiteren Option können Sie im Bereich *Datenschutz* dafür sorgen, dass Ihr Profil nicht in Suchmaschinen erscheint. Mit einer anderen können Sie auf der Plattform Ulule anonym bleiben. Mit einer Schaltfläche können Sie Facebook mit Ulule verbinden oder auch später lösen.

Sind Sie mit einer eigenen Crowdfunding-Kampagne aktiv auf Ulule, hinterlegen Sie diese im Bereich *Lieferadresse*.

Starten Sie selbst eine Kampagne und unterstützen andere, schauen Sie ab und zu in die Transaktionen. Hier sehen Sie alle gültigen und abgebrochenen Transaktionen. Das *Elektronische Portmonee* erhält die zurückerhaltenen Zahlungen.

Ein Profil bei 100Fans anlegen und verwalten

Nach dem Anmelden auf der Plattform finden Sie wie bei anderen Crowdfunding-Portalen auch in der rechten oberen Ecke ein Menü des Bildschirmes. Bei 100Fans enthält es die folgenden Einträge:

- *Dashboard*

- *Profil bearbeiten*

- *Passwort ändern*

- *E-Mails verwalten*

- *Abmelden*

Erfreulicherweise gibt es hier kein übergroßes, verschachteltes Menü. Wählen Sie den Menüpunkt *Profil bearbeiten*.

Ganz oben sehen Sie Ihren Vor- und Nachnamen. Tragen Sie darunter die Links zu Ihrer Facebook-Seite, Ihrem Twitter-Profil und Ihrer Website ein. Im Feld *Beschreibung* stellen Sie sich kurz vor. Denken Sie daran, dass 100Fans sich an Autoren richtet. Schreiben Sie, warum Sie hier sind, was Sie bisher geschrieben haben und warum Sie für eine Kampagne bei dieser Crowdfunding-Plattform der Richtige sind. Darunter folgen Eingabezeilen für Ihre Adressdaten. Eingeben können Sie den Namen Ihrer Firma (falls vorhanden), Straße, Postleitzahl, Stadt, Land und Ihre Telefonnummer.

Über dem Vornamen können Sie ein Profilbild ergänzen und zu Ihrem 100Fans-Profil hinzufügen. Klicken Sie auf *Durchsuchen*. Wählen Sie eine geeignete Bilddatei aus. bestätigen Sie mit *Öffnen*. Die Eingaben und Änderungen müssen noch gespeichert werden. Scrollen Sie nach unten und klicken Sie auf die Schaltfläche *Speichern*.

Viele Newsletter und Benachrichtigungen werden bei Ulule angeboten

Mein Projekt wird geplant

Bevor Sie bei einer Crowdfunding-Plattform Ihr Projekt einstellen, gilt es ein paar Grundüberlegungen anzustellen und alle notwendigen Arbeitsschritte durchzugehen. Sie müssen sich überlegen, ob Sie das Projekt oder den Service selbst erstellen können oder ob Hilfe notwendig ist. Gleiches gilt für die Text-, Bild- und Videoinhalte. Abschließend kalkulieren Sie die Kosten und überlegen sich, welche Dankeschöns Sie für Ihre Unterstützer anbieten können.

Ich weiß, dass ich diese Infos zu Beginn des Buches schon einmal erwähnt habe. Sie sind jedoch wichtig und sollen deshalb an dieser Stelle noch einmal genannt und zusammengefasst werden:

- Überlegen Sie, welches Projekt Sie mit einer Crowdfunding-Kampagne umsetzen wollen.

- Überprüfen Sie, ob das gewünschte Produkt oder der Service schon vorhanden ist. Stellen Sie fest, ob es Konkurrenz gibt. Notieren Sie sich, warum Ihr Produkt bzw. Ihr Service Erfolg haben wird.

- Notieren Sie sich, welche Schritte bis zum fertigen Produkt notwendig sind.

- Überlegen Sie, ob Sie das Produkt selbst herstellen können. Benötigen Sie Hilfe? Notieren Sie sich, wer dafür infrage kommen würde und welche Kosten in diesem Zusammenhang entstehen.

- Überlegen Sie, ob Sie die Kampagne selbst erstellen können oder ob Sie professionelle Hilfe brauchen. Sie müssen mit den Textinhalten Fans und Unterstützer überzeugen. Ebenso mit den Bildern und einem

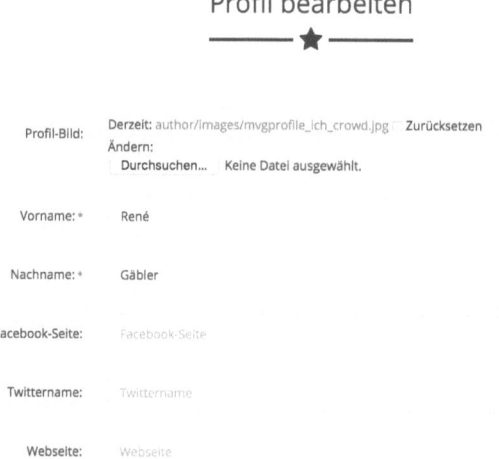

Video. Auch die Arbeit mit den sozialen Netzwerken muss so ablaufen, dass Ihre Kampagne gut beworben wird und Sie Fans und Unterstützer gewinnen.

- Suchen Sie sich passende Dankeschön-Geschenke für die Unterstützer Ihrer Crowdfunding-Kampagne aus. Notieren Sie sich die Kosten für die Geschenke und deren Versand.

- Notieren Sie sich ferner die Kosten für den Versand des fertigen Produktes.

- Erstellen Sie eine komplette Kalkulationsliste mit allen Kosten. Kalkulieren Sie die Kosten der Plattform mit ein (Provision, Kosten für die Überweisungen der Gelder usw.). Ziehen Sie Kosten ab, die Sie selbst aufbringen möchten.

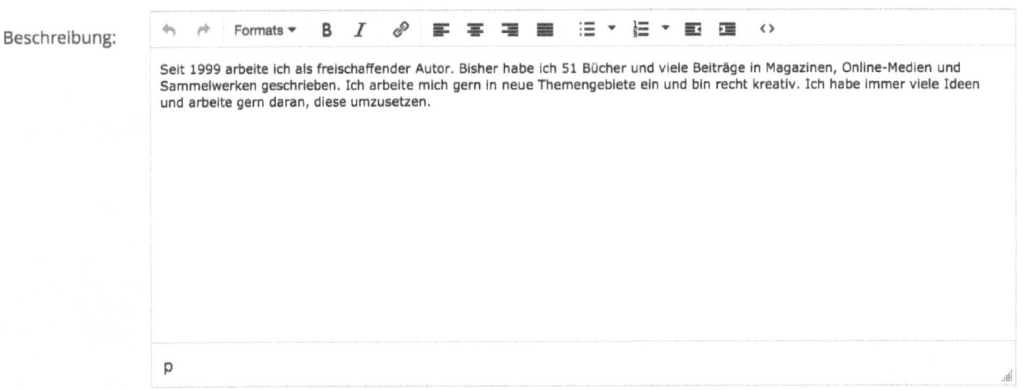

Die Beschreibung sollte ich einmal aktualisieren. Im Dashboard sehen Sie später Ihre Projekte. Hier wird auch Ihr Profil angezeigt (Bild unten).

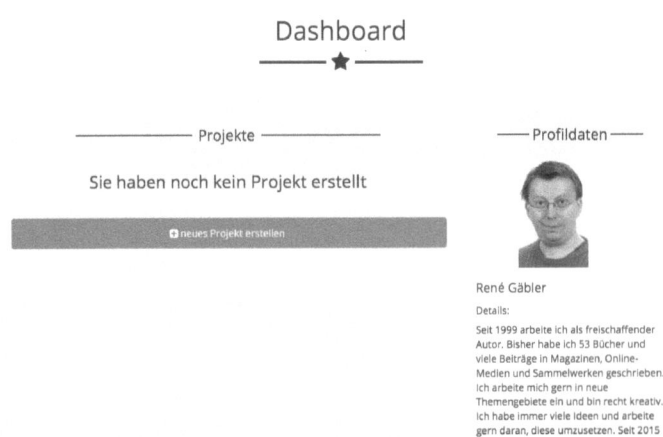

- Schauen Sie sich die verschiedenen Crowdfunding-Plattformen, Ihre Kategorien, Besonderheiten und die Kosten an. Überlegen Sie, wo Ihre Kampagne am besten aufgehoben wäre und entscheiden Sie sich für eine der Plattformen. Orientieren Sie sich auch an den bereits vorhandenen Kampagnen.

Noch ein allgemeiner Tipp: Sie müssen der Crowd ein fertiges Produkt bieten können. Ist die Funding-Phase beendet, können Sie nicht das Geld dankend annehmen, Monate damit verbringen, bis das Produkt fertig ist und es dann erst versenden. Einen kleinen Zwischenschritt kann es geben, aber der darf nicht allzu groß sein und Sie müssen ihn mit einkalkulieren. Schreiben Sie zum Beispiel ein Buch und wollen Sie alle Ausgaben wie Korrektorat, Coverdesign und Druck über die Crowdfunding-Kampagne finanzieren, so sollte das Buch bereits fertig geschrieben sein. Dann erstellen Sie die Kampagne. In der Beschreibung der Dankeschöns halten Sie fest, wie lang es dauert, bis der Unterstützer sein Buch erhält.

Möchten Sie mit einer Crowdfunding-Kampagne ein Buch oder einen Film finanzieren, so findet sich das Produkt auch unter den Dankeschön-Geschenken. Andere Dankeschöns sollten gleich zum Ende der Kampagne ohne große Wartezeit versendet werden. Diese müssen schon da sein. Kaufen bzw. erstellen Sie die Dankeschöns nicht erst, wenn die Kampagne beendet ist.

Bei anderen Produkten sieht es ähnlich aus. Lassen Sie die Unterstützer nicht zu lang warten. Nutzen Sie die Fansuche, um zu sehen, ob das Produkt interessant ist. Zeigen Sie mit Bildern und Newstexten, was Sie gemacht haben und wie weit Sie sind. Ein wenig kann man tricksen. Aber es sollte im Rahmen bleiben und die Käufer und Unterstützer sollten nicht zu lang warten.

Anders sieht es bei 100Fans aus. Bei dieser Crowdfunding-Plattform landet das Buch bei einem Verlag. Sie arbeiten nur wenig vor. Eine Beschreibung, eine Kurzinfo und eine Leseprobe genügen. Die eigentliche Arbeit geschieht erst, wenn die Crowdfunding-Kampagne erfolgreich beendet wurde.

Am Beispiel meiner eigenen Kampagne möchte ich Ihnen diesen ersten Schritt und alle weiteren aufzeigen.

Beachten Sie bitte: Die verschiedenen Crowdfunding-Plattformen unterscheiden sich voneinander. Für welche Sie sich entscheiden, bleibt ganz allein Ihnen überlassen. Für dieses Buch kann ich leider nicht auf jeder Plattform eine Kampagne starten, sondern muss mich für eine entscheiden. Schauen

Sie sich deshalb die Besonderheiten der Plattformen an, lesen Sie aufmerksam die AGBs der Plattform und die Anleitungen durch. Kommen Sie einmal nicht mehr weiter, scheuen Sie sich nicht, den Support anzuschreiben und eine Frage zu stellen.

Meine Crowdfunding-Kampagne soll auf Startnext erscheinen. Diese Plattform kenne ich schon ein wenig. Der Sitz befindet sich an meinem Wohnort in Berlin. Es gibt sehr viele Besucher auf der Website. Bei Startnext, so glaube ich, wird mein Produkt am besten aufgehoben sein. Was ich dafür tun muss und wie die Kampagne letztendlich läuft, werden Sie in diesem Buch lesen.

Für das Projekt habe ich eine Checkliste mit einfachen Fragen erstellt. Diese finden Sie als Checkliste noch einmal im Anhang dieses Buches. Außerdem habe ich sie in den Downloadbereich meiner Website gepackt, hier natürlich als PDF-Datei.

Sie müssen nicht unbedingt eine ausgedruckte Checkliste ausfüllen oder Ihre Daten und Überlegungen in eine Textverarbeitung eingeben. Es genügen auch Notizen auf einem karierten Block. Die Überlegungen und Kalkulationen sind nur für Sie gedacht. Sauber notiert vereinfacht das natürlich ein späteres Durchgehen und Überarbeiten.

Anders sieht es bei Teamarbeit aus. Hier sollte man schon etwas anders arbeiten und sich austauschen. Ein paar Office-Dokumente erstellen, ordentlich in einem Ordner ablegen, ausdrucken und in einen vorzeigbaren Ordner packen sind hier Selbstverständlichkeiten.

Die Marktanalyse und die Kostenkalkulation können Sie natürlich auch von einem professionellen Berater durchführen lassen. Die Erstellung eines Businessplanes mit Finanzplanung liegt bei etwa 2.500 € bis 5.000 €. Die Präsentation der Geschäftsidee kostet Sie 1.000 € bis 5.000 €. Das Werbe- und Vorstellungsvideo für die Crowdfunding-Plattform erstellt der Berater gern (bzw. lässt erstellen) für 1.000 € bis 5.000 €. Die KFM kann ein Start-up-Unternehmen mit bis zu 4.500 € unterstützen (nur Beratungszuschuss). Dennoch kostet ein Berater sehr viel Geld. Selbst machen ist billiger. Das kostet Sie nichts. Und es macht daneben auch noch Spaß!

Beachten Sie bitte, dass die Fragen und Inhalte einer Checkliste, also die Vorüberlegungen, von der Art des Produktes abhängen. Genug gelabert. Fangen wir an:

Welches Produkt will ich umsetzen?

Entstehen soll ein Sachbuch zum Thema Crowdfunding. Das Buch soll gedruckt und als E-Book erhältlich sein. Das Buch richtet sich an Macher, nicht an Start-ups und Firmen mit dickem Geldbeutel. Der Titel weist darauf schon hin.

Drei Schwerpunkte werden vorhanden sein: eine Übersicht und Beschreibung der Crowdfunding-Portale und die dazugehörigen Webadressen. Nachvollziehbare Beschreibungen zum Erstellen der Kampagne, den Beschreibungen, dem Erstellen von Bild- und Videomaterial, der Pflege der Kampagne und der Arbeit mit den sozialen Netzwerken. Im dritten Teil findet der Leser Erfahrungsberichte von erfolgreichen Crowdfundern aus den Regionen Berlin und Brandenburg.

Sachbuch zum Thema Crowdfunding

Titel: Do it Yourself-Crowdfunding für alle

Zielleser: Einsteiger bis fortgeschrittene Anwender

Umfang: 500 Seiten

Medium: Gedrucktes Buch und E-Book

Umsetzung bei: BOD als Books on Demand

Gibt es das Produkt schon?

Nein. Es gibt Bücher und E-Books zum Thema Crowdfunding und Crowdinvest. Hier werden auf sachliche Weise die Plattformen und Möglichkeiten vorgestellt. Ein Buch mit Erfahrungsberichten gibt es ebenso wenig wie ein praxisnahes Buch mit Anleitungen und Tipps.

Eine Suchanfrage bei Amazon bringt 1.381 Ergebnisse (Stand:06.12.2015). Nur wenige deutschsprachige und aktuelle Titel zum Thema sind vorhanden. Einige haben sich auf Crowdinvest spezialisiert, andere auf das Thema Filmfinanzierung. Ein Sachbuch mit einem Umfang von ca. 300 - 500 Seiten gibt es nicht.

Das Taschenbuch „Crowdfunding - Grundlagen und Strategien für Kapitalsuchende und Geldgeber" hat lediglich 64 Seiten und fasst das Thema nur grob zusammen. Schwerpunkt ist hier die Ausrichtung auf Finanzsuche und Investition. Der Einsteiger, der ein Projekt umsetzen will, findet hier keine Informationen. Das Buch ist keine Konkurrenz.

„Auf die Masse, fertig, CROWDFUNDING, los!: Was Sie für ein erfolgreiches Crowdfunding-Projekt wissen müssen" ist ein interessantes Buch, dass nur als E-Book verfügbar ist. Es hat einen Umfang von 151 Seiten und enthält interessante und wichtige Inhalte zum Thema. Es ist in seinem Umfang jedoch recht kurz und enthält kein Beispiel.

Das Buch „Das Crowdfunding-Handbuch: Ideen gemeinsam finanzieren" ist 2015 erschienen und damit recht aktuell. Das Buch bringt es auf 240 Seiten.

Mit „Crowdfunding als Finanzierungsmodell: am Beispiel von Independent Video Games" ist ein interessanter Titel zu haben, der das Thema sehr praxisbezogen angeht. Das 72-Seitige Buch ist jedoch mit 35,90 € sehr teuer.

Die Studienarbeit „Funktionsweise und Einsatzmöglichkeiten von Crowdfunding: Eine kritische Analyse" ist als E-Book und Taschenbuch erhältlich. Sie beleuchtet das Thema sehr sachlich und fundiert.

Die Studienarbeit „Was ist und wie funktioniert Crowdfunding?" ist zu einem günstigen Preis von 14,99 € erhältlich und stammt aus dem Jahr 2013. Aktuelle Trends und Veränderungen in der Crowdfunding-Szene finden keine Berücksichtigung. Das Buch bietet sachlich korrektes und fundiertes Wissen.

Das E-Book „Grundlagen für erfolgreiches Crowdfunding" behandelt das Thema auf 64 Seiten. Es wird kurz und sehr knapp dargelegt. Dem Leser bietet sich ein sehr grober Ein- und Überblick.

Das E-Book „Crowdfunding ffür Autoren" ist nur als E-Book erhältlich und richtet sich ausschließlich an Interessierte, die mit einer Crowdfunding-Kampagne ein Buch veröffentlichen wollen. Das E-Book hat einen Umfang von 49 Seiten. Es wird nur ein kurzer Einstieg in das Thema geboten.

Das Buch „Crowdfunding als alternative Finanzierungsform: Durch die Methode der Schwarmfinanzierung von der Idee zum Massenprodukt" ist 2015 erschienen und damit recht aktuell. Es hat einen Umfang von 84 Seiten und beleuchtet das Thema nur kurz und knapp.

Zusammenfassung:

Wenige Bücher zum Thema. Beispiele, Checklisten und Übersichten werden nicht genannt. Vorhandene Titel sind oft als Druckversion, aber nicht als E-Book erhältlich oder umgekehrt. Einige Titel sind in ihrem Umfang sehr kurz und bieten nur einen Einstieg in das Thema.

Ein umfangreiches Sachbuch zum Thema Crowdfunding ist auf dem Markt nicht erhältlich. Ein Buch, das alle Hintergründe zum Thema zeigt, wichtige Webportale listet, Beispiele aufzeigt und Erklärungen abgibt, wie man zum Ziel kommt, ist nach Meinung des Autors nicht bzw. noch nicht vorhanden.

Bücher und E-Books, die zum Thema im Jahre 2016 erscheinen, sind in dieser Marktanalyse nicht berücksichtigt.

Wird sich mein Produkt durchsetzen? Gibt es Konkurrenz?

Es gibt nur wenige Konkurrenztitel. Der Markt für das Buch ist vorhanden. Das Thema ist aktuell und interessant.

Das Buch kann als Lehrbuch in einem Volkshochschulkurs verwendet werden.

Ein Buch, das Nachschlagewerk, Sachbuch, Adressführer und EDV-Hilfe zum Thema in einem ist, gibt es nicht.

Mögliche Boni, wenn das Produkt Erfolg hat

Das Buch wird auf meiner Website gelistet und erscheint in meinen Autorenprofilen bei Amazon und BOD. Das Buch erscheint in ca. 6.000 Onlinebuchshops. Ich werde das Buch als Lehrbuch an Volkshochschulkursen zum Thema Crowdfunding verwenden. Ein Exemplar werde ich in einer Bibliothek einer kleinen Stadt hinterlegen, auf Nachfrage/bei gutem Verkauf auch gern in weiteren Bibliotheken. Trifft Letzteres zu, melde ich das Buch bei der VG Wort an.

Das Buch kann bei einem Erfolg in der Sachbuch-Bestseller-Liste von BOD erscheinen. Es kann Pressenachfragen geben. Ich kann es bei einem sehr guten Verkauf auf den Buchmessen in Leipzig und Frankfurt präsentieren.

Warum bin ich der Richtige dafür?

Ich arbeite seit 17 Jahren als freischaffender Autor und habe 53 Computerbücher geschrieben und etwa 300 Beiträge in Magazinen und Sammelwerken publiziert.

Was kann ich und was kann ich nicht?

Ich kann mit Text umgehen und mich in das Thema einarbeiten. Der Umgang mit Webportalen ist kein Problem. Ich kann Fotos und Videos erstellen und bearbeiten. Ein kurzes Drehbuch kann ich erstellen.

Welche Hilfe brauche ich und was kostet mich das?

Für das Erstellen des Vorstellungsvideos brauche ich jemanden, der die Kamera hält. Hier muss ein Freund oder Bekannter ran. Das kostet mich nichts. Vielleicht kostet es mich ein Essen und ein paar Bier. :-)

Ein Korrektorat für das fertige Buch ist notwendig. Die Kosten liegen bei 3,50 € pro Seite. Die Gesamtkosten bei 500 Buchseiten liegen hiermit bei ca. 1.750,- €.

Die tatsächlichen Kosten für das Korrektorat werden geringer ausfallen. Nicht jede Buchseite ist mit Text gefüllt. Ich verwende sehr viele Fotos, Screenshots und Zeichnungen. Der Korrektor bietet mir möglicherweise einen günstigeren Preis pro Seite an.

Welches Fachwissen muss ich mir aneignen?

Den Umgang mit dem DTP-Programm Quark XPress muss ich mir aneignen. Hierzu stehen kostenlose Videoanleitungen im Internet bereit.

Welche Mittel brauche ich und was kostet das?

Ich benötige ein DTP-Programm für das Erstellen der Buch- und E-Book-Vorlagen. Ich habe mich für die aktuelle Version von Quark XPress für Mac OS X entschieden. Der Preis liegt bei 399,- € (Upgrade von jeder vorhandenen Version). Da ich weitere Bücher schreiben möchte, lohnt sich die Ausgabe.

Die Arbeit mit Word ist ungenügend und kommt daher nur für die ersten Schritte infrage. Microsoft Word besitzt jedoch einen guten Funktionsumfang. Ich kenne das Programm seit Langem. Der Korrektor verlangt in der Regel eine Word-Datei für die Korrektur. Word-Dateien können von Quark X Press mühelos importiert werden.

Das DTP-Programm finanziere ich über Eigenmittel. In der Crowdfunding-Kampagne soll es nicht erscheinen. Somit bleiben die dort erwähnten Kosten niedrig.

Was kostet mich die Entwicklung des Produktes?

Bei meinem Produkt handelt es sich um ein Buch, für das keine besonderen Rohstoffe oder Entwicklungskosten notwendig sind.

Notwendig sind Druckkosten (Papier, Toner) für das Ausdrucken des Manuskriptes. Diese geringen Kosten trage ich selbst.

Es entstehen Kosten für den Vertrag mit BOD und die Aufbereitung und den Vertrieb von Buch und E-Book. Ich entscheide mich für das Paket BoD Classic. Kosten hierfür: 19,- €.

Das Paket BOD Komfort wäre aufgrund des Ansichtsexemplars, das ich vor dem endgültigen Druck erhalte, der professionellen Betreuung und Beratung und der 5 Autorenexemplare interessant. Jedoch ist der Preis mit 249,- € sehr hoch. Erreiche ich das Funding-Ziel in der Crowdfunding-Kampagne oder überschreite ich es und fallen die Kosten beim Korrektorat deutlich günstiger aus, entscheide ich mich eventuell für dieses Paket.

Welche Plattform ist die Richtige und warum?

Startnext ist die richtige Plattform. Die Crowdfunding-Plattform mit Sitz in Berlin ist gut besucht und in den sozialen Netzwerken sehr aktiv.

Sind meine sozialen Netzwerke für die Crowdfunding-Kampagne bereit?

Ja. Ich bin durch meine Arbeit als EDV-Autor in den sozialen Netzwerken sehr aktiv. Auch macht mir das Durchforsten, Schreiben und Bilderposten bei Facebook, Twitter, Instagram und Co. Spaß. Mein Klout-Score ist ganz ordentlich.

Welche Probleme und Risiken sind möglich?

Ich kann den Aktionszeitraum des DTP-Programms verpassen. Dann erhalte ich kein günstiges Upgrade von Quark XPress mehr und muss den Vollpreis von 999,- € zahlen.

Ich habe noch keine Idee, was ich neben den Büchern und E-Books als Dankeschöns verwenden kann.

Ich habe noch keine Idee, wie ich das Vorstellungsvideo für ein Sachbuch aufbauen kann. Das lässt sich aber leicht lösen.

Ich bin mir auch nicht sicher, ob mein Freund oder mein bester Freund Zeit für die Hilfe beim Video-Dreh finden oder ich es eventuell allein machen muss.

Den Umfang des Buches habe ich nur ungefähr festgelegt. Ohne Verlag und Redaktion muss ich den Buchpreis im Vorfeld, den Umfang und Aufbau des Buches nicht haarklein planen. Da ich erst das Buch schreibe und dann die Crowdfunding-Kampagne starte, lassen sich Umfang, Buchpreis- und Kostenkalkulation später leicht anpassen.

Bei dem gewählten BoD-Classic erhalte ich keine Ansichtsexemplare vor Auslieferung der Bücher an den Buchhandel. Die Druckvorlage muss exakt sein.

Die Kosten für den Korrektor kann ich nur ungefähr kalkulieren. Ein genaues Angebot bekomme ich, wenn ich das fertige Buchmanuskript an einem infrage kommenden Lektor sende. Für die Kalkulation verwende ich den Betrag der Website einer Firma, die Korrektorat und Lektorat anbietet.

Die Kostenkalkulation in der Kampagne kann ich nicht mehr anpassen. Ich gehe daher von dem Erfahrungswert eines mir bekannten Korrektors aus und packe auf diesen noch einen Betrag oben drauf. Ein Risiko wäre hier, das der Betrag etwas höher ausfällt. Dann muss ich Eigenmittel hinzuziehen. Das sollte sich aber im Rahmen halten.

Der angestrebte und mir bereits bekannte Korrektor hat möglicherweise keine Zeit. In diesem Fall muss ich auf einen anderen, evtl. teuren Korrektor zurückgreifen.

Die angestrebte Funding-Summe ist zu hoch und wird nicht erreicht. Die Laufzeit der Kampagne ist zu lang und die Funding-Summe wird nicht erreicht. Beide Probleme kann ich mit einem überarbeiteten Neustart der Kampagne lösen.

Die Kampagne ist nicht erfolgreich. Dieses Risiko muss ich mit einplanen. In diesem Fall finanziere ich das Buch selbst.

Welche Dankeschön-Geschenke sind bei dieser Kampagne sinnvoll?

Die Bücher und E-Book selbst erscheinen als Dankeschön-Geschenke.

Für weitere Dankeschöns habe ich im Augenblick nur ungefähre Ideen. Ein Kalender, ein Essen in Berlin mit einem Gespräch und Spaziergang durch die Stadt oder eine persönliche Beratung wäre denkbar.

Wie hoch werden die Versandkosten sein?

Der Versand der Bücher erfolgt als „Büchersendung" mit DHL. Die Kosten liegen bei 1,- € pro Sendung. Weitere Dankeschöns versende ich als Großbrief für 1,45 € mit DHL. Größere Dankeschön gehen als Hermes-Päckchen für 3,85 € heraus. Hiervon wird es nur eine kleine Anzahl geben (zwei größere Dankeschöns, je 5 Stück verfügbar).

Zu den Versandkosten kommen die Kosten für das Verpackungsmaterial hinzu. Die Kosten hierfür plane ich mit 35,70 € ein.

Die Versandkosten führe ich nicht als Ausgaben mit auf. BOD listet das Buch in 6.000 Onlinebuchläden. Verkauf und Versand erfolgen von dort. Kosten dafür entstehen für mich nicht.

Der Versand der E-Books ist kostenlos.

Welche Kosten sind für die Plattform notwendig?

Startnext verlang keine Provision. Als freiwillige Spende bei erfolgreicher Kampagne lege ich 25,- € fest. Bei Überweisungen von Kreditkarten, Bankkonten und PayPal fallen 4 % Transaktionsgebühr an.

Welche Eigenmittel kann ich aufwenden?

Den Kauf von Quark XPress mit 399,- € übernehme ich. Die Kosten für den Besuch der erfolgreichen Funder (für das Schreiben der Erfahrungsberichte) übernehme ich. Hierfür kalkuliere ich 200,- €. Insgesamt möchte ich nicht mehr als 600,- € aus Eigenmitteln aufwenden.

Ist ein Kredit notwendig?

Nein. Ein Kredit ist nicht notwendig.

Entstehende laufende Kosten

Keine laufenden Kosten.

Wie sieht meine Gesamtkalkulation aus?

Kosten für das Korrektorat des Buches	1.750,- €
Kosten für das Paket BoD Classic	19,- €
Verpackungsmaterial für den Versand von 300 Büchern	35,70 €
Verpackungsmaterial für den Versand der hochwertigen Dankeschöns	19,25 €
Freiwillige Gebühr bei erfolgreicher Kampagne an Startnext	25,- €
Gesamtkosten	1.848,95 €
Funding-Ziel	1.400,- €
Eigenanteil an den Kosten	448,95 €

Noch eine kleine Notiz am Ende: Ein Buch im Selbstverlag zu schreiben, lohnt sich. Die Gewinne sind gut bis hoch. Aber: Das Risiko, das es floppt und nicht verkauft wird, ist ebenfalls hoch. Nicht jedes Buch kommt bei einer Crowdfunding-Kampagne gut an. Oftmals sind hier Bücher eher schwierig unterzubringen. Kochbücher, Bildbände und vereinzelt Sachbücher findet man hier und da schon. Ein praxisnahes Computerbuch zu einer aktuellen Version von Windows oder Office könnte ich jedoch bei einem Crowdfunding-Portal nicht unterbringen. Ich würde Fans finden, aber keine Unterstützer für die Kampagne. Es sei denn, ich binde diese vorher auf einer Website und in einem Forum und weiß, dass mich diese User unterstützen und viele davon das Buch haben wollen.

Die Kosten- und die Gewinnkalkulation sind nur für Sie gedacht. Man legt sie normalerweise nicht offen. In meinem Fall habe ich das getan. Sie sollen an diesem Beispiel sehen und nachvollziehen können, welche Mittel notwendig sind, wie die Kosten und Gewinne aussehen. So können Sie das Projekt nachvollziehen und beurteilen. So können Sie einen ähnlichen Plan für Ihr Projekt erstellen und dieses nahezu genau kalkulieren.

Wichtig ist, falls Sie ein Buch über eine Crowdfunding-Kampagne umsetzen wollen: Die Ladenpreise legen Sie einmal fest. Sie unterliegen damit dem Ladenpreisbindegesetz und können nicht sofort wieder geändert werden. Der Ladenpreis des Buches bleibt für 18 Monate gleich. Danach können Sie das Buch günstiger anbieten. Mehr dazu finden Sie auf der Website des Börsenvereins des Deutschen Buchhandels unter der Adresse *http://www.boersenverein.de/de/portal/index.html*.

Darüber hinaus ist zu beachten, dass Sie zwei Bücher an die Deutsche Nationalbibliothek und die Landesbibliothek liefern müssen, wo sie archiviert werden. Die Anzahl der Pflichtexemplare ist in den Ländern unterschiedlich. In der Regel sind es zwei Bücher. Die Firma BoD versendet diese Pflichtexemplare selbstständig. Der Autor muss dies nicht tun. Kosten entstehen hierbei nicht.

Autoren und Selbstverlage können ihre Bücher bei der VG Wort (Verwertungsgesellschaft Wort) anmelden und hier einen Zuschuss bekommen, der sich aus den Einnahmen von Kopiergeräten und Ähnlichem ergibt. Informationen dazu finden Sie auf der Website der VG Wort unter *http://www.vgwort.de/startseite.html*. Die Meldung ist kostenlos.

Ein Crowdfunding-Projekt verwirklichen

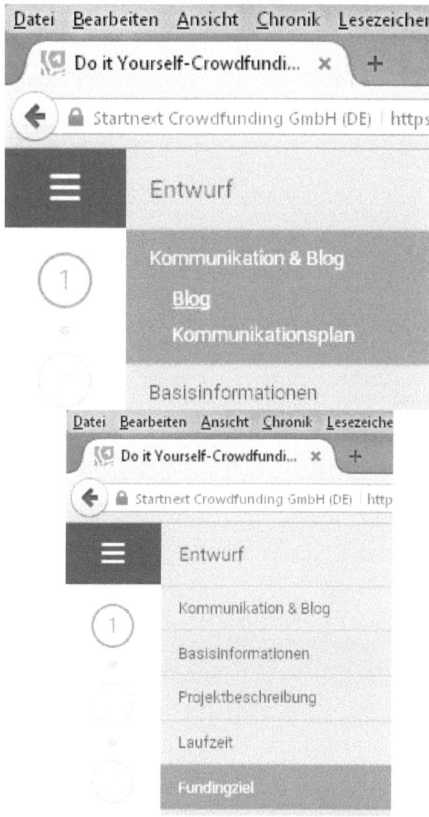

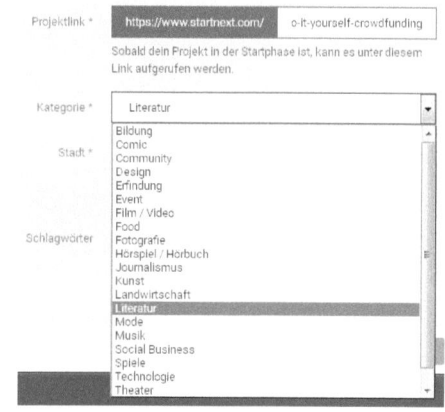

In diesem Kapitel lernen Sie die Phasen eines Crowdfunding-Projektes auf der Plattform Startnext kennen. Ich beschreibe Ihnen alle einzelnen Schritte der Entwurfsphase eines Crowdfunding-Projektes bei Startnext. Anschließend lesen Sie, wie ein Projekt erstellt wird. Sie erfahren, wie Sie einen treffenden Namen für Ihr Projekt vergeben und die richtige Kurzbeschreibung wählen. Sie lesen, wie Sie das Projekt richtig und ausführlich beschreiben und welche Stichworte Sie nutzen können. Am Ende des Kapitels erfahren Sie, warum Sie für die Kampagne einen Korrektor nutzen sollten und wie Sie diesen finden.

Do it Yourself-Crowdfunding für Einsteiger

Sachbuch zum Nachschlagen, Anleitungen zum Selbermachen und Sammlung mit Erfahrungsberichten erfolgreicher Funder

○ Berlin, Berlin, Deutschland   ♦ Literatur

René Gäbler

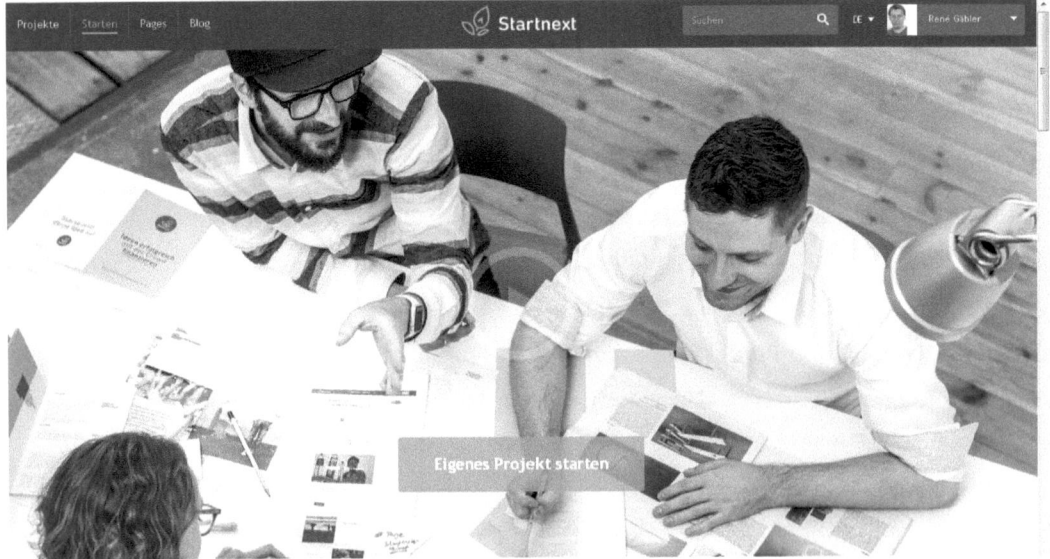

Die vier Phasen eines Projektes bei Startnext

Sie haben sich auf den verschiedenen Crowdfunding-Plattformen umgeschaut? Sie sind aktiv in den sozialen Netzwerken? Sie haben eine Produktidee aufgeschrieben und einen ersten Kalkulationsplan dazu erstellt? Dann kann es ja losgehen!

Am Beispiel der Crowdfunding-Plattform Startnext möchte ich Ihnen zeigen, wie eine Crowdfunding-Kampagne erstellt wird. Sie lernen die einzelnen Schritte kennen. Am Beispiel meiner eigenen Kampagne sehen Sie, wie die Grundlagen umgesetzt werden.

Beachten Sie bitte: Bei anderen Plattformen gibt es Unterschiede. Die Eingabeformulare sind anders benannt. Es sind weniger oder mehr Angaben notwendig. Ich habe mich für eine Beschreibung einer Crowdfunding-Kampagne bei Startnext entschieden, weil die Plattform in Deutschland recht bekannt ist. Es gibt sehr viele Kampagnen auf dieser Plattform, Ansprechpartner sind vor Ort zu finden.

Startnext unterteilt ein Crowdfunding-Projekt in vier Phasen:

- Entwurf
- Startphase
- Finanzierungsphase
- Abschlussphase

Die jeweils aktuelle Phase ist über ein Menü an der linken Seite des Webbrowsers anhand eines Symboles zu erkennen.

Nach dem Wechsel in die nächste Phase können Sie nicht mehr zurück in die vorhergehende! Die Bedingungen für den Wechsel müssen erfüllt sein. Schauen wir uns die Phasen und was sie bedeuten, einmal an:

Entwurf

Das Projekt wird erstellt. Über ein Webinterface auf der Projektseite werden alle Angaben zum Projekt eingegeben. Diese Inhalte können überarbeitet und schrittweise ergänzt werden. Die Inhalte sind öffentlich nicht sichtbar. Nur Betreiber der Crowdfunding-Kampagne können sehen, was sich in den Formularen befindet.

Die Beschreibungen in den Eingabeformularen, die Bilddateien und das Vorstellungsvideo werden in die Projektseite übernommen. Sie können sich hier ansehen, was die Besucher Ihrer Seite bei Startnext sehen.

Die Laufzeit der Entwurfsphase ist nicht festgelegt. Haben Sie alle Textinhalte, Medien und das Vorstellungsvideo zusammen, steht einem Wechsel in die Startphase nur ein Schritt im Weg: die Legitimation. Startnext überprüft hier Ihre Identität. Verwendet wird bei Startnext das Verfahren „Bankident". Überprüft werden auch die Inhalte der Projektseite.

Startphase

In der Startphase suchen Sie Fans, die Ihr Projekt für gut befinden und unterstützen. Ein Fan ist nicht verpflichtet, Ihr Projekt mit Geld zu unterstützen. Es ist eine bestimmte Anzahl Fans notwendig, damit das Projekt in die nächste Phase kommt. Die Anzahl der Fans ist abhängig von der Funding-Summe, die Sie erreichen wollen.

In der Startphase können Sie das Projekt überarbeiten und alle Inhalte ergänzen und korrigieren. In dieser Phase teilen Sie Ihre Projektidee mit der Crowd und den sozialen Netzwerken. Hier sehen Sie, ob Interesse an Ihrem Projekt besteht. Sie reagieren auf Kommentare, Kritiken und Vorschläge und können so die Besucher Ihrer Projektseite an der Entwicklung Ihres Projektes teilhaben lassen.

Genügend Fans zu finden, ist in der Regel nicht schwer. Fan wird man mit einem Mausklick. Fans sind nicht dazu verpflichtet, eine Crowdfunding-Kampagne mit Geld zu unterstützen. Sie müssen keine Dankeschöns kaufen. Sie müssen nicht zu Unterstützern werden. Oftmals sind Bekannte, Freunde und Familienmitglieder schnell bereit, einen solchen Mausklick auszuführen. Manchmal muss man sie auch extra darum bitten. Die für die Kampagne notwendigen Fans zu finden wird nur schwierig, wenn es sich um ein Produkt oder einen Service handelt, der eine Randgruppe anspricht oder nicht gut präsentiert wurde.

Aber Achtung: Es gibt auf jeder Plattform Unterschiede. Nicht nur die Begriffe sind anders, es gibt auch Unterschiede beim Ablauf der Crowdfunding-Kampagne. So heißt bei Startnext die Phase, in der die Fans gesucht werden, „Startphase". Bei Ulule spricht man von einem „Brotkasten". Hier sind bei jeder neuen Kampagne 5 Fans zu suchen und das unabhängig von der angestrebten Finanzierungssumme. Sind die gefunden, geht es in die nächste Phase.

Startnext hat im September 2015 die Startphase überarbeitet. Es ist nicht mehr notwendig, eine bestimmte Anzahl Fans zu finden, um das Projekt in die nächste Phase zu bringen. Die Besucher der Projektseite können ein Feedback abgeben. Der Funder soll in dieser Phase das Feedback auswerten, seine Projektseite überarbeiten und fehlende Pflichtinhalte ergänzen. Hier können nicht nur die Textinhalte der Projektseite ergänzt werden. Sie können ein neues Video erstellen und es einfügen. Sie können die Funding-Summe anpassen, die Bilder austauschen und natürlich die Projektbeschreibung überarbeiten.

Finanzierungsphase

In der Finanzierungsphase oder auch Funding-Phase werden die Gelder für die Crowdfunding-Kampagne eingesammelt. Unterstützer können Geld spenden und Dankeschöns kaufen. In dieser Phase kann das Projekt nicht mehr verändert werden. Sie können jedoch Ergänzungen mit einem „Update" mitteilen. Verändert werden können noch nicht gebuchte Dankeschöns. Dankeschöns können auch hinzugefügt werden.

In der Finanzierungsphase nutzen Sie Ihre sozialen Kontakte, um so viele Unterstützer wie nur möglich zu finden. Hier schreiben Sie News in Ihren Blog oder senden einen Newsletter an Ihre Fans und Unterstützer. Besitzen Sie eine Homepage, stellen Sie hier Ihr Projekt vor.

Eine Crowdfunding-Kampagne funktioniert nach dem Prinzip „Alles oder nichts". Die eingesammelten Gelder werden nur an Sie weitergeleitet, wenn das Finanzierungsziel erreicht wird. Natürlich auch, wenn es übertroffen wurde.

Die Finanzierungsphase geht so lange, wie Sie es vorher festgelegt haben.

Abschlussphase

Ist die Abschlussphase erreicht, überweist Startnext das eingesammelte Geld an Sie. Das geschieht etwa innerhalb von 14 Tagen nach dem Ende der Crowdfunding-Kampagne. Hier ist zu beachten, dass externe Zahlungsanbieter eine Gebühr verlangen.

Nutzen Sie diese Phase für ein Dankeschön an Ihre Fans und Unterstützer. Versenden Sie die Dankeschöns an die Unterstützer. Stellen Sie das Produkt fertig und versenden Sie es.

Bestätigen Sie, dass Sie das Produkt oder den Service wie in der Kampagne beschrieben erstellen. Halten Sie die Fans und Unterstützer auf dem Laufenden. Lassen Sie diese aber nicht zu lange warten! In der Kampagne haben Sie festgelegt, wie lange Sie für die Realisierung des Produktes und den Versand der Dankeschöns benötigen. Kommt es zu einer Verzögerung bei der Auslieferung, teilen Sie dies mit.

Beachten Sie bitte: Eine Crowdfunding-Kampagne wird, ist sie einmal erstellt, nicht mehr von der Plattform entfernt.

In den folgenden Übersichten sehen Sie, was die Phasen beinhalten:

Was genau passiert in der Entwurfsphase?

In der Entwurfsphase gehen Sie schrittweise das Webformular für die Eingabe und Bearbeitung einer Crowdfunding-Kampagne bei Startnext durch. Dieses Formular ist über einzelne Menüpunkte am linken Rand des Browsers zugänglich. Sie rufen Ihr Projekt auf und wählen dann, was Sie eingeben möchten. Die folgenden Menüpunkte sehen Sie in der Entwurfsphase:

- *Kommunikation & Blog*

- *Basisinformation*

- *Projektbeschreibung*

- *Laufzeit*

- *Funding-Ziel*

- *Medien*

- *Dankeschöns*

- *Projektstarter*

- *Legitimation*

- *Netzwerk*

- *Feedback*

- *Wechsel beantragen*

- *Handbuch*

Schauen wir uns kurz einmal an, was sich hinter den einzelnen Menüs verbirgt:

Kommunikation & Blog

Im obersten Menüpunkt können Sie die Einträge zu Ihrem Projektwebblog erstellen und an Ihre Fans und Unterstützer versenden. Hier erstellen Sie Ihren Kommunikationsplan. In diesem bestimmen Sie mit Optionskästchen, welche Kommunikationskanäle Sie verwenden. Möglich sind Social Media, Website, persönliche Mail, Newsletter, Blogs, Pressearbeit, Veranstaltungen und Werbung. Zusätzlich geben Sie an, welche Reichweite Sie haben. Reichweite bedeutet, wie viele Kontakte Sie über all Ihre Kommunikationskanäle erreichen.

Über dem Kommunikationsplan findet sich ein Editorfeld, das mit „Storytelling" überschrieben ist. In ihm können Sie einen Plan erstellen, der nur für Sie sichtbar ist. Hier tragen Sie ein, welche Neuigkeiten und Geschichten Sie den Besuchern Ihrer Projektseite, Fans und Unterstützern bieten können. Sie können den Editor auch leer lassen. Die Verwendung des Blogs ist optional.

Empfehlenswert ist es, wenn Sie vor der Startphase eine Planung mit Excel erstellen. Sie müssen den Besuchern der Projektseite zeigen, wie Sie sich um Ihr Produkt kümmern, es präsentieren und bewerben. Sie müssen aktiv sein! Und zwar über die gesamte Startphase. Dazu ist eine kleine Planung empfehlenswert. Es genügt aber eine Excel-Tabelle oder eine handschriftliche Auflistung der Aktionen.

Basisinformation

Die Basisinformation umfasst den Titel des Projektes, einen optionalen Untertitel, den Link zur Projektseite und die Schlagwörter, denen das Projekt zugeordnet ist. Hier werden auch die Kategorie des Projektes und die Stadt gewählt, in der Sie leben.

Projektbeschreibung

Wie der Name bereits verrät, finden Sie hier die Beschreibung Ihres Projektes. Sie tragen hier auch ein, in welchem Zeitraum Sie Ihr Projekt umsetzen wollen.

Zur ausführlichen Projektbeschreibung, die im Kopf Ihrer Projektseite erscheint, kommen weitere beschreibende Informationen hinzu. Hier halten Sie fest, worum es sich genau bei Ihrem Projekt handelt und an wen Sie sich damit richten. Sie begründen, warum Ihr Projekt unterstützt werden sollte, wer Sie sind und was bei erfolgreicher Finanzierung mit dem Geld geschehen soll. Hinter Letzterem verbirgt sich der Finanzierungsplan, den Sie zuvor erstellt haben und mit dem Sie Ihre Funding-Summe bestimmt haben. Alle diese Beschreibungen und Informationen werden von Startnext schrittweise mit einfachen Fragen abgefragt. Nehmen Sie sich für die Beschreibungen Zeit und formulieren Sie genau, welches Produkt Sie in Ihrer Crowdfunding-Kampagne finanzieren lassen wollen.

Laufzeit

Über ein Kalenderfeld legen Sie fest, wie lange die Finanzierungsphase des Projektes laufen soll. Möglich ist ein Zeitraum bis zu 90 Tagen. Startnext empfiehlt, zwischen 30 und 45 Tagen zu wählen. Bevor das Projekt in die Finanzierungsphase wechselt, können Sie die Laufzeit anpassen.

Funding-Ziel

Hier tragen Sie die Summe ein, die Sie in der Finanzierungsphase erhalten wollen. Mit zwei Optionsschaltflächen geben Sie an, ob Sie Rechnungen und Spendenquittungen ausstellen können. Letzteres ist nur bei sozialen Projekten notwendig oder wenn Sie ein Verein sind.

Medien

Medien enthält die Bilddateien und das Projektvideo (Pitchvideo). Die Videodatei wird auf YouTube oder Vimeo veröffentlicht und mit Ihrer Projektseite verlinkt. Die Bilddateien laden Sie hoch. Es werden ein Vorschaubild und 4 Galeriebilder verwendet. Es ist auch möglich, eine Musikdatei von Soundcloud einzubinden. Weitere Bilddateien fügen Sie später in Ihren Blog und in Ihre Kommunikationskanäle ein.

Dankeschöns

Mit den Dankeschöns bedanken Sie sich für Ihre Unterstützungen. Tragen Sie nacheinander ein, was Sie anbieten können und welche Beträge dafür notwendig sind. Es sollten sinnvolle, zum Projekt passende Dankeschöns sein. Über die Dankeschöns nehmen Sie die Gelder ein.

Projektstarter

Der Bereich Projektstarter ist in drei Untermenüs aufgeteilt. Im ersten finden sich die persönlichen Informationen mit Namen und Geburtsdatum und einem Profilbild von Ihnen. Hier sind die persönliche Kurzvorstellung und der Link zu Ihrer Website abgelegt. Team ist nur interessant, wenn Sie mit anderen zusammenarbeiten. Dann geben Sie hier den Namen Ihres Teams an und stellen die einzelnen Mitarbeiter und Kollegen vor. Das Impressum enthält Ihren Namen, den Namen Ihrer Firma (sofern vorhanden), Ihre Adresse und Ihre E-Mail-Adresse.

Legitimation

Unter diesem Menüpunkt finden Sie wiederum verschiedene untergeordnete Menüpunkte. In der Übersicht sehen Sie, ob Sie bereits legitimiert sind und welche Art der Rechtsform Sie verwenden. In meinem Fall ist Privatperson/ Einzelunternehmen die richtige Wahl. Möglich sind auch Eingetragener Kaufmann, GbR, GmbH/UG, Genossenschaft/AG, OHG, KG, GmbH & Co. KG, Verein und Stiftung. Unter dem Auswahlfeld kann mit einer Schaltfläche die Prüfung der Daten durch Startnext beantragt werden. Geschieht dies, können Sie die Daten danach nicht mehr anpassen.

Die Personendaten enthalten noch einmal Ihren Namen und Ihre Adressdaten. Hier geben Sie Ihre Ausweisnummer und Daten zum Ausweis an. Dazu gehören Ausstellungsdatum, Ausstellungsort und auszustellende Behörde, außerdem Geburtsdatum, Geburtsort und Staatsangehörigkeit. Ergänzend können Scans der Meldebehörde hochgeladen werden. Neben dem Personalausweis können Sie sich auch mit den Daten des Reisepasses legitimieren.

Unter Auszahlungsdaten finden Sie die Daten zu Ihrem Girokonto. Dazu gehören der Name der Bank, IBAN und BIC Ihres Kontos.

Der Treuhandvertrag informiert Sie, dass die eingenommenen Gelder treuhänderisch vom Finanzdienstleister secuepay AG verwaltet werden. Mit einem Mausklick bestätigt man die AGBs dieser Firma. Zuvor sollte man sie natürlich über den hier beigefügten Link lesen. Ohne eine Bestätigung des Treuhandvertrages ist eine Crowdfunding-Kampagne bei Startnext nicht möglich.

Netzwerk

In diesem Bereich tragen Sie die Links zu Ihrem Twitter-Account ein, zu Ihrem Facebook-Profil und zu Ihrer Projekt-Website. Alle diese Angaben sind optional. Unter Partner können Unternehmenspartner, Sponsoren oder Auszeichnungen aufgelistet werden.

Feedback

Mit einfachen Fragen werden die Besucher Ihrer Projektseite gefragt, ob die Projektidee gut „rüberkommt" und die Präsentation des Produktes gelungen ist. Sie werden gefragt, ob Sie das Projekt weiterempfehlen würden und ob Ihnen die Dankeschöns gefallen oder Sie glauben, dass etwas fehlt.

Wechsel beantragen

Sind alle Eingabe gemacht, die Bilder und das Projektvideo hochgeladen und die Legitimation erfolgreich abgeschlossen, können Sie mit einem Mausklick den Wechsel Ihrer Crowdfunding-Kampagne in die Startphase beantragen. Das Team von Startnext überprüft in wenigen Tagen Ihr Projekt und gibt es dann frei. Bei Problemen werden Sie benachrichtigt und Sie erhalten eine Begründung, warum das Projekt nicht frei gegeben wurde.

Handbuch

Unter diesem Punkt finden Sie das Handbuch von Startnext.

Das Projekt erstellen

Das Projekt wird erstellt und die Projektseite wird auf dem Server von Startnext eingerichtet. Das geht schnell und ist mit wenigen Schritten getan.

Noch ein kleiner Tipp zu Beginn: Speichern Sie alle Eingaben und Veränderungen regelmäßig ab! Sind Sie längere Zeit untätig, werden Sie automatisch abgemeldet und müssen sich neu anmelden.

Eingaben und Veränderungen gehen dabei verloren.

Einige der im Webformular vorgegebenen Felder sind optional. Das Ausfüllen dieser Felder ist nicht zwingend notwendig. „Pflichtfelder", die Sie ausfüllen müssen, sind als solche im Webformular von Startnext gekennzeichnet.

1 Melden Sie sich bei Startnext an.

2 Checken Sie, ob Ihre Profilinformationen vollständig sind. Ergänzen Sie die Inhalte, wenn es notwendig sein sollte.

3 Wählen Sie im Menü auf Ihrer Profilseite Projekt starten.

4 Eine Website mit Informationen zum Thema „Projekt starten" wird angezeigt. Startnext listet hier verschiedene Gründe auf, warum Sie gerade bei dieser Crowdfunding-Plattform ein Projekt starten sollten. Klicken Sie auf die große Schaltfläche Eigenes Projekt starten. Alternativ wählen Sie Starten/Eigenes Projekt starten.

5 Ein Eingabeformular wird geöffnet. Es enthält zwei einfacher Eingabefelder. Tragen Sie in das eine den Namen Ihres Crowdfunding-Projektes ein. Geben Sie in dem unteren Feld ein Slash ein "/" und ergänzen Sie einen kurzen Namen, der in der Webadresse Ihrer Projekt-Website enthalten sein soll. Mit dieser Webadresse rufen Sie und alle anderen Websurfer die Projektseite Ihres Crowdfunding-Projektes auf. Bestätigen Sie mit einem Mausklick auf Projekt starten.

6 Startnext legt das Projekt und die Projektseite an. Nun können Sie alle Inhalte des Projektes in einem ersten Entwurf eingeben.

Überlegen Sie sich in aller Ruhe einen zu Ihrer Projektidee passenden Namen. Sie können die Bezeichnung des Projektes später nicht mehr ändern. Der „Projekttitel" kann bei Startnext eine Länge von 65 Zeichen umfassen. Er sollte kurz sein und das Projekt treffend bezeichnen.

Die Webadresse (Subdomain) sollte kurz und passend sein. Leerzeichen dürfen nicht enthalten sein. Unterstriche und Bindestriche sind möglich. Umlaute sollten Sie auch nicht verwenden.

Schauen Sie ganz genau auf die Schreibweise. Der Projekttitel und die Webadresse dürfen keine Rechtschreibfehler enthalten.

In meinem Beispiel habe ich „Do it Yourself-Crowdfunding für Einsteiger" und „/do_it_yourself-crowdfunding" gewählt. Die komplette Adresse meiner Projektseite lautet also *http://startnext.com/do_it_yourself-crowdfunding*.

Ein kleiner Tipp: Um zu vermeiden, dass Sie jedes Mal die Website von Startnext oder Ihre Projektseite aus den Favoriten Ihres Browsers wählen, tragen Sie diese doch einfach als Startseite ein. Sie können dies bei jedem Browser. Rufen Sie erst Ihre Projektseite auf und öffnen Sie dann die Einstellungen des Browsers. Wählen Sie die aktuelle Seite als Startseite aus und bestimmen, dass sie automatisch aufgerufen wird.

Sie finden sich nun auf Ihrer noch leeren Projektseite wieder. Sie sehen hier zunächst nur den Titel des Projektes und Ihr Profilbild. Darunter finden Sie die Beschriftung *Entwurfsphase* und die Schaltfläche *Feedback* geben.

Links oben ist eine 1 mit einem grünen Kreis zu sehen. Dies weist Sie darauf hin, dass Sie sich nun in der ersten Phase Entwurfsphase befinden. Hier geben Sie die Textinhalte, die Medien, den Link zum Projektvideo und vieles mehr ein. Die eingegebenen Inhalte erscheinen nach und nach auf der Projekt-Website. Sie sind nur für Sie sichtbar. Nehmen Sie sich deshalb genügend Zeit, um sehr sorgfältig alle Einträge vorzunehmen, zu korrigieren und zu ergänzen.

Nach dem Einloggen bei Startnext finden Sie unter Meine Projekte ein graues Rechteck mit einem Kreuz darauf. Führen Sie die Maus darauf, wird der Name Ihres Projektes angezeigt. Ein Mausklick bringt Sie zu der Projektseite, auf der Sie Ihr Projekt weiterbearbeiten können. Das Entwurfsmenü wird geöffnet. Das graue Rechteck wird später durch das Vorschaubild Ihres Projektes ersetzt.

Die Nutzungsbedingungen und die AGBs bestätigen

Wählen Sie Ihr Projekt aus, klappt ein Fenster im Browser auf und Sie können schrittweise alle Eingaben vornehmen. Zuerst sehen Sie die „Richtlinien für Starter". Lesen Sie sich diese sorgfältig durch.

Das Projekt muss in eine der vorgegebenen Kategorien passen. Sie müssen ein klares Ziel und ein konkretes Ergebnis anstreben. Das muss aus den Beschreibungen Ihrer Projektseite hervorgehen. Startnext richtet sich an Künstler, Kreative, Erfinder und Social Entrepreneurs. Zu einer dieser Gruppen sollten Sie passen. Sie müssen 18 Jahre alt sein, um eine Crowdfunding-Kampagne auf Startnext erstellen und starten zu können. Jemand unter 18 Jahre kann in Absprache mit einem Erziehungsberechtigten und mit Startnext ein Projekt starten.

Der Einleitungstext informiert außerdem über die notwendige Legitimation. Ohne diese können in der Funding-Phase keine Gelder eingesammelt werden. Sie werden als Projektstarter mit Ihrem realen Namen angezeigt. Sie müssen sich an die AGB von Startnext halten und die Persönlichkeits- sowie Urheberrechte beachten.

Lesen Sie sich auch die Nutzungsbedingungen und die Gebührenauflistung durch. Schauen Sie sich diese Richtlinien genau an. Sind Sie mit allem einverstanden, setzen Sie jeweils ein Häkchen in die Optionskästchen *Ich akzeptiere die Nutzungsbedingungen und die Gebühren* und *Mein Projekt erfüllt die Richtlinien*. Wählen Sie aus dem Listenfeld eines der Länder Deutschland, Österreich oder Schweiz aus, je nachdem, wo Sie wohnen. Bestätigen Sie mit einem Mausklick auf *Speichern*.

Den Kommunikationsplan ausfüllen

Nach dem Bestätigen der Nutzungsbedingungen, der Gebührenordnung und der Angabe des Landes, in dem Sie wohnen, wird das Bearbeitungsmenü in der Entwurfsansicht frei gegeben. Schauen Sie sich alle Untermenüs und die Eingabefelder einmal in aller Ruhe an.

Es ist nicht vorgegeben, in welcher Reihenfolge Sie vorgehen. Sie können die Daten quer durcheinander eingeben, ergänzen und bearbeiten. Ich beschreibe Ihnen die Vorgehensweise von oben nach unten. Ich werde Ihnen jeweils kurz erzählen, was Sie eingeben müssen und Ihnen Tipps geben, worauf Sie achten sollten. Danach folgen die Eingaben für mein Projekt. Dieses Beispiel verdeutlicht alle Angaben, die bei einem Crowdfunding-Projekt notwendig sind.

Die Arbeit mit den Bilddateien (Medien), das Erstellen, Veröffentlichen und Einbinden des Projektvideos und die Eingabe der Dankeschöns stelle ich Ihnen in weiteren Kapiteln vor. Konzentrieren wir uns hier auf die beschreibenden Inhalte und die persönlichen Angaben.

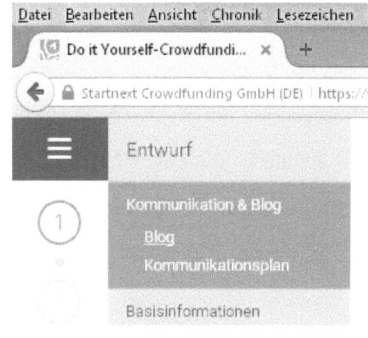

Beachten Sie bitte: Einige Eingabefelder sind optional und können ausgefüllt werden. Sie können diese aber auch leer lassen. Pflichtfelder, die Sie ausfüllen müssen, sind mit einem Sternchen rechts oben hinter dem Namen des Feldes markiert.

Wir beginnen mit *Kommunikation & Blog*. Den obersten Eintrag *Blog* ignorieren Sie. Einen Blog-Eintrag zu Ihrem Crowdfunding-Projekt zu erstellen, ist noch nicht wichtig. Das können Sie tun, wenn das Projekt in die Startphase gekommen ist.

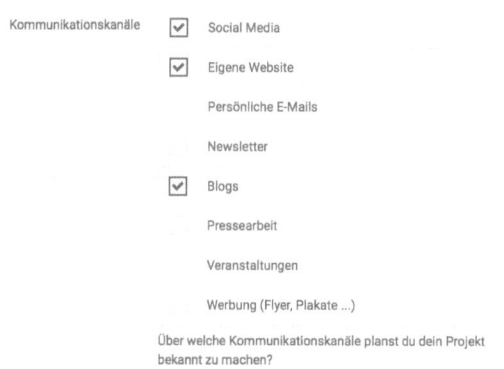

Wählen Sie *Kommunikationsplan* aus. Scrollen Sie ein wenig nach unten und setzen Sie in die Kommunikationskanäle ein Häkchen, die Sie verwenden. Möglich sind hier *Social Media, Eigene Website, persönliche E-Mails, Newsletter, Blogs, Pressearbeit, Veranstaltungen* und *Werbung (Flyer, Plakate usw.)*.

Setzen Sie ein Häkchen in das erste Optionskästchen *Social Media*. Bei Facebook, Twitter, Instagram oder Google plus werden Sie sicher aktiv sein. Hier können Sie mit Beiträgen und Bildern von Ihrem Produkt erzählen. Falls Sie eine eigene Website besitzen, setzen Sie auch hier ein Häkchen. Die Option *Persönliche E-Mails* würde ich nicht empfehlen. User direkt anschreiben ist umständlich und aufdringlich. Verwenden Sie stattdessen einen Newsletter und oder einen Blog. Aktivieren Sie nur die Kommunikationskanäle, die Sie auch verwenden.

Mit kleinen Informationsbeiträgen können Sie später freie Presseportale versorgen und auch hier von Ihrem Crowdfunding-Projekt berichten. Bei einigen sehr interessanten Projekten werden auch lokale Zeitungen und TV-Sender aufmerksam. Das ist aber eher eine Ausnahme.

Ganz unten werden Sie gefragt, wie hoch die Reichweite Ihrer Kommunikationskanäle ist. Schätzen Sie, wie viele Follower, Abonnenten und Website-Besucher Sie ungefähr haben. Je höher der Wert ist, um so mehr lesen von Ihrer Crowdfunding-Kampagne. Bei einer sehr großen Reichweite haben Sie auch eine gute Chance, eine höhere Crowdfunding-Summe zu erhalten. Aber nicht jeder Follower und Website-Besucher wird sich für Ihr Produkt interessieren. Bei Instagram wollen viele einfach Ihre Urlaubsfotos und Katzenbilder zeigen. Bei Facebook sind andere am Meckern, Jammern, Labern oder am Posten von lustigen Bildern. Bei Twitter wollen viele ihrer Abonnenten die eigenen Produkte verkaufen. Das ist eben so.

Wenn Sie möchten, erstellen Sie ein externes Weblog. Das können Sie auf Ihrer eigenen Website tun. Aber auch Google Blogger (*https://www.blogger.com*) oder WordPress (*https://de.wordpress.org*) bieten sich an. Beide Dienste sind kostenlos.

Mit einem externen Weblog begleiten Sie Ihr Projekt von Anfang an. Sie können schon erste Informationen und Inhalte in das Internet bringen, noch bevor Sie eine Crowdfunding-Kampagne starten. Sie binden bereits vorher Interessierte an Ihre Produktidee und leiten diese dann zu Ihrer Kampagne. Weblogdienste gibt es viele. WordPress und Blogger sind sehr gut an Suchmaschinen angepasst und bieten Vorlagen und eine leicht zu bedienende Oberfläche. Sie müssen für das Erstellen eines eigenen Weblogs weder Geld zahlen noch sich mit HTML oder anderen Programmiersprachen auskennen. Ein PC mit Internetzugang und einem Webbrowser genügt. Auch andere Weblogdienste sind möglich. Die Auswahl ist groß. Ich habe Ihnen nur zwei Beispiele genannt.

Baukastensysteme, mit denen Sie eine kostenlose Website erstellen können, würde ich jedoch nicht empfehlen. Sie schränken den Benutzer zu sehr ein und sind abhängig davon, wie lange es die Firma, die sie anbietet, gibt. Der Funktionsumfang ist eingeschränkt. Nur wenige Vorlagen bieten ein oft altmodisches Design. Die Besucher der Website erhalten Werbeeinblendungen.

In meinem Beispiel habe ich das Feld *Storytelling* leer gelassen. Ich habe die Kommunikationskanäle *Social Media*, *Eigene Website*, *Blogs* und *Pressearbeit* ausgewählt. Im Auswahlfeld *Reichweite* habe ich einen Wert von *ca. 1.000 bis 2.500* ausgewählt.

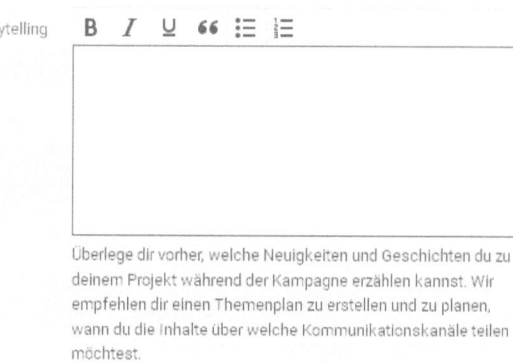

Das Feld „Storytelling" können Sie frei lassen. Nutzen Sie Schreibpapier oder ein paar Word- oder OpenOffice-Writer-Seiten zum Planen Ihres Projektes.

Die Basisinformationen eintragen

In den Basisinformationen finden Sie den Titel Ihres Projektes, einen Untertitel, den Hyperlink zum Projekt, die passende Kategorie und die Stadt, in der Sie wohnen und /oder arbeiten. Der *Projekttitel* und der *Projektlink* wurden bereits von den Eingaben übernommen, die Sie beim Erstellen des Projektes gemacht haben. Wenn Sie möchten, können Sie einen beschreibenden *Untertitel* für Ihre Kampagne eintragen. Dieser kann eine Länge von 150 Zeichen haben und wird unter dem Titelbild angezeigt. Den Untertitel können Sie auch weglassen –ganz wie Sie möchten. Verzichten Sie beim Schreiben des Untertitels auf spaßige Kommentare, kaum verständliche Andeutungen oder Musst-Du-Haben-Texte. Empfehlenswert sind Ergänzungen zum Titel. Beschreiben Sie, was an Ihrem Produkt besonders ist und wie es sich von anderen ähnlichen Produkten unterscheidet. Gehen Sie auf die Zielgruppe ein. Schreiben Sie etwas zum lokalen Umfeld, zu dem das Produkt gehört.

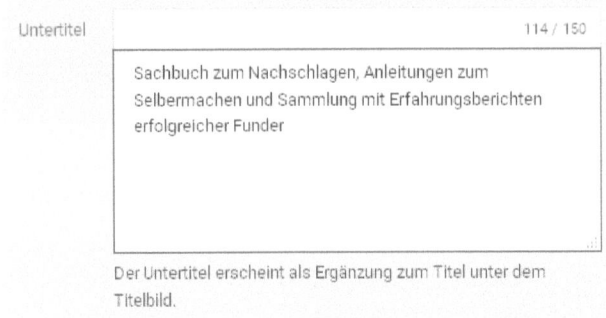
Der Untertitel erscheint als Ergänzung zum Titel unter dem Titelbild.

Der Untertitel ergänzt den Titel Ihres Projektes. Der Besucher der Website sieht sofort, um was es sich bei Ihrem Projekt handelt. Der Untertitel fällt ihm postwendend ins Auge. Er ist damit ein wichtiger, werbender Text, der für Aufmerksamkeit sorgen soll. Hier muss der Besucher bleiben! Hier muss er sich weiter umschauen! Weiterblättern ist nicht! Wecken Sie hier das Interesse des Users!

In meinem Beispiel verwende ich „Sachbuch zum Nachschlagen, Anleitungen zum Selbermachen und Sammlung mit Erfahrungsberichten erfolgreicher Funder".

Mit diesem Untertitel möchte ich sagen, dass ich mehr biete als andere Bücher zum gleichen Thema und mich mit meinem Buch nicht an eine Firma richte, die alle Inhalte Ihrer Crowdfunding-Kampagne extern erstellen und pflegen lässt, sondern an diejenigen, die in Handarbeit ihre eigene Crowdfunding-Kampagne erstellen wollen. Mein Buch ist umfangreicher als die Semesterarbeit, in der nur etwas über die Bedeutung und Entwicklung von Crowdfunding erzählt wird.

Wenn Sie jemanden haben, der Sie bei Ihrem Projekt unterstützt oder der als Freund oder Bekannter Ihr Projekt begleitet, dann fragen Sie ihn doch einmal, ob er Ihren Untertitel gut findet und ob rüberkommt, was Sie aussagen wollen. Bitte verzeihen Sie mir, wenn ich hier und an weiteren Stellen im Buch die männliche Anrede nutze. Natürlich ist eine Freundin oder eine Bekannte gemeint.

Tragen Sie jetzt schon einmal Ihre Stadt ein. Wählen Sie Ihren Wohnort oder auch den Arbeitsort, an dem Sie Ihre Kampagne umsetzen. Klicken Sie auf *Speichern*. Sie haben Sie die gemachten Änderungen festgehalten.

Schauen Sie sich an, ob der Projektlink passt. Wenn Sie möchten, können Sie diesen hier noch anpassen. Mit diesem Link können User in der Startphase Ihre Projektseite aufrufen.

Öffnen Sie nun das Auswahlfeld *Kategorie* und suchen Sie eine der Einträge heraus, zu der Ihr Projekt am besten passt. Beachten Sie, dass es zu einer Kategorie passen muss. Ein Sachbuch wie das meinige ist unter der Kategorie „Literatur" am besten aufgehoben. Wenn Sie sich nicht sicher sind, zu welcher Kategorie Ihr Projekt am besten passen könnte, fragen Sie einmal bei Startnext nach und schauen Sie sich die Kategorien auf der Plattform an.

Startnext bietet Ihnen die folgenden Kategorien an:

Bilder	Food	Mode
Comic	Fotografie	Musik
Community	Hörspiel/ Hörbuch	Social Business
Design	Journalismus	Spiele
Erfindung	Kunst	Technologie
Event	Landwirtschaft	Theater
Film/ Video	Literatur	Umwelt

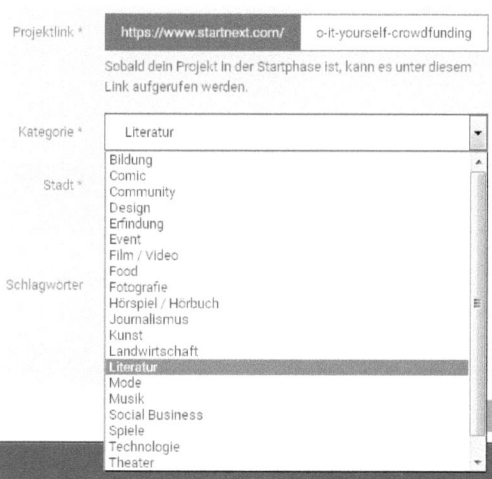

Die Auswahlliste der Kategorien ist lang. Für fast jedes Produkt gibt es eine passende Kategorie.

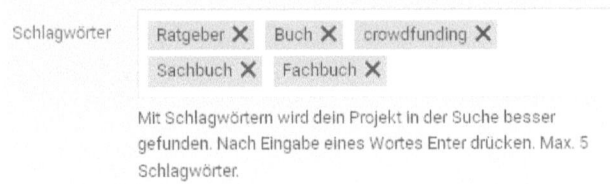

In diesem Bild sehen Sie den Projektlink, die ausgewählte Kategorie und die Stadt.

Als Letztes werden im Untermenü *Basisinformationen* mehrere Schlagwörter gewählt, die zur Kampagne passen. Das ist ähnlich wie bei den Meta-Begriffen, denen eine Homepage oder ein Weblog zugeordnet wird. Auch bei Bilddateien findet man oft Begriffe. Hier helfen die so genannten „Tags" beim Einordnen der Bilddateien in die Datenbank.

Mit den Schlagwörtern können Websurfer bestimmte Kampagnen gezielt auswählen. Seien Sie besonders aufmerksam und überlegen Sie gut, zu welchen Schlagwörtern Ihr Produkt und somit auch Ihre Kampagne am besten passen würden. Notieren Sie sich ruhig auf einen Schmierzettel passende Begriffe. Stöbern Sie bei Google und auf Startnext und orientieren Sie sich so ein wenig.

Versuchen Sie die ausgewählten Schlagwörter einmal bei Startnext! Geben Sie diese auf der Startseite der Plattform in das Feld *Suchen* ein. Schauen Sie, ob ähnliche Produkte gefunden werden. Schlagworte sind dann interessant, wenn Sie zu mehreren Projekten passen und wenn mit ihnen der User auch Ihr Produkt findet. Natürlich kann ein Produkt einmal so besonders beschaffen sein, dass mit einem Schlagwort nur eben dieses eine Produkt gefunden wird.

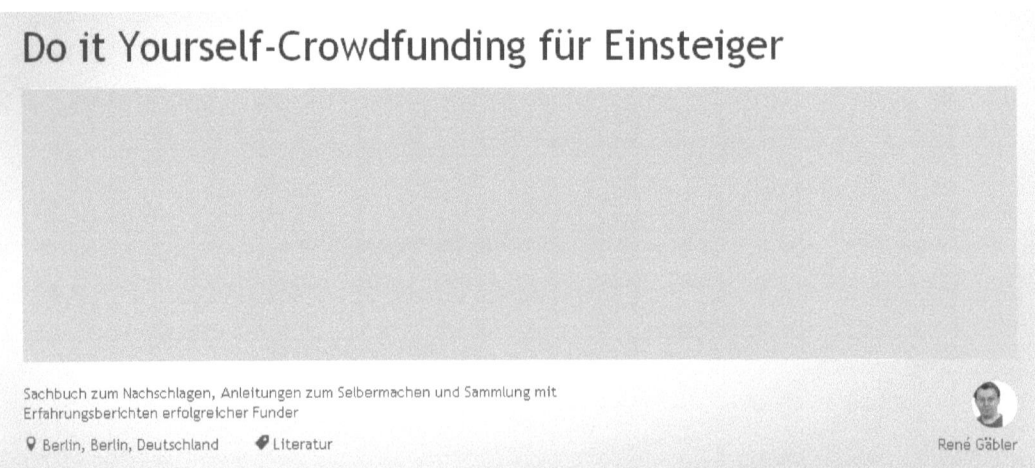

Bei den vorhandenen Projektseiten finden Sie die vergebenen Schlagworte direkt zwischen dem Finanzierungszeitraum und der Beschreibung. Schauen Sie sich ruhig einmal um, welche Schlagworte andere Funder verwenden.

Achten Sie auf korrekte Rechtschreibung der eingegebenen Begriffe. Schauen Sie bei Google nach, wenn Sie sich bei der Schreibweise eines Begriffes nicht sicher sind. Wählen Sie dann bis zu 5 Begriffe aus und geben Sie diese in das Eingabefeld ein. Nach der Eingabe eines Schlagwortes bestätigen Sie mit Enter. Das Formular trennt selbstständig die Begriffe mit einem Komma voneinander. Haben Sie sich vertippt, können Sie mit dem Kreuz hinter einem Begriff diesen wieder entfernen. Achten Sie darauf, dass Sie nicht mehr als 5 Schlagwörter vergeben können. Beenden Sie die Eingabe mit Speichern.

Meldet das Startnext-Eingabeformular einen Fehler, haben Sie möglicherweise zu lange keine Eingabe mehr gemacht. Dann laden Sie die Seite neu, melden sich bei Startnext an, wählen die Kampagne und wiederholen die Eingabe. In meinem Fall habe ich diese Fehlermeldung bekommen mit einem Hinweis darauf, dass sich der Fehler in dem rot markierten Feld befindet. Es gab aber kein rot markiertes Feld. Also neu anmelden und die Eingaben der Schlagwörter wiederholen. Deshalb: Immer und regelmäßig Eingaben und Änderungen speichern. So gehen sie nicht verloren.

Schauen Sie sich die Vorschau Ihrer Kampagne an. Wurden alle Angaben übernommen? Haben Sie sich irgendwo vertippt oder stimmt alles? Überprüfen Sie immer mal wieder, wie Ihre Projektseite aussieht.

Ich habe mich für die Begriffe „Ratgeber", „Sachbuch", „Buch", „Fachbuch" und „Crowdfunding" entschieden. Diese passen ganz gut zu meinem Buchprojekt.

Die Projektbeschreibung erstellen

Die Projektbeschreibung ist eine der wichtigsten Elemente im Entwurf einer Crowdfunding-Kampagne. Hier beschreiben Sie, um was es sich bei Ihrem Produkt handelt. Hier sprechen Sie die Besucher der Projektseite direkt an, hier entscheidet sich, ob diese Besucher zu Fans und vielleicht sogar zu Unterstützern werden.

Die Projektbeschreibung enthält eine Kurzbeschreibung Ihres Projektes. Diese umfasst bis zu 500 Zeichen und wird direkt unter dem Pitchvideo zu sehen sein. Darunter steht der Realisierungszeitraum. Hier legen Sie eine Zeitspanne fest, in der Sie das Projekt umsetzen möchten. Danach folgen weitere Beschreibungen und Informationen. Startnext hat dazu Fragen formuliert, die Sie nacheinander auswählen und die Sie beantworten.

Diese Fragen sind:

- *Worum geht es in dem Projekt?*
- *Was sind die Ziele und wer die Zielgruppe?*
- *Warum sollte jemand das Projekt unterstützen?*
- *Was passiert mit dem Geld bei erfolgreicher Finanzierung?*
- *Wer steht hinter dem Projekt?*

Mit diesen Fragen wird Ihr Projekt vorgestellt. Sie umschreiben, an wen Sie sich richten und warum Sie unterstützt werden sollten. Sie geben bekannt, wozu Sie die Funding-Summe brauchen und stellen sich kurz vor.

Wichtig: Wer diese Inhalte auf Ihrer Projektseite liest, ist neugierig geworden. Der Interessierte hat Ihr Pitchvideo gesehen und die Projektbeschreibung durchgelesen. Bisher hat er noch nicht auf Fan werden geklickt oder ein Dankeschön gekauft. Er will sich informieren. Sie haben ihn schon bei den Hörnern gepackt und müssen ihn nun noch für sich gewinnen.

Die Projektbeschreibung

Füllen Sie zunächst die Projektbeschreibung aus. Formulieren Sie sachlich, klar und deutlich, worum es bei Ihrer Kampagne geht. Sagen Sie genau, was für ein Produkt Sie bei Startnext finanzieren wollen.

Sie werden bemerken, dass 500 Zeichen nicht sehr viel sind. Fassen Sie sich kurz. Zwei Felder weiter können Sie die Beschreibung ergänzen.

Schauen Sie zuvor auch bei anderen Fundern mit einem ähnlichen Produkt nach, wie diese Ihr Produkt beschrieben haben.

Mein Sachbuch habe ich wie folgt beschrieben:

Mit diesem Sachbuch möchte ich allen Interessierten ein Nachschlagewerk, ein Anleitungsbuch zum Selbermachen und ein Buch mit Erfahrungsberichten erfolgreicher Funder in die Hand geben. Das gesamte Buch gibt es gedruckt und als E-Book.

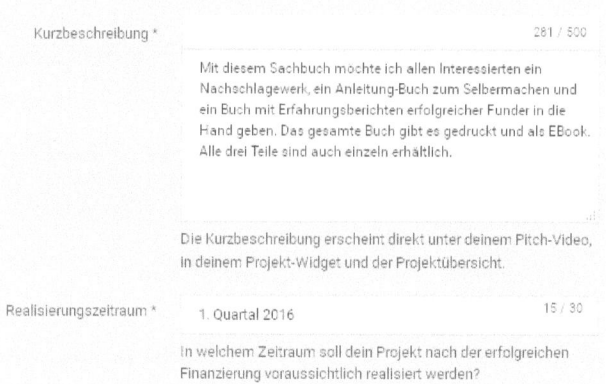

Die Kurzbeschreibung ist wichtig. Sie beschreibt Ihr Produkt. Darunter finden Sie den Realisierungszeitraum. Mit dieser Zeitangabe teilen Sie dem Besucher der Projektseite mit, wie lange Sie für die Umsetzung Ihrer Kampagne brauchen.

Den Realisierungszeitraum festlegen

Nun folgt der *Realisierungszeitraum*. Versuchen Sie eine ungefähre Zeitspanne anzugeben, in der Sie nach erfolgreicher Funding-Phase Ihr Projekt verwirklichen. Sie müssen nicht auf den Tag oder ein Datum genau sein. Dennoch möchte der Unterstützer wissen, bis wann er sein Produkt in den Händen halten kann.

Bei dem *Realisierungszeitraum* geht Startnext davon aus, dass Sie das Produkt erst umsetzen, wenn es erfolgreich die Funding-Summe erreicht hat. Ich rate Ihnen jedoch, schon eher zu beginnen. Sie können in der Startphase einschätzen, ob Ihr Produkt auf Interesse stößt. Und während der Funding-Phase sehen Sie auch sehr gut, ob sich jemand für das Produkt interessiert. Gerade in der Funding-Phase können Sie gut mitverfolgen, ob die Dankeschöns schnell gebucht werden oder die Gelder eher zäh fließen.

Aber: Bei einigen Projekten werden die Dankeschöns erst spät gebucht. Es lässt sich nicht genau vorhersehen, inwieweit sich für Ihre Kampagne Unterstützer finden.

Schaut man sich bei anderen Kampagnen um, so sieht man Funder, die das Produkt erst nach der Funding-Phase umsetzen und dafür genügend Zeit einplanen. Andere haben vorgearbeitet und bieten das gesetzte Ziel in Kürze an. Sie müssen einen eigenen Weg gehen und selbst entscheiden, wie Sie am besten vorgehen.

Ich habe im Feld *Realisierungszeitraum* eingetragen: *1. Quartal 2016*

Noch ein kleiner Tipp: Kopieren Sie alle Textinhalte (bis auf den Realisierungszeitraum) in ein Textverarbeitungsdokument. So können Sie diese mit der Rechtschreibprüfung auf Fehler überprüfen. Sie können die Beschreibungen ausdrucken und sich in aller Ruhe noch einmal durchlesen. Sie können außerdem die Textdatei an einen Sprachlektor schicken und korrigieren lassen.

Beschreiben Sie, worum es in dem Projekt geht

Das Feld mit der Frage *Worum geht es in dem Projekt* gibt Ihnen genügend Raum, Ihr Projekt ausführlich zu beschreiben. Diesmal gibt es keine Zeichenlimitierung. Nutzen Sie die Kopfzeile, um einen markierten Begriff fett, kursiv oder unterstrichen hervorzuheben. Mit der dritten Schaltfläche setzen Sie einen Aufzählungspunkt.

Beschreiben Sie genau, was Sie bei Startnext umsetzen wollen. Heben Sie die Inhalte und Vorteile hervor. Bleiben Sie auch hier sachlich, aber formulieren Sie ausführlicher. Wer die Frage aufgeklappt hat und sich den Text durchliest, will mehr über Ihr Projekt wissen. Geben Sie ihm die Information, die er sucht.

Die Eingabefelder können Sie bei Bedarf auch größer ziehen. Sie finden dazu in der rechten unteren Ecke des Feldes einen Anfasser. Klicken Sie darauf. Halten Sie die linke Maustaste gedrückt und ziehen Sie nun das Feld auf die gewünschte Größe. Dann einfach Maustaste loslassen und fertig.

Für mein Projekt habe ich folgenden Text verwendet:

Lesen Sie in meinem Buch, welche Crowdfunding-Plattformen es in Deutschland gibt und worin sich diese unterscheiden. Nutzen Sie eine Schritt-für-Schritt-Anleitung für eine Crowdfunding-Kampagne bei Startnext für Ihre eigene Kampagne. Lesen Sie im dritten Teil des Buches, wie erfolgreiche Funder Ihre kreativen Produkte an den Mann gebracht haben, mit welchen Problemen Sie gekämpft und wie sie diese gelöst haben. Profitieren Sie von den Erfahrungen und Erfolgen anderer Funder.

Sie bekommen drei Bücher in einem. Wer mag, kann sich auch für das günstigere E-Book entscheiden.

Legen Sie die Ziele und die Zielgruppe fest

Die Zielgruppe ist bei einem Buch und/oder E-Book sehr gut festzulegen. Jeder Autor und jeder Verlag setzt an den Anfang eines Buches einen Abschnitt, in dem beschrieben wird, an wen das Buch sich richtet.

Versuchen Sie auch mit wenigen Worten darzulegen, an wen sich Ihr Produkt richtet. Sind es erfahrene User, Einsteiger, ein bestimmter Hobby-Typ... Charakterisieren Sie die Zielgruppe in ein bis drei kurzen Sätzen.

Beschreiben Sie das Ziel Ihrer Kampagne. Was soll entstehen? Fassen Sie sich kurz. Versuchen Sie, mit wenigen Worten auf den Punkt zu kommen. Das Eingabefeld ist eine Ergänzung zu den Produktbeschreibungen, die Sie zuvor erstellt haben. Eine Wiederholung ist nicht notwendig.

In meinem Beispiel muss ich hier nicht viel beschreiben. Ein Sachbuch zum Thema Crowdfunding entsteht. Den Inhalt gibt es als Buch und als E-Book. Beides habe ich zuvor schon beschrieben. Ich benutze hier die Beschreibung „umfangreiches Softcover-Buch". Der Leser soll wissen, dass ich in meiner Kampagne ein dickes Buch erstellen möchte. „Softcover" weist daraufhin, dass es kein teures Hardcover-Buch ist. Danach erwähne ich, dass der Inhalt auch als „günstigeres E-Book" erscheint. Das ist für die Sparfüchse unter den Websurfern wie auch für Technikfreaks interessant.

Ich habe hier geschrieben:

Es entstehen ein umfangreiches Softcover-Buch und ein günstigeres E-Book mit dem gleichen Inhalt.

Crowdfunding-Einsteiger, Fortgeschrittene und Interessierte gehören zur Zielgruppe des Buches und E-Books. Alle, die eine Kampagne selbst erstellen wollen, finden im Buch die passenden Infos und Anleitungen.

Begründen Sie, warum jemand das Projekt unterstützen sollte

Was ist so einzigartig an Ihrem Produkt? Warum hebt es sich von anderen ähnlichen Produkten hervor? Warum gibt es das Produkt noch nicht?

Beschreiben Sie, was so Besonderes an Ihrem Produkt ist. Stellen Sie die Vorteile klar heraus. Dieser Abschnitt ist so etwas wie ein werbendes Verkaufsgespräch. Der Leser möchte wissen, sofern er bis hierher gelesen hat, warum Sie glauben, dass Ihr Produkt so einzigartig ist. Wenn er noch nicht weitergeblättert hat oder bereits Fan oder Unterstützer geworden ist, dann will er jetzt einen Grund zum Fan-werden und / oder unterstützen bekommen.

Das ist schwieriger, als Sie vermuten werden. Sie können hier nicht schreiben, dass das Leben ohne Ihr Produkt keinen Sinn mehr hat. Sie können nicht erwähnen, dass Sie sowieso der Größte und einzig wahre Crowdfunder und Bastler sind. Das nimmt Ihnen keiner ab. So können auch nicht betteln und schreiben, dass Sie „die Kohle" dringend brauchen. Selbst wenn es so ist, will es keiner wissen.

Verzichten Sie auf Späße und ellenlange Beschreibungen. Formulieren Sie wenige erklärende Sätze. Stellen Sie sich vor, ein Bekannter sitzt vor ihnen. Sie möchten ihm sagen, was Sie Tolles machen.

Bringen Sie die Vorteile Ihres Buches auf den Punkt. Seien Sie ehrlich, aufrichtig und direkt. Sagen Sie dem Besucher Ihrer Projektseite, warum Sie der Richtige für dieses Produkt sind und warum er Sie unterstützen sollte. Schauen Sie ruhig einmal, was andere Funder hier geschrieben haben.

Schreiben Sie einen ersten Entwurf auf ein Blatt Schreibpapier. Lesen Sie sich die Zeilen durch. Formulieren Sie etwas kürzer und passender. Streichen Sie Unnötiges. Nehmen Sie sich Zeit für die Begründung Ihrer Kampagne und die Hervorhebung der Vorteile Ihres Produktes.

Lesen Sie sich diesen und auch die anderen Texte einmal laut vor. So bemerkt man sprachliche Stolpersteine, Dopplungen, unsaubere Formulierungen, kleine Tippfehler oder auch sachliche Schusselfehler besser. Das ist ein gutes und einfaches Mittel für eine Selbstkorrektur von Texten. Probieren Sie es einmal aus!

In meinem Beispiel ist es leicht. Es finden sich keine 500-seitigen Sachbücher zum Thema Crowdfunding bei Amazon. Es gibt keine Anleitungen, die den Einsteiger zeigen, wie man eine Crowdfunding-Kampagne selbst ins Leben ruft. Überteuerte Semesterarbeiten und Bücher für Start-ups und Firmen findet man. Coole Bücher für Einsteiger finde ich auch - aber auf Englisch. Erfahrungsberichte von erfolgreichen Fundern finde ich auch nicht. Aber ... ich kann den Besucher meiner Projektseite nicht zutexten.

Meine Projektbegründung sieht wie folgt aus:

Bücher zum Thema Crowdfunding richten sich in der Regel an Start-ups und geben einen schnellen Überblick zum Thema. Einige sind überteuert, andere nur kurz und knapp.

Mein Buch soll ein dickes Buch um die 500 Seiten werden. Ich möchte einen Überblick zu den entsprechenden Plattformen geben, alle wichtigen Webadressen nennen und zeigen, „wie man es selbst macht". Ich richte mich nicht an Start-ups oder Firmen mit dickem Geldbeutel, sondern an Otto Normalverbraucher, der sich informieren und eine kreative Produktidee mithilfe moderner Schwarmfinanzierung umsetzen will, ohne einen fetten Kredit beantragen zu müssen. Ganz wie ein praxisbezogenes Computerbuch lernt der interessierte Leser erst kennen, was und wo etwas machbar ist und liest dann, auf was es ankommt, wenn man es umsetzen möchte. Im letzten Teil meines Buches lesen Sie, welche Hürden andere Crowdfunder genommen haben, welche Erfahrungen sie gemacht haben und wie es ihnen nach der Crowdfunding-Kampagne ergangen ist. So profitiert man direkt von denen, die es gemacht und auch geschafft haben.

Ich arbeite ohne Verlag, Redaktionsteam und vorgegebene Buchreihe. Es gibt keine Vorgabe von irgendeiner klugen Montags-Redaktionssitzung. Ich schaue, was geht und beschreibe, wie es geht. Ich spreche mit den Betreibern der Plattformen und mit erfolgreichen Fundern. Und das alles lesen Sie im Buch und im E-Book... wenn Sie es möchten.

Beschreiben Sie, was mit dem Geld geschieht

Dieser Abschnitt ist recht einfach zu bewerkstelligen. Hier geben Sie an, was Sie mit dem eingenommenen Geld tun. Nutzen Sie auch eigene Mittel oder haben Sie schon etwas vorgearbeitet, dann schreiben Sie dies hier auf. Sagen Sie dem Leser Ihrer Projektseite ganz genau, was Sie mit der Funding-Summe machen wollen.

Sie müssen Ihren Unterstützern ganz genau mitteilen, was mit dem Geld geschehen soll. Welche Ausgaben sind wie hoch? Was finanzieren Sie aus eigenen Quellen. Ein Fan will nicht wissen, was mit der Funding-Summe geschieht. Ein Unterstützer aber schon. Und er will es genau wissen! Schreiben Sie auch auf, was geschieht, wenn die Funding-Summe überschritten wird. Ein Bonus liest sich immer gut.

Rechnen Sie später in aller Ruhe durch, ob Ihre Kalkulation stimmt. Noch haben Sie einen Entwurf einer Crowdfunding-Kampagne vor sich, der öffentlich nicht zugänglich ist. Noch sind Änderungen möglich, die niemand anders sieht.

Achten Sie darauf, dass Sie nicht zu viel Geld benötigen. Eine hohe Funding-Summe ist schwer zu erreichen. Oft verbreiten Sie aber mit einer niedrigen Zielsumme Skepsis. Hier einen immer funktionierenden Mittelweg zu finden, ist nicht ganz einfach.

Mein Finanzierungsplan sieht hier wie folgt aus:

Das eingenommene Geld nutze ich für das sprachliche Korrektorat und die Pakete BoD Classic. Letzteres schlägt mit 76,- € zu Buche. Die genauen Kosten des Korrektors kann ich erst mitteilen, wenn das fertige Manuskript bei einem Korrektor vorliegt. Ich gehe hier von 1.600- € aus.

Die Korrektur ist nur einmal für das gesamte Manuskript notwendig.

Hinzu kommen Verpackungskosten für den Versand der Dankeschöns. Hier kalkuliere ich 55,- € ein. Die Summe runde ich auf. So komme ich auf eine Funding-Summe von 1.800,- €.

Reisekosten für den Besuch von Fundern übernehme ich selbst. Das betrifft auch die Kosten für die DTP-Software.

Beachten Sie, dass dies nur ein erster Entwurf ist. Sie befinden sich noch in der Entwurfsphase. Sie können und sollen den Finanzierungsplan überarbeiten. Ich habe das übrigens auch getan und später die Inhalte angepasst. Die Kosten der DTP-Software waren mir zu hoch und so habe ich sie hinzugezählt und die Funding-Summe korrigiert.

In meinem Beispiel bleibe ich unter 2.500 €. Auch nach der Überarbeitung des Finanzierungsplans komme ich nicht über diese Marke. Das wird mir die Suche nach den Fans und den Sprung in die Funding-Phase erleichtern.

Bei vielen anderen Fundern ist die Summe höher. Selbst Autoren geben oft eine höhere Funding-Summe an. Da braucht es ein professionelles Design des Buches von einem Grafikstudio. Ein Korrektor sieht das Buch durch und bereinigt Rechtschreib- und Grammatikfehler. Da wird ein Setzer beauftragt, die Druckvorlage zu erstellen. Das Buch wird in eine Druckerei gegeben. Hier ist es ganz wichtig zu beurteilen: Was brauchen Sie? Was können Sie selbst machen? Wenn Sie sich etwas nicht zutrauen, suchen Sie jemanden, der es kann und Ihnen hilft. Fügen Sie dies in die Kalkulation mit ein.

Füllen Sie den Finanzierungsplan gewissenhaft aus. Die Besucher Ihrer Projektseite wollen genau wissen, was Sie mit dem eingenommenen Geld tun.

Beispiele für mögliche Finanzierungspläne

Bevor wir zur Vorstellung kommen, möchte ich Ihnen einmal Beispiele für mögliche Finanzierungspläne zeigen, die von Fundern verwendet wurden. Nur damit Sie sehen, was unter anderem möglich ist und was auch funktioniert.

Der Herr aus unserem ersten Beispiel hat mit Startnext ein Sachbuch zum Thema „Bildung im Netz" finanziert. Er hat eine Funding-Summe von 8.000 € angestrebt. Interessanterweise hat er gar nicht aufgeschlüsselt, in welche Bereiche das Geld fließt. Hier ist nur vom „Druck der vorab verkauften Bücher" und der „professionellen Überarbeitung der Umschlag-Grafik" die Rede. Das Projekt war erfolgreich und hat 13.194 € eingenommen.

Dieses Beispiel zeigt, das es keine Regel ohne Bruch gibt. Sie müssen Ihren potenziellen Fans und Unterstützern zeigen, dass Sie der Richtige für ein Projekt sind. Sie müssen die Besucher Ihrer Projektseite überzeugen.

Das Kinderbuch „Pinipas Abenteuer" richtet sich an Kinder im Vorschulalter und wurde auf Startnext erfolgreich finanziert. Das Funding-Ziel lag bei 3.900 €. Erreicht wurden 5.236 €. Auch hier wurde nicht exakt aufgeschlüsselt, wohin die Gelder fließen. Das "Geld deckt die Druckkosten ab". Das Team, das hinter diesem Projekt steht, möchte einen Verlag gründen. Wird die Funding-Summe überschritten, wird vielleicht eine App und ein Hörbuch entstehen.

Auch hier sehen Sie, dass die Projektidee und deren Präsentation wichtig für den Erfolg einer Kampagne ist. Überzeugen Sie, dann gewinnen Sie!

Es ist kein Einzelfall, dass im Finanzierungsplan einer Crowdfunding-Kampagne nicht exakt aufgelistet ist, welche Summen in welche Bereiche fließen. Hier wird nur geschrieben, was finanziert werden muss. Die Funder beschreiben locker und nicht zu sachlich, was sie tun.

Sie müssen sich bewusst sein, dass Sie ein Produkt über die Crowd finanzieren wollen. Sie haben kein starres Programm vor sich, bei dem die Einstellungen ABC zum Ergebnis DEF führen. Sicher gibt es eine AGB, eine Netiquette und bestimmte Regeln, aber für viele Dinge gibt es verschiedene Herangehensweisen und Lösungen. Deshalb hier noch einmal: Schauen Sie sich vor dem Erstellen und beim Erstellen einer Kampagne genau auf den Funding-Portalen um! Überlegen Sie sich, wie Sie Ihre eigenen Ziele erreichen und welche Beschreibungen und Angaben möglich sind!

Das Funding-Ziel der Kampagne „Ein guter Plan" lag bei 15.000 €. Insgesamt hat das Projekt 5.894 Fans und 5.504 Unterstützer gefunden. Es wurden 190.192 € eingenommen. Das ist ein erstaunliches Ergebnis.

Sie sehen daran auch, dass in einer Crowdfunding-Kampagne Ungewöhnliches möglich ist. Sie können ein Produkt nicht nur finanzieren, sondern mit etwas Glück die Kassen klimpern lassen und einen erstaunlichen kommerziellen Erfolg einfahren. Gehen Sie aber bitte nicht bei Ihrer Kampagne von einem unbedingt zu erwartenden Riesenübererfolg aus! Das kann passieren, ist aber eher die Ausnahme.

Das Projekt „Dog Town - Eine Chance für rumänische Straßenhunde" ist eine Teamarbeit, mit der ein Zuhause für auf der Straße lebende Hunde in Rumänien geschaffen werden soll. Wird die Funding-Schwelle erreicht, kann das Team drei Monatsmieten als Kaution hinterlegen, Nebenkosten begleichen und neue Angestellte anwerben. Es sind Verhandlungen mit dem Tierarzt möglich und auf Angestellte, die schon einmal bei Dog Town beschäftigt werden, kann zurückgegriffen werden.

Dergestalt finden sich weitere Angaben auf der Projektseite. Sehr ausführlich wurde hier beschrieben, welche Ausgaben mit dem eingenommenen Geld ausgeglichen werden. In einem zweiten langen Absatz wird beschrieben, was mit dem Geld geschieht, wenn die Funding-Schwelle überschritten wird. Außerdem erklären die Funder, dass es sich um ein Gemeinschaftsprojekt handelt und man mit anderen Teams zusammenarbeiten will.

Auch hier werden keine exakten Zahlen genannt. Das ist auch nicht notwendig. Dafür wird sehr ausführlich beschrieben, wohin die Gelder fließen. Gerade bei einem sozialen Projekt will der Unterstützer wissen, was mit dem eingenommenen Geld geschieht. Da die Funding-Schwelle bei 114.000 € liegt und das Funding-Ziel bei 164.000 €, muss umfassend beschrieben sein, was mit dem Geld geschieht.

Unter den Dankeschöns finden sich hier natürlich keine Bücher. Der Unterstützer kann unter anderem eine Namenspatenschaft übernehmen, Ehrensponsor werden, den Leiter der Einrichtung treffen und mit dem Team des Projektes ein Abendessen verbringen.

Das Ergebnis ist beeindruckend: 1.405 Fans und 1.243 Unterstützer. Eingenommen wurden 174.979 €. Die Projektseite finden Sie unter *https://www.startnext.com/dog-town#*.

Beim Projekt „TWEET-ATTACK, Nisthilfe Bausatz für Wildvögel" schreibt der Funder, dass mit dem eingenommenen Geld eine Teilfinanzierung der 25.000 € teuren Werkzeugform geplant ist. Er nennt also eine exakte Summe und schreibt, dass er Eigenmittel verwenden will. Das ist eine sehr gute Idee, die positiv von den Fans und Unterstützern aufgenommen wird. Über weitere Kosten ist wenig zu lesen. Nicht notwendig wäre es gewesen, darauf hinzuweisen, dass das Geld bei nicht erfolgreicher Kampagne „zu 100 %" zu den Unterstützern zurückkommt. Das passiert sowieso. Der Funder bekommt erst das Geld von Startnext, wenn die Kampagne erfolgreich die angestrebte Funding-Summe erreicht.

Das Projekt wirkt umweltnah und kinderfreundlich. Man findet es gleich sympathisch. Aber: Am Ende der Beschreibung hat man den Eindruck, dass der Funder nicht optimistisch genug ist. Er rechnet mit einem Verlust.

Aber: Das Funding-Ziel von 8.000 € wurde leider nicht erreicht. 100 Fans und 33 Unterstützer wurden gefunden. Nur 3.306 € wurden eingenommen. Das zeigt leider, dass nicht immer eine gute Idee zum Erfolg führt. Die Projektseite finden Sie unter *https://www.startnext.com/tweet-attack*.

Sie müssen die Besucher Ihrer Projektseite überzeugen! Sie müssen dabei auch von sich überzeugt sein. Schreiben Sie nicht, was passiert, wenn Sie das Funding-Ziel nicht erreichen. Schreiben Sie, was Sie tun, wenn Sie mehr Geld einnehmen und bieten Sie ein Plus an Gewinn für die Fans und Unterstützer. In einer Crowdfunding-Kampagne sind Sie so etwas wie der Manager eines Teams oder einer Ein-Mann-Firma. Sie müssen selbstbewusst und überzeugend sein! Sie wollen gewinnen! Seien Sie positiv!

Ich weiß, dass das abgedroschen und nach ausgelatschten Schuhen klingt. Ich weiß aber auch, dass man sich schnell herunterreißen lässt, wenn andere an dem Projekt zweifeln, sich darüber lustig machen oder versuchen, es einem auszureden. Das darf nicht passieren! Und falls doch, machte man das mit sich aus, schreit einmal die Kaffeemaschine an und dann geht es weiter! Nach außen müssen Sie als positiver Funder auftreten. So überzeugen Sie andere am ehesten, sich auf Ihr Projekt einzulassen!

Zum Projekt „Paperblooms: Aus Papierresten wachsen bunte Blumen" schreibt der Funder nicht exakt, was wie viel Geld kosten wird, sondern listet in einer Aufzählung die einzelnen Ausgaben auf. Das ist auch eine gute Art, die Kosten anschaulich darzustellen. Die Kampagne hatte ein Funding-Ziel von 3.500 €. Erreicht wurden 3.820 €. 108 Fans und 77 Unterstützer haben sich eingefunden, dieses Projekt zu unterstützen. Die zugehörige Projektseite finden Sie unter *https://www.startnext.com/paperblooms*.

Den Finanzierungsplan formatieren

Die Eingabefelder haben verschiedene Formatierungsfunktionen, die Sie gut nutzen können, um Textelemente hervorzuheben und die Inhalte zu strukturieren. Gerade beim Finanzierungsplan ist das sinnvoll. Sie müssen diese Möglichkeit nicht nutzen, können aber darauf zurückgreifen – ganz nach Ihrem eigenem Geschmack.

Über die Symbolleiste im Kopf der Eingabefelder lassen sich die Inhalte fett, unterstrichen und kursiv formatieren. Mit dem letzten Feld erstellen Sie einen Aufzählungspunkt.

Markieren Sie zunächst den Abschnitt oder die Wörter, die Sie formatieren wollen und wählen Sie dann eine der Optionen aus. Bei einem Aufzählungspunkt können Sie auch den Cursor vor der Zeile platzieren und dann auf die Aufzählungsschaltfläche klicken. Speichern Sie das Ergebnis ab und schauen Sie sich in der Vorschau der Projektseite an, wie der formatierte Inhalt dargestellt wird.

Gefällt Ihnen das Ergebnis nicht, entfernen Sie die Formatierungsbefehle aus dem Eingabefeldern wieder. Es werden jeweils zwei Tags verwendet. Ein Tag steht vor dem Wort bzw. den Wörtern, die formatiert werden, das andere dahinter. Einzige Ausnahme ist eine Aufzählung. Hier wird nur eine Zeichenfolge vor dem neuen Aufzählungspunkt gesetzt.

In der Übersicht auf der vorhergehenden Seite sehen Sie alle Formatierungstags. Die Formatierungsoptionen sind eine zusätzliche Möglichkeit, längere Texte etwas übersichtlicher zu gestalten und damit für eine gut lesbare Struktur zu sorgen.

Stellen Sie sich kurz Ihren potenziellen Fans und Unterstützern vor

Beenden Sie die Projektbeschreibung mit einer Vorstellung Ihrer Person. Schreiben Sie kurz, wer Sie sind. Stellen Sie sich vor, Sie haben ein Bewerbungsgespräch vor sich und der Mensch vor Ihnen möchte wissen, mit wem er es zu tun hat.

Versuchen Sie am Ende einen Bogen zu Ihrem Produkt zu spannen. Nach einem "Wer bin ich" schließen Sie mit einem "Was mache ich" ab.

[][/b]	Diese Zeichen kennzeichnen fett ausgegebene Textelemente.
[][/i]	Hiermit werden kursive Zeichen formatiert.
[][/u]	Das kleine "u" steht für unterstrichen.
[*]	Hiermit wird ein neuer Absatz formatiert.

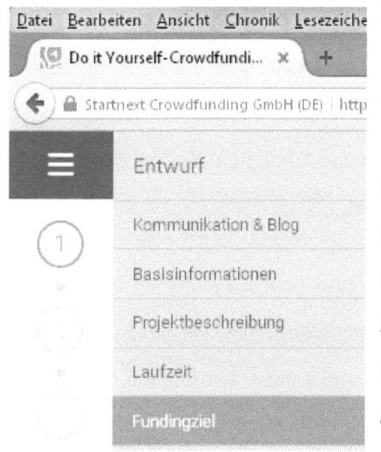

Bei mir lesen Sie hier:

Ich arbeite seit 1999 als freier Autor und habe sehr viel Spaß am Umsetzen von kreativen Ideen. Bisher habe ich 51 Bücher und ca. 300 Beiträge in Computermagazinen, Sammelwerken und auf Websites veröffentlicht. Meine Erfahrung beim Schreiben von praxisbezogenen EDV-Titeln nutze ich für ein Sachbuch zum Thema Crowdfunding. Hierbei profitiere ich davon, dass mir kein Redakteur reinquakt :-) und ich wirklich für den Leser schreiben kann, der sich für das Thema interessiert.

Das Funding-Ziel eintragen

Das Eintragen der Laufzeit erfolgt über ein Kalenderblatt. An dieser Stelle soll diese Angabe noch nicht gemacht werden. Ich möchte sie jedoch der Vollständigkeit halber erwähnen. Noch befindet sich die Kampagne im Entwurfsmodus. Wenn Sie jetzt schon im Kalenderblatt die Deadline festlegen wollen, werden Sie merken, dass Startnext eine lange Laufzeit gar nicht akzeptiert. Sie können jetzt noch gar nicht exakt festlegen, wie lange Ihre Finanzierungsphase dauert und bis wann Sie Ihre Crowdfunding-Kampagne laufen lassen wollen.

Öffnen Sie den Bereich *Funding-Ziel.* Hier wird die Funding-Summe bestimmt. Diese können Sie in der nächsten Phase nicht mehr ändern. Und Sie bestimmt, wie viel Geld durch den Kauf der Unterstützungen zusammenkommen muss, bis die Kampagne erfolgreich ist.

Wenn Sie es nicht mehr wissen, es nicht notiert oder ausgedruckt haben, blättern Sie noch einmal zurück zur Projektbeschreibung. Was haben Sie bei der Frage „Was passiert mit dem Geld bei erfolgreicher Finanzierung?" eingetragen? Auf welche Summe sind Sie hier gekommen? Diese Zahl übernehmen Sie in das Feld Funding-Ziel.

Achten Sie darauf, dass die Angaben im Feld Funding-Ziel und in der Projektbeschreibung identisch sind. Im Kopf dieser Seite werden Sie noch einmal darauf hingewiesen, dass externe Zahlungsanbieter Gebühren für das Übertragen von Geldern verlangen. Startnext berechnet dies mit einer Transaktionsgebühr von 4 %. Das müssen Sie in Ihr Funding-Ziel mit einkalkulieren. Ebenso mit einkalkulieren müssen Sie, dass Startnext sich über eine „freiwillige Gebühr" finanziert.

Ich habe jetzt übrigens kein dickes Mathematikbuch bemüht, um herauszufinden, wie Prozentrechnung eigentlich ging. Es gibt doch Google! :-) Auf der Website *http://www.mathepower.com/prozent.php* lässt sich eine Prozentrechnung über ein Formular ausführen. Natürlich können Sie auch Ihren Taschenrechner oder eine App auf dem Smartphone bemühen.

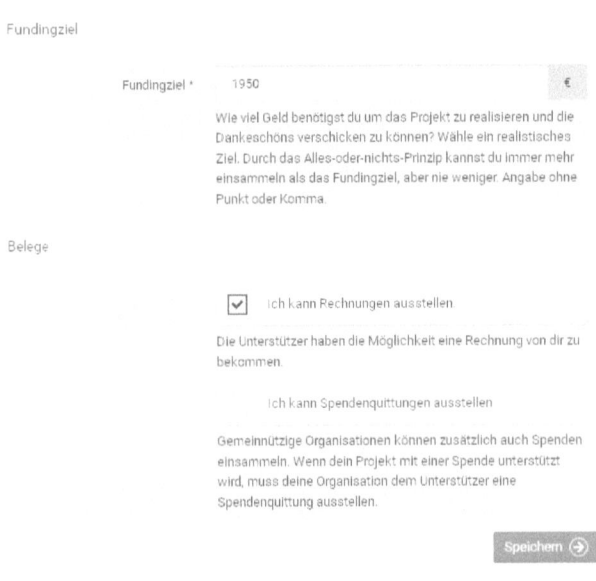

In meinem Beispiel muss ich vielleicht die Funding-Summe erhöhen. Bei Ausgaben von 1.731 € komme ich auf Transaktionsgebühren von bis zu 122,- € und einer freiwilligen Gebühr von bis zu 69,- €. Das ergibt 1.922,- €. Derzeit habe ich als Funding-Summe nur 1.800,- € eingetragen.

Ich nehme aus diesem Grund an dieser Stelle eine Änderung vor. Ich erhöhe mein Funding-Ziel auf 1.950,- € und trage in die Projektbeschreibung als Ergänzung ein:

Hinzu kalkuliere ich 214,- € Transaktionsgebühren und die freiwillige Gebühr für Startnext. So komme ich auf eine Funding-Summe von 1950,- €.

Zugleich entferne ich die Sätze, in denen ich erwähne, dass ich aufrunde und meine Funding-Summe 1800,- € beträgt. Die Funding-Summe ist somit festgelegt. Ich übe ein Gewerbe aus und kann somit auch Rechnungen ausstellen.

Das Korrigieren der Funding-Summe und ihre Überarbeitung wie auch die der Angaben in der Projektbeschreibung sind wichtige Bestandteile der Entwurfsphase. Hier dürfen Sie nicht gehetzt vorgehen. Fehler dürfen nicht passieren. Fans und Unterstützer nehmen es Ihnen übel, wenn Sie hier Fantasiesummen aufschreiben oder Geld für etwas einplanen, was nicht gar notwendig und nicht nachvollziehbar ist.

Schalten Sie die Option Ich kann Rechnungen ausstellen an, wenn Sie ein Gewerbe angemeldet haben oder Ihre Kampagne als kleine Firma durchführen. Speichern Sie alle Angaben.

Das Impressum ausfüllen

Die beiden Menüpunkte *Medien* und *Dankeschöns* überspringe ich. Mit diesen Inhalten werden wir uns in eigenen Kapiteln beschäftigen.

Klicken Sie auf den Menüpunkt *Projektstarter*. Hier tragen Sie Ihre persönlichen Adressdaten und Kontaktdaten ein. Die Angaben unter Über dich wurden bereits aus Ihrem Profil bei Startnext übernommen. Schauen Sie sich die Daten an und kontrollieren Sie, ob alles stimmt.

Team benötigen Sie nur, wenn Sie mit anderen Personen zusammenarbeiten. Ist dies der Fall, tragen Sie hier Ihre Mitarbeiter und Helfer ein. Dazu wird ein Name für das Team vergeben und gespeichert. Danach tragen Sie die Profilnamen ein, unter denen die Helfer bei Startnext gespeichert sind.

Entsprechend dem deutschen Telemediengesetz muss ein im Internet veröffentlichtes Angebot ein Impressum besitzen. Hier müssen Sie die folgenden Angaben machen:

- Name des Unternehmers/Unternehmens

- Anschrift

- E-Mail-Adresse

- Umsatzsteuernummer/Steuernummer (sofern vorhanden)

- Handels-/Vereinsregisternummer (sofern Unternehmensform zutrifft oder es sich um einen Verein handelt)

- UST-ID

- Aufsichtsbehörde (bei Unternehmen und Vereinen)

- Zugehörige Kammer (sofern vorhanden)

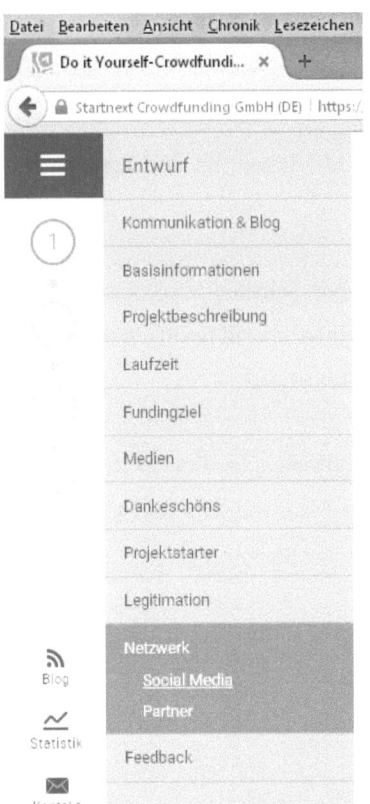

Sie sind verpflichtet, diese Angaben zu machen. Welche Angaben notwendig sind, ist abhängig davon, ob Sie die Kampagne als Privatperson, Kleingewerbe, Unternehmen oder Verein aufgeben. Tragen Sie alle Daten in die Felder ein und bestätigen Sie wie gewohnt mit einem Mausklick auf die Schaltfläche Speichern.

Die Netzwerkangaben eintragen

Unter *Netzwerk* finden Sie die Angaben zu Sponsoren, Auszeichnungen und Partnern. Hier erreichen Sie auch das Untermenü Social Media. Öffnen Sie es und tragen Sie die Adresse Ihres Twitter-Accounts und Ihrer Website ein. Ebenso können Sie hier Ihre Facebook-Seite eintragen, sofern Sie für das Projekt eine solche erstellt haben. Beachten Sie, dass Sie hier nur die Netzwerke eintragen, die Sie für das Projekt nutzen und nicht Ihren privaten Facebook-Account. Ihre private oder Ihre Hobby-

Website oder ein privates Twitter-Profil gehören hier auch nicht hin. In meinem Beispiel trage ich nur die Links zu meinem Twitter-Profil und zu meiner Website ein. Auf Letzterer habe ich ein Menü und einige Seiten zu meinem Projekt erstellt.

Unter Netzwerk tragen Sie ein Twitter-Profil, Ihre Website und eine Facebook-Page ein, sofern Sie für Ihre Kampagne diese verwenden.

Auf der Projektseite finden Sie den Hinweis auf einen Twitter-Account und auf Ihre Website nur über zwei kleine Symbole in der linken unteren Ecke. Gegenüber befindet sich das Impressum.

Nutzen Sie Twitter nicht für das Projekt, haben Sie keine extra Facebook-Seite erstellt und nutzen Sie keine Website für das Projekt, lassen Sie die Einträge frei. Startnext stellt Ihnen auch eine Blog-Funktion und einen Newsletter zur Verfügung, mit denen Sie Ihre Fans und Unterstützer informieren können.

Die Legitimation

Mit der Legitimation bestätigen Sie, dass es sich hinter Ihren Angaben um eine echte Person handelt. Sie legen fest, was für eine Rechtsform bei Ihnen zutrifft und geben Ihr Konto an.

Ein wenig einfacher wird es, wenn Sie bereits einmal bei Startnext eine Crowdfunding-Kampagne durchgeführt haben und dazu legitimiert wurden. Dazu komme ich aber noch.

Öffnen Sie zunächst das Untermenü Übersicht, das Sie unter dem Menüpunkt Legitimation finden. Wählen Sie unter Projektstarter, ob es sich bei Ihnen um eine Einzelperson, ein Einzelunternehmen oder eine andere Rechtsform handelt. Bestätigen Sie mit Speichern.

Wechseln Sie nach *Personendaten* und füllen Sie die Felder mit Ihren Adressangaben aus. Tragen Sie Ihre Ausweisnummer ein und ergänzen Sie mit Ausstellungsort und auszustellender Behörde. Im Kalenderfeld wählen Sie das Datum der Ausstellung und Ihr Geburtsdatum. Darunter geben Sie Geburtsort und Staatsangehörigkeit ein. Speichern Sie alle Angaben. Die hier gemachten Angaben werden für das Verfahren „BankIdent" verwendet. Sie gehen mit Ihrem Ausweis oder Reisepass zu Ihrer Hausbank und lassen sich kostenlos Ihre Daten bestätigen. Die Bestätigung wird dann von der Bank an Startnext gesandt.

Einige Banken bieten das Verfahren BankIdent nicht mehr an. Mit einer Internetbank sind Sie hier auch schlecht beraten. Ihnen bleibt in so einem Fall nichts anderes übrig, als durch die Stadt zu laufen und bei jeder Bank höflich zu fragen, ob diese nicht mal Ihre Daten überprüfen könnten.

Es gibt keine Alternative zum BankIdent-Verfahren. Wenn Sie eine Crowdfunding-Kampagne bei Startnext erstellen und durchführen wollen, müssen Sie dieses Verfahren durchlaufen und so Ihre Daten bestätigen lassen. Ohne Bestätigung der Daten gelangen Sie nicht in die Funding-Phase.

Wechseln Sie nach *Auszahlungskonto* und tragen Sie Ihren Namen ein (sofern Sie der Inhaber des Kontos sind), die IBAN und die BIC des Kontos. Bestätigen Sie mit Speichern. Das Konto wird mit einer Überweisung von wenigen Cent überprüft. Ist das geschehen, drucken Sie das BankIdent-Formular aus und lassen sich Ihre Identität von Ihrer Hausbank bestätigen. Dann müssen Sie einige Tage warten, bis das Formular von der Bank zu Startnext geschickt wurde, eingesehen wird und Sie so legitimiert wurden.

Haben Sie bereits bei Startnext einmal eine Kampagne durchgeführt und sich dafür legitimiert, dann können Sie die vorhandenen Daten übernehmen. Die Kampagne darf nicht älter als 2 Jahre sein. Wechseln Sie nach Übersicht. Im unteren Bereich gibt es einen mit Legitimationsdaten kopieren überschriebenen Bereich. Öffnen Sie hier das Listenfeld und wählen Sie den Namen Ihrer alten Kampagne aus. Beachten Sie: Diese darf nicht länger als 2 Jahre zurückliegen. Es muss sich um eine Kampagne handeln, für die Sie auch eine Legitimierung durchgeführt haben. Im Listenfeld sind auch Projektentwürfe abrufbar, die nicht umgesetzt worden (sofern vorhanden). Startnext fragt Sie, ob Sie die Aktion durchführen wollen. Sie werden darauf hingewiesen, dass die Aktion nicht rückgängig gemacht werden kann. Bestätigen Sie dies.

Nun bleibt noch die Bestätigung des Treuhandvertrages. Er ist für den Wechsel in die Finanzierungsphase notwendig. Öffnen Sie das Untermenü *Treuhandvertrag*, das Sie unter *Legitimation* finden. Lesen Sie sich die AG des Zahlungsdienstleisters secuepay AG durch. Setzen Sie ein Häkchen in das Kästchen Ich bestätige die AGB der secuepay AG und klicken Sie auf Speichern.

Die Bestätigung wird gespeichert. Wenn Sie möchten, können Sie nun den Treuhandvertrag auf Ihren Rechner laden, ausdrucken und Ihren Akten hinzufügen.

Alle Schritte der Legitimation müssen nur einmal gemacht werden. Sie können sie nicht korrigieren.

Die Legitimation müssen Sie nicht sofort ausführen. Es ist aber besser, sich hier nicht zu viel Zeit zu lassen und diese Aufgaben so früh wie möglich durchzuführen. Bedenken Sie, dass die einzelnen Schritte der Legitimation auch ein paar Tage Zeit in Anspruch nehmen. Warten Sie damit zu lang, verschiebt sich womöglich auch der Start der Funding-Phase .

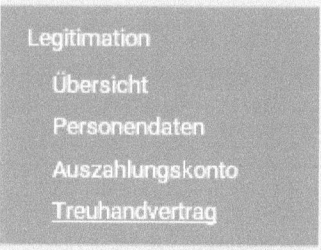

Die Legitimation ist leider notwendig, wenn Ihr Projekt in die Finanzierungsphase kommen soll.

Einen Korrektor für die Überprüfung der Textinhalte nutzen

Lesen Sie sich alle Beschreibungen und Informationen zu einem späteren Zeitpunkt in Ruhe durch. Kopieren Sie die Texte in eine Office-Datei und drucken Sie diese aus. Lesen Sie sich den Ausdruck in aller Ruhe durch. Korrigieren Sie, was Ihnen nicht gefällt. Ergänzen Sie fehlende Inhalte. Überarbeiten Sie die Angaben im Bereich *Beschreiben Sie, was mit dem Geld bei erfolgreicher Finanzierung geschieht*. Hier müssen Sie genau vorgehen.

Um einen fehlerfreien Text zu erhalten, empfehle ich Ihnen die Textdatei an einen Korrektor zu senden. Je nach Lesbarkeit des Textes und Preis des Korrektors unterscheiden sich die Kosten. Die Preise variieren sehr stark – je nach Angebot. Abgerechnet wird pro Seite oder auch pro Stunde. Aufgrund der starken Unterschiede kann ich hier keinen Beispielpreis nennen.

Suchen Sie mit Google nach „Korrektor". Suchen Sie sich mehrere Anbieter heraus, schreiben Sie diese an und fragen Sie, ob diese Ihre Arbeit durchsehen könnten und welche Kosten auf Sie zukommen. Eventuell verlangen diese den Text zur Ansicht. So schätzt ein Korrektor ein, wie hoch der Arbeitsaufwand ist und welche Kosten er dafür berechnen kann. Vergleichen Sie die verschiedenen Angebote und entscheiden Sie sich für eines davon.

In meinem Beispiel ging die Bearbeitung und Korrektor recht schnell vonstatten. Der Sprachlektor hat sich am Wochenende meiner Dateien „bemächtigt" und sich förmlich draufgestürzt. Die Kosten waren gering. Einige Fehler hat die gute Frau gefunden und korrigiert. Tippfehler, Schusselfehler und kleine sprachliche Patzer gibt es immer einmal. Deshalb finde ich so einen Korrektor wichtig und gut.

Achtung: Einige Korrektoren berechnen einen höheren Pauschalpreis bei kurzen Texten. So werden bei kurzen Texten pauschal 10 Seiten berechnet. Das übersieht man in der ersten Preisübersicht leicht. Schauen Sie ganz genau auf die Preise und Angebote!

Beachten Sie aber unbedingt: Der Korrektor hat einen gewissen Abstand zu Ihnen und Ihrem Projekt. Vielleicht hat er noch nie etwas von Crowdfunding gehört und kennt auch das Produkt nicht, das Sie umsetzen wollen. Speichern Sie die Korrektur unter einem neuen Dateinamen ab. Ich habe einfach ein „_kor" im Dateinamen ergänzt. Drucken Sie die Korrektur aus und gehen Sie Schritt für Schritt jeden gefundenen Fehler durch. Es kann vorkommen, dass ein Korrektor auch Fehler findet, die keine sind. Das passiert einfach, weil er Ihre Arbeit und das Medium nicht kennt.

So wählen Sie passende Dankeschöns aus

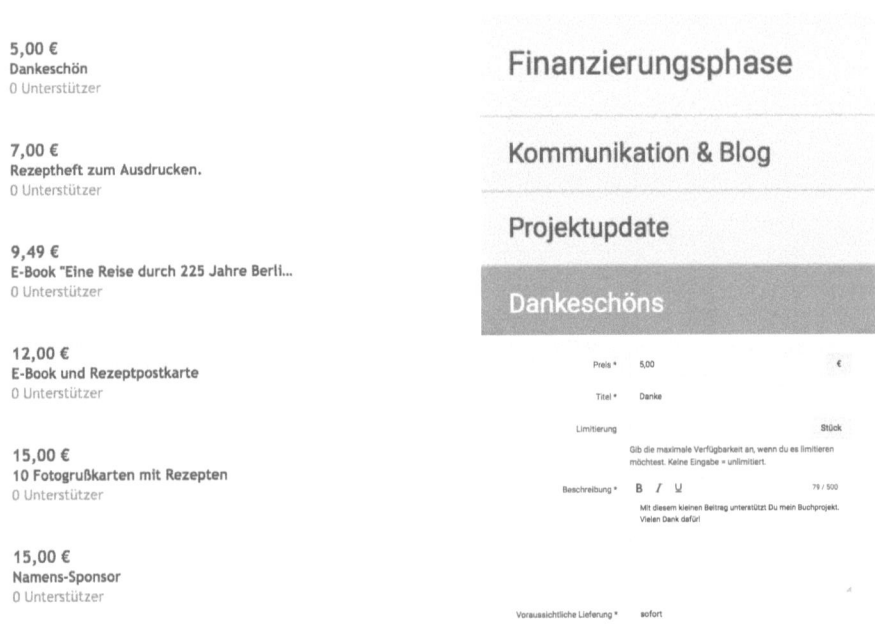

Nach einer Einführung in das Thema „Passende Geschenke und Dankeschöns für eine Crowdfunding-Kampagne finden" erfahren Sie, welche Kosten für den Versand der Dankeschöns bei den verschiedenen deutschen Versanddienstleistern auf Sie zukommen. Beachten Sie bitte, dass natürlich auch weitere Kosten für das Verpackungsmaterial und die Kartons entstehen. In mehreren kleinen Tabellen habe ich Ihnen die Versandkosten für Päckchen und Pakete bei DHL und Hermes zusammengestellt. Anhand eines kleinen Beispiels zeige ich Ihnen im letzten Teil dieses Kapitels, wie Sie auf Startnext ein Dankeschön eingeben.

Geschenke und Dankeschöns wählen und anbieten – eine Einführung

Mit den Dankeschöns bedanken Sie sich bei Ihren Unterstützern. Mit diesen kleinen und manchmal auch großen Geschenken wird das Geld eingesammelt. Um so mehr Dankeschöns gebucht werden, um so näher kommen Sie an das Funding-Ziel heran.

Die Dankeschöns müssen zur Kampagne passen. Sie müssen zum Produkt passen. Sie sind der letzte Schritt eines Users, der auf Ihre Projektseite gekommen ist und sich für Ihr Produkt interessiert, bereit ist, Geld an Sie fließen zu lassen. Bieten Sie ihm nichts an, wird er hier abspringen und Sie nicht unterstützen. Sie müssen verschiedene Dinge anbieten, dürfen aber nicht außer Acht lassen, dass Sie diese auch parat haben oder bestellen müssen. Versand- und Verpackungskosten kommen später auch auf Sie zu. Diese müssen Sie mit einkalkulieren. Hierbei ist auch zu beachten, dass Sie keine Verluste einfahren dürfen. Mit dem Verkauf der Dankeschöns muss die Funding-Summe erreicht werden. Sie müssen die Unterstützer von einem Kauf überzeugen und sich bei diesen bedanken.

Schauen Sie sich auf den verschiedenen Plattformen einmal um. Was haben die Funder für Ihre Kampagne gewählt? Was konnten die Unterstützer buchen und welche Dankeschöns gingen am besten? Achten Sie insbesondere auf Kampagnen, deren Produkt dem Ihrigen ähnlich ist.

Bei meiner Crowdfunding-Kampagne ist es leicht, passende Dankeschöns zu finden. Ich biete das fertige Buch und das E-Book an. Das sind schon fünf Dankeschöns. Dazu noch einen freiwilligen Betrag und einmal 1,- €. Hierbei ist das Dankeschön ein „Ich werde Ihnen ewig dankbar sein"-Satz. Für 100,- € kann man mit mir in Berlin essen gehen. Dann kommen noch hochpreisige Dankeschöns dazu. Einmal für 500,- €. Und einmal für 1000,- €.

Die Kosten der Dankeschöns stehen in einem direkten Verhältnis zur Funding-Summe, die Sie erreichen wollen, und zu Ihrem Projekt. Möchten Sie einen teuren Film finanzieren, müssen Sie auch mehrere hochpreisige Dankeschöns anbieten. So kann jemand, der ein solches Dankeschön bucht, zum Beispiel ihre Regiearbeit einen Tag lang begleiten. Eine sehr hohe Funding-Summe bekommen Sie mit vielen kleinen Dankeschöns nicht zusammen.

Ein späteres Projekt von mir wird ein Kochbuch sein. Bei einem Kochbuch kann ich natürlich auch das Produkt selbst als Geschenk anbieten. Ich verkaufe es, bevor es gedruckt und im Handel erhältlich ist. Das funktioniert immer bei Crowdfunding-Kampagnen sehr gut, mit denen Bücher und E-Books finanziert werden. Daneben kann ich hier einen Rezeptekalender, ein Postkartenset mit Rezepten und ein privates Essen anbieten.

Was aber wollen Sie anbieten, wenn Sie eine Büste für Ihren Lieblingsmathematik-Professor anbieten wollen? Sie haben den Mann geliebt. Nur leider ist er viel zu früh gegangen. Sie halten die Idee für verrückt? Eine solche Kampagne gab es schon und sie wurde auch erfolgreich durchgeführt. Hier sind wenige Dankeschöns möglich. Den Namen des Dankeschön-Käufers beispielsweise auf einer Sponsorentafel eingravieren lassen wäre eine gute Idee.

Onlineshops für Werbegeschenke nutzen

Dankeschöns sollten Sie, wenn es geht, selbst herstellen. Oder es sollten Ausflüge, Treffen, eine Begleitung, ein privates Kochen etc. sein. Nicht immer sind aber passende Dankeschöns parat. In so einen Fall können Sie auf einen Onlineshop, der sich auf Werbegeschenke spezialisiert hat, zurückgreifen. Hier finden sich Stoffbeutel, Kaffeetassen, Schreibsets und andere Dinge. Über Google finden Sie derartige Angebote.

Seien Sie beim Shoppen von möglichen Dankeschöns vorsichtig. Sie müssen auf Ihrer Projektseite das Dankeschön beschreiben und ein Bild davon zeigen. Das Foto müssen Sie aus rechtlichen Gründen selbst erstellt haben. Der Geschenkeshop will Geld verdienen und bietet Rabatte für größere Bestellungen an. Sie wissen aber noch gar nicht, ob Ihre Unterstützer das Dankeschön auch wirklich annehmen und buchen. Ein Geschenkeshop ist eine mögliche Notlösung. Es ist aber davon abzuraten, hier auf Verdacht Geschenke einzukaufen und anzubieten.

Achten Sie unbedingt darauf, dass Ihr Dankeschön-Geschenk zum Produkt und zur Kampagne passt. Ein Dankeschön kann aus der Menge herausragen. Sie können durchaus ein „Experiment" wagen. Vielleicht gelingt es nicht und es wird nicht gekauft. Begründen Sie in der Beschreibung, warum das Dankeschön dazugehört, funktioniert es vielleicht doch.

Geschenke im Eigenbau

Ein Geschenk selbst zu basteln, ist natürlich ideal. Man hat keine Arbeitskosten und muss nur Zeit und Material investieren. Sie können Geschenke nachproduzieren, wann immer das notwendig sein sollte. Aber nicht jeder ist geschickt genug und kann eine Tischdecke oder einen Topflappen häkeln. Kalender und Postkarten lassen sich jedoch auf einfache Weise selbst herstellen.

Notieren Sie sich auf ein Blatt Papier, welche Dankeschön-Geschenke gut zu Ihrer Kampagne passen. Was kosten diese in Ihrer Anschaffung und Ihrem Versand? Wie viel Geld sollen diese bei der Kampagne einbringen?

Schauen Sie, dass Sie für jeden Geldbeutel passende Dankeschöns finden. Der „kleine Mann" wird Sie vielleicht gerne unterstützen, kann aber nur wenige Euro ausgeben. Aber vielleicht finden sich auch gut betuchte Besucher auf Ihrer Projektseite, die als exklusive Sponsoren Ihr Projekt unterstützen und hier als solche genannt werden möchten.

Zusätzliche Kosten einplanen

Das ideale Dankeschön ist das Produkt selbst. Ein Buch und ein E-Book sind gut geeignet. Bei einem Kochbuch lassen sich auch Kalender, Postkartensets und vieles mehr anbieten. Beachten Sie jedoch: Es kommen meist noch zusätzliche Kosten hinzu. Sie müssen das Geschenk nach einer erfolgreichen Kampagne an den Unterstützer senden. Sie brauchen also ein paar Kartons für den Versand und etwas zum Einpacken. Dazu eine kleine Karte mit einem persönlichen Dankeschön. Dafür müssen Sie die Kosten mit einkalkulieren, ebenso für die Versandgebühren.

Die zusätzlichen Kosten hängen natürlich von der Art des Dankeschöns ab. Ein Buch, ein Kalender und ein paar Postkarten sind viel günstiger zu versenden als ein Korb voller Geschenke. Auch das müssen Sie in Erwägung ziehen und mit in Ihre Kalkulation einfließen lassen.

In den folgenden Tabellen habe ich Ihnen die wichtigsten Versandkosten der Versanddienstleister DHL und Hermes zusammengestellt.

Versandkosten bei DHL (national)

Versandtyp	Maße	Gewicht	Kosten bei Abgabe in der Filiale
Päkchen	bis 30x30x15 cm	- 1 kg	4,00 €
Päkchen	bis 60x30x15 cm	- 2 kg	4,50 €
Paket	bis 60x30x15 cm	- 2 kg	6,99 €
Paket	bis 60x30x15 cm	- 5 kg	6,99 €
Paket	bis 120x60x60 cm	- 10 kg	8,99 €
Paket	bis 120x60x60 cm	- 31,5 kg	14,99 €

Die Versandkosten für Pakete und Päckchen bei der Abgabe im Paketshop (DHL).

Versandtyp	Maße	Gewicht	Kosten bei Nutzung der Online-Frankierung
Päkchen	bis 30x30x15 cm	-1 kg	3,89 €
Päkchen	bis 60x30x15 cm	- 2 kg	4,39 €
Paket	bis 60x30x15 cm	- 2kg	4,99 €
Paket	bis 60x30x15 cm	- 5 kg	5,99 €
Paket	bis 120x60x60 cm	- 10 kg	7,99 €
Paket	bis 120x60x60cm	- 31,5 kg	13,99 €

Die Versandkosten für Pakete und Päckchen bei Verwendung der Online-Frankierung (DHL).

Versandkosten bei Hermes (national)

Versandtyp	Maße (längste bis kürzeste Seite)	Kosten bei Abgabe im Paketshop und vorheriger Online-frankierung
Päkchen	bis 37 cm	3,89 €
Paket S	bis 50	4,69 €
Paket M	bis 50 - 80 cm	5,89 €
Paket L	bis 80 - 120 cm	9,99 €
Paket XL	bis 120 - 150 cm	---------
Paket XXL	bis 150 - 310 cm	---------

Die Versandkosten für Pakete und Päckchen bei der Abgabe im Paketshop und Online-Frankierung (Hermes).

Versandtyp	Maße (längste bis kürzeste Seite)	Kosten bei Frankierung im Paketshop
Päckchen	bis 37 cm	3,99 €
Paket S	bis 50 cm	5,49 €
Paket M	bis 50 - 80 cm	6,79 €
Paket L	bis 80 - 120 cm	10,99 €
Paket XL	bis 120 - 150 cm	----------
Paket XXL	bis 150 - 310 cm	----------

Die Versandkosten für Pakete und Päckchen bei der Abgabe und Frankierung im Paketshop (Hermes).

Die Pakete der Größe XL kosten 27,99 € und die Pakete der Größe XXL 32,99€. Beide Pakettypen werden an der Haustür abgeholt und an der Haustür zugestellt. Die Beauftragung erfolgt telefonisch.

So geben Sie die Dankeschöns bei Startnext ein

Bevor Sie beginnen, die einzelnen Dankeschöns in das Webformular Ihrer Crowdfunding-Kampagne einzugeben, sollten Sie sich auf einem Schreibblatt einige Ideen aufschreiben. Notieren Sie sich, was Sie als Dankeschön anbieten können. Überlegen Sie, was diese kosten sollen. Beginnen Sie mit einer kleinen Summe, die Ihre Unterstützer zahlen sollen, um das Dankeschön zu erwerben.

Denken Sie daran, das fertige Produkt als solches anzubieten.

Die Eingabe eines „freien Betrages" müssen Sie nicht erstellen. In jeder Kampagne ist diese bereits vorgegeben.

Der Menüeintrag für das Eingeben und Bearbeiten der Dankeschöns befindet sich gleich unter „Medien". Der Inhalt des Menüs ändert sich in jeder Phase des Projektes. In der Finanzierungsphase finden Sie den Zugang zu den Dankeschöns weiter oben (Bild links). Noch gibt es keine Dankeschöns. Die Tabelle ist noch leer. Man sieht lediglich einen informierenden Hinweistext und die grüne Schaltfläche. (Bild rechts).

Im Menü „Entwurf" finden Sie einen eigenen Punkt für die Eingabe der Dankeschöns. Klicken Sie auf die Schaltfläche *Neues Dankeschön*. Sie sehen nun eine Reihe Eingabefelder. Füllen Sie diese mit einem Inhalt auf. Geben Sie den Preis des Dankeschöns ein. Legen Sie einen Titel fest. Geben Sie eine Beschreibung ein. Bestätigen Sie die Eingabe mit *Speichern*.

Noch gibt es keine Dankeschöns. Die Tabelle ist noch leer. Lediglich einen informierenden Hinweistext und die grüne Schaltfläche sieht man.

Mein erster Eintrag ist ein Dankeschön im Wert von 5,- €. Den Titel habe ich mit „Danke" angegeben, als Beschreibung habe ich eingetragen: *Mit diesem kleinen Beitrag unterstützt Du mein Buchprojekt. Vielen Dank!*

Tragen Sie in das Feld *Voraussichtliche Lieferung* ein, wann nach Ende der Kampagne das Dankeschön versandt wird. Lassen Sie die Unterstützer nicht zu lang auf das Dankeschön warten. Eine Angabe von „X Wochen" ist sinnvoll. Ebenso ein „April - Juni 2016". Die Worte „Voraussichtliche Lieferung" setzt das Formular automatisch ein.

Setzen Sie ein Häkchen in das Optionskästchen *Lieferung erforderlich*, wenn das Dankeschön auf dem Postweg zum Unterstützer kommt. Das ist zum Beispiel bei einem Buch, einem T-Shirt oder einem Ticket notwendig.

Bei einigen Dankeschöns können Sie ein Bild hochladen. Es muss im Format PNG oder JPG vorliegen. Die Bilddatei muss eine Auflösung von 600 x 600 px haben und darf nicht größer als 5.120 KB sein.

Bei einigen Dankeschöns sind Abfragen notwendig. Das kann zum Beispiel die T-Shirt-Größe sein. Ist eine solche Angabe notwendig, tragen Sie diese in das Feld *Abfragen* ein. Mehrere Angaben trennen Sie mit einem Komma voneinander.

Das Optionsfeld *Mehrfachauswahl* schalten Sie an, wenn ein Unterstützer ein Dankeschön in einer höheren Stückzahl auswählen kann. Das kann bei Tickets ganz sinnvoll sein. In der Regel erhält aber ein Unterstützer ein Dankeschön auch nur einmal.

Bevor Sie weitere Dankeschöns eingeben, schauen Sie sich ganz genau an, welche Dankeschöns andere Funder angeboten haben. Was haben die erfolgreichen Funder angeboten und was wurde wie oft gebucht. Orientieren Sie sich an denen, die es schon gemacht haben. Abgucken ist hier erlaubt! :-) Natürlich müssen Sie aus rechtlichen Gründen eigene Beschreibungen und Bilder eintragen. Aber eine Orientierung ist gut und wichtig.

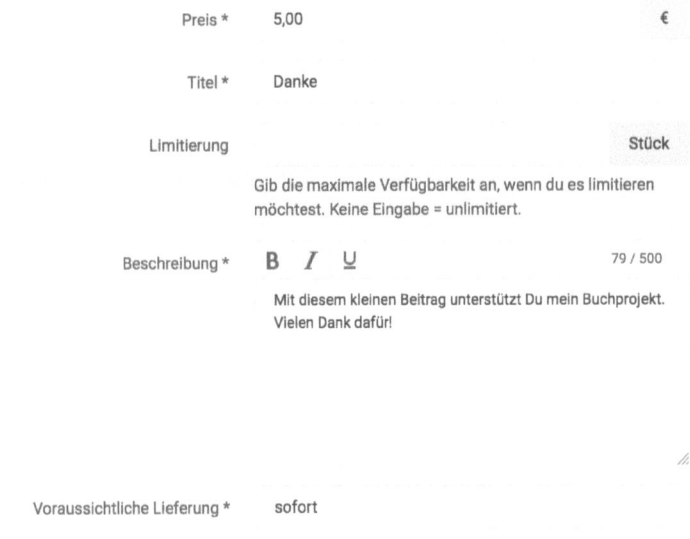

Geben Sie die Dankeschöns der Reihe nach ein. Arbeiten Sie in Ruhe und nehmen Sie die eine oder andere Korrektur vor. Noch befinden Sie sich in der Entwurfsphase, noch sind die Eingaben für andere User nicht sichtbar.

Formulieren Sie sauber, fehlerfrei und seriös. Achten Sie auf eine korrekte Rechtschreibung.

Sie müssen die Dankeschöns nicht in ihrer Preisspanne eingeben. Alle Dankeschöns werden automatisch sortiert.

Um ein Dankeschön zu bearbeiten, suchen Sie es in der Liste und klicken es an. Klicken Sie dann auf die Schaltfläche *Bearbeiten*, die unter der Tabelle mit den Angaben zum Dankeschön steht. Nehmen Sie die gewünschte Änderung vor und bestätigen Sie mit *Speichern*.

Möchten Sie ein Dankeschön löschen, gehen Sie ähnlich vor. Suchen Sie es sich aus der Liste aus, markieren Sie es und wählen Sie Löschen. Bestätigen Sie die Rückfrage mit einem Mausklick auf die Schaltfläche *OK*.

Seminare, Workshops, Vorträge und Lesungen sind gute, hochpreisige Dankeschöns. Bieten Sie diese aber nur an, wenn Sie mit einem öffentlichen Vortrag, einer Lesung etc. schon vertraut sind. Wenn nicht, bereiten Sie sich vor und machen Sie eine Probe vor Bekannten oder Freunden. Darüber hinaus müssen Sie in der Location erst anfragen, ob diese auch zur Verfügung steht und welche Kosten auf Sie zukommen.

Ganz wichtig!

Achten Sie darauf, dass der Lieferzeitpunkt der Dankeschöns korrekt ist. Sehr schnell schleicht sich ein Schusselfehler ein. Es sollte bei einem Buchprojekt nicht vorkommen, dass der Realisierungszeitraum in der Projektbeschreibung nicht mit dem Lieferzeitpunkt des Dankeschöns übereinstimmt. Anders verhält es sich, wenn Sie andere Dankeschöns für Ihre Unterstützer verwenden.

Wenn Sie sich nicht sicher sind, bieten Sie eine Alternative an – einen Stadtrundgang und ein Essen mit dem Entwickler des Produktes XYZ zum Beispiel.

Sofern möglich, sollten Sie die Dankeschöns mit einem Bild präsentieren. Ein Bild wirkt interessanter. Es macht das Dankeschön optisch attraktiver und verleitet einen User eher dazu, das Dankeschön zu wählen und so zu einem Unterstützer zu werden. Ein Bild hat auch einen wichtigen und nicht zu unterschätzenden psychologischen Effekt: Es zeigt, dass ein Dankeschön tatsächlich vorhanden ist; selbst, wenn dies nicht der Fall sein sollte.

1	Dankeschön sofort		5 €	0
2	Rezeptheft zum Ausdrucken. Auslieferung noch während das Buch erstellt wird		7 €	0
3	E-Book "Eine Reise durch 225 Jahre Berliner Kochg... Auslieferung nach Lektorat und Satz.		9,49 €	0
4	E-Book und Rezeptpostkarte Auslieferung nach Lektorat, Satz und Druck.	✓	12 €	0
5	10 Fotogrußkarten mit Rezepten Auslieferung nach Lektorat, Satz und Druck.	✓	15 €	0
6	Namens-Sponsor Auslieferung nach Lektorat und Druck.		15 €	0
7	Gedrucktes Buch "Eine Reise durch 225 Jahre Berli... Auslieferung nach Lektorat, Satz und Druck.	✓	19,95 €	0
8	Rezept-Wandkalender 2017 Auslieferung nach Lektorat, Satz und Druck.	✓	25 €	0
9	Signiertes Buch "Reise durch 225 Jahre Berliner Ko... Auslieferung nach Lektorat und Druck.	✓	25 €	0
10	3-er-Pack gedrucktes Buch Lieferung nach Lektorat, Satz und Druck.	✓	59,85 €	0
11	Dankeschön-Paket mit Buch und mehr Auslieferung nach Lektorat, Satz und Druck.	✓	99,85 €	0
12	Pro-Fan-Tour Lieferung nach Auslieferung des Buches. Termin nach Abspr.		120 €	0

Bei einem Kochbuch bieten sich viele Dankeschöns an. Neben dem Buch und dem E-Book eignen sich Postkarten, Wandkalender und natürlich ein Paket für Premium-Fans als Dankeschöns.

Ich hoffe, ich habe Sie jetzt nicht allzu sehr verwirrt. :-) Von einem Buch, einem E-Book, einer Postkarte oder einem Rezeptkalender können Sie ein Bild erstellen und das eigentliche Dankeschön erst später herstellen.

Beachten Sie bitte: In der Startphase können Sie die Dankeschöns noch überarbeiten und die angegebenen Preise verändern. Auch das Löschen und das Ergänzen neuer Dankeschöns ist möglich.

In der Funding-Phase lassen sich Dankeschöns nur eingeschränkt bearbeiten. Das ist auch richtig so. In dieser Phase sollten Sie keine großen Veränderungen an Ihrem Projekt vornehmen. Alle noch nicht gebuchten Dankeschöns können in der Funding-Phase bearbeitet werden. Aber: In dieser Phase ist es auch noch möglich, neue Dankeschöns hinzuzufügen. Vielleicht läuft Ihre Kampagne nur schleppend. Vielleicht möchten Sie der Kampagne noch einen neuen Schwung geben. Dann ist es durchaus sinnvoll, neue Dankeschöns hinzuzufügen.

5,00 €
Dankeschön
0 Unterstützer

7,00 €
Rezeptheft zum Ausdrucken.
0 Unterstützer

9,49 €
E-Book "Eine Reise durch 225 Jahre Berli...
0 Unterstützer

12,00 €
E-Book und Rezeptpostkarte
0 Unterstützer

15,00 €
10 Fotogrußkarten mit Rezepten
0 Unterstützer

15,00 €
Namens-Sponsor
0 Unterstützer

Schöner sehen die Dankeschöns mit einem kleinen Bildchen aus. Es geht aber auch so.

Projektfotos erstellen und veröffentlichen

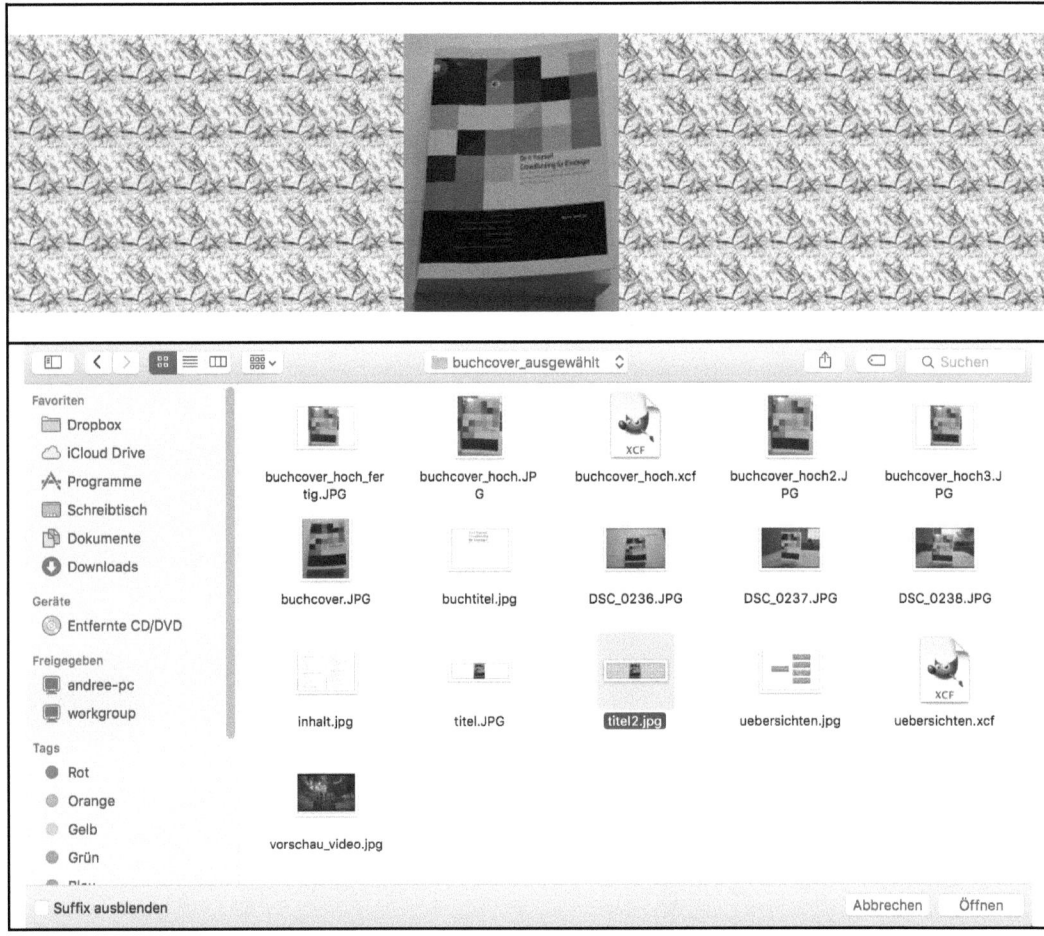

In diesem Kapitel lesen Sie, worauf Sie bei der Arbeit mit Projektfotos achten müssen. Sie erfahren zu Beginn des Kapitels, warum Projektfotos bei einer Crowdfunding-Kampagne so wichtig sind und welche Sie bei der Plattform Startnext brauchen. Ich gehe kurz auf das notwendige Foto-Equipment und das Bildbearbeitungsprogramm ein, das Sie für das Verschönern der Fotos benötigen. Sie lesen anschließend, wie Sie Schritt-für-Schritt Ihre Bilddateien in den Projektentwurf einer Startnext-Kampagne einfügen.

Warum die Projektfotos so wichtig sind

Mit Fotos zeigen Sie, wie Ihr Projekt aussehen soll. Sie vermitteln dem Besucher Ihrer Projektseite einen ersten Eindruck davon, was Sie mit Ihrer Crowdfunding-Kampagne finanzieren wollen. Ihre Produktidee oder Ihre Vision wird anhand der Fotos präsentiert.

In der Regel betrachtet sich ein Besucher Ihrer Projektseite zuerst den Titel der Projektseite und die ersten Textzeilen. Dann schaut er sich das Pitchvideo an, anschließend wirft er einen Blick auf die Bilder. Hier entscheidet der Besucher, ob er weiterliest oder auch weiterblättert. Die Projektfotos sind ungemein wichtig.

Dabei ist es in vielen Fällen gar nicht so einfach, ein paar Fotos zu erstellen. Oft soll ja das Projekt erst später realisiert werden. Dennoch müssen Sie zeigen, wie es einmal aussehen soll und was Sie eigentlich vorhaben.

Titel, Beschreibung, Video und Galeriebilder sorgen dafür, dass Sie das Interesse der Besucher wecken. Geschieht dies nicht, verlässt er die Projektseite.

Eine Projektseite braucht Bilddateien. Hier sehen Sie das Vorschaubild der Projektseite. Rechts unten ist mein Foto zu sehen.

Das Ausrufezeichen im Menü zeigt an, dass hier wichtige Medien fehlen. Mit diesem Fehler kann das Projekt nicht in die nächste Phase gelangen.

> # Eine Reise durch 225 Jahre Berliner Kochgeschichte
>
> Die Geschichte der Berliner Küche ist ebenso interessant, wie auch spannend. Viele einfache und leckere Rezepte hat man damals zubereitet. Auch heute noch sind diese Rezepte le...
>
> 📍 Berlin, Deutschland   🏷 Literatur   René Gäbler

Ohne ein Vorschaubild sieht die Kampagne langweilig und uninteressant aus

Diese Projektfotos brauchen Sie bei Startnext

Einige Fotos sind für ein Crowdfunding-Projekt verpflichtend. Das heißt, diese Bilder müssen Sie hochladen. Sind die Bilder nicht vorhanden, kann das Projekt nicht in die Funding-Phase gelangen.

Zu den Pflichtbilddateien gehören:

- Titelbild
- Vorschaubild
- Pitchvideo-Vorschaubild

Das Titelbild befindet sich direkt unter der Überschrift Ihrer Projektseite.

Das Vorschaubild wird in der Projektübersicht angezeigt. Bei einem Aufruf der Startnext-Webseite (*https://www.startnext.com*) führt ein Mausklick auf Projekte in diese Projektübersicht. Hier werden die Kampagnen mit ihren Vorschaubildern, dem Titel und den ersten Zeilen der Projektbeschreibung angezeigt.

Das Pitchvideo-Vorschaubild wird über das Video gelegt. Klickt der Besucher darauf, wird das Video sichtbar und kann abgespielt werden.

Die Pflichtbilddateien sind in Ihrem Entwurfsmenü mit einem Sternchen in der rechten oberen Ecke gekennzeichnet.

Mit diesen Schaltflächen werden die Bilddateien in die Projektseite eingefügt (Bild links). Vier Galeriebilder können Sie in Ihre Projektseite einfügen (rechtes Bild).

Weiterhin können Sie vier Galeriebilder verwenden. Diese sind optional. Das heißt, Sie können diese Bilddateien verwenden, müssen es aber nicht.

Ich empfehle Ihnen, die optionalen Bilddateien auch zu erstellen und auf Ihre Startnext-Projektseite hochzuladen. Umso mehr Sie von Ihrem Projekt und Ihrem Produkt zeigen, umso besser ist es. Der Besucher der Projektseite gewinnt einen besseren Eindruck von dem Produkt.

Die optionalen Bilddateien sind im Entwurfsdialog mit „Galeriebild 1" bis „Galeriebild 4" betitelt.

Zunächst sind alle Bildfelder leer. Im Inneren der Felder finden Sie einen Hinweis auf die zu verwendenden Dateiformate, die Auflösung und die Größe der Bilddateien.

Startnext akzeptiert nur Bilddateien in den Dateiformaten JPEG und PNG. Die Bilddateien müssen eine Auflösung von mindestens 900 mal 600 px (Pixel, deutsch für Bildpunkte) haben. Eine Ausnahme ist hier das Titelbild. Dieses muss mindestens 960 x 250 px besitzen. Die Größe aller Bilder darf maximal 5120 KB betragen.

Verwenden Sie ein Grafikbearbeitungsprogramm, um Ihre Produktbilder in eines der Dateiformate JPEG oder PNG zu konvertieren und die Auflösung und die Bildgröße anzupassen. Ich nutze hier GIMP. Das Programm ist kostenlos (Freeware unter GPL-Lizenz). GIMP gibt es für Windows, Mac OS X und Linux. Sie können jedoch auch ein anderes Programm nutzen. Es muss nicht GIMP sein.

Welches Equipment brauchen Sie

Für das Erstellen der Bilddateien Ihrer Projektseite empfehle ich Ihnen eine Digitalkamera. Ein Smartphone oder Tablet ist ungeeignet. Die Kamera sollte HD-fähig sein. Das sollte bei allen im Handel erhältlichen Digitalkameras kein Problem darstellen. Auch ältere Digitalkameras beherrschen diese Auflösung.

4 K ist eine tolle Sache, jedoch nicht notwendig.

Ein Blitzlicht ist bei einigen Fotos durchaus nützlich, es bringt schönes und warmes Licht.

Für einige Fotos sind Studioleuchten sehr empfehlenswert. Sie produzieren gleichsam ein schönes und warmes Licht und sind eine gute Hilfe, wenn das natürliche Licht nicht ausreicht. Für unter 100,- € erhalten Sie bereits ein Set aus zwei Paar Studioleuchten.

Farbreflektoren sind besonders bei Außenaufnahmen sehr hilfreich. Sie reflektieren das Sonnenlicht und verändern es entsprechend der Farbe des Reflektors. Für um die 15,- bis 20,- € gibt es ein Set aus 5 Reflektoren in den Farben Gold, Weiß, Silber, Schwarz und Transparent.

Sehr nützlich ist ein Stativ. Sie können so die Digitalkamera auf eine feste Position stellen und genau auf das Objekt ausrichten.

Welches Equipment Sie brauchen, hängt auch ein wenig vom Produkt und vom Ort ab, an dem Sie fotografieren. Müssen Sie Fotos in einem Raum machen? Ist der Ort gut mit Licht durchflutet und wird das Produkt gut beleuchtet? Können Sie mit einer Digitalkamera das Objekt gut fotografieren? Oder müssen Sie ein Stativ verwenden? Erstellen Sie eine Reihe von Fotos vom Produkt und schauen Sie sich diese mit einem Bildbetrachter auf Ihrem Rechner an. So können Sie die gemachten Bilder gut beurteilen und sich einen ersten Eindruck von ihnen verschaffen.

Das passende Bildbearbeitungsprogramm finden

Die Frage nach dem passenden Bildbearbeitungsprogramm ist leicht zu beantworten: „Genau das richtige Programm" gibt es nicht. Sie können sich für ein Programm entscheiden, mit dem Sie gut klarkommen. Wichtig ist, dass grundlegende Funktionen vorhanden sind. Diese wären: Bilder zurechtschneiden, Bilddatei skalieren, Bild auf Leinwandgröße anpassen, Import und Export gängiger Dateiformate. Eine Auswahl von möglichen Programmen habe ich Ihnen nachfolgend zusammengestellt:

GIMP

https://www.gimp.org

Photoshop Elements

http://www.adobe.com/de/products/photoshop-elements.html

Paintshop Pro

http://www.paintshoppro.com/de

Photoshop

http://www.adobe.com/de/products/photoshop.html

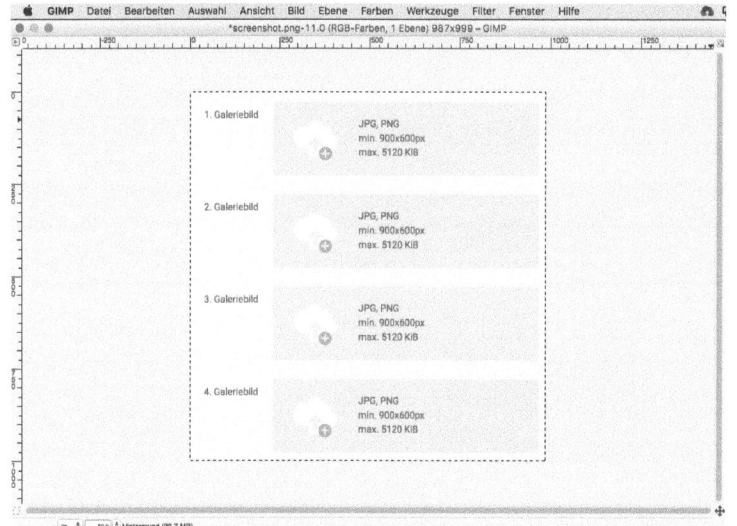

Der Werkzeugkasten von GIMP. Er enthält die Bildbearbeitungstools.

Im Arbeitsfenster werden die Bilddateien bearbeitet. Hier unterscheidet sich GIMP nicht von anderen Programmen.

Wie bereits im Vorfeld festgehalten: Mein persönliche Favorit ist GIMP. Das Programm ist kostenlos und steht für Windows, Mac OSX und Linux zur Verfügung. Die verschachtelte Menüführung ist etwas gewöhnungsbedürftig. Einarbeiten muss man sich jedoch in jedes Programm.

So fügen Sie die Bilddateien dem Projektentwurf hinzu

Die Bilddateien müssen vor dem Einfügen bearbeitet und optimiert werden. Optimieren heißt eigentlich nichts weiter, als dass Sie die Bilddatei auf die richtige Größe schneiden. Eventuell schärfen Sie das Bild mit einem Filter nach. Letztendlich müssen Sie die Bilddatei auf die von Startnext gewünschte Auflösung skalieren. Gehen Sie hier vor, wie im Kapitel 3 unter „Ein Bild für die Verwendung als Profilbild vorbereiten" beschrieben.

Die einzelnen Arbeitsschritte noch einmal in einer kurzen Zusammenfassung:

- Fotografieren Sie! Seien Sie kreativ und erstellen Sie geeignete Vorschaubilder für Ihr Projekt.

- Schneiden Sie die Fotos zurecht. Entfernen Sie überflüssige Objekte wie Ränder und Hintergrund.

- Optimieren Sie die Fotos mit einem Schärfefilter oder gängigen Automatikfunktionen der Bildbearbeitungsprogramme. Aber Vorsicht: Filter führen manchmal auch zu negativen Ergebnissen. Ist das der Fall, setzen Sie die Filtereinstellungen etwas nach unten und versuchen es erneut. In vielen Fällen ist es auch möglich, auf Filter für die Bildverbesserung zu verzichten.

- Skalieren Sie das Bild auf die von Startnext gewünschte Größe.

- Passen Sie die Leinwandgröße an. Im Ergebnis sollte die Bildgröße exakt den von Startnext gewünschten Anforderungen entsprechen.

War das zu schnell? Blättern Sie jetzt im Buch und suchen das Kapitel, in dem ich das Anpassen der Profilfotos beschrieben habe? Nein, nein, warten Sie... Bleiben Sie hier!

Auf der nächsten Seite sehen Sie das fertige Vorschaubild so, wie es auf meiner Projektseite zu sehen ist. Darunter finden Sie das Bild, das ich mit meiner Kamera erstellt habe. Von Bild 2 zu Bild 1 sind ein paar Arbeitsschritte notwendig.

So sieht mein Vorschaubild aus. Ein einfaches Hintergrundmuster in der Mitte das Foto meines Buches.

Und so sieht das Ursprungsbild aus. Das Buch habe ich bei einfallendem Sonnenlicht mit meiner LUMIX FZ 1000 gemacht.

1. Erstellen Sie zunächst geeignete Fotos Ihres Produktes.

2. Laden Sie die Bilddatei in Ihr Grafikbearbeitungsprogramm. Im Beispiel verwende ich GIMP.

3. Verschneiden Sie die Bilddatei so, dass nur das Objekt übrig bleibt.

4. Schauen Sie sich die Bilddatei in einer Vergrößerung von 100 % an. Ist sie zu groß, verkleinern Sie sie auf 50 % oder 25 %.

5. Erstellen Sie eine zweite leere Bilddatei. Achten Sie darauf, dass dieses einen weißen Hintergrund besitzt. Als Größe wählen Sie exakt die Maße, die Startnext für das Vorschaubild verlangt. Auf diese Weise ist das Anpassen der Größe nicht mehr notwendig.

6. Kopieren Sie die Bilddatei, die Ihr Produkt zeigt.

7. Wechseln Sie zu dem noch leeren Bild. Fügen Sie die Datei ein, die sich noch in der Zwischenablage befindet.

8. Überprüfen Sie die Bildgröße. Bei GIMP geht dies mit *Bild/Bildeigenschaften*.

9. Passen Sie, wenn gewünscht, den Hintergrund an. Fügen Sie bei Bedarf weitere Elemente oder auch Schrift ein. Speichern Sie die Datei ab.

> **Auch später brauchen Sie noch Fotos für Ihr Projekt**
>
> Fotos verwenden Sie in Ihrem Blog, auf Ihrer Webseite oder in den sozialen Netzwerken. Fotos machen eine Nachricht interessanter und wirken auch als Hingucker. Auch diese Fotos müssen Sie optimieren und anpassen.

Um die Bilddatei einzufügen, gehen Sie wie folgt vor:

1. Öffnen Sie einen Browser. Geben Sie die Adresse von Startnext ein. Melden Sie sich an.

2. Wählen Sie Profil aus. Klicken Sie auf *Eigene Projekte* und wählen Sie das Projekt aus, zu dem Sie Medien hinzufügen wollen.

3. Öffnen Sie das Menü und wählen Sie *Medien*.

4. Die Bildschaltflächen sind noch leer. Sie tragen lediglich einen Hinweis auf die zu verwendenden Dateiformate *JPG* oder *PNG* und die erforderliche Größe der Bilddateien. Klicken Sie auf die Schaltfläche für das Titelbild.

5. Der Dateimanager wird geöffnet. Begeben Sie sich zu dem Verzeichnis, in dem sich die Bilddatei befindet. Markieren Sie diese und bestätigen Sie mit einem Mausklick auf die Schaltfläche *Öffnen*.

6. Im Vorschaufenster wird das geladene Bild angezeigt. Ein gestrichelter Rahmen markiert den Inhalt der Bilddatei. Bestätigen Sie mit einem Klick auf *Speichern*.

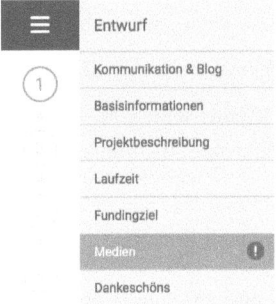

In der Entwurfsphase finden Sie den Menüpunkt Medien an sechster Stelle von oben

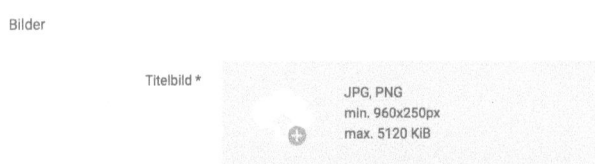

Klicken Sie auf die Bildschaltfläche

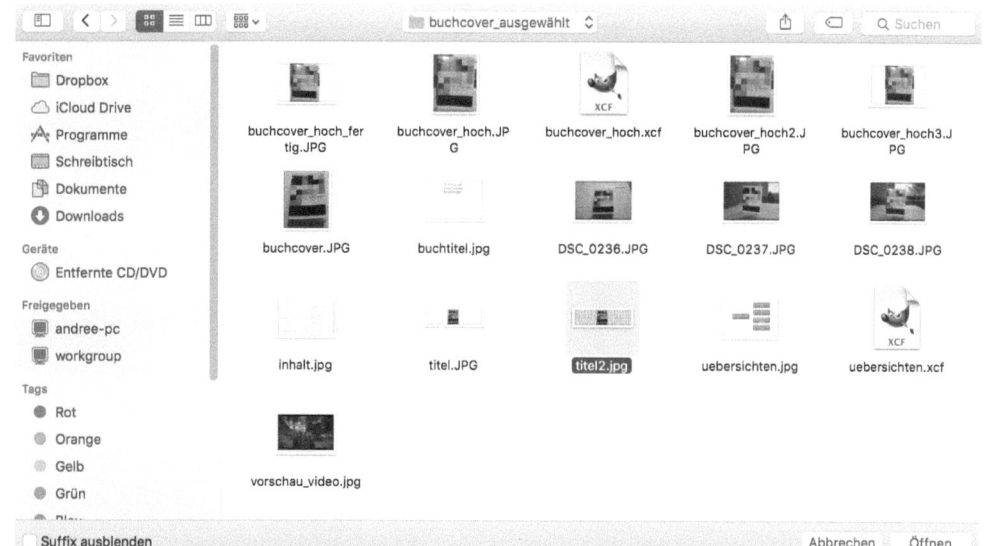
Im Dateimanager wird die Bilddatei ausgewählt

Startnext zeigt die Vorschau der Bilddatei an. Ist alles in Ordnung, müssen Sie nur bestätigen

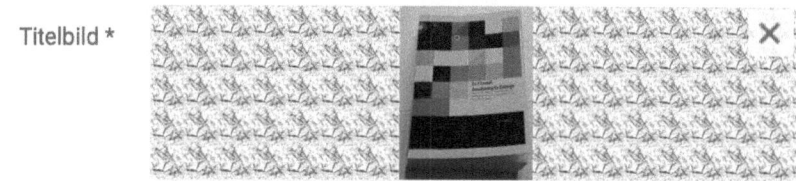
Die Bilddatei wird von Startnext auf den Server geladen und ist kurz darauf auf der Projektseite zu sehen

Ein Projekt mit einem Video richtig präsentieren

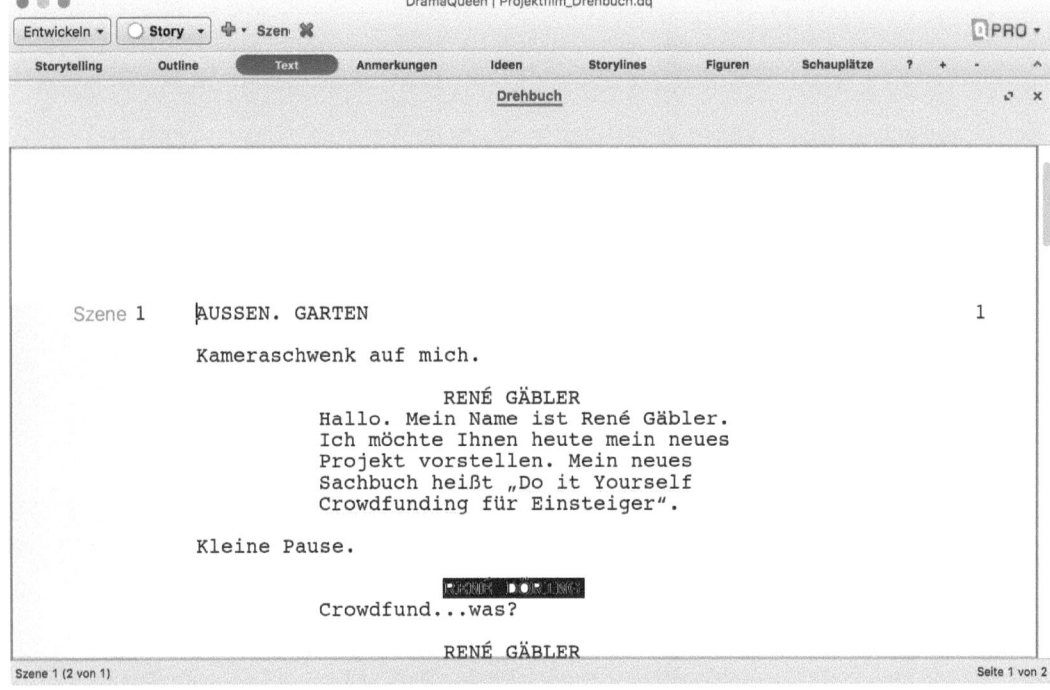

In diesem Kapitel lesen Sie, auf was Sie beim Erstellen eines Projektvideos alles zu achten gilt. Sie erfahren, warum ein Video auf vielen Crowdfunding-Plattformen ein Muss ist. Ich verrate Ihnen, welche Vorteile ein solches Pitchvideo hat. Sie lesen, was Sie bei einem Projektvideo falsch machen können und welche Ausrüstung für das Erstellen eines Projektvideos notwendig ist. Sie erfahren, warum ein Drehbuch oder Skript einige Vorteile bringt. Sie lesen das Drehbuch meines eigenen Projektvideos. Anhand dieses Videos stelle ich Ihnen die Struktur eines Projektvideos vor und verrate Ihnen auch, warum dessen Länge sehr wichtig ist. Am Ende des Kapitels werfen Sie einen Blick auf das Drehbuch für das Projektvideo meines nächsten Crowdfunding-Projektes.

Warum ein Video auf den meisten Plattformen ein Muss ist

Mit einem Video präsentieren Sie sich und stellen Ihre Produktidee vor. Ein Video ist für viele Besucher Ihrer Projektseite das Erste, was sie sich anschauen. Posten Sie den Link zu Ihrem Projekt in den sozialen Netzwerken, wird zuerst das Video angeschaut.

Ein Projektvideo ist die Eintrittskarte zu Ihrem Projekt. Sie wecken Interesse und Neugier. Gelingt dies, schauen sich die Besucher Ihre Projektbeschreibung und die Dankeschöns an. Gefallen Ihnen diese, werden Sie Fans.

Mit einem Video kann aber auch alles nach hinten losgehen. Ein schlechtes Video sorgt dafür, dass Sie weniger Fans und Unterstützer finden. Der Zuschauer verlässt kopfschüttelnd die Projektseite.

Dabei ist es nicht schwer, ein gutes Projektvideo zu erstellen. Das Wichtigste: Sie müssen authentisch sein! Es geht gar nicht darum, ein professionelles Video zu erstellen. Es muss kein Hochglanzvideo sein und kein bei einer Profi-Filmfirma für viel Geld produziertes Imagevideo. Es geht darum, sich selbst und seine Idee zu zeigen.

Um so authentisch wie möglich zu sein, sollten Sie Ihr Video selbst machen. Haben Sie einen Freund oder Bekannten, der mit Kamera und Schnitttechnik umgehen kann, fragen Sie ihn, ob er hilft oder das Video für Sie dreht.

Wenn Sie eine Crowdfunding-Kampagne in einem kleinen Team erstellen, können Sie vom Team profitieren. Sie haben jemanden, der die Kamera hält. Sie haben einen Fundus an Leuten, die mithelfen und kreative Ideen besteuern. Vielleicht auch jemanden, der mit einem Computer umgehen kann und schon einmal ein Urlaubsvideo mit einem Schnittprogramm bearbeitet hat.

Allein ein Video zu machen, ist schwierig, aber möglich. Hier müssen Sie mit einem Stativ arbeiten und sehr oft die Kamera neu positionieren und dann die Aufnahme durchführen. Sie müssen viel hin und her rennen.

Achten Sie auf gute Lichtverhältnisse. Eine Fotolampe ist nicht unbedingt notwendig. Ein sonniger Tag tut es auch.

Der Film sollte eine klare Struktur haben. Sie sollten viele kleine Szenen aneinanderreihen. Erstellen Sie kein Video, in dem Sie nur auf einem Fleck hocken und drei Minuten in die Kamera reden. Das wirkt langweilig und weckt kein Interesse.

Stellen Sie sich kurz vor. Machen Sie einen kleinen Gag. Übertreiben Sie aber nicht. Ein kleiner Spaß genügt. Er lockert das Video auf.

Verwenden Sie eine Hintergrundmusik. Sie wird nur in einigen Crowdfunding-Projektvideos verwendet, was schade ist. Die Musik in einem Video sorgt für eine schöne Atmosphäre. Das ganze Video wird durch Musik angenehmer und unterhaltsamer. Aber: Sie müssen darauf achten, freie Musik zu verwenden. Frei verfügbare Musik finden Sie im Internet. Natürlich muss auch das Videomaterial ihnen gehören und darf keine Rechte von Dritten verletzen.

Fassen wir einmal zusammen:

- Nutzen Sie Hilfe für das Erstellen und Schneiden des Projektvideos, sofern Sie dies können.

- Achten Sie auf ein gutes Licht für klare Aufnahmebilder.

- Machen Sie sich Gedanken über die Struktur des Videos. Erstellen Sie kein 1-Szenen-Video.

- Seien Sie authentisch. Zeigen Sie sich so, wie Sie sind. Stellen Sie Ihr Projekt vor.

- Bauen Sie einen kleinen Gag ein.

- Nutzen Sie Musik, um eine angenehme Atmosphäre zu erzielen.

Die richtige Ausrüstung muss her

„Die richtige Ausrüstung" klingt etwas abschreckend und irgendwie auch teuer. Aber das ist nicht so tragisch. Viele Digitalkameras können Videos aufzeichnen. Eine solche genügt bereits. Auch eine einfache HD-Kamera ist o.k. Ich habe auch eine für mein Projektvideo verwendet. Dazu sollten Sie ein Stativ nutzen. Damit können Sie die Kamera gut positionieren und sich filmen lassen.

Eine 4K-Kamera ist nicht notwendig. Eine so hohe Auflösung brauchen Sie nicht. HD genügt. Auch eine Actioncam ist nicht notwendig. Sie ist für das Erstellen eines Projektvideos ungeeignet.

Zusätzlich benötigen Sie Sie ein Programm für die Bearbeitung des Videos und den Videoschnitt. Darauf komme ich im nächsten Kapitel zurück.

Eine einfache, HD-fähige Videokamera genügt für das Erstellen eines Projektvideos

> **Wie lang soll das Video sein und warum ist das wichtig**
>
> Ein Präsentationsvideo für eine Crowdfunding-Kampagne sollte etwa 2,5 bis 3 Minuten lang sein. Ist das Video kürzer, wirkt es womöglich gehetzt und bringt den Inhalt nicht gut rüber. Ist das Video über 3,5 Minuten lang, wirkt es langweilig.

Warum ein Drehbuch nicht unbedingt notwendig, aber sehr hilfreich sein kann

Ein Drehbuch ist für ein Projektvideo nicht wirklich notwendig. Es genügen auch Notizen, die Sie als Textdatei mit einem Officeprogramm wie Word anlegen. Auch handschriftliche Notizen können Sie verwenden.

Ihr Video soll eine Struktur haben. Den Dialog sollten Sie sich gut überlegen. Beides sind Gründe für ein Drehbuch.

Ich persönlich verwende die Drehbuchsoftware DramaQueen. Das aber auch nur, weil ich sie auch auf meinem Rechner habe und mich für das Thema Drehbuch/Film/Serie interessiere. Sie müssen sich das Programm nicht anschaffen. Wie bereits erwähnt, genügt auch Word oder eine andere Textverarbeitung.

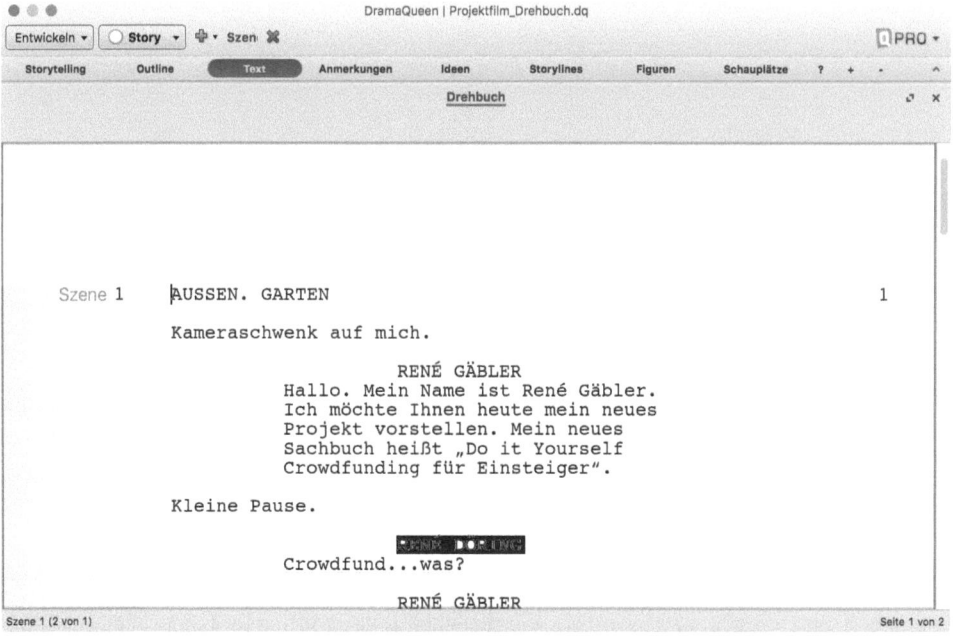

Mit DramaQueen bekommt ein Crowdfunding-Drehbuch eine professionelle Form. Notwendig ist dies aber nicht.

Ein Blick auf das Drehbuch meiner Kampagne

Werfen Sie doch einmal einen Blick auf mein Drehbuch:

1   AUSSEN. GARTEN

Kameraschwenk auf mich.

RENÉ GÄBLER

Hallo. Mein Name ist René Gäbler. Ich möchte Ihnen heute mein neues Projekt vorstellen. Mein neues Sachbuch heißt „Do it Yourself Crowdfunding für Einsteiger".

Kleine Pause.

MAX MUSTERMANN

Crowdfund...was?

RENÉ GÄBLER

Crowdfunding. Hab ich doch gesagt. Hör doch zu!

MAX MUSTERMANN

Ach so. Ja. Schuldigung...Moment...

Die Kamera wird zur Seite gelegt.

Einen Moment später. René erscheint im Bild. Er grinst und hält triumphierend einen Weißkrautkopf in die Kamera.

MAX MUSTERMANN

Gefunden!

RENÉ GÄBLER

Crowdfunding ist eine spannende und interessante Sache. Viele coole Produktideen lassen sich damit finanzieren und verwirklichen. Ein richtig dickes Sachbuch gibt es dazu leider nicht. Das möchte ich nun ändern.

Kleine Pause.

INNEN. BÜRO

Ich sitze am Tisch und spreche in die Kamera. Vor mir liegt mein Buch.

RENÉ GÄBLER

Mein Buch wird einen Umfang von ungefähr 500 Seiten haben und 3 Teile besitzen. Im ersten Teil stelle ich Ihnen alle wichtigen Plattformen, deren Besonderheiten und Unterschiede vor. Im zweiten Teil zeige ich Ihnen, wie Sie bei Startnext eine Crowdfunding-Kampagne erstellen und pflegen. Schritt-für-Schritt lesen Sie anhand meiner eigenen Kampagne und vieler Beispiele, wie aus einer Idee eine Kampagne wird, wie Sie Fans und Unterstützer gewinnen und so die angestrebte Funding-Summe erfolgreich erreichen. Im letzten Buchteil lesen Sie Interviews und Erfahrungsberichte von erfolgreichen Fundern. Ich habe viele angeschrieben und besucht, sie ausgefragt und mir erzählen lassen, welche Hürden sie nehmen mussten und wie Sie ihr Ziel erreicht haben. Von wem kann man besser lernen, wie es gemacht wird, als von denen, die es gemacht haben?

Kleine Pause.

RENÉ GÄBLER

Ich würde mich freuen, wenn Sie mein Buchprojekt unterstützen würden. Das fertige Sachbuch wird es gedruckt und als E-Book geben.

Die Kamera schwenkt auf Max Mustermann. Er beißt in eine Möhre und hält den Weißkrautkopf, der inzwischen mit einem Gesicht bemalt wurde und auf dessen Oberseite mehrere aus Möhrenkraut gebastelte Haarpüschel prangen, in die Kamera.

Die Struktur eines Projektvideos

Das vorgestellte Video ist kein Topherzeige-Video. Ein paar mehr Szenen wären ganz gut. Schauen wir uns dennoch einmal die Struktur des Videos an:

- Zunächst kommt eine kurze Vorstellung. Sie fungiert als Einleitung. Die Zuschauer lernen mich kennen und erfahren, worum es eigentlich geht.

- Es folgt ein kurzer Gag. Er soll das Video auflockern. Der Gag ist optional und kann auch entfallen.

- Nach einem kurzen Dialog folgt ein Szenenwechsel. Danach wird erklärt, um was es in meiner Kampagne geht.

- Eine weitere Szene zeigt das Projekt oder beschreibt, was geschehen soll.

- Bei einem Teamprojekt werden die Mitglieder des Teams und ihre Aufgaben vorgestellt.

- Das Video schließt mit einigen beschreibenden Worten und der Bitte um Unterstützung.

Schauen Sie sich die Videos anderer Kampagnen an. Schauen Sie genau hin! Was haben andere in ihren Videos gemacht? Wie oft wurde die Szene gewechselt? Wie haben andere ihre Idee und ihre Kampagne mit einem Video vorgestellt?

Im Kapitel „Erfahrungsberichte erfolgreicher Crowdfunder" finden Sie auch die Adressen der Projektseiten und können sich hier die Videos anschauen. Ich gehe in den Kapiteln auch auf die Videos ein.

Das Projektvideo für die Crowdfunding-Kampagne „Eine Reise durch 225 Jahre Berliner Kochgeschichte"

An dieser Stelle möchte ich einmal das Drehbuch für mein nächstes Projekt entwerfen. Hier möchte ich über Startnext ein Kochbuch finanzieren, bewerben und die ersten Bücher verkaufen. Wie könnte das Projektvideo für das „Eine Reise durch 225 Jahre Berliner Kochgeschichte" aussehen?

Ein historisches Kochbuch soll entstehen. Die Beschreibung des Projektes auf der Projektseite bei Startnext sieht wie folgt aus: „Die Geschichte der Berliner Küche ist ebenso interessant wie auch spannend. Viele einfache und leckere Gerichte hat man damals zubereitet. Auch heute noch bereichern die Rezepte für diese Gerichte jede Küche. Ich lade Sie auf eine Reise durch die Berliner Kochgeschichte ein. Lesen Sie, welche Rezepte im Laufe der letzten 225 Jahre ihren Weg in die damaligen Kochbücher und Rezeptsammlungen gefunden haben. Kochen Sie nach, was man damals zubereitet und gegessen hat. "

Wie kann ich dieses Projekt am besten mit einem Video vorstellen? Schauen wir uns einmal den Drehbuchentwurf für dieses Projekt an:

1   INNEN. KÜCHE - TAG

Ich sitze in der Küche am Tisch. Der Tisch ist reichlich gedeckt. Man sieht verschiedene Berliner Gerichte.

                                       RENÉ

Hallo. Mein Name ist René Gäbler. Ich bin freischaffender Autor, lebe in Berlin und möchte ihnen heute mein Crowdfunding-Projekt vorstellen Gutes Essen mag jeder. Es gehört zum täglichen Leben. Die tägliche Hausmannskost, die kleinen Fast-Food-Schnäppchen und die auf Festen zelebrierten Menüs sind Ernährung und Genuss in einem. Im Urlaub genießen wir die Fülle an Auswahlmöglichkeiten im Hotel und die landestypischen kulinarischen Köstlichkeiten in den Gasthäusern. Dabei unterscheiden wir nicht nur zwischen Ländern, sondern auch Regionen. Sachsen, Schwaben, Bayern, Berlin ... Jede Region hat ganz typische Gerichte. Die Berliner Küche hat jede Menge zu bieten. Currywurst, Buletten, Kartoffelsalat ...

Die Kamera bewegt sich über die Gerichte.

RENÉ

Interessant wird es, wenn wir auf die Geschichte schauen. Die Kochrezepte haben sich im Laufe der Zeit entwickelt. Kommen Sie einmal mit ...

2   AUSSEN. BIBLIOTHEK DESSAU – TAG

Die Kamera zeigt das Gebäude der Bibliothek von außen. Der Schriftzug „Dessau - Anhaltische Landesbücherei" wird eingeblendet.

3   INNEN. BIBLIOTHEK DESSAU – TAG

Kameraschwenk über die Bücherregale bis zu einem Tisch, auf dem ein altes Buch liegt.

4   INNEN. BIBLIOTHEK DESSAU – TAG

Ich sitze an einem Tisch der Bibliothek. Vor mir das alte Buch.

RENÉ

Hier in der Bibliothek der anhaltischen Landesbücherei in Dessau liegt eine Abschrift von „Das Buoch von guoter Spise". Die in den Jahren 1347 bis 1350 erstellte Rezeptsammlung gilt als das erste deutsche Kochbuch. Man kann sagen, mit diesem Buch hat die Geschichte des Kochbuches in Deutschland angefangen. Lassen sie uns nun nach Berlin zurückkehren ...

5   AUSSEN. BERLIN – TAG   5

Die Kamera fährt über das Gebäude der Staatsbibliothek Berlin. Der Schriftzug „Berlin – Staatsbibliothek" wird eingeblendet.

RENÉ

Hier in der Staatsbibliothek zu Berlin findet man viele alte Schätze. Historische Kochbücher sind spannend zu lesen und voll mit interessanten Rezepten. Neben sowohl erstaunlich einfachen als auch leckeren Rezepten gibt es auch viele ungewöhnliche Rezepte zu entdecken, die man heute so nicht mehr kennt.

6   INNEN. KÜCHE – TAG

Die Kamera schwenkt über einen gedeckten Tisch.

RENÉ

Folgen Sie mir auf eine Reise durch 225 Jahre Berliner Kochgeschichte. Angefangen beim „Anhang zum allerneuisten Berlinschen Kuchbuche..." aus dem Jahre 1790 bis zu „Puppenköchin Anna praktisches Kochbuch für kleine liebe Mädchen" aus dem Jahre 1891 und den späteren Kriegskochbüchern. 200 Rezepte habe ich für Sie herausgesucht und nachgekocht. In meinem Buch finden Sie neben ein paar historischen Infos die Rezepte und Kochanleitungen der Gerichte. Folgen Sie mir auf eine kulinarische Reise durch 225 Jahre Berliner Kochgeschichte. Ich würde mich freuen, wenn Sie meine Crowdfunding-Kampagne unterstützen würden.

Eine schnelle Szenenfolge zeigt mich beim Kochen und die Gerichte.

Auf einen Gag habe ich hier verzichtet. Ich beginne mit einer Vorstellung und einer kleinen Einleitung. Dann folgt ein wenig Hintergrundinfo. Ich erzähle, um was es bei meinem Projekt geht und zeige mit ein paar schnellen Szenen, wie ich die Gerichte zubereite.

Wie Sie sehen, habe ich mehrere kleine Szenen zusammengestellt. Ich habe mich nicht nur in einem Raum aufgehalten und versucht, mit den Bildern der Bibliotheken, den Infos zu dem alten Kochbuch und den Beschreibungen meines Projektes eine Atmosphäre zu schaffen. Ein Kochbuch soll entstehen. Die Rezepte stammen nicht aus einer Datenbank, sondern aus vielen alten Büchern. Der interessierte Leser und der Unterstützer meiner Kampagne begeben sich auf eine Reise durch 225 Jahre Kochgeschichte der Region Berlin.

Wie Sie ein Projektvideo erstellen, hängt von Ihrem Produkt ab. Darüber hinaus haben Sie verschiedene Möglichkeiten, sich vorzustellen und dem Zuschauer zu zeigen, was Sie machen wollen. Um einmal zu sehen, welche Möglichkeiten es gibt, möchte ich Sie bitten, die Projektvideos der verschiedener Funder anzuschauen. Blättern Sie einmal bei Startnext, Kickstarter und anderen Plattformen durch die Projektvideos und schauen Sie sich um. Im Kapitel „Erfahrungsberichte von erfolgreichen Crowdfundern" gehe ich auch kurz auf die Projektvideos der verschiedenen Funder ein, die ich in Interviews ausgefragt habe. Auch hier sehen Sie ganz unterschiedliche Herangehensweisen. Werfen wir einmal einen Blick darauf, wie es die anderen gemacht haben ... Im Kapitel 8 zeige ich Ihnen, wie Sie aus den einzelnen Videodateien auf Ihrem Windows-PC oder dem Mac OSX-Rechner eine fertige Videodatei machen. Ich stelle Ihnen die beiden Videoplattformen YouTube und Vimeo vor und zeige Ihnen, wie Sie das Video hochladen und in Ihre Projektseite einbinden.

Videoschnitt für Funder

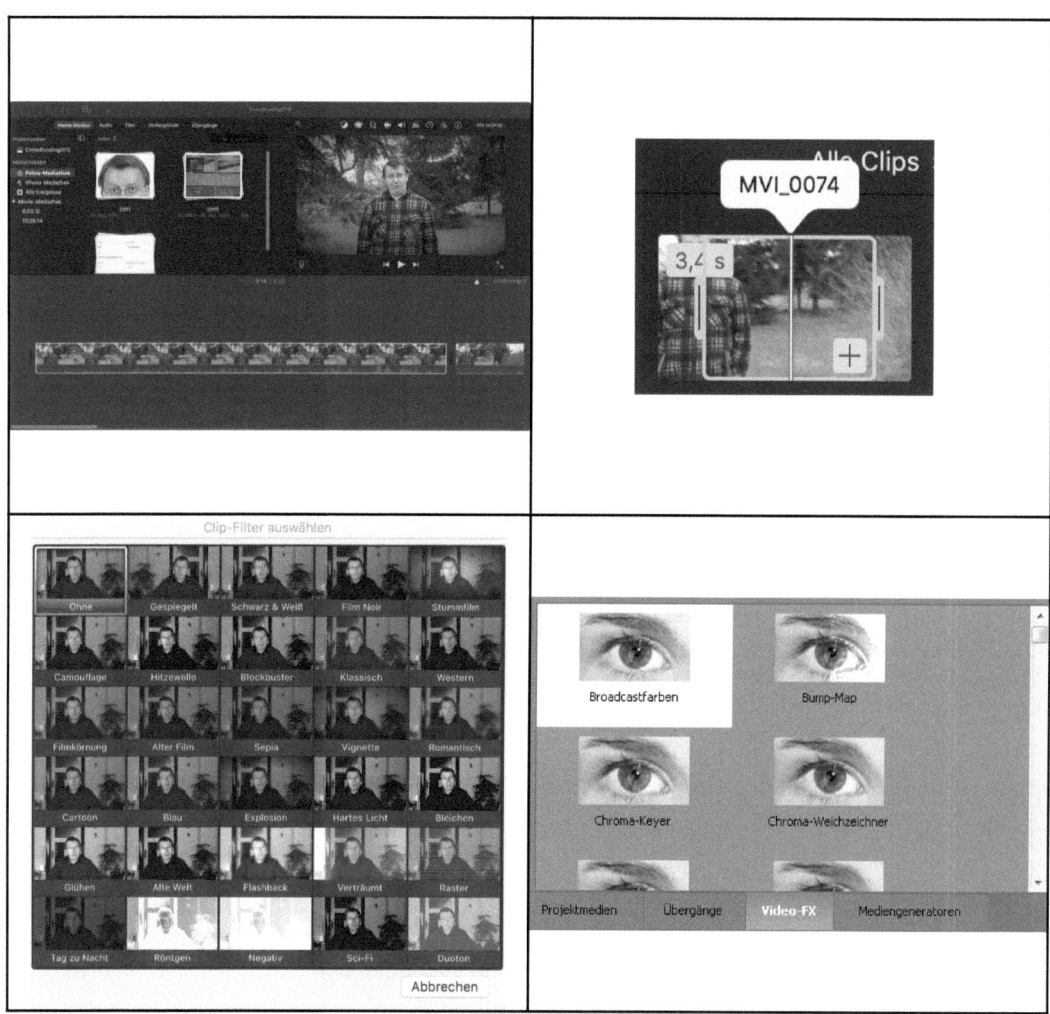

In diesem Kapitel lernen Sie verschiedene Videoschnittprogramme kennen. Sie erfahren, wie Sie mit iMove auf einem Mac OSX Rechner ein Projektvideo schneiden. Windows-Anwender erfahren, wie Sie Ihr Video mit Movie Studio Platinum Pitchvideo schneiden. Sie lesen abschließend, warum ein Musiktrack das Projektvideo interessanter macht. Ich stelle Ihnen einige Plattformen vor, auf denen Sie kostenlose Musikstücke finden und zeige Ihnen, wie Sie einen Musiktitel in Ihr Projektvideo einfügen.

Videoschnittprogramme kurz vorgestellt

Für das Erstellen des Pitchvideos ist es notwendig, sich mit dem Thema Videoschnitt zu befassen. Hierbei müssen Sie nicht tief einsteigen und sich ewig lange einarbeiten. Es ist auch kein teures Profi-Programm notwendig. Sie können ein kostenloses Tool verwenden. Es genügt, alle Aufnahmen zu sortieren. Dann schneiden Sie die weniger gut gelungenen und die nicht benötigten Elemente weg. Die so vorbereiteten Videoschnipsel werden zu einem ganzen Video zusammengefügt. Unter Umständen kann ein Bildfilter verwendet werden und sorgt so für die richtige Atmosphäre. Möglich ist es auch, eine Szene im Nachhinein zu vertonen. Das fertige Video wird mit einem Musiktrack versehen und anschließend in ein gängiges Videoformat konvertiert.

Von den Videoschnittfunktionen, die hier und da auf einer Digitalkamera vorhanden sind, rate ich ab. Diese sind nicht gut zu bedienen und bieten nur wenige rudimentäre Funktionen. Es gibt kostenlose und günstige Videoschnittprogramme für Windows-Rechner, für Mac OSX und für Linux. Einige davon möchte ich Ihnen nun vorstellen.

iMove

http://www.apple.com/de/mac/imovie

iMove ist das kostenlose Videoschnittprogramm für Mac OSX-Anwender. Es wird bereits mit dem Betriebssystem installiert und befindet sich somit auf Ihrem Rechner. Die Programmfunktionen genügen, um kleine Videos zu schneiden und zu bearbeiten. Dieses Programm benutze ich selbst sehr gern. Den Umgang mit ihm demonstriere ich Ihnen im nächsten Kapitel. Zu den neuesten Funktionen gehört auch die Unterstützung von 4K-Videos. Das Programm gibt es auch für iPhone, iPad und iPod touch.

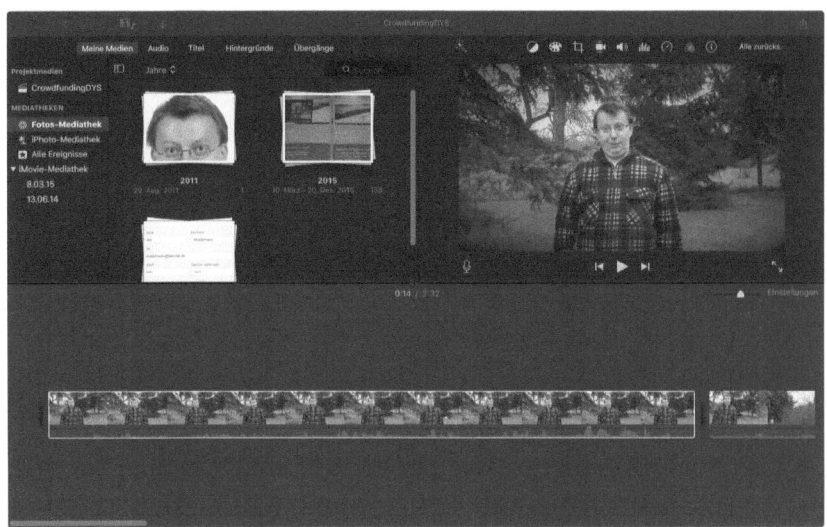

iMove benutze ich ganz gerne. Ich kann schnell mehrere Videos schneiden und zu einem fertigen Film zusammenfügen.

Windows Movie Maker

http://windows.microsoft.com/de-de/windows/essentials

Das Programm ist Bestandteil des Windows Essential 2012-Paketes und kann kostenlos aus dem Internet geladen werden. Es unterstützt Windows XP, Windows Vista, Windows 7 und Windows 8.1. Windows 10 wird nicht unterstützt. Es gibt keine neueren Versionen des Programmes.

YouTube

https://www.youtube.com

Der Onlinedienst YouTube bietet seinen Nutzern einen Videoeditor an. Dieser ist etwas versteckt. Melden Sie sich an und wählen Sie Hochladen. Nun können Sie rechts unten den Videoeditor auswählen. Das Tool bietet Ihnen einfache Bearbeitungsfunktionen direkt im Browser an. Sie können Video- und Audiodateien kombinieren, einfache Übergänge zwischen Szenen verwenden, Fotos hinzufügen und Titel erstellen. Es stehen ein paar Korrekturfunktionen und Filter zur Verfügung. Videoschnitt ist nur eingeschränkt möglich. Der Beginn und das Ende des Videos lassen sich per Drag & Drop verschieben.

Premiere Elements

http://www.adobe.com/de/products/premiere-elements.html

Das Programm Premiere Elements von Adobe richtet sich an Einsteiger. Es kostet unter 100,- € und bietet einfache Funktionen, um Videos zu schneiden, zu bearbeiten und in den sozialen Netzwerken zu veröffentlichen. Ihnen stehen Effekte, Titel, Abspann und Überblendungen zur Verfügung. Natürlich lassen sich Videos vertonen und Audioinhalte bearbeiten. Die fertigen Videos können in unterschiedliche Formate konvertiert oder auch direkt in einem Netzwerk veröffentlicht werden. Auch Sortier- und Verwaltungsfunktionen gehören zum Programm. Premiere Elements gibt es für Mac OSX und Windows. Wer mag, kann eine 30-Tage-Testversion auf Herz und Nieren prüfen.

Movie Studio 13

http://www.sonycreativesoftware.com/de/moviestudiope

Movie Studio 13 kommt aus dem Hause Sony und bietet für einen günstigen Preis eine gute Bearbeitung und Verwaltung der eigenen Videosammlung. Gerade Einsteiger und Gelegenheitsfilmer finden hier ein passendes Programm für Ihren Einsatzzweck. Das Programm gibt es nur für Windows-Rechner.

Final Cut Pro

http://www.apple.com/de/final-cut-pro

Das Programm gibt es nur für Mac OSX. Es richtet sich an fortgeschrittene und professionelle Videofilmer und bietet dementsprechend viele Funktionen. Mit dem Programm lassen sich alle vorhandenen Medien organisieren und verwalten. Sie können Videos schneiden, mit Überblendungen arbeiten, Titel und Abspann erstellen, 3D-Titel einfügen, Multicam-Aufnahmen verwalten, Audioinhalte in Mehrkanalformat einfügen, mit Masken arbeiten und Farbkorrekturen im Bild vornehmen.

Vegas Pro

http://www.sonycreativesoftware.com/de/vegaspro

http://www.sonycreativesoftware.com/de/vegasprosuite

Das Videoschnittprogramm Vegas Pro aus dem Hause Sony richtet sich an Profis und die, die es einmal werden wollen. Der Kaufpreis ist entsprechend heftig. Die Suite bietet noch weitere zusätzliche Tools. Es gibt hier und da eine Kamera mit einer abgespeckten Inklusiveversion von Vegas Pro. Das Programm und das Programmpaket gibt es nur für Windows-Rechner.

Weitere Programme und Tools finden Sie bei einer Suchanfrage bei Google & Co. Verwenden können Sie auch Videoschnittprogramme, die von den Herstellern einiger Actioncams geliefert werden. Ein Beispiel dafür ist GoPro Studio. Das Programm gibt es kostenlos für Mac OSX und Windows. Beachten Sie aber: Eine Sportkamera komprimiert das Bild (staucht es). Die Bildqualität ist jedoch gut bis sehr gut. Sie müssen jedoch zusätzliches Equipment verwenden, um die Kamera ruhig zu halten, zu positionieren oder fernzusteuern.

Einfacher Videoschnitt auf einem Mac OSX-Rechner

iMove eignet sich sehr gut, um auf einem Mac OSX-Rechner ein Video zu schneiden. Sie können es sogar direkt aus dem Programm heraus in ein soziales Netzwerk oder auf eine Videoplattform hochladen. Das Programm bietet einen direkten und einfachen Zugriff auf die auf Ihrem Mac vorhandenen Medien. Es wird regelmäßig mit Aktualisierungen und Patches versorgt und so immer auf dem neuesten Stand gehalten. Gehen Sie wie nachfolgend beschrieben vor:

Erstellen Sie einen Ordner für die einzelnen Videodateien, aus denen einmal ein Projektvideo werden soll.

1. Übertragen Sie Ihre Videos von der Videokamera/Digitalkamera auf den PC. Als Ziel verwenden Sie den neu erstellten Ordner.

2. Öffnen Sie das Programm iMove. Sie erkennen es an dem fünfzackigen, lilafarbenen Stern, der in der Mitte ein kleines Kamerasymbol hat. Öffnen Sie den Funder (Dateimanager von Mac OSX). Wählen Sie links Programme. Suchen Sie das iMove-Symbol. Doppelklicken Sie darauf.

3. Führen Sie die Maus auf das Symbol im Dock. Drücken Sie die rechte Maustaste und wählen Sie Optionen/Im Dock behalten. Das Programmsymbol wird nun im Mac OSX-Dock verankert. Es bleibt hier, auch wenn Sie das Programm schließen. Beim nächsten Mal können Sie es schneller und einfacher öffnen. Sie müssen nur auf das Symbol im Dock klicken.

4. Wählen Sie *Ablage/Neuer Film*, um ein neues Video zu erstellen. Alternativ können Sie auch im Fenster *Projekte* auf *Neues Projekt* klicken und *Film* wählen.

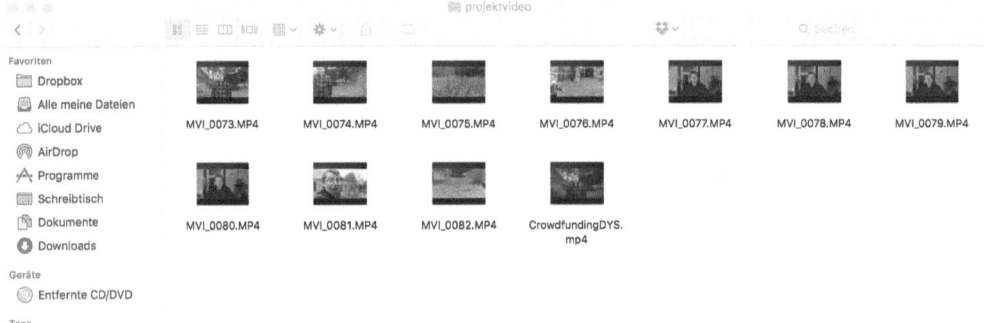

Erstellen Sie zunächst einen neuen Ordner und kopieren Sie alle Videodateien von Ihrer Digitalkamera hier hinein

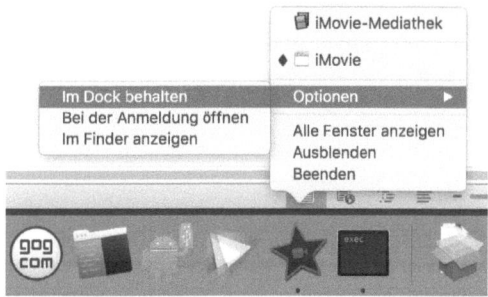

Mit einer Option aus dem Kontextmenü sorgen Sie dafür, dass das Programmsymbol im Mac OSX-Dock verbleibt

5. Klicken Sie in iMove auf *Mein Film*. Das ist Ihr neues Filmprojekt. Später vergeben Sie eine eigene Bezeichnung für den Film.

6. Markieren Sie im Finder alle Videodateien und ziehen Sie diese in den Clipbereich in iMove. Sie erkennen diesen Bereich an der Schaltfläche Medien importieren. Alternativ klicken Sie in iMove auf Medien importieren. Wählen Sie *Macintosh HD/Benutzer/Ihr_Benutzername/Dokumente* und bewegen Sie sich weiter bis in das Verzeichnis, in dem sich die Videodateien befinden. Markieren Sie alle Videodateien, die Sie importieren wollen. Halten Sie die Taste *CMD* gedrückt, um mehrere Videodateien zu importieren. Bestätigen Sie mit einem Mausklick auf die Schaltfläche *Auswahl importieren*.

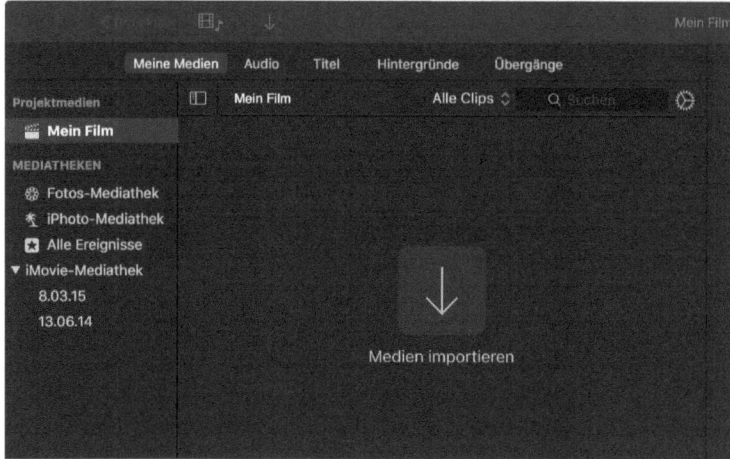

Unter *Projektmedien* finden Sie Ihr Filmprojekt. Es wird von iMove zunächst mit Mein Film bezeichnet. Klicken Sie darauf und ziehen Sie alle Videodateien aus dem Funder auf das Medien-Fenster (Medien importieren).

Die ausgewählten Videodateien finden Sie in der Mediathek. Hier können Sie sich jeden Clip noch einmal anschauen und beurteilen, ob dieser in das Projektvideo mit hinein soll oder nicht. Um einen Clip wiederzugeben, markieren Sie ihn und wählen im Kontextmenü Wiedergeben. Ein Drücken der Leertaste gibt den markierten Clip ebenfalls wieder.

Mit der Importfunktion können Sie auch direkt auf die HD-Kamera Ihres Notebooks oder Mac-Rechners zugreifen. Sie müssen also keine Videoaufnahme erstellen, abspeichern und importieren, sondern können dies auch direkt in iMove tun.

7. Den ersten Videoclip, mit dem Ihr Projektvideo beginnen soll, ziehen Sie einfach per Drag & Drop auf die Timeline. Setzen Sie die Maus auf den ersten Clip und führen mit der Maus einen Linksklick aus. Der Clip wird mit einem weißen Rahmen gekennzeichnet. So sehen Sie, dass dieser Clip markiert ist. Jetzt drücken Sie noch einmal die linke Maustaste. Halten Sie die Taste gedrückt. Bewegen Sie die Maus nach unten, bis sich der Cursor über der Timeline befindet. Lassen Sie die Maustaste los. Der Videoclip erscheint nun in der Zeitleiste.

8. Wiederholen Sie dies mit allen weiteren Clips, die Sie in Ihr Projektvideo integrieren möchten.

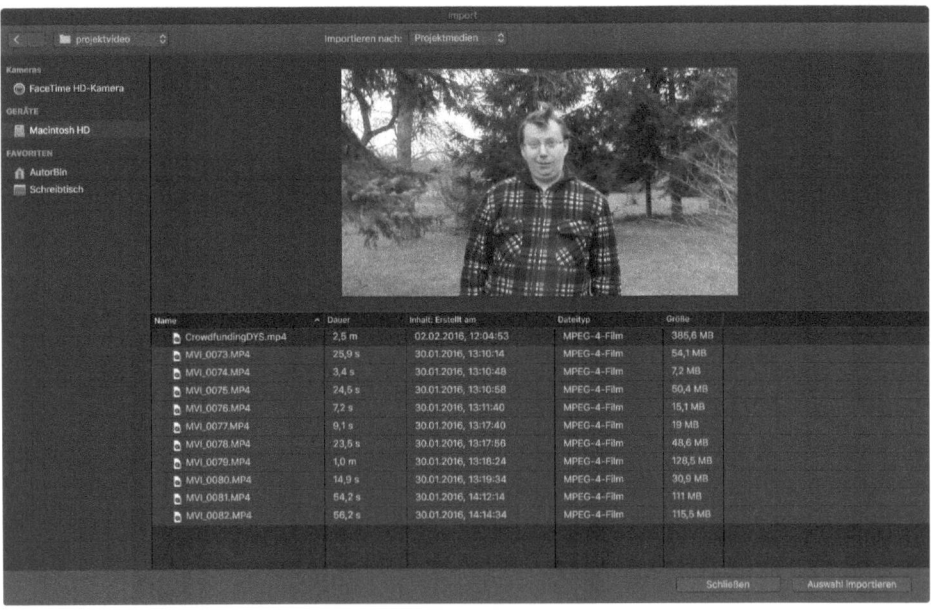

Der erste Clip befindet sich nun in der Timeline

Als „Timeline" bezeichnet man den Bereich des Videoschnittprogrammes, in dem alle Clips, Audioinhalte und Effekte platziert werden. Das ist sozusagen Ihr Arbeitstisch. Die Timeline nimmt bei iMove den unteren Fensterbereich ein. Links darüber sehen Sie die Mediathek. Rechts darüber ist das Vorschaufenster zu sehen.

Die Mediathek können Sie umschalten. Hier werden auch alle verfügbaren Audioinhalte, die Titeleffekte, die Hintergründe und die Übergänge angezeigt. In der rechten oberen Ecke sehen Sie ein kleines Zahnradsymbol. Mit ihm lässt sich die Wellenlinie einschalten, die die Audiospur zeigt. Mit ihr können Sie die Clips zoomen und über einen Schieberegler die Clipgröße einstellen.

Das Playerfenster rechts oben besitzt eine Wiedergabeschaltfläche sowie zwei Schaltflächen, mit denen Sie zum vorhergehenden oder nachfolgenden Clip wechseln können. Sie können das Playerfenster mit den Pfeilschaltflächen in der unteren rechten Ecke in den Vollbildmodus vergrößern. Das Mikrofonsymbol erlaubt es Ihnen, direkt eine Kameraaufnahme zu erstellen.

Rechts unterhalb des Videoplayers sehen Sie einen Schieberegler, der mit Einstellungen betitelt ist. Mit ihm können Sie die Größer der Videoclips in der Timeline vergrößern oder auch verkleinern. Gerade um etwas exakter arbeiten zu können, muss hier und da die Anzeige der Videospuren vergrößert werden.

Bei einem Videoschnitt erstellt man zunächst einen Rohschnitt. Danach folgt der Feinschnitt. Im Rohschnitt wird die Reihenfolge der Clips festgelegt. Hier kann bereits ein Clip gekürzt werden. Der verkürzte Clip wird dann in die Timeline verschoben.

Im Feinschnitt wird exakter gearbeitet. Hier legen Sie den Beginn und das Ende eines Videoclips fest. Sie können einen Videoclip teilen und so auch Elemente aus dem Inneren entfernen. Danach werden Übergänge zwischen den Clips festgelegt, Effekte und Titel hinzugefügt, Bearbeitungsfunktionen genutzt und Audioinhalte hinzugefügt.

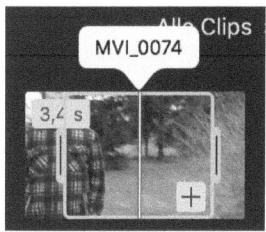

9. Klicken Sie in der Mediathek auf einen Videoclip. Ein gelber Rahmen markiert ihn. Links und rechts sehen Sie zwei Griffe. Verschieben Sie die „Anfasser" bei gedrückt gehaltener linker Maustaste. Entfernen Sie so nicht benötigte Elemente aus dem Videoclip und kürzen ihn. Beim Verschieben der Anfasser sehen Sie im Player die dazugehörenden Bilder.

10. Wiederholen Sie dies bei allen anderen Videoclips in der Mediathek.

11. Ziehen Sie den gekürzten Clip in die Timeline.

12. In der Timeline können Sie mit dem Clip-Trimmer einen Videoclip kürzen. So arbeiten Sie – wie bereits ausgeführt – , exakter. Markieren Sie einen Videoclip, den Sie schneiden wollen. Öffnen Sie mit der rechten Maustaste das Kontextmenü und wählen Sie Clip-Trimmer einblenden. Ziehen Sie den Regler Einstellungen etwas nach rechts. So wird der zu schneidende Clip in die Länge gezogen. So lässt es sich exakter arbeiten.

13. Spielen Sie den Clip ab und merken oder notieren Sie sich die Start- und Endposition. An diesen Positionen setzen Sie die Schnittpunkte. Natürlich können Sie auch nur einen Punkt festlegen und so ein Stück vom Ende oder Beginn entfernen. Das Trimmen erfolgt, ohne dass Sie eine Funktion aufrufen müssen. Sind Sie mit dem Ergebnis zufrieden, schließen Sie den Clip-Trimmer.

14. Um nur den Beginn oder das Ende zu entfernen, suchen Sie mit der Maus die gewünschte Position, öffnen das Kontextmenü und wählen Clip an Abspielposition trimmen aufrufen.

15. Um Inhalte aus dem Clip zu entfernen, markieren Sie die Position des Beginns des Abschnittes, der entfernt werden soll. Öffnen Sie das Kontextmenü und wählen Sie Clip teilen. Nun schneiden Sie den gewünschten Abschnitt aus dem Clip heraus.

Mit dem Clip-Trimmer schneiden Sie genauer

Über dem Playerfenster sehen Sie eine kleine Symbolleiste(siehe Bild oben). Mit ihr lassen sich einzelne Bearbeitungsfunktionen aufrufen und anwenden. Von links nach rechts sind dies:

- *Video- und Audioqualität automatisch verbessern*

- *Farbbalance*

- *Farbkorrektur*

- *Beschneiden*

- *Stabilisierung*

- *Rauschunterdrückung und Equalizer*

- *Geschwindigkeit*

- *Clipfilter und Audioeffekte*

- *Clipinformation*

In vielen Fällen ist die Anwendung der Bearbeitungs- und Verbesserungsfunktionen nicht notwendig. Eine moderne Kamera und eine Aufnahme, die bei guten Lichtverhältnissen erstellt wurde, bringt auch eine gute Bildqualität. Bei Bedarf wählen Sie eine Funktion und nehmen die entsprechende Einstellung vor. Mit Alles zurück lassen sich die gemachten Veränderungen rückgängig machen.

Mit *Clipfilter und Audioeffekte* bekommen Sie ein Dialogfenster angezeigt, in dem Sie mit der Maus verschiedene Effekte auswählen können. Klicken Sie auf *Clipfilter* oder *Audioeffekt*. In beiden steht zunächst *Ohne*. Schauen Sie sich die Effekte an und wählen Sie einen mit der Maus. Doch Vorsicht: Einige der Filter sind arg verspielt und kreativ. Für ein Projektvideo im Zusammenhang mit einer Crowdfunding-Kampagne eignen sich diese nicht.

Zunächst sind keine Bildfilter und Audioeffekte vergeben

Einige der Effekte sind arg verspielt und eignen sich nicht für ein Projektvideo

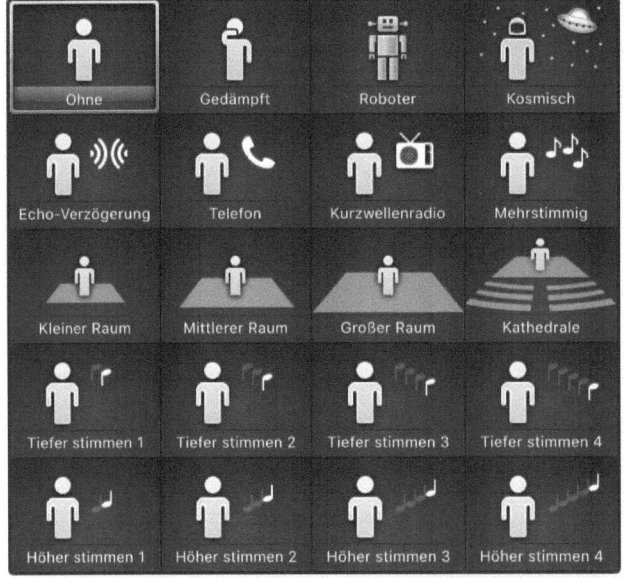

Insgesamt stehen 24 Audioeffekte in iMove zur Auswahl bereit

Achten Sie auf die Länge Ihres Projektvideos. Es sollte ungefähr 2,4 bis 3,5 Minuten lang sein. Über *Fenster/Präzisionseditor einblenden* können Sie ihn verwenden. Mit diesem Editor können Sie „bildgenau" arbeiten.

Zwischen den einzelnen Videospuren gibt es einen recht harten Wechsel. Damit es nahtlos von Spur zu Spur geht, fügt man einen Übergang ein. Möglich sind Überblendungen, Ausblendungen, Wirbel und verschiedene Effekte. Sie finden diese unter Übergänge. Schauen Sie sich die verschiedenen Effekte der Reihe nach an. Ein Mausklick auf einen Übergang genügt und Sie sehen den Effekt im Player. Überlegungen Sie, was sinnvoll für Ihr Projektvideo ist. Der Übergang sollte nicht zu verspielt sein. Meist genügt eine einfache Überblendung.

16. Wechseln Sie nach *Übergänge*. Wählen Sie einen der Übergänge aus und ziehen Sie ihn mit der Maus zwischen die Videospuren.

17. Wiederholen Sie dies bei allen anderen Videospurübergängen.

Verzichten Sie auf einen Titel, einen Abspann und auf optisch verspielte Effekte. Diese passen meiner Meinung nach nicht in ein Projektvideo einer Crowdfunding-Kampagne.

Alle ausgewählten Clips, Audioinhalte, Effekte, die festgelegten Schnitte und Bearbeitungen werden nach dem Schließen von iMove festgehalten. Das Programm speichert alle Arbeitsschritte automatisch.

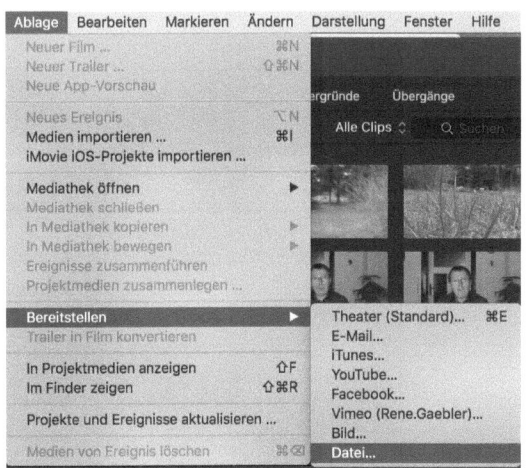

18. Sind Sie mit Ihrer Arbeit zufrieden, werden die einzelnen Clips zusammengesetzt und das Ergebnis in einer Videodatei gespeichert. Wählen Sie *Ablage/Bereitstellen/Datei*.

Bereitstellen heißt bei iMove, dass Sie das fertig bearbeitete Projekt in eine Videodatei exportieren. Mit der Standardeinstellung Theater wird es im iMove-Verzeichnis abgelegt und kann später wiedergegeben werden. Sie können ein Video auch direkt an Facebook, YouTube oder Vimeo senden. Dabei wird das Video erstellt, exportiert und auf die gewählte Plattform hochgeladen. Ich empfehle Ihnen, das Projekt mit der Auswahl „Datei" zu exportieren. So wird es in einem Verzeichnis Ihrer Wahl auf dem Rechner abgelegt. Sie können es später von dort aus wiedergeben und auf eine andere Plattform hochladen.

iMove blendet ein Fenster ein. In diesem werden alle Einstellungen für den Export der Videodatei festgelegt. Je nach Auswahl verändert sich auch die Größe der Videodatei. Links unten unter dem Vorschaubild sehen Sie die Laufzeit des Videos und die Größe der Videodatei. Mit der Option *Zum Theater hinzufügen* wird das Video in die iMove-Theaterdatenbank hinzugefügt. Rechts sehen Sie den Namen der Filmdatei und eine kurze Beschreibung. Beide Angaben sind zunächst die Vorgaben, die iMove Ihnen anbietet. Mit *Format* können Sie bestimmen, ob in der exportierten Datei nur die Audioinhalte oder Audio und Video enthalten sein sollen. Bei einem Projektvideo möchten Sie natürlich Bild und Ton haben, also Audio und Video. Hier ist keine Änderung notwendig. *Auflösung* gibt selbige an. Unter *Qualität* können Sie *Gering*, *Mittel*, *Hoch*, *Beste* und *High Res* wählen. Beachten Sie bitte, dass eine höhere Qualität auch eine größere Videodatei zur Folge hat. Außerdem werden mehr Daten auf die Videoplattform übertragen und Sie benötigen dafür eine entsprechend leistungsfähige Internetverbindung. Unter Komprimieren können Sie Schneller oder Beste Qualität wählen.

Die Vorgaben von iMove werden nun angepasst. Dies geschieht in einem sehr übersichtlichen Dialogfenster

19. Ändern Sie zuerst die Bezeichnung der Filmdatei. Setzen Sie den Cursor in die Zeile *Mein Film*. Drücken Sie die *Rück-Taste* und geben Sie die gewünschte Bezeichnung ein.

20. Bearbeiten Sie in gleicher Weise die Beschreibung des Videos. Entfernen Sie die Vorgabe und geben Sie eine eigene kurze Beschreibung ein. Trennen Sie, sofern notwendig, verschiedene Inhalte mit einem Komma voneinander.

21. Entfernen Sie das Attribut *iMove*. Tragen Sie passende Stichworte ein. Verschiedene Angaben trennen Sie mit einem Komma. Möglich wäre zum Beispiel *Crowdfunding, Startnext, Projektvideo, Sachbuch, Kochbuch*. Die Stichworte hängen natürlich von Ihrem Projekt ab.

22. Das Feld *Format* lassen Sie unverändert. Hier sollte *Audio und Video* stehen.

23. Die mögliche Auflösung hängt natürlich von Ihrem Rechner ab. Wählen Sie eine möglichst hohe Auflösung. 4K ist jedoch nicht notwendig. In meinem Beispiel wähle ich *1080p*. Diese HD-Auflösung ist sehr gut und ausreichend.

24. Die Qualität *Pro Res.* sorgt in meinem Beispiel für eine Videodatei mit einer Größe von 2,77 GB. Das ist natürlich viel zu viel. Wählen Sie hier daher *Hoch*.

25. Stellen Sie das Feld *Komprimieren* auf *Beste Qualität*.

26. Überprüfen Sie alle Einstellungen und bestätigen Sie mit einem Mausklick auf die Schaltfläche *Weiter*.

27. Wählen Sie ein Verzeichnis und bestätigen Sie mit *Sichern*. Warten Sie, bis die Videodatei erstellt wurde. Anschließend können Sie iMove schließen.

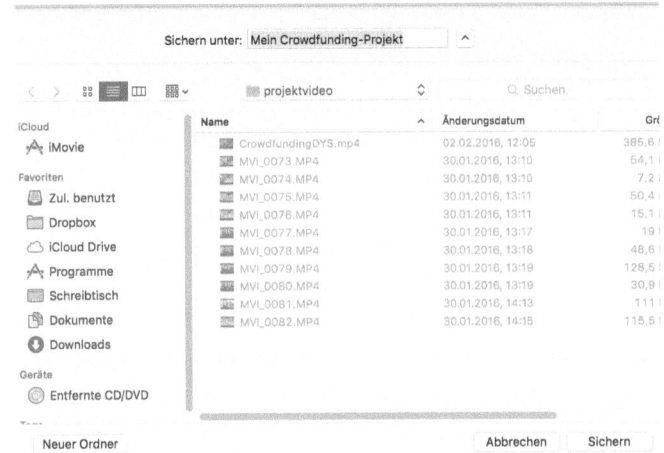

Der Einfachheit halber wähle ich das Verzeichnis, in dem sich auch die einzelnen Videoschnipsel befinden.

Ein kleines Kreisdiagramm in der rechten oberen Ecke von iMove zeigt, wie weit das Programm mit dem Export der Videodatei bereits ist (linkes Bild). Ist die Videodatei erstellt und komplett im gewählten Verzeichnis abgelegt, gibt das Programm eine entsprechende Meldung aus (Bild in der Mitte). Die Datei wird nun im Funder mit ihrem Namen und einem Vorschaubild angezeigt (Bild rechts).

Einfacher Videoschnitt am Windows-PC

Es gibt viele unterschiedliche Videobearbeitungsprogramme für Windows, Mac OSX und Linux. Für welches Sie sich letztendlich entscheiden, bleibt Ihrem persönlichen Geschmack überlassen. Es richtet sich auch ein bisschen danach, was Sie tun, wie sehr Sie sich mit dem Thema Videobearbeitung beschäftigen und natürlich auch, wie viel Geld Sie für ein Programm ausgeben wollen.

Ich habe mich für Movie Studio Platinum 13.0 entschieden und möchte Ihnen hier einige grundlegende Funktionen dieses Programmes vorstellen. Das kostenlose MovieMaker von Microsoft überzeugt mich nicht. Eine Unterstützung des neuen Windows 10 fehlt und ich bin auf keine Ankündigung einer neueren Version des Programmpaketes Windows Essentials 2012 gestoßen, dessen Bestandteil Movie Maker ist. Dennoch können Sie sich auch für dieses Programm entscheiden. Schauen Sie sich es einfach einmal an.

1. Erstellen Sie einen neuen Ordner auf Ihrem Rechner. Geben Sie ihm einen passenden Namen.

2. Übertragen Sie Ihre Videos von der Videokamera/Digitalkamera auf den PC. Als Ziel verwenden Sie den neu erstellten Ordner.

3. Öffnen Sie das Programm Movie Studio Platinum. Sie finden es unter *Start/ Alle Programme/Sony/Movie Studio Platinum 13.0/Movie Studio Platinum 13.0.* Für einen schnelleren und einfacheren Zugriff empfehle ich Ihnen, das Programm per Drag & Drop auf den Desktop zu verschieben oder ein Schnellstartsymbol zu erstellen. Dann genügt ein Doppelklick auf das Symbol.

4. Im Fenster *Willkommen* wählen Sie *Neu* (siehe Bild unten). Hiermit wird ein neues Projekt mit den Standardeinstellungen erstellt. Sie können dies auch mit *Projekt/Neu* tun.

5. Sie sehen nun das Dialogfenster Neues Projekt vor sich. Hier wählen Sie die Videoqualität, geben eine Bezeichnung ein und legen fest, wo das neue Projekt abgelegt wird. Öffnen Sie das Listenfenster *Region* und wählen Sie *Europa und Asien (50 Hz/PAL).* Unter Audio lassen Sie die Vorgabe *Stereo* unverändert. Im Feld *Video* wählen Sie *Internetvideo*. Daneben sehen Sie das Feld *Projekt.* Hier wählen Sie *Internet (HD).* So bestimmen Sie die Qualität des fertigen Projektvideos. Tragen Sie in die Zeile *Name* eine passende Bezeichnung ein. In der Zeile *Ordner* wählen Sie den Ordner aus, den Sie zuvor erstellt haben und in dem sich auch die Videos aus Ihrer Digitalkamera befinden. Bestätigen Sie mit einem Mausklick auf die Schaltfläche *OK*.

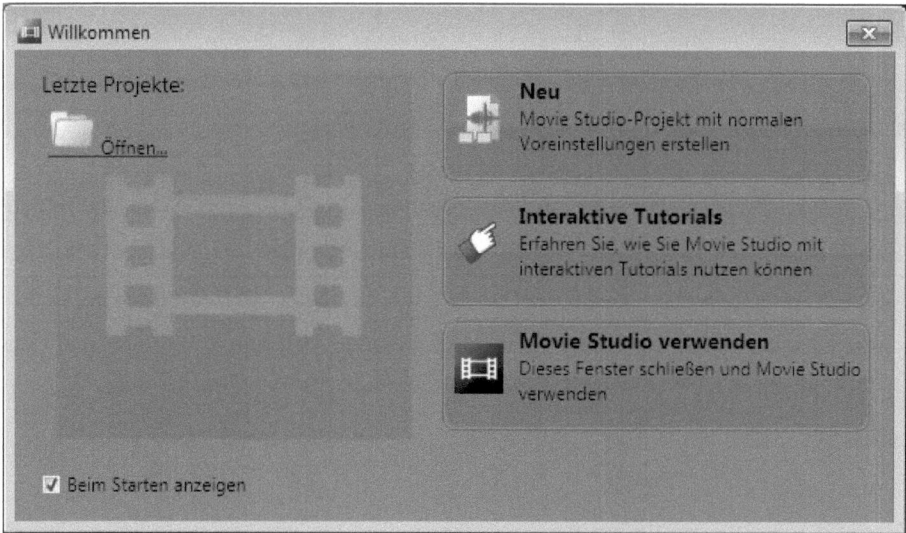

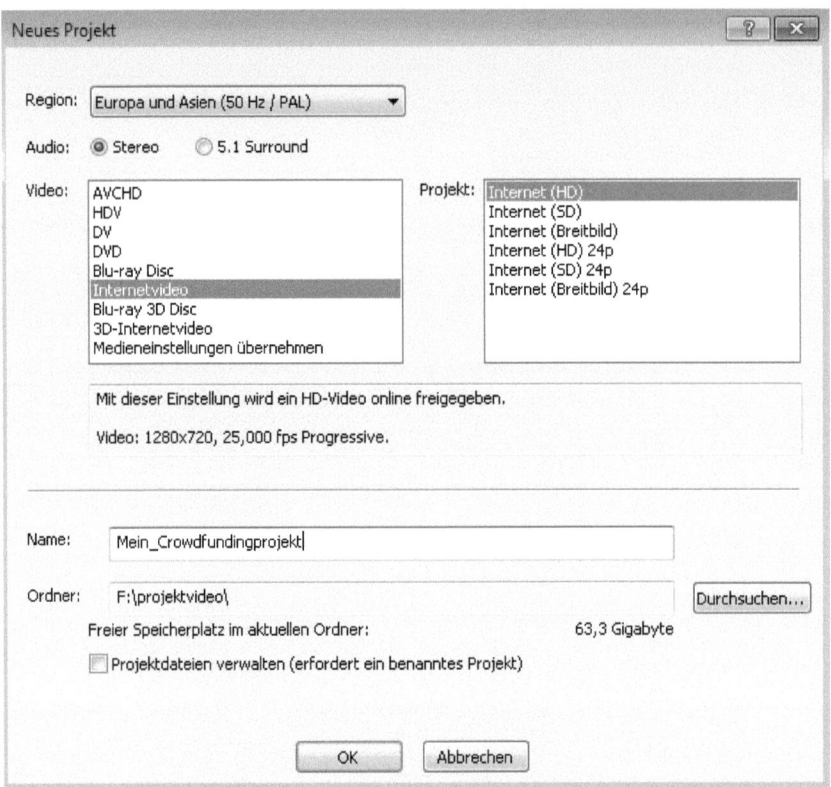

Ein neues Projekt wird erstellt. Hier legen Sie den Namen des Projektes, Speicherort und Videoqualität fest.

Das Programmfenster von Movie Studio Platinum ist sehr übersichtlich. Sie werden sich bestimmt schnell zurechtfinden. Alle Funktionen erreichen Sie über die Menüzeile, die Symbolleiste und das Kontextmenü. Erfahrene Anwender können für die eine oder andere Funktion auch Tastaturkombinationen verwenden. Das Programmfenster kann auf Wunsch in den Modus Erweitert umgeschaltet werden. Dann stehen ein paar zusätzliche Funktionen zur Verfügung.

Links unter der Symbolleiste sehen Sie das Medienfenster. Hier werden die Videos und Bilddateien eingefügt und später in das Projekt verschoben. Rechts davon gibt es einen Player. Mit ihm können Sie sich die einzelnen Videodateien und das Projektvideo anschauen. Darunter befindet sich die Timeline. Hier sehen Sie später die Videospuren, können die Videos schneiden, Effekte und Übergänge festlegen und einiges mehr. Das Programm bietet je eine Spur für Videoinhalte, Texte, Audiodaten und Musikdaten.

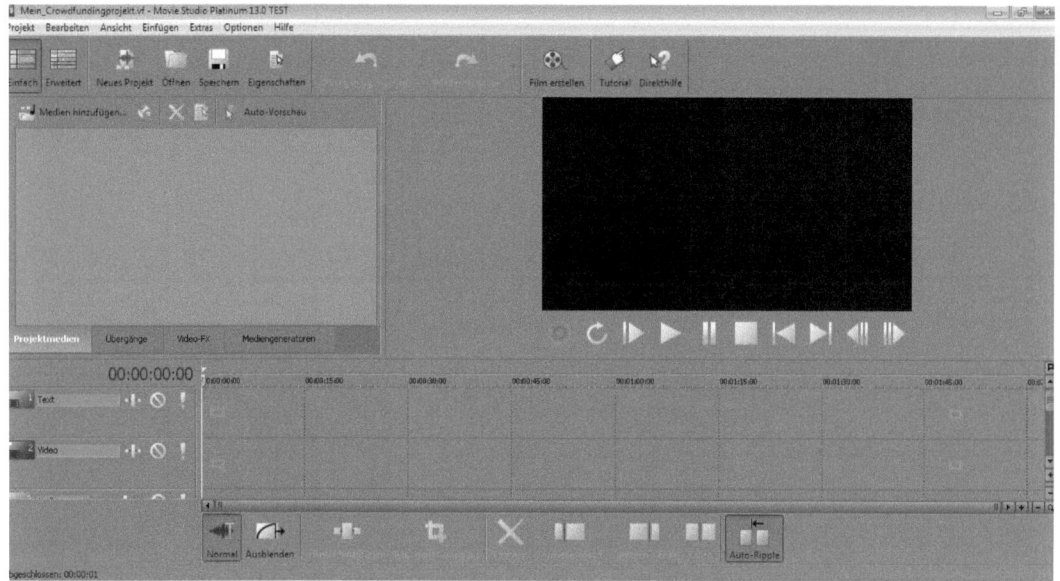

Das Programmfenster ist sehr übersichtlich gestaltet. Man findet sich sofort zurecht.

Professionelle Hilfe für das Erstellen des Projektvideos und den Videoschnitt holen

Wer sich vor dem Umgang mit der Videokamera oder Digitalkamera scheut und/oder sich mit dem Schneiden des Videomaterials nicht beschäftigen möchte, kann sich natürlich an Profis wenden. Ideal ist es, wenn man in seinem Freundes- und Bekanntenkreis einen Filmemacher oder Hobby-Filmer hat. Ist dies nicht der Fall, hilft die Nachfrage bei einer auf „Imagefilme" spezialisierten Firma. Beachten Sie aber, dass die Kosten hierfür sehr hoch sind. Sie erhalten zwar ein professionelles Video, müssen dafür aber recht tief in die Geldbörse greifen. Und Sie sind sehr eingeschränkt, was Orte und Szenen angeht. Ein längerer Fahrweg und ein Mehr an Aufwand verteuern den Film. Aus diesem Grund sind der Griff zur eigenen Digitalkamera und die ersten Schritte mit einem an Einsteiger und Otto Normalanwender gerichteten Videoschnittprogramm die bessere Wahl. Zumal der Film auch authentischer wirkt und sehr viel eher bei den Besuchern einer Crowdfunding-Plattform ankommt als ein Hochglanzvideo.

Movie Studio Platinum speichert ein Projekt nicht automatisch. Mit *Projekt/ Speichern unter* tun Sie dies. Wählen Sie ein Verzeichnis aus und geben Sie einen passenden Dateinamen ein. Später können Sie eine Bearbeitung mit *Projekt/ Speichern* festhalten. Beim nächsten Programmstart finden Sie Ihr Projekt im Dialog *Willkommen* und können es hier mit einem Mausklick auswählen und laden.

Im Dialog *Willkommen* finden Sie auch ein Tutorial, das Sie in die Bedienung des Programmes einführt. Wenn Sie möchten, können Sie auch dafür sorgen, dass der Dialog nicht mehr bei jedem neuen Programmstart angezeigt wird. Entfernen Sie dazu das Häkchen aus dem Optionskästchen *Beim Start anzeigen*. Das Projekt *Welcome.cf* zeigt einen Beispielfilm, verschiedene Sounddateien und einen Titel. Nun aber zurück zu unserem Projektfilm ...

6. Fügen Sie Ihre Videodateien in das Projekt ein. Klicken Sie dazu auf *Medien hinzufügen*. Wählen Sie das Verzeichnis, in dem sich Ihre Videos befinden. Markieren Sie alle Dateien und bestätigen Sie mit *Öffnen*.

7. Die Videos werden importiert und sind gleich darauf mit ihren Vorschaubildern im Fenster Medien zu sehen. Fügen Sie das erste Video, mit dem Ihr Projektvideo beginnen soll, per Drag & Drop in die Timeline ein. Setzen Sie dazu den Mauscursor auf ein Video im Medienfenster. Drücken Sie die linke Maustaste. Halten Sie die Taste gedrückt. Ziehen Sie die Maus bis auf die Videospur der Timeline. Lassen Sie die linke Maustaste los. Das Programm fragt Sie, ob Sie die Videoeinstellungen des Videos auf das Projekt anwenden wollen. Bestätigen Sie dies.

8. Fügen Sie alle anderen Videos aus dem Medienfenster in die Timeline ein. Lassen Sie zwischen den Videos einen kleinen Zwischenraum. Er soll später die Übergänge enthalten.

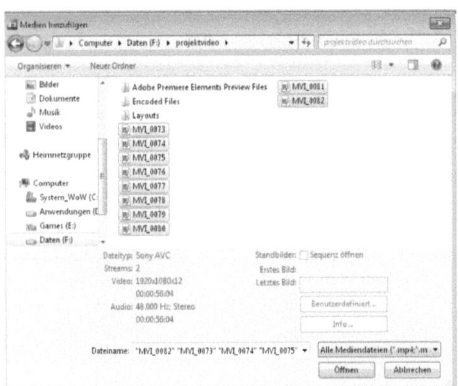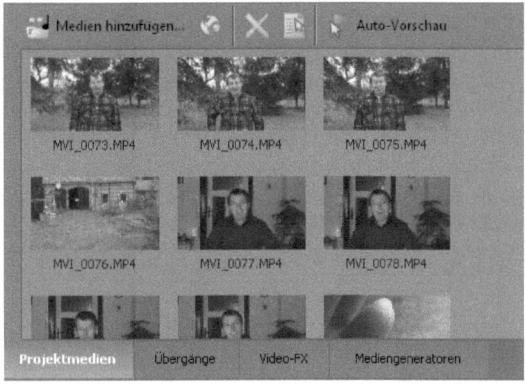

Wählen Sie die Dateien aus, die Sie zuvor von Ihrer Digitalkamera auf den Rechner übertragen haben (linkes Bild). Die Videodateien erscheinen mit ihren Vorschaubildern im Fenster Projektmedien (rechtes Bild).

Movie Studio Platinum zeigt die Videos im Medienfenster nicht an. Der Player gibt nur den Inhalt der Timeline wieder. Schauen Sie sich aus diesem Grund zuvor alle Videodateien genau an, die Sie von Ihrer Digitalkamera importiert haben. Legen Sie nicht benötigte Dateien in einem anderen Ordner ab. Auch die Kennzeichnung der Videodateien, die Sie verwenden wollen, mit einem eindeutigen Dateinamen ist eine gute Hilfe. Wählen Sie dann nur die Videodateien aus, die Sie auch wirklich in Ihrem Projekt verwenden wollen.

9. Möchten Sie den Begin eines Videotracks entfernen, geben Sie den Videotrack im Player wieder. Stoppen Sie den Player an der Position, bis zu der das Video geschnitten werden soll. Der Zeiger bewegt sich automatisch bei der Videowiedergabe. Er bleibt an der Position stehen, an der Sie den Player angehalten haben. Der Zeiger ist die kleine, nach unten zeigende Pfeilschaltfläche, von der aus eine schwarz-weiß blinkende Linie über alle Spuren der Timeline führt. Mit ihm können Sie eine genaue Position markieren. Um noch exakter zu arbeiten, vergrößern Sie die Videotracks mit dem kleinen Pluszeichen in der linken unteren Ecke der Timeline. Ziehen Sie nun den linken Anfasser bis auf den Zeiger.

10. Wiederholen Sie den Vorgang auf der rechten Seite, falls Sie auch hier ein Stück aus dem Video entfernen wollen. Geben Sie den Videotrack im Player wieder. Stoppen Sie den Player an der Position, ab der Sie den Videotrack trimmen wollen. Der Zeiger bewegt sich automatisch zu diesem Punkt. Bewegen Sie den rechten Anfasser bei gedrückt gehaltener linker Maustaste auf den Zeiger.

11. Gehen Sie wie beschrieben auch bei allen anderen Videotracks vor. Entfernen Sie durch Trimmen nicht gewünschte Inhalte aus dem Videotrack.

„Trimmen" heißt nichts anderes als „Videotrack kürzen". Dies geschieht in der Timeline. Zuerst wird ein Videotrack ausgewählt. Spielen Sie den Track bis zum Schnittpunkt ab. Der Zeiger bleibt auf dieser Position stehen. (vorherige Seite, Bild links unten). Bewegen Sie den linken Anfasser auf den Zeiger (vorherige Seite, Bild rechts unten).

Das „Trimmen" eines Videotracks geschieht einfach über das Verschieben der Anfasser. Sie müssen keine Funktion aufrufen und keinen Dialog öffnen.

Befindet sich innerhalb eines Videos ein Teil, der entfernt werden soll, können Sie einen Videotrack teilen. Geben Sie den Videotrack wieder und stoppen Sie ihn am Beginn oder Ende des zu entfernenden Abschnittes. Wählen Sie dann *Teilen*. Sie finden die Funktion in der Symbolleiste der Timeline.

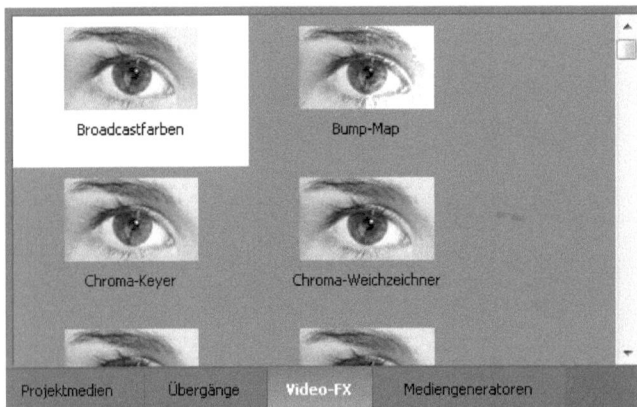

Nun erhalten Sie zwei Videotracks und können aus einem den gewünschten Inhalt entfernen. Dazu trimmen sie ihn, wie Sie dies auch schon mit den anderen Videotracks gemacht haben.

Wenn Sie sich einmal vertan haben, können Sie über *Bearbeiten/Rückgängig* den letzten Arbeitsschritt zurückholen. Diese Funktion können Sie auch mehrmals ausführen.

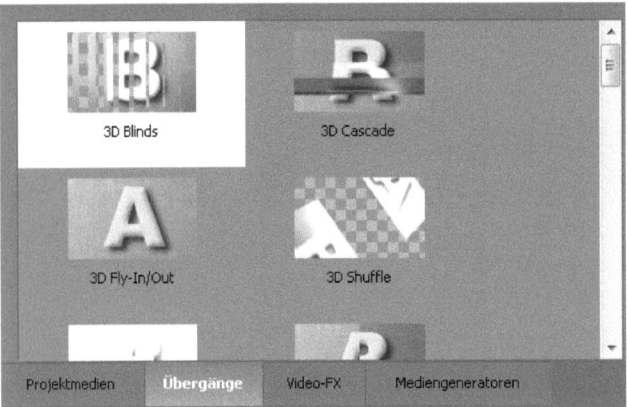

Natürlich gibt es in dem Programm auch eine Reihe Videoeffekte und -filter. Die „Übergänge" bieten einen besseren Wechsel zwischen den einzelnen Videotracks. Wählen Sie aber genau aus. Nicht jeder Effekt eignet sich wirklich für ein Crowdfunding-Pitchvideo.

Movie Studio Platinum verfügt natürlich auch über eine Reihe Effekte und Übergänge. Diese schauen Sie sich zunächst im Medienfenster an. Hier sehen Sie eine Vorschau aller Effekte und Übergänge. Finden Sie Gefallen an einem Effekt oder an einem Übergang, ziehen Sie ihn per Drag & Drop auf oder zwischen die Videotracks in der Timeline.

12. Wechseln Sie im Medienfenster in die Ansicht *Übergänge*. Schauen Sie sich die verschiedenen Übergänge an. Entscheiden Sie, welcher Übergang in Ihrem Projektvideo am geeignetsten erscheint. Ziehen Sie den Übergang an das Ende oder den Beginn eines Videotracks. Das Fenster Videoevent-FX klappt auf. Je nach Übergang und Effekt lassen sich hier unterschiedliche Einstellungen vornehmen. Verändern Sie die entsprechenden Einstellungen mit den Schiebreglern. Schließen Sie das Fenster *Videoevent-FX*.

13. Ziehen Sie den nachfolgenden Videotrack an das Ende des vorhergehenden Videotracks heran, sodass keine Lücke mehr vorhanden ist.

14. Geben Sie die ersten beiden Videotracks wieder und schauen Sie sich an, wie der gewählte Videoübergang wirkt. Sind Sie mit dem Übergang zufrieden, können Sie das Video weiterbearbeiten. Fügen Sie einen weiteren Übergang an das Ende des zweten Videotracks. Ziehen Sie den nächsten Videotrack heran. Beurteilen Sie im Player das Ergebnis. Fahren Sie so bei allen weiteren Videotracks fort.

In Movie Studio Platinum heißen die Videotracks „Events". Ich habe hier diesen Begriff nicht verwendet. Sie finden ihn aber in den Dokumentationen und Hilfen des Programms. „Tracks" ist im Zusammenhang mit Videoschnitt ein allgemein üblicher Begriff.

Die Optionen eines Überganges können, müssen Sie aber nicht anpassen. In vielen Fällen genügen auch die Voreinstellungen. Um den Effekt bzw. Übergang mit den Voreinstellungen zu übernehmen, ziehen Sie den Effekt vor oder an das Ende eines Videotracks. Das Dialogfenster *Videoevent-FX* klappt auf. Schließen Sie dieses Fenster einfach.

Nach dem Hinzufügen eines Überganges oder auch Effektes finden Sie auf dem letzten Videotrack Ihres Projektes eine grüne Schaltfläche. Wenn Sie darauf klicken, wird das Dialogfenster *Videoevent-FX* eingeblendet. Sie können hier noch nachträglich die Einstellungen eines Übergange/Effektes bearbeiten und einzelne Übergänge/Effekte bei Bedarf aus dem Projekt entfernen.

Halten Sie die Taste *Strg* gedrückt. Markieren Sie nun mit der Maus alle Videotracks. Wählen Sie einen Übergang aus und ziehen Sie ihn an das Ende eines Videotracks. Er wird nun als Übergang zu allen markierten Videotracks hinzugefügt. Sie sparen sich so Zeit und können einen Übergangseffekt für alle Videotracks Ihres Projektes verwenden.

15. Sind alle Arbeiten beendet, kann das Projekt zu einer Videodatei konvertiert und als solche abgelegt werden. Klicken Sie dazu auf die Schaltfläche *Film erstellen*.

16. Der Assistent *Film erstellen* wird aufgeklappt. In diesem werden nacheinander alle wichtigen Einstellungen abgefragt. Wählen Sie *Auf Festplatte speichern*.

17. Wenn Sie möchten, können Sie im nächsten Fenster den Namen des Videos verändern. Wählen Sie das Dateiformat *MP4*. Es ist weit verbreitet und eignet sich hervorragend, um die Videodatei später bei YouTube oder Vimeo zu veröffentlichen. Klicken Sie auf *Durchsuchen* und wählen Sie ein anderes Verzeichnis für die Ablage des Videos. Empfehlenswert ist der Ordner, in dem sich auch die Videos befinden, die Sie von Ihrer Digitalkamera importiert haben. Bestätigen Sie alle Einstellungen mit einem Mausklick auf die Schaltfläche *Weiter*.

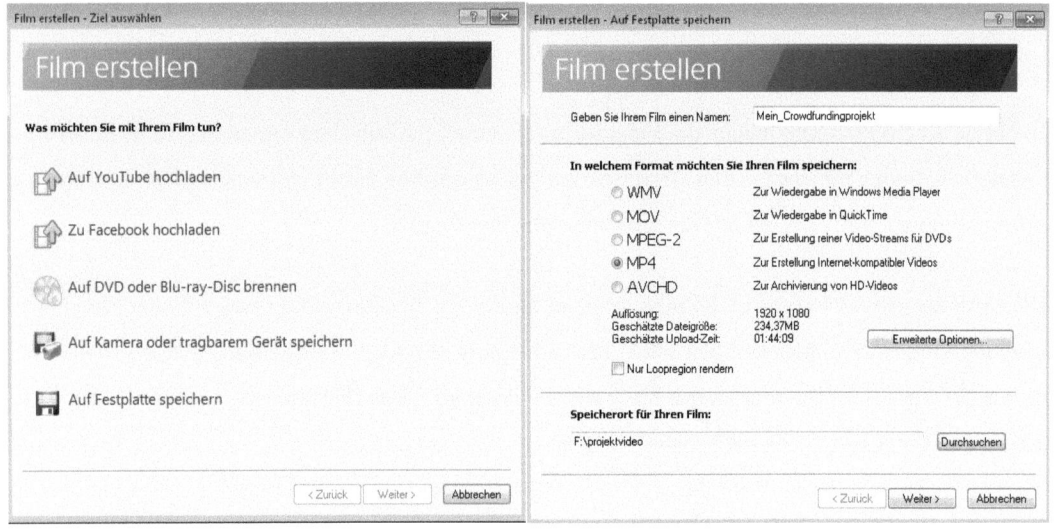

Mit „Auf Festplatte speichern" erhalten Sie eine Videodatei, die in einem Verzeichnis auf Ihrer Festplatte abgelegt wird (linkes Bild). Das Dateiformat „MP4" ist eine gute Wahl. Die Videodatei wird eine Größe von 234 MB haben und eine gute HD-Qualität besitzen (rechtes Bild).

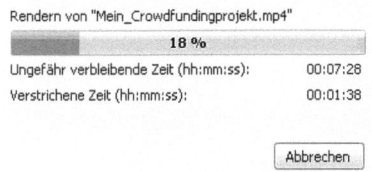

18. Das Video wird nun „gerendert". Das heißt, alle einzelnen Videotracks, Effekte, Übergänge etc. werden neu berechnet und zu einem fertigen Video zusammengefügt. Dieses wird im angegebenen Verzeichnis abgelegt. Mit einem Fortschrittsbalken und einer Prozentanzeige können Sie verfolgen, wie weit das Programm bei dieser Aufgabe bereits ist. Warten Sie, bis der Vorgang beendet ist.

19. Im letzten Fenster des Assistenten werden Sie darüber informiert, dass nun der Film fertig gestellt ist. Schließen Sie das Fenster mit *Fertig stellen*. Beenden Sie das Programm. Schauen Sie sich das fertige Projektvideo an.

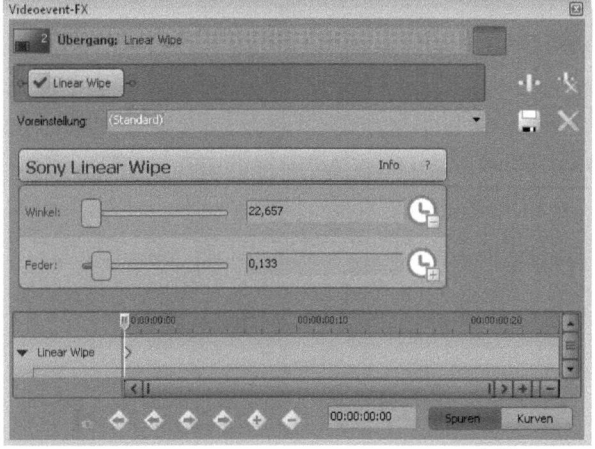

Wie unter Windows üblich, wird der Assistent mit einem nutzlosen Dialogfenster beendet (Bild oben). Hier im Bild links ein Blick auf die zum Übergangseffekt gehörende Einstellungen. Zwei Eigenschaften lassen sich mit Schiebereglern anpassen. Es genügt jedoch, den Effekt mit den Voreinstellungen zu übernehmen.

Hintergrundmusik verwenden

In Ihrem Video gibt es sicher schon eine Tonspur. Im Verlauf der Aufnahme haben Sie sich vorgestellt und von Ihrem Projekt erzählt. Also warum dann noch Musik einfügen? Mit Musik erhält ein Video eine ganz besondere Atmosphäre. Das Video wirkt unterhaltsamer und interessanter. Ein Projektvideo mit Musik sorgt für mehr Fans und Unterstützer.

Sie können mit jedem beliebigen Videoschnittprogramm eine Hintergrundmusik einfügen. Wie bei den Videodateien von Ihrer Digitalkamera wird die Musikdatei zunächst in die Medienauswahl des Programmes importiert. Anschließend ziehen Sie die Datei in das Projekt. Eventuell passen Sie noch die Lautstärke an und blenden hier und da die Musik aus, damit die gesprochenen Inhalte gut verständlich sind.

Einige Videoschnittprogramme bringen eine kleine Auswahl von Soundelementen und Musikstücken mit. Es gibt sogar Videoschnittprogramme, in denen Sie Musik mit verschiedenen Tracks komponieren können.

Ganz wichtig ist: Verwenden Sie nur freie Musikstücke, bei denen Sie ganz sicher sind, dass Sie diese nutzen dürfen. Irgendein Lied, das gerade in den Charts hoch und runter läuft oder auf der nächsten Oktoberfestsitzung ein Mitsing-Hit ist, dürfen Sie nicht verwenden.

Einige wenige Anwender haben einen Klavierspieler im Haus und können einmal fragen, ob dieser nicht ein klassisches Stück für Sie spielt, das Sie aufnehmen und in Ihrem Projektvideo verwenden dürfen. Setzen Sie dafür einen kleinen Vertrag auf und bauen Sie in Ihr Projektvideo am Ende einen kleinen Dankeschöntext ein. Der Musiker wird sich darüber freuen. Aber wer hat schon einen Klavierspieler im Haus? Ich vielleicht. Aber sonst? :-)

Natürlich gibt es auch im Internet Websites, auf denen Sie freie Musiktitel finden. Oft gibt es hier einen besonderen Lizenztext, der die Nutzung erlaubt. Lesen Sie sich unbedingt diesen Lizenztext durch! Fehler können sehr teuer werden und eine Menge Ärger einbringen. Das kann man durch aufmerksames Informieren vermeiden. Eine Lizenz, die die Nutzung erlaubt, ist die „Creative Commons".

Natürlich muss die Musik auch zu einem Projektvideo passen. Heavy Metal, Jazz, Schlager-Oldies, Hipp Hopp und Rap gehen hier weniger gut. Ein klassisches Klavierstück, das ein wenig melodisch klingt, ist vielleicht die bessere Wahl.

Auf den folgenden Websites finden Sie freie Musikstücke:

https://vimeo.com/musicstore

https://soundcloud.com

http://ccmixter.org

http://freemusicarchive.org

Noch ein kleiner Tipp am Rande: Auf den Portalen finden Sie eine sehr große Auswahl an Musikstücken. Hier ziellos herumzustöbern oder überall einmal hereinzuhören, ist unmöglich. Verwenden Sie die Suchfunktion und stöbern Sie so gezielter nach bestimmten Titeln.

Der Vimeo Musicstore hat mir 7.357 Seiten mit je 15 Titeln angeboten. Das sind 110.355 einzelne Musikdateien. Und es kommen sicher jeden Tag neue hinzu. Über den Suchfilter habe ich mir nur die Titel des Genres Klassik (Classical) anzeigen lassen, die eine Creative Commons-Lizenz besitzen und kostenlos heruntergeladen werden. Immerhin sind dies nur noch 82 Seiten, also etwa 1.230 Titel. Da lässt sich schon eher etwas finden.

Um einen Titel herunterzuladen, müssen Sie sich bei der jeweiligen Plattform registrieren und anmelden. Oft kann dies auch mit dem eigenen Facebook-Account geschehen. Empfehlenswert ist es, sich bei Vimeo umzusehen. Hier können Sie nicht nur freie Musik herunterladen und für Ihr Projektvideo nutzen, sondern auch das Video hochladen und in Ihre Startnext-Projektseite einfügen.

Vimeo bietet darüber hinaus noch eine Funktion mit dem Namen „Enhancer" an. Diese fügt einen Musiktrack zu einem auf der Plattform hochgeladenen Video hinzu. Das heißt, Sie können sich mit dieser Funktion das Herunterladen eines Musikstückes und sein Einfügen mit einem Videoschnittprogramm sparen. Aber auch hier müssen Sie natürlich auf die freie Verwendbarkeit achten, also eine vorhandene Creative Commons-Lizenz.

Selbstverständlich hat der Enhancer auch einen Nachteil: Sie können in Ihrem Video nicht die Musik an einigen Stellen ausblenden oder ganz herausnehmen. Das Musikstück wird über das komplette Video gespielt. Mit der Funktion können Sie aber die Wirkung der eingefügten Musik im Video überprüfen und sich eine Menge Arbeit sparen. Ich stelle Ihnen die genaue Verwendung noch in einem nachfolgenden Abschnitt vor.

Der Suchfilter von Vimeo beschränkt die Auswahl der Musiktitel.

Einfacher geht es wirklich nicht. Mit wenigen Mausklicks hat mein Projektvideo eine sehr schöne Hintergrundmusik bekommen. Die Musik wird parallel zum Video abgespielt. So hört man, wie die Kombination aus Video, Sprache und Musik wirkt. Mit einem Regler begrenzt man die Lautstärke der Musik.

So fügen Sie Ihrem Projektvideo einen Musiktrack mit iMove hinzu

Im Folgenden möchte ich Ihnen zeigen, wie Sie auf sehr einfache Weise eine Musikdatei in Ihr Projektvideo einfügen:

1. Wählen Sie eines der Musikportale mit freier Musik. Öffnen Sie die Website des Portals in Ihrem Browser. Melden Sie sich an.

2. Stellen Sie den Suchfilter ein und suchen Sie nach kostenlosen Titeln mit einer Creative Commons-Lizenz und einem passenden Genre, so zum Beispiel *Classic*.

3. Hören Sie sich ein paar der gefundenen Titel an. Laden Sie die Titel, die Ihnen gut gefallen, auf Ihren Rechner.

4. Melden Sie sich vom Musikportal ab.

5. Hören Sie sich alle heruntergeladenen Musiktitel an. Wählen Sie einen Titel aus, der Ihrer Meinung nach zu Ihrem Crowdfunding-Video passt. Kopieren Sie ihn in das Verzeichnis, in dem sich auch die Videodateien aus Ihrer Videokamera befinden.

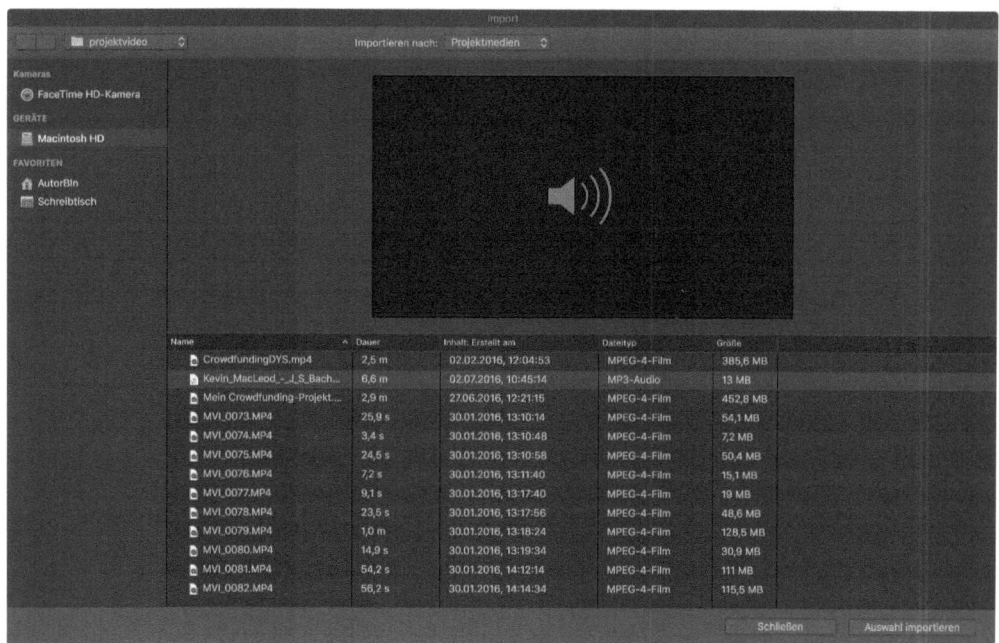

6   Öffnen Sie nun iMove. Laden Sie Ihr Videoprojekt.

   7   Klicken Sie auf die Importschaltfläche über dem Medienfenster. Sie erkennen diese am nach unten zeigenden Pfeil. Suchen Sie die Musikdatei. Markieren Sie diese und bestätigen Sie mit *Auswahl importieren*.

Die ausgewählte Audiodatei wird importiert und steht anschließend im Medienfenster zur Verfügung. Sie sehen Sie unter *Meine Medien*.

Die Musikdatei wird hinter den Videos im Fenster *Meine Medien* eingefügt

8   Ziehen Sie die Musikdatei mit der Maus auf die Audiospur in der Timeline. Das Programm passt die Länge automatisch an.

9   Sehen Sie sich das Projektvideo an und beurteilen Sie, wie die Musik wirkt. Um die Lautstärke der Musik zu verringern, setzen Sie die Maus in die Audiospur und ziehen Sie die Markierungslinie nach unten. Im Beispiel hat sich eine Musiklautstärke von um die 25 % gut bewährt.

10 Trimmen Sie die Audiospur, um so Videosequenzen, in denen viel gesprochen wird und die wichtig sind, von der Musik zu lösen. Ziehen Sie einfach die Musikdatei auf die gewünschte Länge oder verwenden Sie den Trimmer.

11 Erstellen Sie das fertige Video.

Der Musiktrack wird unter die Videospur gelegt. Der Audioinhalt reicht über das gesamte Videoprojekt.

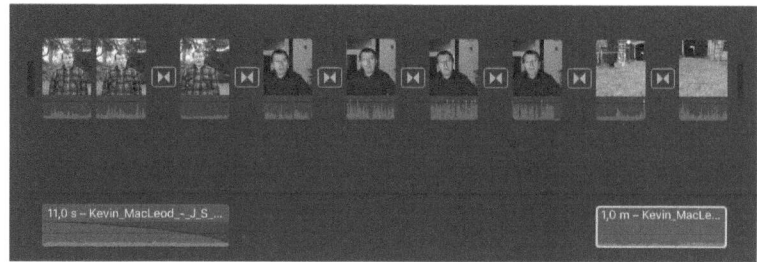

In diesem Beispiel habe ich die Audiospur getrimmt. Das Ergebnis habe ich über die Zwischenablage kopiert. Diese Kopie habe ich an das Ende des Projektes eingefügt. Mithilfe des Anfassers habe ich die Musik in der ersten Audiospur ausgeblendet.

Die Audiotracks besitzen rechts und links einen Anfasser. Diesen können Sie nach rechts und links ziehen und so einen Ein- oder Ausblendungseffekt erzielen.

Über dem Player können Sie mit einer Schaltfläche verschiedene Audioeffekte abrufen. Einige wirken recht verspielt und sind in der Praxis kaum einsetzbar. Probieren Sie es einfach einmal aus.

So fügen Sie Ihrem Projektvideo einen Musiktrack mit Movie Studio Platinum hinzu

Nachfolgend möchte ich Ihnen zeigen, wie Sie auf sehr einfache Weise eine Musikdatei in Ihr Projektvideo einfügen. Die ersten Schritte ähneln der Vorgehensweise, die ein Mac OSX-Anwender realisieren muss.

1 Wählen Sie ein Musikportal mit freier Musik. Öffnen Sie die Website des Portals in Ihrem Browser. Melden Sie sich an.

2   Stellen Sie den Suchfilter ein und suchen Sie nach kostenlosen Titeln mit einer Creative Commons-Lizenz und einem passenden Genre, so zum Beispiel *Classic*.

3   Hören Sie sich einige Titel an. Laden Sie die Titel, die Ihnen gut gefallen, auf Ihren Rechner. Melden Sie sich vom Musikportal ab.

4   Hören Sie sich alle heruntergeladenen Musiktitel an. Wählen Sie einen Titel aus, der Ihrer Meinung nach zu Ihrem Crowdfunding-Video passt. Kopieren Sie diesen in das Verzeichnis, in dem sich auch die Videodateien aus Ihrer Videokamera befinden.

5   Öffnen Sie nun das Programm Movie Studio Platinum.

6   Laden Sie Ihr Projekt in das Programm.

7   Wechseln Sie nach *Projektmedien*. Klicken Sie auf *Medien hinzufügen*.

8   Wählen Sie den Ordner, in dem sich die ausgesuchte Musikdatei befindet. Markieren Sie diese. Bestätigen Sie mit *Öffnen*.

9   Die Musikdatei finden Sie nun im Fenster *Projektmedien*. Sie wird vor Ihre Videodateien gesetzt und ist anhand eines schlichten Symbols zu erkennen Scrollen Sie die Timeline etwas nach unten, bis die Spur Musik zu sehen ist. Diese ist natürlich noch leer. Ziehen Sie per Drag & Drop die Musikdatei auf die Audiospur.

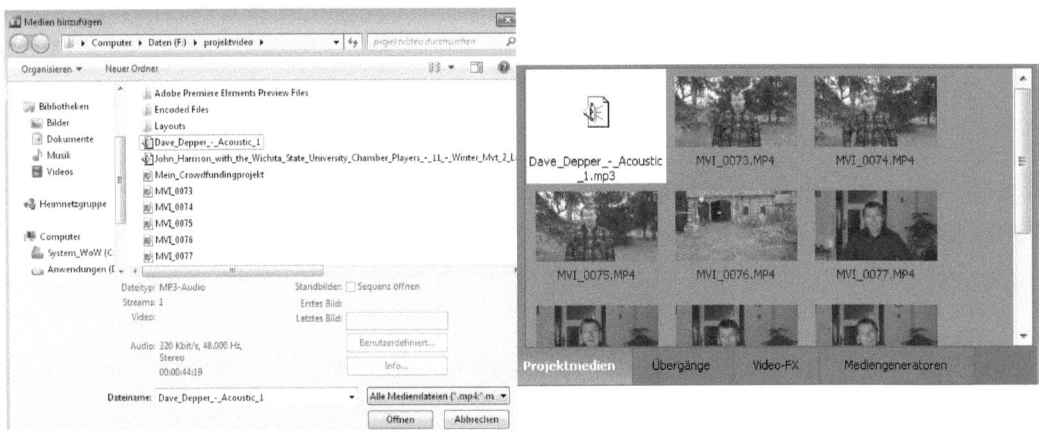

10   Trimmen Sie die Musikdatei. Ziehen Sie die Anfasser rechts und links der Spur in eine Richtung und passen Sie so die Länge der Audiospur an. Sorgen Sie so dafür, dass einige Abschnitte Ihres Projektvideos mit einer Musik versehen sind und andere nicht. Gerade bei Abschnitten, in denen Sie sich und Ihr Projekt vorstellen, kann eine Hintergrundmusik störend wirken.

11   Schauen Sie sich das Projektvideo einmal an. Die Hintergrundmusik ist oft viel zu laut. Um dies zu ändern, setzen Sie die Maus auf den oberen Rand des Audiotracks, dessen Lautstärke verändert werden soll. Genau in der Mitte des oberen Randes befindet sich ein Anfasser, mit dem sich die Verstärkung des Audioinhaltes verändern lässt. Ziehen Sie diesen bis zu einem Wert von etwa -20,dB. Alternativ verwenden Sie den Lautstärkeregler ganz links.

12   Sind Sie mit dem Ergebnis zufrieden, erstellen Sie das fertige Video.

Beim Einfügen der Musikdatei wird deren Länge genau an den darüber liegenden Track angepasst

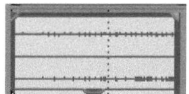 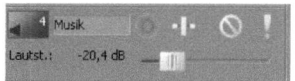

Hier habe ich den Anfasser nach unten gezogen und so die Lautstärke der Musik stark zurückgenommen (linkes Bild). Statt den Anfasser im Musiktrack zu verwenden, können Sie auch den Schieberegler am Beginn der Spur nutzen (rechtes Bild).

Mit dem Enhancer von Vimeo ein Video mit Musik versehen

Um mit dem Enhancer von Vimeo eine Videodatei mit einer Hintergrundmusik zu versehen, gehen Sie wie folgt vor:

1   Melden Sie sich bei Vimeo an.

2   Sofern nicht bereits geschehen, laden Sie Ihr Projektvideo auf die Plattform hoch.

3   Geben Sie in Ihrem Browser die Adresse *https://vimeo.com/musicstore* ein.

4   Unter der Überschrift *MusicStore* finden Sie den Hinweis auf den Enhancer. Wählen Sie in dieser Anzeige *Veredlung starten*.

5   Im nächsten Fenster wählen Sie *Jetzt mit Veredlung starten*.

6   Sie sehen nun ein Fenster mit einem Bearbeitungsfeld. Rechts daneben sehen Sie eine Liste Ihrer bei Vimeo vorhandenen Videodateien. Klicken Sie auf *Music hinzuzufügen*.

7   Klicken Sie unter dem Suchfeld auf *Erweiterter Filter*. Wählen Sie die Suchkriterien *Kostenlos*, *Creative Commons* und *Classical* (oder eine von Ihnen bevorzugte Musikkategorie). Das Genre wird gewählt, indem Sie mit der Maus in das Suchfeld klicken. Ein Auswahlfeld klappt auf und Sie können das Genre wählen. Schauen Sie sich die Suchergebnisse an. Hören Sie in das eine oder andere Musikstück hinein. Alternativ können Sie auch auf Ihre gespeicherten Tracks und die Downloads zurückgreifen und hier eine Musikdatei auswählen. Um eine Musikdatei für Ihr Video zu verwenden, klicken Sie auf die blaue Schaltfläche vor dem Namen der Datei.

8   Wählen Sie die Videodateien aus, die mit Musik versehen werden soll.

9   Ist die Musikdatei länger als die Laufzeit des Videos, können Sie mit dem grauen, gelb umrandeten Balken bestimmen, welcher Inhalt aus den Musikdateien wiedergegeben werden soll. Verschieben Sie den Balken mit der Maus.

10 Ziehen Sie den Lautstärkeregler *Music* nach unten, um die Lautstärke der Hintergrundmusik etwas zu reduzieren.

11 Möchten Sie die Musik ausblenden, tragen Sie einen Zahlenwert in das Eingabefeld *Ausblenden* ein.

12 Übernehmen Sie die ausgewählte Musik mit allen Einstellungen mit einem Mausklick auf die Schaltfläche *Veredeln*.

13 Im nächsten Bildschirm sehen Sie eine Vorschau des Videos mit der Musik. Geben Sie diese wieder und beurteilen Sie, ob Sie mit dem Ergebnis zufrieden sind.

14 Möchten Sie die Musikdatei übernehmen, wählen Sie Bestehendes Video ersetzen. Möchten Sie die Originaldatei behalten, wählen Sie *Neues Video speichern*.

15 Füllen Sie das Eingabeformular Videoeinstellungen aus. Bestätigen Sie mit einem Mausklick auf *Änderungen speichern*.

16 Warten Sie, bis die Videodatei abgespeichert wurde. Melden Sie sich von Vimeo ab.

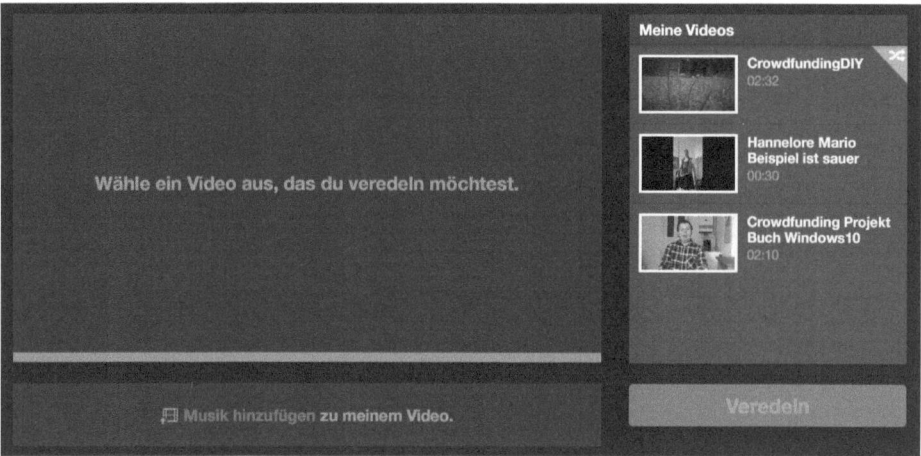

Ein zuvor auf die Plattform hochgeladenes Video wird mit einer Musikdatei versehen

Die Musikdatei wurde ausgewählt. Alle Einstellungen sind gemacht. Nun kann das Video „veredelt" werden.

Sie können die Veränderung auf zweierlei Weise festhalten: Ersetzen Sie das vorhandene Video oder speichern Sie eine neue Datei

Die Video-Plattformen kurz vorgestellt

Das Projektvideo für Ihre Crowdfunding-Kampagne bei Startnext laden Sie zunächst auf eine der Plattformen YouTube oder Vimeo hoch. Anschließend verlinken Sie es. Das heißt, Sie tragen in das Eingabeformular Ihres Projektes nur den Link zum Video ein. Diesen können Sie bei der Plattform kopieren.

Ein kurzer Blick auf YouTube

Die Plattform YouTube finden Sie unter *https://www.youtube.com/?gl=DE&hl=de*. YouTube kennt fast jeder. Der Videostreamingdienst ist sehr gut besucht. Musikvideos, Kinotrailer, Naturfilme und jede Menge Privatvideos finden Sie hier. YouTube gehört zu Google und ist daher mit Ihrem Google-Account verknüpft. Die Zugriffe auf die eigenen Videos werden mit einer umfangreichen Statistikfunktion festgehalten. Sie können Kommentare abgeben und Videos über den Browser bearbeiten und schneiden.

Die hochgeladenen Videos werden in einem eigenen Kanal abgelegt. Andere User können diesen abonnieren, wenn sie dies möchten. Analytics ist direkt in YouTube eingebunden und zeigt umfangreiche Statistiken zu den hochgeladenen Videos an. Im „Video Manager" können die hochgeladenen

Videos bearbeitet werden. Sie können die Videos automatisch optimieren lassen, Anmerkungen und Infokarten hinzufügen und Untertitel erstellen. In der Community können Sie Kommentare einsehen, darauf antworten und kleine Diskussionen starten. In den „Videotools" finden sich Soundelemente und kostenlose Musiktracks, die für die akustische Untermalung der eigenen Videos genutzt werden können. Wer mag, kann Livestreaming-Videos über YouTube ausstrahlen. Diese neue Funktion wird derzeit in einer frühen Betaphase getestet.

Ein kurzer Blick auf Vimeo

Vimeo ist mein ganz persönlicher Favorit. Sie finden diesen Streamingdienst unter der Adresse *https://vimeo.com*. Vimeo ist nicht so stark von Werbung durchzogen. Es gibt viele professionelle Filmemacher, die hier ihrer Kreativität freien Lauf lassen. Vimeo bietet auch einen eigenen Audiopool, den ich in diesem Buch vorgestellt habe. Für den Otto Normalanwender genügt der kostenlose Zugang zu diesem Dienst.

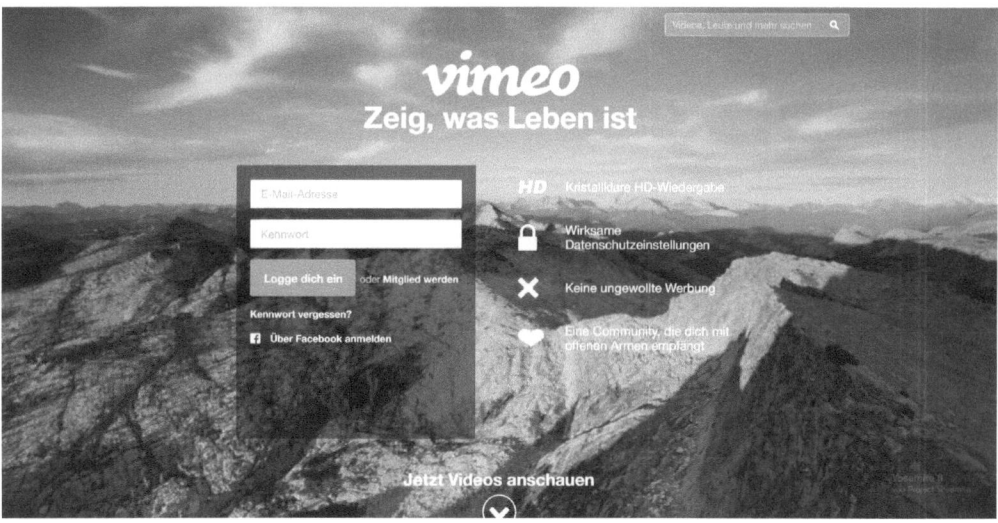

Bei Vimeo geht es etwas ruhiger zu – weniger nervige Werbeeinblendungen und mehr niveauvolle Videos.

Videos lassen sich vom PC, mit einer App vom Smartphone, von Dropbox aus, über eine FTP-Verbindung oder direkt aus einigen Videoschnittprogrammen hochladen. Videos können mit einem Kennwortschutz gesichert werden. Vor oder nach Videos blendet Vimeo keine Werbung ein. HD ist Standard. Ein 4k-Player wird angeboten. Mit Cameo können Videos mit dem Smartphone erstellt, bearbeitet und geteilt werden. Vimeo bietet eine englischsprachige kostenlose Videoschule an. Der kostenlose Basic-Zugang bietet 500 MB Speicherplatz pro Woche und 25 GB im Jahr. Das ist mehr als ausreichend für viele eigene Videokreationen. Die hochgeladenen Videos werden in Kategorien sortiert und mit Stichworten versehen. Anderen Mitgliedern kann man folgen und sich so wie in einem sozialen Netzwerk miteinander verlinken.

Die vorgestellten Funktionen stellen nur eine grobe Auswahl dar und vermitteln einen schnellen Überblick über die Portale. Schauen Sie sich einmal in Ruhe auf beiden Videostreaming-Portalen um! Für welche Plattform Sie sich entscheiden, bleibt Ihrem persönlichen Geschmack überlassen. Schauen Sie sich beide Dienste an.

Das Video auf eine Plattform laden

Haben Sie sich für eine Plattform entschieden, registrieren Sie sich auf dieser. Tragen Sie ein paar allgemeine Informationen im Profil der Plattform ein. Und danach kann es schon losgehen:

So laden Sie ein Video auf Vimeo hoch

Um ein Video auf Vimeo hochzuladen, gehen Sie wie folgt vor:

1 Geben Sie in Ihrem Webbrowser die Adresse des Vimeo-Portals ein.

2 Melden Sie sich an.

3 Klicken Sie am rechten oberen Rand der Webseite auf *Hochladen*.

4 Klicken Sie auf *Wähl die Dateien aus, die Du uploaden willst*. Wählen Sie das Verzeichnis aus, in dem sich die Videodatei befindet. Markieren Sie die Datei und bestätigen Sie die.

5 Die Videodatei wird nun auf den Vimeo-Server geladen. Während dies geschieht, geben Sie alle Informationen zum Video in den Eingabeformularen ein. Geben Sie einen Namen für die Videodatei und eine Beschreibung ein. Tragen Sie in das Feld *Tags* eine Reihe passende Stichworte

ein. Im Listenfeld *Sprache wählen* Sie *Deutsch*. Im Feld *Datenschutz* lassen Sie die Vorgabe *Jeder darf dieses Video sehen* stehen. Unter *Inhaltsbewertung* wählen Sie *Alle Zuschauergruppen*. Bestätigen Sie mit einem Mausklick auf die Schaltfläche *Speichern*.

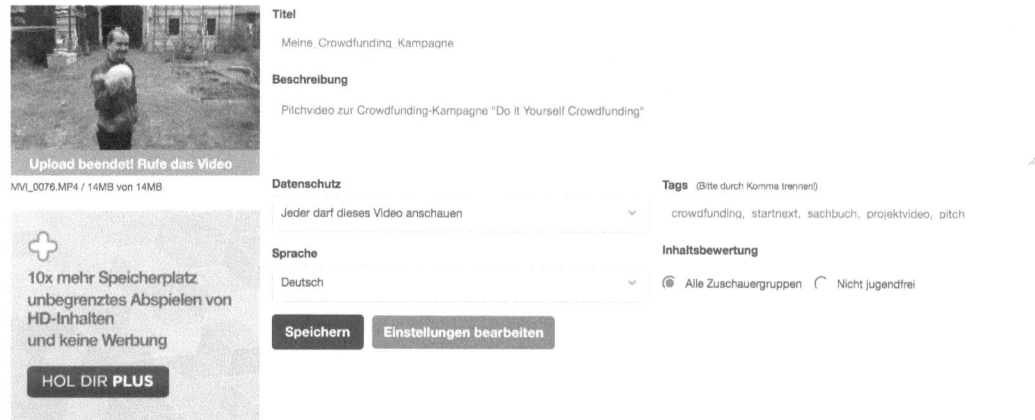

Tragen Sie zu Ihrem Video Titel, Beschreibung und Stichworte ein

So laden Sie ein Video auf YouTube hoch

Um ein Video auf YouTube hochzuladen, gehen Sie wie folgt vor:

1 Geben Sie in Ihrem Webbrowser die Adresse des YouTube-Portals ein.

2 Melden Sie sich an.

3 Klicken Sie auf *Hochladen*. Klicken Sie auf das große Pfeilsymbol.

4 Suchen Sie das Verzeichnis, in dem sich die Videodatei befindet. Markieren Sie diese und bestätigen Sie.

5 Tragen Sie in die Eingabeformulare einen Titel für das Video, eine Beschreibung und eine Reihe passender Stichworte. Bestätigen Sie.

Das Produktvideo in den Projektentwurf einbinden

Das Projektvideo, das Sie zuvor auf einen der Server von Vimeo oder YouTube hochgeladen haben, wird mit einem Link in Ihre Projektbeschreibung eingebunden. Das ist einfach und schnell getan.

Den Videolink bei YouTube kopieren

1   Öffnen Sie die Website von YouTube.

2   Melden Sie sich zunächst mit Ihren Google-Zugangsdaten an.

3   Links oben im Menü der Plattform wählen Sie *Mein Kanal*.

4   Wählen Sie *Videos*. Klicken Sie das Video an, dass Sie verlinken wollen.

5   Stoppen Sie die Wiedergabe des Videos mit der Pausen-Taste.

6   Klicken Sie auf *Teilen*.

7   Ein Fenster mit dem Link zum Video klappt auf. Markieren Sie den angezeigten Link. Öffnen Sie mit der rechten Maustaste das Kontextmenü und wählen Sie *Kopieren*. Sie finden die Funktion auch im Menü Ihres Browsers unter *Bearbeiten*. Wenn Sie mögen, können Sie auch ein Tastenkommando verwenden. Dieses lautet *Strg + C*. Auf einem Macintosh drücken Sie *Command + C*.

8   Wechseln Sie zu Startnext.

Den Videolink bei Vimeo kopieren

1   Öffnen Sie die Website von Vimeo.

2   Melden Sie sich auf der Plattform an. Haben Sie die automatische Anmeldung aktiviert, überspringen Sie diesen Schritt.

3   Öffnen Sie das Benutzermenü und wählen Sie *Videos*.

4   Klicken Sie das Video an, dass Sie auf Ihrer Projektseite verlinken wollen.

5   Klicken Sie auf *Teilen*.

6   Ein Fenster klappt auf, mit dem Sie Ihr Video in verschiedenen sozialen Netzwerken teilen können. Markieren Sie den Link. Öffnen Sie mit der rechten Maustaste das Kontextmenü und wählen Sie *Kopieren*. Sie finden die Funktion auch im Menü Ihres Browsers unter Bearbeiten. Wenn Sie mögen, können Sie auch ein Tastenkommando verwenden. Dieses lautet *Strg + C*. Auf einem Macintosh drücken Sie *Command + C*.

7   Wechseln Sie zu Startnext.

Den Videolink in die Projektseite einbinden

Der zweite Schritt besteht im Einbinden des Links in Ihre Projektseite. Und das geht so:

1   Melden Sie sich bei Startnext an.

2   Wählen Sie *Eigene Projekte*.

3   Klicken Sie auf Ihr Projekt.

4   Öffnen Sie das Bearbeitungsmenü und wählen Sie *Medien*. Kopieren Sie den Link in das Feld *Pitch-Video*. Setzen Sie dazu den Mauscursor in das leere Feld hinter Pitch-Video. Öffnen Sie mit der rechten Maustaste das Kontextmenü und wählen Sie *Einfügen*. Diesen Befehl können Sie aus dem Menü Ihres Browsers auswählen. Sie finden ihn unter *Bearbeiten*. Auch hier gibt es ein Tastaturkommenado. Möchten Sie es verwenden, drücken Sie *Strg + V*. Auf einem Macintosh lautet es *Command + V*.

5   Bestätigen Sie mit einem Klick auf *Speichern*.

Video

Pitch-Video *   https://vimeo.com/174399232

Video von Vimeo oder Youtube mit dem Link einbinden.

Das Eingabeformular Ihrer Projektseite verlangt den Link zu Ihrem Projektvideo. Dieser wird einfach über die Zwischenablage kopiert.

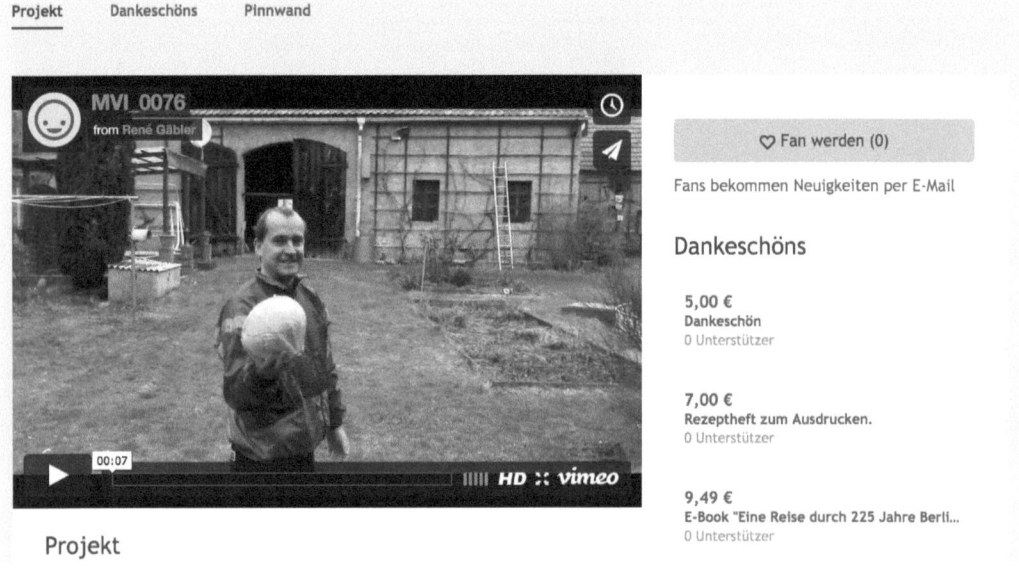

Haben Sie den Link eingefügt und die Änderungen im Bearbeitungsmenü der projektseite mit Speichern bestätigt, zeigt Startnext das erste Bild des Videos nebst eingebetteten Player auf Ihrer Projektseite an.

Eine kleine Einführung in das Thema Food Photography

In diesem Kapitel lesen Sie, was sich hinter dem Begriff Food-Photography verbirgt. Ich stelle Ihnen die Grundlagen dieses Themas vor und verrate Ihnen, was sich hinter dem Belichtungsdreieck, der Tiefenschärfe und dem Weißabgleich verbirgt. Ich zeige Ihnen, was Sie für Ihre eigenen Food-Fotos benötigen und auf was Sie bei der Wahl des richtigen Objektives achten müssen. Am Ende des Kapitels lesen Sie, warum es wichtig ist, Ihre eigenen Food-Fotoprojekte richtig zu planen.

Was davor kommt

Bei den verschiedenen Crowdfunding-Plattformen tauchen immer mal wieder Kochbuchprojekte auf. Es werden Bio-Ideen umgesetzt, neue Nahrungsmittel entwickelt, Imbisshäuschen realisiert, Gaststätten mit einem neuen Look versehen und, und, und … Die Kategorien Essen, Kochbücher und Bio-Food gehen gut. Und das ist sehr erstaunlich, da die Buchhandlungen, Onlinebuchshops und Bahnhofsbuchhandlungen voll mit Kochbüchern und Rezeptheften sind. Der Markt ist zwar übersättigt, aber die ganzen Kochbücher schwimmen meist auf einer Mainstreamwelle und auf den tausend Kochsendungen im TV von Wer-weiß-Wem. Kreativität ist gefragt. Und das Erkennen von Trends und aktuellen Entwicklungen.

Vielleicht liebäugeln Sie mit einem Kochbuchprojekt. Schauen Sie sich bei den Plattformen um! Was war bisher erfolgreich? Was ist aktuell bei den Essens-kategorien los? Wo liegen die Trends? Welche Kampagnen gehen bei einer Plattform und bei einer anderen weniger?

Beurteilen Sie, wo Ihre Idee einzuordnen ist. Überlegen Sie sich, ob Sie mit Ihrem Produkt tatsächlich eine gute Chance haben. Testen Sie das in Ihren sozialen Netzwerken. Hier sehen Sie gut, ob es ein Interesse gibt oder ob dies weniger der Fall ist.

Voraussetzungen für ein Food-Projekt sind natürlich ein Fotoapparat und eine kleine Fotoausrüstung. Ein Stativ ist ganz praktisch. Sie sollten für gute Lichtverhältnisse sorgen und natürlich ein geeignetes Bildbearbeitungsprogramm verwenden. Diese Voraussetzungen sollten einfach zu erfüllen sein.

Was ist eigentlich Food-Photography

Food- Photography ist ein Gebiet der Fototechnik, das sich in letzter Zeit entwickelt hat. Dieser Zweig der Fotografie beschäftigt sich ausschließlich mit dem Fotografieren von Essen, Getränken und Nahrungsmitteln.

Einfach „Drauflosknipsen" ist für moderne Nahrungsmittelprodukte und Essen nicht ausreichend. Sie erzielen bessere Wirkung mit ausgeklügelten und speziellen Techniken. Das geht von einfachen Tipps und Tricks bis zu speziellen Fotoausrüstungen und besonders hergerichteten, unechten Lebensmitteln. Ja, Sie haben richtig gelesen: „unechte Lebensmittel". Es gibt beruflich arbeitende Food-Designer, die Lebensmittel für die Food- Photography herrichten. Sie arbeiten mit Licht, Filtern, Farben und Plastikelementen.

Food-Photography soll Nahrungsmittel und Essen so zeigen, wie es in Wirklichkeit ist. Oder auch noch besser. Die fotografierten Elemente sollen Appetit und Lust auf das Produkt machen. Es soll eine Geschichte erzählt werden. Der Zuschauer soll das Produkt haben wollen oder, im Fall eines Crowdfunding-Projektes, Fan und Unterstützer werden wollen.

Man kann sagen: Mit einem Bild soll bei dem Betrachter eine Reihe Emotionen geweckt werden. Hunger, Appetit, Interesse … Erreichen Sie dies, haben Sie den Betrachter für sich gewonnen.

Ein schönes Negativbeispiel, das ich extra für Sie kreiert habe. :-) Eine bunte Tischdecke. Ein bunter Teller. Lieblos angerichtete Speisen. Keine Garnitur. Hier wurde einfach alles falsch gemacht, was man falsch machen kann.

Denken Sie einfach einmal an verschiedene Gerichte, die Sie gern essen und zuhause auch zubereiten. Es gibt hier Gerichte, die zunächst in der Pfanne oder auf dem Teller nicht besonders aussehen. Manch hausgemachter Gulasch, mancher Eintopf oder die eine oder andere Suppe sieht nicht sonderlich fotogen aus. Hier muss man schauen, wie man das Essen optisch schön anrichtet. Der richtige Hintergrund, weißes Geschirr, ein paar passende Hintergrundobjekte, schön angerichtetes Besteck … und schon haben Sie ein tolles Foto eines hausgemachten Gulaschs, das Appetit weckt und Lust auf dieses Gericht macht.

In der professionellen Food-Photography arbeitet man mit einem Food-Stylisten oder Koch, einer besonderen Ausrüstung und erstellt die Fotos in einem speziellen Fotostudio. Die Objekte werden vorbereitet, in Szene gesetzt und mit passendem Equipment fotografiert. Anschließend werden die so erstellten Fotos bearbeitet.

Natürlich müssen Sie selbst entscheiden, welche Möglichkeiten Sie nutzen wollen und welche nicht. Am Ende entscheidet ja das Ergebnis und ob dieses bei Ihren Unterstützern ankommt. Lassen Sich mich hier einfach einmal einen kleinen Einblick in das Thema geben. Bitte entschuldigen Sie, wenn es sich hierbei nur um eine grobe Einführung handelt und einen kleinen Überblick zu ein paar Techniken und Kniffen. Ein umfassender Kurs würde den Rahmen dieses Buches sprengen.

Grundlagen der Food-Photography

Ein Bild lässt sich in mehrere Elemente aufteilen:

- das Objekt,

- die Umgebung des Objektes (auch Kulisse oder Szene),

- das technische Equipment und die Einstellungen der Kamera,

- das Licht.

Kräuter sind nicht nur wichtig zum Würzen eines Gerichtes, sondern eigenen sich sehr gut zum Garnieren. Damit erreichen Sie auch optisch interessante Effekte. Ein Bild wirkt mit ein paar Kräutern schöner. Das Gericht sieht schmackhafter und interessanter aus.

Das Objekt ist in diesem Fall das Essen oder das Getränk.

Die Umgebung zeigt mehr oder weniger von dem Drumherum um das Objekt. Je nach Kamerazoom kann hier mehr oder weniger zu sehen sein. Tischdekoration, Geschirr, Besteck, Hintergrund, Garnierungen und andere Essenselemente können dazugehören.

Das technische Equipment besteht aus der Kamera, der Fotoausrüstung, den Zubehörgeräten des Fotografen: Filter, Scheinwerfer und Ähnlichem.

Das Licht hebt das Objekt hervor und bindet das Auge des Betrachters auf das Objekt. Der Fotograf kann auch weitere Elemente weniger stark hervorheben und natürlich mit Farben, Spiegelungen und Schattenwürfen arbeiten.

Das fertige Essen muss schnell fotografiert werden. Im Idealfall arbeitet man in einem Team. Ein Food-Stylist, Koch oder ein kochendes Teammitglied kümmert sich um die Herrichtung des Gerichtes. Dann wird es schnell angerichtet. Der Fotograf setzt es in Szene, passt Licht und Kameraeinstellungen an und fotografiert es. Bei einem Crowdfunding-Projekt geht diese Teamarbeit manchmal nicht. Dann muss man einfach schnell arbeiten.

Das Licht ist für Food-Photography sehr wichtig. Das Essen soll möglichst natürlich aussehen. Bei anderen Fotoobjekten kann man auch einmal etwas schöner machen, als es in Wirklichkeit ist. Bei einem Essen oder einem Getränk wollen Sie ja eine natürliche Wirkung erzielen. Man arbeitet hier mit dem natürlichen Sonnenlicht oder einer Softbox, die ein weiches, der Sonne ähnliches Licht auf das Objekt wirft. Ein großes Fenster, durch das Sonnenlicht einfällt, ist ideal. Um hier keine direkte Strahlung zu haben, wird vor dem Fenster noch ein dünnes weißes Tuch gehängt. So erhält man auch bei natürlichem Licht ein weiches Licht ähnlich dem der Softbox.

Wichtig ist auch, aus welcher Richtung das Licht auf das zu fotografierende Objekt fällt. Für die Food-Photography nutzt man ein so genanntes „Backlight". Die Lichtquelle strahlt von hinten direkt auf das Objekt. Damit das Objekt vorn nicht zu dunkel erscheint, wird ein Reflektor oder eine weitere Lichtquelle eingesetzt.

Eine Softbox und einen Faltreflektor erhalten Sie schon für wenige Euro in Onlineshops. Die Anschaffung lohnt sich, sofern Sie professionelle Fotoergebnisse erzielen wollen und vielleicht mehrere

Food-Produkte bei Crowdfunding finanzieren und umsetzen wollen. Faltreflektoren können gut transportiert werden. Sie werden einfach zusammengeklappt und in einer Tragetasche verstaut. Alternativ zu einem Reflektor lässt sich auch eine Styroporplatte verwenden. Es gibt im Bastlerladen, in Onlineshops und natürlich im Baumarkt große Styroporplatten. Diese werfen ein weißes Licht zurück und sind damit gut geeignet, Bildelemente mit dem richtigen Licht zu versorgen. Diese Platten sind sehr günstig und einfach zu verwenden. Sie werden einfach am passenden Ort aufgestellt.

Sofern es bei Ihnen möglich ist, sollten Sie natürliches Sonnenlicht nutzen. Wenn Sie einen Raum haben, in dem aus einem großen Fenster das Sonnenlicht auf die Fläche auftrifft, auf der Sie fotografieren, dann ist das ideal. Ist das Fenster noch mit einer Milchglasscheibe ausgestattet, erhalten Sie ein schönes und warmes Licht. Ist eine solche Milchglasscheibe nicht vorhanden, können Sie einen Stoffvorhang aus dünnem Tüll vor das Fenster hängen.

Bei gutem Lichteinfall und guter Ausleuchtung des zu fotografierenden Objektes ist kein Reflektor oder eine weitere Lichtquelle notwendig. Probieren Sie dies mit einigen Testfotos aus.

Ich kann in meiner Küche das Sonnenlicht nutzen. Das Fenster geht zur Südseite und bringt recht oft das Sonnenlicht in den Raum.

Moderne Digitalkameras bieten eine gute bis sehr gute Lichtempfindlichkeit. Sie erhalten unterschiedliches Zubehör im Fachhandel und in Onlineshops. Sie müssen nicht extreme Summen investieren, sondern kommen schon mit wenigen Anschaffungen zum Ziel.

Idealerweise sollten Sie mit 100 ISO fotografieren. Die Blende passt sich hier entsprechend an.

Einige Kameras wie auch meine LUMIX FZ 1000 bieten Food-Programme, die Sie natürlich nutzen können und auch sollten. Sie können recht einfach den Fokus für die Scharfeinstellung auf bestimmte Objekte setzen. Setzen Sie das Zoomobjektiv ein, um das Objekt in einer großen Einstellung in das Bild zu bringen. Mit erweiterten Einstellungen können Sie bereits beim Fotografieren Farbkorrekturen vornehmen.

Weitere Korrekturen nehmen Sie später mit dem Bildbearbeitungsprogramm vor. Achten Sie auf eine ruhige Kamerahaltung. Ein Stativ ist natürlich ideal. Auch ein Auflagepunkt ist eine gute Hilfe. Nutzen Sie, sofern vorhanden, den Monitor der Kamera. Hier können Sie das Objekt, die Szene und den Hintergrund bereits im Vorfeld beurteilen. Machen Sie ruhig mehrere Aufnahmen. Wählen Sie später die gelungenste und beste aus. Verzichten Sie auf die Arbeit mit dem internen Blitz. Er sorgt für unschöne Lichteffekte. Ebenso sollten Sie auf kreative Filter und Bildexperimente verzichten. Sie wollen das Objekt ja so natürlich wie nur möglich auf das Bild bringen.

Beim Fotografieren müssen Sie entscheiden, ob Sie die Gerichte und Getränke ohne viel Drumherum auf ein Bild bringen. Bei manchen Gerichten ist es aber notwendig, mehr zu tun. Nicht alle Gerichte und Getränke sehen auf den ersten Blick superfotogen aus. Dann müssen Sie das Objekt „in Szene setzen". Das heißt, Sie machen das Objekt interessanter und optisch attraktiver. Das kann mit Garnituren, Besteck, weiteren Essensobjekten wie buntem Obst oder Kräutern geschehen. Oder mit Hintergrundobjekten. Auch ein Model ist möglich, welches das Getränk serviert oder trinkt. Wobei natürlich kein professionelles Fotomodel notwendig ist. Es genügt ein Teamkollege oder ein hilfsbereiter Bekannter.

Wichtig ist bei einem solchen In-Szene-Setzen, dass das eigentliche Objekt des Bildes im Vordergrund bleibt. Sie wollen ja nicht mit buntem Obst ein Bild lebhafter machen und darin dann den Kartoffelsalat verschwinden lassen. Das Objekt muss interessanter wirken, aber im Vordergrund bleiben.

Man nutzt in der Fotografie oft Objekte in der Komplementärfarbe des zu fotografierenden Objektes. Die Komplementärfarbe zur Farbe des Objektes ergibt gemischt (Farbe des Objektes plus gewählte Komplementärfarbe) einen grauen Ton. Bei einem blauen Objekt nutzt man zur Hervorhebung ein gelbes Objekt. Zu Cyan passt gut ein grünes Objekt. Schauen Sie sich einmal ein Farbmodell an, das in einem Kreis dargestellt wird. Die Komplementärfarbe steht immer der Objektfarbe gegenüber.

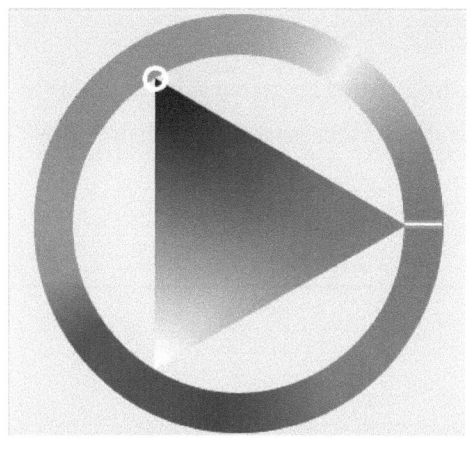

Ein Farbkreis wie hier aus GIMP zeigt sehr schön, welche Farben sich gegenüberliegen. Es ist somit eine gute Orientierung für die Auswahl der Farbe von zusätzlichen Objekten.

Möchten Sie sich näher zum Thema „Komplementärfarben" informieren, finden Sie interessante Farbkreise und Texte im Internet. Googeln Sie einfach einmal danach.

Neben der gegensätzlichen Farbe des Objektes können Szenen auch auf andere Weise erstellt werden. So arbeitet man sehr gern mit Formen und anderen, zum fotografierenden Objekt passenden Objekten. Das Bild ist so lebendiger und interessanter. Sie kennen sicher hierzu Beispiele. In einem Magazin wird ein Gericht dargestellt. Dazu werden Kräuter und Kartoffeln ergänzt. Es ist ein schönes Besteck zu sehen oder auch eine Vase mit einem bunten Blumenstrauß. Die Tischdekoration fällt ins Auge. Vieles ist möglich. Auch bei Werbeanzeigen wird dies oft verwendet.

Eine weitere Rolle spielen Strukturen und Muster, zum Beispiel durch Platten, auf denen das Gericht serviert wird und bei Geschirr. Damit wirken Fotos besser. Die Objekte werden hervorgehoben. Der Kontrast wird verbessert.

Oft ist auch das Fehlen von Mustern eine gute Wahl. Buntes Geschirr ist nicht in jedem Fall ideal. Weißes Geschirr ist eine gute Wahl. Natürlich sollten alle Geschirrelemente gleich sein. Unterschiedliche Muster, nicht zusammenpassende Geschirrteile sorgen für einen chaotischen und unordentlichen Effekt. Sie sollten auch nicht gerade Pappteller oder Plastikbecher verwenden.

Die verschiedenen Möglichkeiten sollten Sie miteinander kombinieren. Also Farben, Objekte, Strukturen und Hintergrund werden zu einem Foto. Stellen Sie sich einen Apfel auf einem Tisch vor. Interessant? Das Foto wirkt möglicherweise nicht interessant. Schneiden Sie den Apfel auf. Legen Sie ihn auf ein Holzbrett. Positionieren Sie noch einen oder zwei Äpfel in den Hintergrund. So wirkt das Bild viel besser.

Kameragrundlagen: das Belichtungsdreieck

Moderne Digitalkameras bieten jede Menge Einstellmöglichkeiten und Programme. In der professionellen Food-Photography wie auch in anderen Profi-Fototechniken arbeitet man mit den drei wichtigsten Werten einer Kamera:

- ISO
- Blende
- Verschlusszeit

Man bezeichnet diese drei Einstellfeatures auch als so genanntes „Belichtungsdreieck".

ISO bestimmt die Lichtempfindlichkeit des Kamerasensors. Bei schlechten Lichtverhältnissen verwendet man einen hohen ISO-Wert. Bei guten Lichtverhältnissen wird ein kleiner ISO-Wert gewählt. Aber: Mit einem höheren ISO-Wert entsteht ein Farbrauschen. Dieser Effekt ist natürlich nicht gewünscht.

Der ideale ISO-Wert hängt auch ein wenig vom Verwendungszweck des Bildes ab. Wird ein Foto nur in einem Weblog verwendet oder in den sozialen Netzwerken, fallen Bildfehler wie Farbrauschen weit weniger auf, als wenn Sie das Bild für ein Hochglanzcover im A4-Format oder als übergroßes Poster verwenden wollen. Hier kann auch noch viel bei der Nachbearbeitung verändert und korrigiert werden.

Da ich hier empfehle, mit natürlichem Sonnenlicht zu arbeiten oder mit einer Lichtbox und einem Reflektor, sollten Sie den ISO-Wert 100 nutzen. Die Kamera muss hier sehr ruhig gehalten werden. Verwenden Sie eine Auflage oder ein Stativ.

Für mein Buch kann ich auch mit höheren ISO-Werten arbeiten. Bei ungünstigen Lichtverhältnissen, zum Beispiel an einem eher trüben und bedeckten Tag, erreiche ich dennoch eine gute Bildqualität. Die in einer 4K-Bildauflösung erstellten Fotos werden für ein Bild im Buch auf eine relativ kleine Abmessung heruntergerechnet und bei Bedarf mit einem Bildbearbeitungsprogramm optimiert. Farbrauschen fällt hier nicht weiter auf. Vorhandene Bildfehler verschwinden.

Die Blende bestimmt, wie viel Licht in die Kamera eindringt. Bei einer großen Blende gelangt viel Licht in die Kamera. Bei einer kleinen Blende kommt nur wenig Licht in die Kamera. Die Blende beeinflusst auch die Tiefenschärfe. Tiefenschärfe meint nichts anderes, als dass das Objekt und seine Umgebung scharf auf dem Bild abgebildet werden. Oder eben, bei einer ungünstigen Blende, dass Objekte oder der Hintergrund unscharf werden.

Unschärfe kann natürlich auch gewollt sein. Sie kennen das vielleicht von Porträtaufnahmen. Ein unscharfer Hintergrund oder Nachbarobjekte, die unscharf sind, rücken das eigentliche Bildobjekt in den Vordergrund. Das Auge des Betrachters wird hier mit dem Spiel zwischen Schärfe und Unschärfe fokussiert. Diesen Effekt erzielen Sie mit einer möglichst großen Blende.

Kommen wir zur Food-Photography zurück. Stellen Sie sich ein Grillgericht vor. Um das Thema „Grillen" besser zu verdeutlichen, wird ein Tisch im Grünen platziert. Ein Sommergarten ist hier denkbar. Ein paar Personen im Hintergrund, die eine Party vortäuschen. Viele Elemente im Garten verteilt, die auf eine solche Gartenparty hinweisen. Aber: Sie wollen in Ihrem Kochbuch nur das Gericht zeigen. Also wählen Sie eine hohe Blende und sorgen so dafür, dass der Hintergrund unscharf wird. Er ist auch weiter als Garten inklusive Party erkennbar, aber das auf dem Grill zubereitete Essen wird deutlich hervorgehoben.

Die letzte Funktion, die in der Food-Photography wichtig ist, ist die Verschlusszeit, das heißt, die Zeit, die der Verschluss der Kamera geöffnet ist. Eine lange Verschlusszeit lässt mehr Licht in die Kamera. Mit einer kurzen Verschlusszeit wird weniger Licht eingelassen. Mit einer langen Verschlusszeit sind zum Beispiel Bewegungseffekte möglich. In der Food-Photography spielen diese natürlich keine Rolle. Da Sie mit Sonnenlicht oder einer Kunstlichtquelle arbeiten und die Kamera im Idealfall auf einem Stativ platzieren, kann die Verschlusszeit ignoriert werden. Es sei denn, Ihr im Bild festzuhaltendes Essen bewegt sich und Sie wollen diese Bewegung wiedergeben. :-)

Die Tiefenschärfe richtig einsetzen

Auf jedem Food-Bild (oder fast auf jedem) haben Sie ein Objekt, das Sie darstellen wollen. Es gibt einen Hintergrund und ein paar zusätzliche Objekte, die für die richtige Atmosphäre und die Wirkung des Bildes sorgen. Manchmal sorgen die zusätzlichen Objekte auch für eine bestimmte Emotion. So können Sie zum Beispiel einem griechischen Essen die richtige Urlaubsstimmung hinzugeben und darauf hinweisen, dass es sich um eine aus Griechenland stammende Delikatesse handelt. In der Regel haben Sie auf jedem Bild ein darzustellendes Objekt. Mit der richtigen Tiefenschärfe wird dieses klar in den Fokus des Bildes gebracht. Der Betrachter konzentriert sich auf dieses Objekt. Er „sieht" es und nimmt es deutlich und bewusst wahr.

Die richtige Tiefenschärfe sorgt dafür, dass das darzustellende Objekt scharf dargestellt wird. Alle Nebenobjekte und der Hintergrund werden unscharf.

Die Tiefenschärfe wird durch mehrere Komponenten beeinflusst:

- die Art und Güte des Objektives der Kamera,

- die verwendete Blende,

- die technischen Eigenschaften der Kamera.

Bei den Eigenschaften der Kamera entscheiden die Größe und die Empfindlichkeit des Sensors über die Tiefenschärfe. Diese können Sie nicht mehr beeinflussen. Es sei denn, Sie greifen zu einer anderen Kamera mit einem höherwertigen Sensor.

Die Tiefenschärfe wird weiterhin durch den Abstand der Kamera zum Essen oder Getränk beeinflusst, das fotografiert werden soll, weiterhin vom Abstand des Objektes zum Hintergrund des Bildes. Diese Maße beeinflussen den Verlauf der unscharfen Bildelemente.

Sie können jetzt die idealen Werte anhand mathematischer Berechnungen ermitteln. In die Berechnung fließen die Werte des Objektives und die gewünschte Tiefenschärfe ein. Das Ergebnis der Formel zeigt genau den Abstand vom Objekt zur Kamera. Natürlich müssen Sie jetzt keine schwierige mathematische Formel notieren und sich mit dem Taschenrechner abmühen. Es gibt für die Berechnung der Tiefenschärfe praktische Webformulare im Internet und Apps für Smartphones und Tablets. Suchen Sie nach „Depth of Field Calculator". Es gibt auch einige Rechentools, die Sie auf den Seiten der Kamerahersteller finden. Ein solches habe ich zum Beispiel bei Canon gefunden. Hier wählen Sie nur den Kameratyp aus, tragen die Linse ein (Linse in Millimetern, also das verwendete Objektiv), die Entfernung der Kamera und den f-Stop-Wert. f-Stop ist die verwendete Blende.

Weitere Rechentools finden Sie als App für Ihr Smartphone oder Tablet im Playstore oder AppStore. Suchen Sie auch hier nach „Depth of Field Calculator" oder nach „DoF Master". Ein Beispiel eines solchen Formulars finden Sie im Internet auf der Webseite *http://www.dofmaster.com/dofjs.html*.

Die Paprika in der Mitte ist scharf. Die vordere und hintere Paprikaschote sind unscharf. Der Tiefenschärfebereich geht nicht über das gesamte Bild.

Experimentieren Sie ruhig einmal mit diesen Rechentools etwas herum. Variieren Sie den Abstand der Kamera zum Objekt. Wählen Sie eine größere Blende. Nutzen Sie ein anderes Objektiv. Bei einem Zoomobjektiv müssen Sie sich für eine Brennweite entscheiden.

Ein Beispiel für eine Berechnung möchte ich Ihnen hier nun zeigen:

Ich verwende meine Lumix FZ 1000, stelle eine Blende von 45 ein und eine Objektivbrennweite von 60 mm. Die Kamera wird so platziert, dass das Objekt 40 Zentimeter entfernt ist.

Die Formel auf der Website gibt mir nun aus, dass innerhalb eines Bereiches von 1,79 Zentimetern das Objekt scharf gezeigt wird. Und das genau bei 39,2 bis 40,9 Zentimetern. Das ist nur ein schmaler Bereich. Das würde natürlich für einen vollen Teller nicht genügen. Zunächst aber sollen nur die Formel und deren Ergebnisse veranschaulicht werden.

Hier noch einmal unser Negativbeispiel. Die Tischdecke passt nicht. Der Teller ist bekleckst. Das Essen wirkt unappetitlich. Alles sieht lieblos aus und wirkt wie das schlimmste Studenten-Fast-Food aus einer alten Dose. Interessanterweise finden sich tatsächlich Crowdfunding-Kampagnen auf den Plattformen mit derart lieblosen und unüberlegt erstellten Fotos. Schauen Sie sich die Bilder auf den Dosen im Supermarkt an: Hier wird getrickst und die billigsten Gerichte werden optisch attraktiv dargestellt.

Nun genügt natürlich ein Bereich von knapp 2 Zentimetern nicht, um einen Teller voll mit Essen scharf darzustellen. Wenn Sie nun einmal mit den eingegebenen Zahlen herumspielen, was sich bei einem Webformular sehr gut macht, werden Sie sehen, wie sich die verschiedenen Parameter auf den Tiefenschärfebereich auswirken. Eine kleinere Objektivbrennweite vergrößert den Bereich, in dem das Objekt und seine Umgebung scharf dargestellt werden. Erhöhen Sie die Objektivbrennweite, wird der Bereich kleiner.

Nehmen Sie eine kleinere Blende, wird der Tiefenschärfebereich ebenfalls kleiner. Erhöhen Sie die Blende, wird er demzufolge größer.

Bringen Sie die Kamera näher an das Objekt, wird der Tiefenschärfebereich kleiner. Entfernen Sie die Kamera, wird der Bereich größer.

Sie sehen, jeder der Werte nimmt direkten Einfluss auf die Tiefenschärfe.

Nun bringt es natürlich nichts, wenn Sie wahllos ein paar Zahlenwerte so kombinieren, dass Sie genau einen Tiefenschärfebereich in der gewünschten Größe haben. Die Werte sollten sinnvoll ausgewählt werden.

Machen Sie sich keine Sorgen, dass Sie jedes Mal vor jedem Foto eine mathematische Formel und eine Reihe technischer Werte durchgehen müssen, die für Kopfschmerzen sorgen. In der Regel werden sich die meisten Objekte, die Sie im Zusammenhang mit einem Projekt fotografieren müssen, auf dem gleichen Platz befinden. Sie müssen also nur einmal oder zumindest nur wenige Male die Berechnung und damit die Vorüberlegung durchführen. Leichter geht dies natürlich mit der App auf dem Smartphone.

Wenn ich nun zu meiner Beispielrechnung zurückkomme, ließe sich mit den folgenden Werten gut arbeiten: Als Blende nehme ich die 10. Ich fotografiere aus einer Entfernung von 80 Zentimetern mit einem 30-mm-Objektiv. Der Bereich der Tiefenschärfe liegt hierbei bei 6,91 Zentimetern. Damit lässt sich gut arbeiten.

Die Tiefenschärfe bestimmt nun nicht, dass genau im ermittelten Bereich alles scharf ist. Das würde ja bedeuten, das bei einer Tiefenschärfe von 10 Zentimetern alle Objekte und Strukturen, beginnend vom Anfang bis zum Ende dieser 10 Zentimeter, gestochen scharf sind. Vielmehr verteilt sich der scharfe Bereich um den Fokuspunkt. Ein Drittel davor und zwei Drittel hinter dem Fokuspunkt werden scharf.

Stellen Sie sich drei Äpfel vor, die auf einem Holzbrett liegen. Die Äpfel sind hintereinander aufgestellt. Nun setzen Sie den Fokus mit Ihrer Kamera vor den zweiten Apfel. Und so können Sie diese drei Objekte scharf im Foto sehen. Probieren Sie dies ruhig einmal aus!

Sülze selbst gemacht. Mit einer weißen Unterlage aus Küchenpapier und einem weißen Teller hebt man sehr gut ein Gericht hervor. Eine kleine Garnitur wirkt Wunder.

Den Weißabgleich bei der Kamera einstellen

Der Weißabgleich ist ein weiteres wichtiges Feature, auf das Sie beim Fotografieren achten müssen. Warum geht es dabei: Jede Lichtquelle hat eine eigene Farbgebung. Diese kann ein Bild verändern und einfärben. So strahlt ein Lagerfeuer oder eine Kerze ein orangefarbenes Licht aus. Die Xenon-Scheinwerfer eines Autos geben ein bläuliches Licht ab. Ein Kunstlicht aus einer Softbox erzeugt ein weißes Licht.

Jede moderne Kamera besitzt ein Feature zum Weißabgleich. Das sollte eingeschaltet sein. Sie erreichen damit eine natürliche Farbgebung des im Foto festgehaltenen Objektes. Meine Kamera verfügt über mehrere Einstellungsoptionen. Ich kann das Erkennen der Lichtquelle und das Anpassen des

Weißabgleiches der Kamera überlassen (automatischer Weißabgleich). Oder ich wähle, ob ich bei Tageslicht, bei bewölktem Himmel, im Schatten oder bei Kunstlicht fotografiere. Ebenso kann ich die Lichtquellen „Blitz" wählen. Darüber hinaus kann ich den Weißabgleich anhand einer genauen Farbtemperatur einstellen.

Ein Sonnenaufgang hat eine Farbtemperatur von 3.000 Kelvin. Bei Mittagssonne sind 5.500 bis 6.500 Kelvin vorhanden. Kerzenlicht hat nur 2.999 Kelvin. Es gibt hier schon einen deutlichen Unterschied.

Außerdem bietet meine Kamera an, vier Weißabgleichswerte zu messen und unter einem bestimmten Speicherplatz in der Kamera abzuspeichern. Diese kann ich bei Bedarf sehr einfach abrufen und verwenden. Hierbei wird einfach die Farbtemperatur einer Fläche gemessen, so zum Beispiel die der Wand im Fotostudio oder die der Wand in dem Raum, in dem die Fotos erstellt werden. Je nach Kamera gestaltet sich die Vorgehensweise unterschiedlich.

Beachten Sie bitte auch, dass bei der Auswahl einer Lichtquelle für den Weißabgleich die Verwendung einer anderen Lichtquelle zu Fehlern führt. Wenn die Kamera noch auf „Bewölkter Himmel" steht und Sie arbeiten später bei praller Mittagssonne, stimmt der Weißabgleich nicht mehr. Dann kommt es zu Farbverfälschungen im Bild. Farbverschiebungen entstehen auch, wenn Sie eine Lichtquelle für den Weißabgleich wählen und das Blitzlicht der Kamera hinzuschalten.

Empfehlenswert ist die Arbeit mit dem RAW-Format. Hier können Sie später Farbkorrekturen am PC vornehmen, sofern diese notwendig sein sollten. Dazu ist natürlich ein professionelles Bildbearbeitungsprogramm notwendig, welches das RAW-Format Ihrer Kamera unterstützt.

Die Wahl des richtigen Objektivs für die Food-Photography

Die Wahl eines Objektivs ist Geschmackssache. :-) Standardobjektive im Bereich von 50 mm Brennweite sind gut geeignet. Ich persönlich nutze sehr gern ein Zoomobjektiv. Es bietet mir beim Fotografieren mehr Möglichkeiten und lässt sich für verschiedene Einsatzbereiche nutzen.

Um bestimmte Objekte wie zum Beispiel Zutaten für ein Gericht sehr nah und detailliert zu zeigen, verwendet man ein Makroobjektiv.

Sie merken, die Wahl eines Objektives hängt vor allem auch von den Bildmotiven ab. Makroobjektives zeigen Objekte sehr deutlich. Mit einem Objektiv um die 50 mm können Sie auch die umliegende Szene gut einfangen und für eine zusätzliche Atmosphäre sorgen.

Die Arbeit eines professionellen Food-Stylisten selbst erledigen

Natürlich müssen Sie für Ihr Crowdfunding-Projekt keinen teuren Food-Stylisten beauftragen. Sie können dessen Aufgaben sehr leicht selbst erledigen. Dazu müssen Sie sich nur das notwendige Werkzeug zusammenstellen. Interessanterweise werden hier keine besonders komplizierten Werkzeuge genutzt, auch keine teure Ausrüstung ist notwendig und es braucht auch keine Chemikalien. Bis auf eine kleine Ausnahme.

Rüsten Sie sich mit den folgenden Utensilien aus:

- Gummihandschuhen,

- Küchenrollen,

- Lebensmittelpinseln,

- Öl,

- einer Sprühflasche mit Wasser,

- einer mit Wasser gefüllten Spritze,

- einem Tortenheber aus Metall ,

- einem Holzspatel oder einem hölzernen Kochlöffel,

- Holzspießen,

- einer Holzzange,

- mit Gabeln und

- Plastilin

Die Gummihandschuhe ziehen Sie an, wenn Sie mit dem Essen und den Nahrungsmitteln arbeiten. Sie sorgen dafür, dass Sie die Fotoausrüstung nicht schmutzig machen. Und Sie müssen sich nicht jedes Mal, wenn Sie mit den Gerichten oder Nahrungsmitteln arbeiten, die Hände waschen.

Mit den Küchenrollen reinigen Sie die Unterlage und können auch Fleisch und Fisch abtupfen. Sie können das Geschirr vor Wasser, Öl usw. reinigen. Ich nutze auch gern Küchenrollenpapier als Unterlage für Fotos.

Öl und Lebensmittelpinsel dienen zum Herrichten einiger Speisen. Nudeln und Gemüse wirkt so frischer. Das Wasser wird dagegen bei Salat verwendet. Aufgetragen wird es mit der Sprühflasche. Müssen Sie nur kleine Dosen oder Tropfen auftragen, verwenden Sie die Spritze.

Mit dem Tortenheber und mit Holzspateln können die Lebensmittel zurechtgerückt werden, ebenso mit der Gabel und der Holzzange.

Holzspieße sind manchmal notwendig, um Lebensmittel anzuheben oder zu platzieren, auch, um Besteck oder Geschirr anzuheben und in Position zu bringen. Gleiches geschieht mit dem Plastilin.

Je nachdem, was fotografiert werden soll, können Sie auf einzelne Dinge verzichten oder müssen noch etwas hinzunehmen. Zum Beispiel sind eventuell kleine Holzkeile oder Holzbausteine zum Platzieren von Objekten nützlich. Hier sind Ihrem Einfallsreichtum und Ihrer Kreativität keine Grenzen gesetzt.

Zusätzlich brauchen Sie natürlich Gerätschaften und Elemente für die Gestaltung einer Bildszene. Ebenso wie Geschirr, Besteck, Zubehör, Tischdecken oder farbige Tücher und, und, und. Je nach Bildmotiv gibt es hier andere Möglichkeiten. Fündig werden Sie hier in Onlineshops, in Baumärkten und natürlich auf Flohmärkten.

Fotos planen und erstellen

Bevor Sie ans Fotografieren gehen, planen Sie die einzelnen Fotos. Überlegen Sie, was Sie fotografieren wollen, welche Emotionen und Eindrücke Sie transportieren wollen. Davon ausgehend können Sie dann das entsprechende Fotoequipment kaufen und sich das Material und Handwerkszeug für das Herrichten der Lebensmittel und Gerichte besorgen. Sie können das richtige Geschirr erwerben, sich um Holzbrettchen (wenn notwendig) kümmern und um Tischtücher oder farbige Stoffe, die als Unterlage verwendet werden, bemühen. Außerdem können Sie zusätzliche Elemente im Baumarkt oder auf dem Flohmarkt kaufen und damit Ihre Szenen ausgestalten. Und Sie müssen sich über die Orte, an denen Sie fotografieren, Gedanken machen. Vielleicht nutzen Sie einen Tisch in der Küche oder fotografieren doch lieber im Hobbykeller. Vielleicht entstehen die Fotos im Garten oder in einem provisorisch aufgebauten Fotostudio.

Für ein komplettes ganzen Food-Photography-Projekt ist die Planung unbedingt notwendig. Sie können nicht erst die Fotos planen und um die einzelnen Elemente kümmern, wenn Sie bereits fotografieren. Dann ist keine Zeit mehr dafür. Mit einer guten Vorplanung können Sie Szenen aufbauen und viele Fotos hintereinander erstellen.

Machen Sie sich hier auch Gedanken um die richtige Lichttechnik und das richtige Objektiv für Ihre Kamera. Berechnen Sie die Tiefenschärfe, die Sie für Ihre Fotos brauchen. Und stellen Sie den Weißabgleich bei Ihrer Kamera ein. Machen Sie ein paar Probefotos. Verwenden Sie hierfür einen Dummy. Das kann ein kleiner Styroporblock sein oder eine Pappschachtel. Es sollte die Größe des zu fotografierenden Objektes haben. Mit diesem Dummy stellen Sie das Licht ein, platzieren die Kamera und machen ein paar Probefotos.

Halten Sie die Planung in Form von Notizen fest. Hier und da können Sie auch eine Skizze erstellen oder eine kleine Skriptzeichnung.

Denken Sie bitte auch daran, dass wirklich nur der im Foto festgehaltene Ausschnitt wichtig ist. Nur wenn eine bestimmte Stimmung transportiert werden soll, ist auch mehr interessant. Das bedeutet, dass alles außerhalb der fotografierten Fläche uninteressant ist. Wenn der Hobbykeller rumplig ausschaut, interessiert das nicht. Nur der Tisch und das, was dort angerichtet wird, ist auf dem Foto zu sehen.

Die Fotos werden in der Regel aus einer Dreiviertel-von-oben-Perspektive oder direkt von oben erstellt. Für Letzteres nutzt der Fotograf eine Leiter, um direkt auf das Objekt fotografieren zu können. Sie können es sich leichter machen, wenn Sie nicht auf einem Tisch anrichten, sondern auf dem Boden. Im Bild später ist ja nicht zu sehen, dass Sie die Gerichte direkt auf dem Fußboden abgestellt und auf das Bild gebracht haben.

Im kleinen Rahmen sind auch Fotos auf engstem Raum möglich. Das ist zum Beispiel notwendig, wenn man in einer kleinen Küche oder einer Gartenecke fotografieren muss. Dann lässt sich auch oft mit einem ferngesteuerten Blitz (mit aufgestecktem Diffuser) und einer genormten Tageslichtlampe für das richtige Licht sorgen. Als Reflektor kann auch die weiße Schrankunterseite, eine weiße Wand oder eine Plastik- oder Styroporplatte dienen.

Haben Sie Ihre Fotos gut geplant, stehen das notwendige Equipment und das Werkzeug für die Arbeit mit dem Essen zur Verfügung und sind alle Objekte angeschafft, mit denen die Bilder ausgestattet werden, steht dem Fotografieren nichts mehr im Wege. Die Fotos werden anschließend auf den Rechner übertragen und mit einem gängigen Bildbearbeitungsprogramm bearbeitet.

Von der Idee zum fertigen Produkt

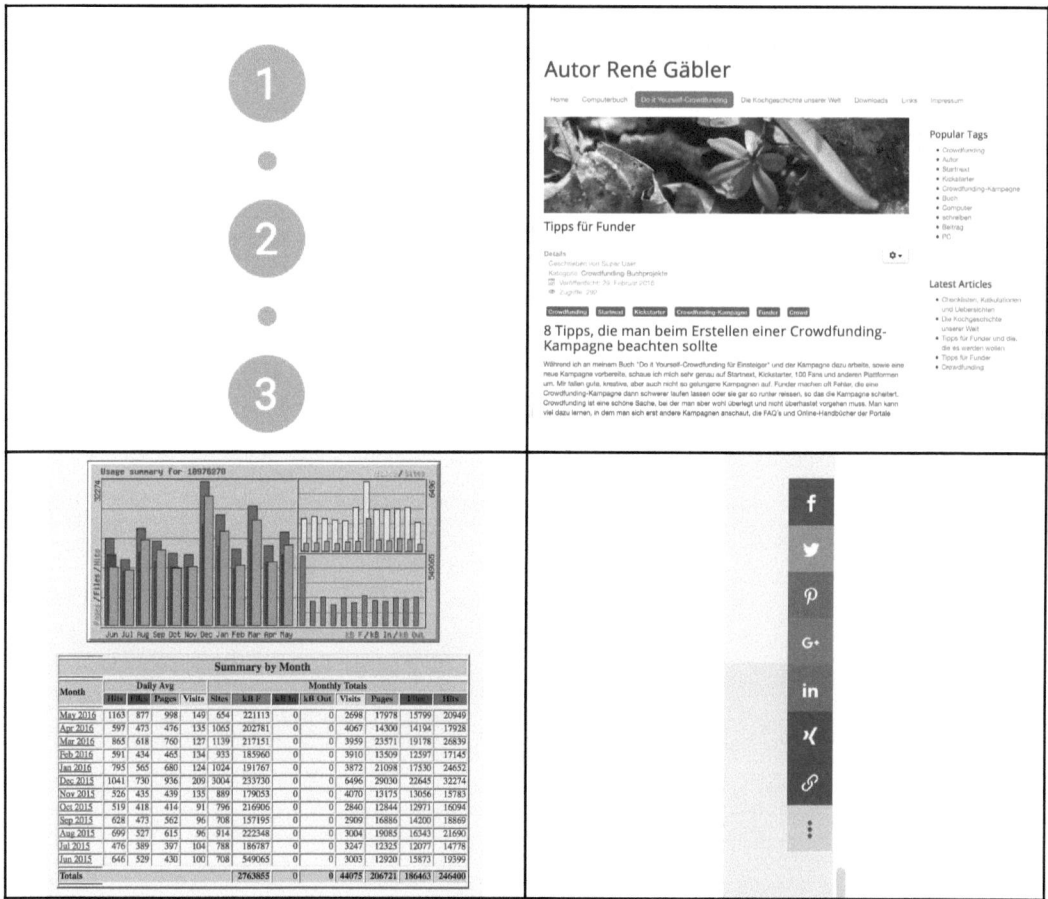

In diesem Kapitel lesen Sie, wie Sie das Feedback der Besucher Ihrer Projektseite einsehen und auswerten. Sie erfahren, wie Sie Ihr Crowdfunding-Projekt frei geben und es anschließend in den sozialen Netzwerken bekanntmachen. Sie lesen, welche einzelnen Schritte für das Erstellen einer eigenen Facebook-Gruppe und für das Einrichten eines neuen Weblogs beim Google-Dienst Blogger notwendig sind.

Feedback nutzen und auswerten

Noch vor einer Weile mussten Sie bei Startnext eine bestimmte Anzahl Fans sammeln. Die Anzahl war abhängig von der Höhe der Funding-Summe. Das hat man geändert. Nun sollen Sie Feedback und Fans sammeln. Das Feedback soll ausgewertet, die Projektseite soll anschließend überarbeitet werden.

Um sich die erhaltenen Feedbacks anzuschauen, gehen Sie wie folgt vor:

1. Melden Sie sich an. Wählen Sie Ihr Projekt. Dazu wechseln Sie nach dem Anmelden auf Ihre Profilseite und wählen *Eigene Projekte*. Wählen Sie mit einem Mausklick das gewünschte Projekt aus.

2. Öffnen Sie das Menü am linken Rand. Unter / *Feedback Ergebnisse* finden Sie alle Informationen zu den bisherigen Feedbacks.

Ganz ehrlich gesagt: Die Funktion wird selten benutzt. Oft muss man Freunde, Bekannte und Kontakte dazu bitten, ein Feedback abzugeben. In meinem Fall ist ein einziges Feedback abgegeben worden. Ich wiederhole es noch einmal: Es ist exakt ein Feedback abgegeben worden.

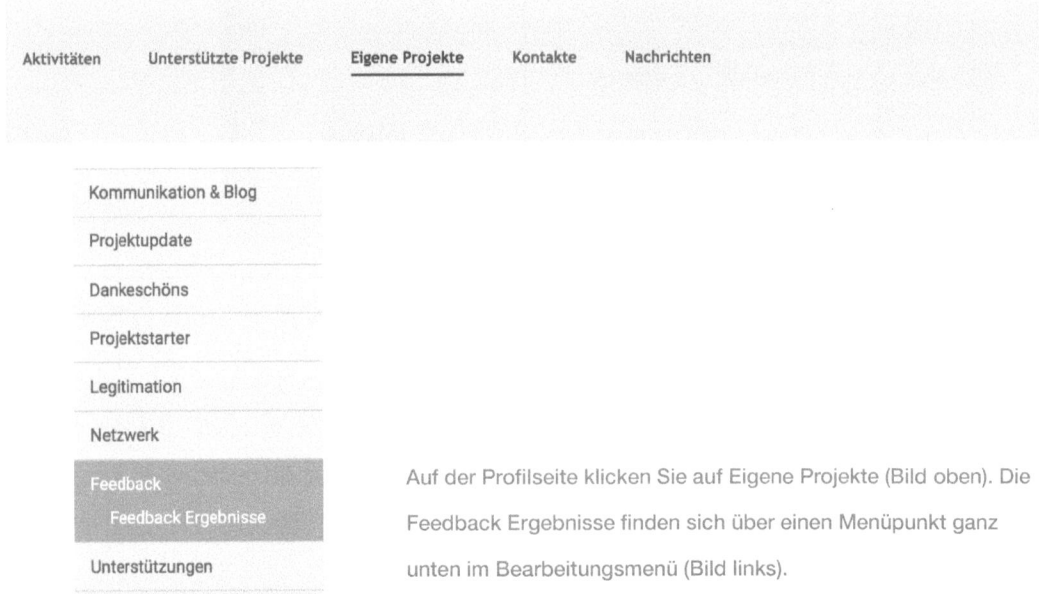

Auf der Profilseite klicken Sie auf Eigene Projekte (Bild oben). Die Feedback Ergebnisse finden sich über einen Menüpunkt ganz unten im Bearbeitungsmenü (Bild links).

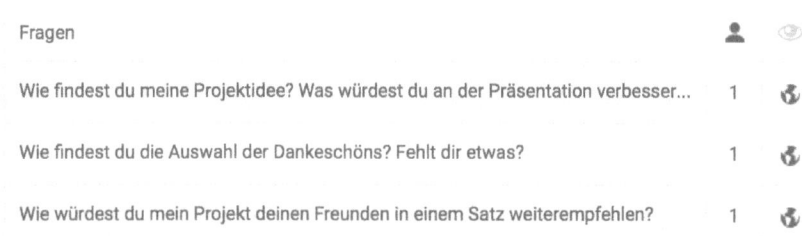

Nun ja, ein Feedback ist nicht besonders aussagekräftig. Aber immerhin hat sich ein Besucher die Mühe gemacht, die Formularfelder auszufüllen.

Klicken Sie auf die Formularfelder, um deren Inhalte einzusehen. Lesen Sie sich in Ruhe durch, was der Besucher Ihrer Projektseite an Kommentaren hinterlassen hat. Versuchen Sie herauszufiltern, was wirklich kritisch und was nur Meckerei ist. Setzen Sie Verbesserungsvorschläge um. Bitten Sie andere, Ihre Projektseite zu besuchen und eine Kritik zu hinterlassen und auf *Fan werden* zu klicken.

Das Einholen von Feedback ist nicht unbedingt notwendig, die Bekanntmachung eines Projektes schon. Rühren Sie in allen sozialen Netzwerken die Werbetrommel. Machen Sie schon vor dem Wechsel in die Funding-Phase viele auf Ihr Projekt aufmerksam – so viele wie nur möglich!

Den Projektentwurf freigeben

Schauen Sie sich noch einmal alle Einzelheiten Ihres Projektes durch. Achten Sie darauf, dass der Finanzierungszeitraum korrigiert wird. Befand sich das Projekt sehr lange in der Entwurfsphase, hat sich die Finanzierungsphase entsprechend nach hinten verschoben. Nehmen Sie alle notwendigen Korrekturen und Ergänzungen vor.

Öffnen Sie das Bearbeitungsmenü und wählen Sie *Wechsel beantragen*. Fügen Sie eine kleine Nachricht an. Schreiben Sie ein paar nette Worte und bitten Sie um den Wechsel in die nächste Phase.

Ein Mausklick und eine kleine Nachricht genügen für den Wechsel in die nächste Phase der Kampagne (Bild links). Der Wechsel in die nächste Phase wurde beantragt (Bild rechts).

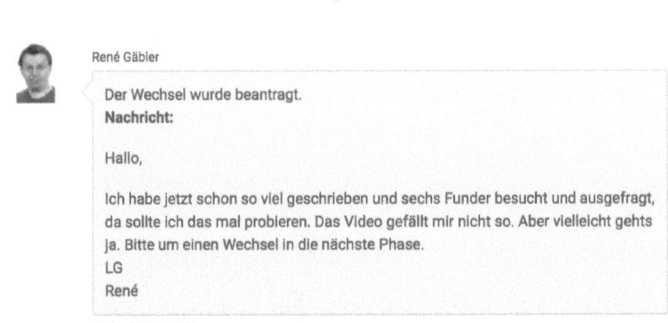

Eine Nachricht mit einem Gruß und einer kleinen Begründung genügt und schon wandert die Beantragung zu den Mitarbeitern von Startnext

Es dauert ein paar Tage, bis Sie eine Antwort erhalten. Das Projekt wird geprüft. Und passt alles, erhalten Sie per E-Mail die Information, dass Ihr Projekt sich nun in der Finanzierungsphase befindet.

Melden Sie sich nun an, sehen Sie auf Ihrer Projektseite eine Information dazu, dass sich das Projekt gegenwärtig in der Finanzierungsphase befindet. Hier werden Sie darauf hingewiesen, so viel wie nur möglich Wirbel zu machen, um das Projekt bekanntzumachen und so für viele Fans und Unterstützer zu sorgen.

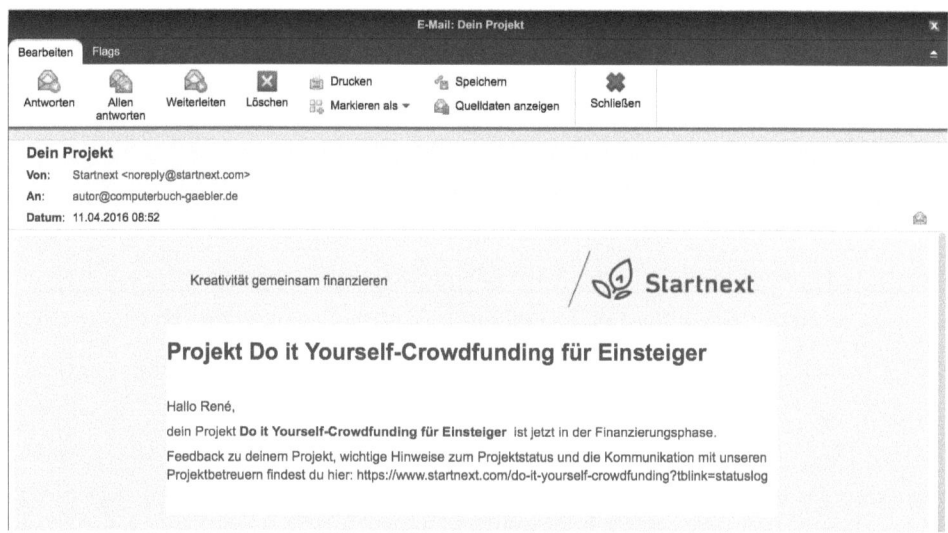

Eine E-Mail informiert darüber, dass sich das Projekt jetzt in der Finanzierungsphase befindet.

Das Projekt ist nun in Phase 3 angelangt.

Das Projekt über die sozialen Netzwerke bekanntmachen

Die Anzahl der Fans ist ein Messwert für das Interesse an Ihrem Projekt. Sammeln Sie viele Fans und gehen Sie erst dann in die Funding-Phase. Wechseln Sie zu früh, erhalten Sie womöglich zu wenige Unterstützer.

Nutzen Sie Ihre Crowd! Bitten Sie Freunde, Bekannte, Kumpels aus Ihrem Verein und alle, die Sie kennen, um Unterstützung. Machen Sie auf Ihr Projekt aufmerksam und weisen Sie unbedingt daraufhin, dass auch Fans helfen, Ihr Projekt nach vorn zu bringen. Sagen Sie jedem, dass man als Fan nur ein paar Mausklicks ausführen und nichts kaufen muss!

Facebook und Co: die sozialen Netzwerke nutzen

Welche sozialen Netzwerke Sie nutzen, ist ein wenig davon abhängig, wo Sie Ihre Crowd erreichen. Wo haben Sie bisher Ihre Interessen verbreitet? Wo haben Sie Beiträge und Bilddateien geteilt und Menschen mit den Interessen erreicht, die zu Ihrem jetzigen Projekt passen?

Die Frage ist nicht immer leicht zu beantworten. Wenn Sie bisher in einem Forum, auf einer Website oder in einer Facebook-Gruppe aktiv waren und Ihr Projekt zum Thema passt, dann ist genau das Ihre Crowd. Dann ist ein Stamm von Interessenten vorhanden. Diese Kontakte versorgen Sie mit den Infos zu Ihrer Crowdfunding-Kampagne.

Haben Sie keine Crowd, bauen Sie eine auf. Das klingt einfach, ist es aber durchaus nicht. Sie richten ein Forum, eine Facebook-Seite oder ein Weblog ein. Sie fügen erste Inhalte ein und bringen Besucher auf die neue Plattform.

Sehr schön ist es, wenn Sie in einer Freizeitgruppe aktiv sind oder einem Verein. Vielleicht passt sogar Ihr Projekt zu dieser Gruppe. In meinen Interviews habe ich einige Beispiele erlebt, in denen eine Community vorhanden war. Und diese wurde in das Crowdfunding-Projekt eingebunden. Der Leserkreis einer Bibliothek, der heimatliche Verein, das Heimatforum ... Es gibt viele Möglichkeiten. Das ist Ihre Crowd. Diese müssen Sie ansprechen. Sie müssen Sie in der Regel mehrfach ansprechen und für sich gewinnen.

In meinem Beispiel gibt es keine Crowd. Ich bin in den sozialen Netzwerken überall unterwegs, aber ich bin eher einer der vielen, nervenden Otto Normalanwender. Bei mir sehen Sie bei Twitter, dass ich anderen eine schöne Woche wünsche und eine kurze Nachricht, was ich mache. Ich werfe bei Facebook meckernde Leute heraus und baue mir einen coolen Freizeit-Kontaktzirkel auf. Am besten internationale Kontakte und lustige Leute von überallher. Die bringen gar nichts für einen Funder. Bei Instagram poste ich Bilder von Tierparkbesuchen, Mittagstellern, Urlaubsfotos und natürlich Katzen.

Natürlich habe ich auch bei Facebook, Twitter und Instagram viele Informationen und Informationen zu meiner Kampagne gepostet.

Schwerpunkte sind jedoch meine Website und ein Weblog zum Buch. Das ist meine Crowd. Diese versorge ich mit neuen Informationen, Beiträgen, Bildmaterial und mehr. Machen Sie es auch so.

Nehmen Sie sich die Zeit und bauen Sie sich eine Crowd auf. Sie müssen keinen V-Server mit einer Website und einem Forum aufsetzen und über Jahre pflegen. Ein Weblog bei Googles Blogger-Dienst, eine Facebook-Gruppe oder ein Wordpress-Blog macht es auch. Blogger, Wordpress und Facebook sind kostenlos. Ebenso wie Instagram und Twitter und viele andere Dienste.

Die wichtigsten sozialen Netzwerke und Dienste

Die sozialen Netzwerke sollten eigentlich jedem bekannt sein. Dennoch möchte ich sie hier einmal auflisten:

Facebook

https://www.facebook.com

Twitter

https://twitter.com/?lang=de

Instagram

https://www.instagram.com

Google plus

https://plus.google.com/collections/featured

Tumblr

https://www.tumblr.com

Flickr

https://www.flickr.com

Neben den Netzwerken gibt es noch weitere interessante Dienste, mit denen sich eine Community aufbauen lässt:

Google Blog-Dienst Blogger

https://www.blogger.com

WordPress

https://de.wordpress.org

Google Gruppen

https://groups.google.com/forum/?hl=de#!overview

Yahoo Gruppen

https://de.groups.yahoo.com/neo

Eine neue Facebook-Gruppe erstellen

Um eine neue Gruppe bei Facebook zu erstellen, gehen Sie wie folgt vor:

1   Melden Sie sich bei Facebook an.

2   Am linken Rand finden Sie den Bereich *Gruppen*. Wählen Sie hier *Gruppe erstellen*.

3   Geben Sie den Namen Ihrer Gruppe ein.

4   Wenn Sie möchten, tragen Sie in das Feld *Mitglieder* Facebook-Freunde ein, die Sie in die neue Gruppe einladen möchten.

5   Wählen Sie, ob die Gruppe *öffentlich*, *geschlossen* oder *verborgen* ist (geheim).

6   Bestätigen Sie mit einem Mausklick auf *Erstellen*.

Erstellen Sie eine neue Facebook-Gruppe und vermitteln Sie hier Ihre Interessen und Ihre Ideen.

Einen neuen Blog bei Blogger einrichten

Um einen neuen Blog bei Google einzurichten, gehen Sie wie folgt vor:

1   Rufen Sie zunächst die Website von Blogger auf. Melden Sie sich an.

2   Auf der Übersichtsseite Ihrer Blogs wählen Sie *Neuer Blog*.

3   Geben Sie einen Titel für Ihr Weblog ein.

4   Tragen Sie eine Webadresse ein. Diese muss auf *-blogspot.com* enden. Blogger zeigt Ihnen an, ob eine Adresse verfügbar ist oder nicht. Ist dies nicht der Fall, versuchen Sie eine alternative Adresse.

5   Wählen Sie eines der verfügbaren Designs.

6   Bestätigen Sie mit einem Mausklick auf die Schaltfläche *Blog erstellen*.

Blogger bietet ein übersichtliches Dashboard. Sie sehen, wer Ihr Weblog besucht hat. Blogger ist kostenlos und gut an die Suchmaschine Google eingebunden.

Wenige Angaben genügen für das Erstellen eines Blogs bei Blogger

Die Webadresse der Projektseite in den sozialen Netzwerken teilen

Die einfachste und bequemste Möglichkeit, die Projektseite zu teilen, ist, einfach die URL aus der Adressleiste in die Zwischenablage zu kopieren und dann die Adresse in das Statusfenster von Facebook, Twitter und Co. einzufügen. Fertig. Das ist bequem. Und es müssen nicht die farbigen Buttons gesucht werden, die irgendwo versteckt sind und den Vorgang erleichtern sollen.

Die Arbeitsschritte einmal der Reihe nach:

1   Öffnen Sie Ihren Browser. Geben Sie die Adresse Ihrer Projektseite ein.

2   Öffnen Sie einen zweiten Tab im Browser. Geben Sie hier die Adresse des sozialen Netzwerkes ein, auf dem Sie Ihre Projektseite bekanntmachen wollen. Melden Sie sich an.

3   Wechseln Sie zurück zum Tab mit der Adresse Ihrer Projektseite. Führen Sie einen Doppelklick mit Ihrer Maus aus. Öffnen Sie mit der rechten Maustaste das Kontextmenü und wählen Sie *Kopieren*. Alternativ drücken Sie die Tastenkombination *Strg + C* bzw. *CMD + C* (Mac OSX).

4   Wechseln Sie zum Browser-Tab mit dem sozialen Netzwerk. Klicken Sie kurz in das Fenster „Was gibts Neues" bzw. „Status" und tragen Sie eine kurze Beschreibung ein. Öffnen Sie mit der rechten Maustaste das Kontextmenü und wählen Sie *Einfügen*. Auch hier können Sie alternativ eine Tastenkombination verwenden. Diese ist *Strg + V* bzw. auf dem Macintosh *CMD + V*. Bestätigen Sie mit *Eingabe*.

Die URL der eigenen Projektseite ist schnell über die Zwischenablage in das Eingabefeld von Twitter kopiert. Ein paar Wörter dazu, im beispiel einfach eine Titelzeile und ab geht es.

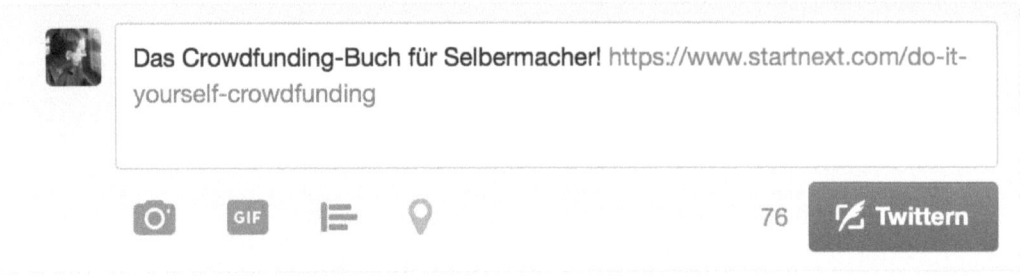

Mit den Social-Buttons von Startnext die URL der Projektseite in den sozialen Netzwerken teilen

Startnext bietet Ihnen natürlich auch Buttons an, mit denen Sie Ihre Projektseite sehr einfach und bequem auf den verschiedensten sozialen Netzwerken bekanntmachen können. Die Buttons sind nicht sofort zu sehen. Öffnen Sie die Projektseite und scrollen Sie nach unten. Oder klicken Sie auf das Profilbild.

Die Seite scrollt etwas nach unten. Am rechten Rand des Bildschirmes sehen Sie nun die Schaltflächen für das Teilen der Projektseite in drei verschiedenen sozialen Netzwerken. Klicken Sie auf die untere Schaltfläche, werden weitere Netzwerk-Buttons eingeblendet.

Um nun Ihre Projektseite auf einem der sozialen Netzwerke zu teilen, klicken Sie auf den gewünschten Button. Ergänzen Sie die Beschreibung mit ein paar Zeilen und verschicken die Nachricht.

Unterstützt werden die folgenden sozialen Netzwerke:

- Facebook

- Twitter

- Pinterest

- Google plus

- LinkedIn

- XING

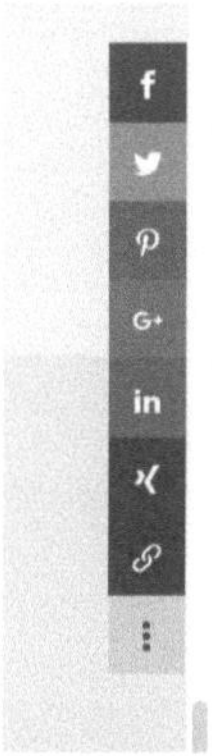

Zunächst sind nur drei Netzwerk-Buttons zu sehen. Ein Klick auf die untere Schaltfläche zeigt alle verfügbaren sozialen Netzwerke.

Alle Schritte noch einmal der Reihe nach:

1 Rufen Sie die Projektseite auf.

2 Klicken Sie auf Ihr verkleinertes Profilbild.

3 Wählen Sie mit einem Mausklick den Button für das gewünschte soziale Netzwerk. Eventuell müssen Sie die Anmeldedaten eintragen und bestätigen.

4 Tragen Sie einen kleinen Text ein.

5 Bestätigen Sie mit einem weiteren Mausklick.

Ganz wichtig: Achten Sie bei Ihrer Meldung auf korrekte Rechtschreibung!

Bei Pinterest wählen Sie die Pinnwand aus, auf der die Nachricht erscheinen soll. Alternativ können Sie auch eine neue erstellen. Der Text ist hier vorgegeben und kann nicht ergänzt werden.

Die Projektinfo landet mit wenigen Klicks auf Facebook. Im Unterschied zum Teilen des Links über die Zwischenablage wird hier das Video mit in die Meldung eingebettet.

Das Projekt-Widget verwenden

In dem Balken mit den Buttons für das Teilen der Projektseite in den sozialen Netzwerken finden Sie auch eine Schaltfläche mit einer kleinen Kette. Klicken Sie darauf, gelangen Sie Sie auf eine untergeordnete Seite. Hier finden Sie ein Widget.

Das Widget wird mit einem Codeblock in eine HTML-Seite eingefügt. Diese kann Teil Ihrer Homepage sein oder sich auch auf einem Weblog befinden. Der Besucher sieht dann ein Vorschaubild Ihrer Crowdfunding-Kampagne, die Kategorie, die ersten Worte der Beschreibung und den Status der Kampagne. Es empfiehlt sich, den Code der Schaltfläche „Projekt unterstützen" gleich mit in die HTML-Seite zu integrieren. Beides passt gut zusammen.

Sie können das Widget verwenden, um über den Stand Ihres Projektes immer auf dem Laufenden zu bleiben. Es eignet sich auch für das Gewinnen neuer Fans und Unterstützer.

Widget und Button sind nichts weiter als eine Folge von HTML-Befehlen (Bild links). Auf einer Joomla!-Website funktioniert nur der Button. Das Widget wird nur als Textlink angezeigt (Bild rechts).

Die mobile Version der Crowdfunding-Page aufrufen

Rufen Sie Ihre Projektseite mit Ihrem Smartphone oder Tablet auf, erhalten Sie automatisch eine angepasste mobile Version der Seite. Die Buttons für das Teilen der Seite in den sozialen Netzwerken sind sofort zu sehen. Hier findet sich auch eine Schaltfläche für WhatsUp. Blättern Sie etwas nach unten, haben Sie den aktuellen Finanzierungsstatus sofort im Blick.

Über das Menü des Browsers legen Sie ein Lesezeichen fest und greifen später einfach darauf zurück. Über die *Einstellungen* lässt sich auch die Projektseite als Startseite festlegen.

Interessant und praktisch ist jedoch das Hinzufügen der Projektseite zum Startbildschirm. Hiermit fügt der Browser einen kleinen Button auf Ihrem Smartphone-Desktop ein. Tippen Sie darauf, wird Ihr Browser gestartet und Ihre Projektseite geladen. Somit haben Sie Ihre eigene Crowdfunding-Projekt-App, mit der Sie sofort schauen können, wie es um Ihre Kampagne steht.

  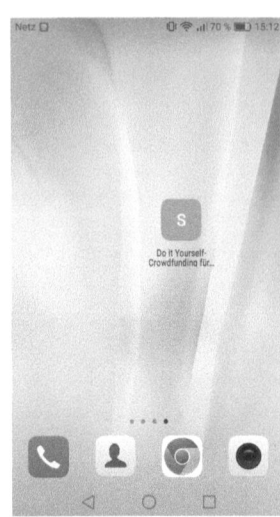

Die mobile Version der Projektseite sieht sehr schick aus. Die Navigation ist bequem. Die Seite ist übersichtlich und gut strukturiert. Alle Funktionen und Infos sind leicht zu finden (Bild links). Über das Menü des mobilen Browsers (im Beispiel habe ich Chrome verwendet) wird einfach eine Schaltfläche auf dem Startbildschirm des Smartphones abgelegt. Sehr praktisch (mittleres Bild). Kurz die Schaltfläche antippen und schon werden der Browser gestartet und die Projektseite geladen (Bild rechts).

Den Aktionsplan vorbereiten

Auf den Aktionsplan komme ich in der Funding-Phase zurück. Es handelt sich hierbei um nichts anderes als um eine Excel-Tabelle oder auch eine handschriftliche Liste mit Notizen und Terminen, mit denen Sie Ihr Produkt bewerben und vorstellen. Je nach Produkt ist es notwendig, an die einzelnen möglichen Aktionen schon eher zu denken. Die Funding-Phase läuft 6 Wochen (Sie können auch eine längere oder kürzere Laufzeit wählen). Wenn Sie in dieser Zeit eine Lesung, das Verteilen von Flyern und einen Stand auf einem Volksfest durchführen wollen, müssen Sie das schon etwas eher organisieren. Es muss kein großes Ding sein, wenn ich das mal so sagen kann. Eine Buchlesung in einer kleinen Bibliothek oder einem kleinen Lokal ist eine tolle Sache. Fragen Sie einmal. Es findet sich sicher eine geeignete Location.

Einen Newsletter erstellen und pflegen

Mit einem Newsletter halten Sie Ihre Fans und Unterstützer auf dem Laufenden. Mit ihm können Sie auch Interessierte mit Infos versorgen, die noch keine Fans oder Unterstützer sind. Darüber hinaus können Sie auch den Kontakt zu den bisherigen Käufern halten und Informationen zu neuen Produkten und Kampagnen verschicken.

Einige Webserver besitzen bereits eine Newsletter-Anwendung, die leicht zu installieren und zu verwenden ist. Sie können sie ganz einfach integrieren, einrichten und verwenden.

Anwender des CMS Joomla! finden unter *Erweiterungen/Verwalten/Installieren* alle für Ihr System verfügbaren Erweiterungen. Suchen Sie nach Newsletter. Blättern Sie durch die verschiedenen Module und Plug-ins. Beachten Sie: Sie finden in der Liste auch kommerzielle Angebote, die Sie vor dem Verwenden kaufen müssen. Es gibt jedoch auch viele kostenlose Lösungen. Die Installation erfolgt mit einem einfachen Mausklick. Richten Sie danach die Newsletters in Ihrem Administrationsbereich ein.

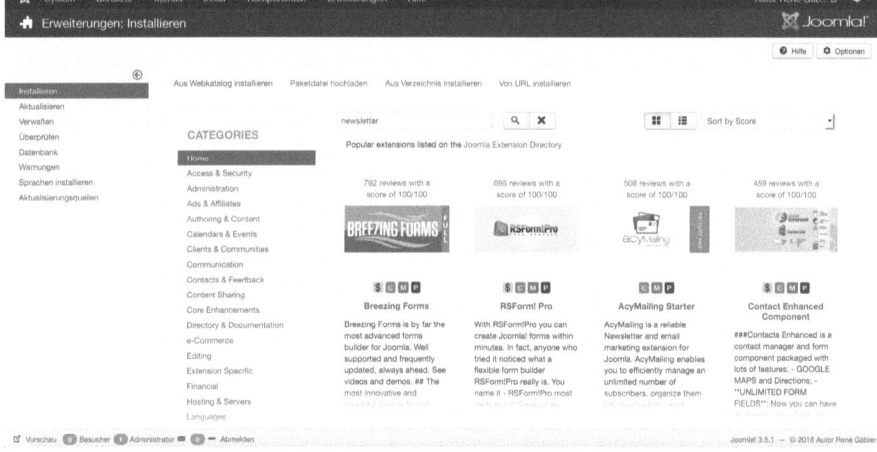

Bei Joomla! sucht man Erweiterungen direkt aus dem Admin-Backend und installiert sie mit einem Mausklick.

Newslettersoftware finden Sie zum Beispiel unter *http://www.supermailer.de* und *http://www.cleverreach.de*. Mit einer Suche bei Google finden Sie viele weitere Programme und Onlineanbieter. Aber: Viele der Angebote kosten Geld und richten sich an Firmen. Es ist nicht notwendig, für einen Newsletter Geld auszugeben.

Einen Newsletter können Sie auch mit einem E-Mail-Programm oder mit einem Online-Webmailer erstellen. GMX unterstützt zum Beispiel das Erstellen einer Verteilerliste und somit den Versand einer E-Mail an mehrere Personen.

Achten Sie bei einem Newsletter auf die Möglichkeit, dass dieser auch vom Adressaten abbestellt werden kann. Bewerben Sie den Newsletter auf Ihrer Website und bieten Sie ein einfaches Eintragsformular an. Bombardieren Sie die Empfänger nicht. Schicken Sie in regelmäßigen Abständen eine Information zu Ihrer Crowdfunding-Kampagne heraus. Verwenden Sie Storytelling, um Ihre werbenden Botschaften in eine Geschichte zu packen.

Ein Newsletter hat den Vorteil, dass Sie ehemalige Käufer, Fans und Unterstützer direkt ansprechen können. Ein Newsletter ist sehr persönlich. Sie können vorhandene Adressen verwenden und geben dem Interessierten dennoch die Möglichkeit, den Newsletter abzubestellen. Der Empfänger möchte aber nichts verpassen. Denken Sie aber bitte daran, dass der Empfänger eines Newsletters nicht automatisch zum Käufer, Fan und/oder Interessenten wird. Es ist wie bei anderer Werbung auch. Man muss viele Personen anschreiben, um ein paar wenige zu gewinnen.

Achten Sie auf korrekte Rechtschreibung und Grammatik. Seien Sie nicht zu aufdringlich und direkt. Und denken Sie an eine saubere Aufteilung und Formatierung Ihrer Newsletters.

Interessant ist auch eine Autoresponder-Funktion. Eine solche bietet zum Beispiel CleverReach (*http://www.cleverreach.de/features*) an. Autoresponder ist ein automatisch versandter Newsletter. Sie erstellen die E-Mail und legen einen Zeitpunkt fest oder einen Anlass und die Nachricht wird vom Webdienst zu diesem Zeitpunkt automatisch versendet. So können Sie Ihren E-Mail-Newsletter vorbereiten und dann automatisch versenden lassen.

Mit einer Website das Projekt begleiten und bewerben

Mit einer Website informieren Sie andere über Ihr Projekt. Sie können ein paar zusätzliche Informationen bieten, den aktuellen Status des Projektes ausgeben und mit ein paar Informationen versuchen, Ihr Projekt zu bewerben und so neue Fans und Unterstützer zu gewinnen. Interessant ist eine Website vor allem, wenn Sie nicht das erste Mal ein bestimmtes Produkt über Crowdfunding finanzieren wollen. Vielleicht haben Sie ja bereits Interessenten und User, die Ihre Interessen teilen. Dann binden Sie diese mit einer Website. Eine Website lässt sich auch sehr gut mit einem Weblog und einem Newsletter verbinden. Ich empfehle keine Homepage-Baukastensysteme und Gratis-Websiten. Diese bieten oft eine schlechte Qualität, keine gute Optik und nur wenige Standardfunktionen. Sie können eine Website bei vielen Providern erhalten. Den Inhalt erstellen Sie mit einem HTML-Editor.

In meinem Fall greife ich auf ein so genanntes CMS zurück. CMS steht für Content Management System. Das ist ein baukastenförmiges Programm, das auf dem Webserver meines Providers installiert wird und mit einem Datenbanksystem verbunden ist. Das klingt kompliziert, ist es aber nicht. Einige Provider bieten ein CMS, das Sie mit wenigen Mausklicks installieren können. Ein CMS hat den Vorteil, dass Sie sich nicht um das Design der Website und der Seiten kümmern müssen. Sie wählen einmal eine Vorlage aus, richten ein Menü ein und müssen dann nur noch die Seiten mit ihren Inhalten füllen. Das ist einfach und auch bequem. Vor allem benötigen Sie kein Händchen für Webdesign.

Meine Website, die Sie unter der Adresse *http://www.computerbuch-gaebler.de/index.php* finden, ist mit dem CMS-Joomla erstellt worden. Für mein Projekt habe ich einen eigenen Bereich eingerichtet und biete dem Interessierten ein paar Seiten. Dazu gibt es einen kostenlosen Downloadbereich.

Achten Sie bei Ihrer Website unbedingt auf suchmaschinenfreundliche Stichworte (Keywords) und ein gefülltes, passendes Meta-Tag. Dieses wird mit Keywords gefüllt und von Google ausgelesen und ausgewertet. Die Meta-Beschreibung ist eine kurze Beschreibung Ihrer Website. Bei mir ist dies: *Website des Autors René Gäbler mit den Schwerpunkten Computerbuch und Crowdfunding.* Als Keywords habe ich verwendet: *Autor, René Gäbler, Crowdfunding, Kickstarter, Startnext, Sachbuch.*

Windows-User können mit dem Programm Hello Engines eine Suchmaschinenoptimierung und das Eintragen einer Website durchführen. Sie finden das Tool unter *http://www.hello-engines.de.*

Ich habe zunächst keine eigene Website für mein Buchprojekt und meine Crowdfunding-Kampagne erstellt, sondern meine bestehende Website genutzt

Ein Forum verwenden

Mit einem Forum können Sie sehr leicht eine Community aufbauen und Ihr aktuelles Produkt bewerben. Neben der Information zu diesem Produkt können Sie anderen Usern auch freie Hand lassen, um Ihre Informationen zu posten und gegenseitig auszutauschen.

Ein Forum aufzubauen und eine Community zu gewinnen, kostet viel Zeit. Auch macht es viel Arbeit, die Forenbretter einzurichten und sich um alle Beiträge zu kümmern. Haben Sie dies erfolgreich hinter sich gebracht, können Sie bei einem Crowdfunding-Projekt nur davon profitieren. Dann haben Sie bereits eine Crowd, die sich für Ihr Produkt interessieren könnte.

Nicht empfehlenswert ist es, ein Forum neu aufzubauen und ein Crowdfunding-Projekt zu starten. So schnell finden keine User Einzug und Interesse an Ihrem Forum. Sie werden erst nach und nach kommen. Hier sollten Sie auf ein Forum verzichten. Es sei den, Sie wollen später weitere Crowdfunding-Projekte starten. Dann wiederum könnte sich der Aufbau und die Pflege eines Forums lohnen.

Einige Forenanwendungen habe ich im Folgenden aufgelistet:

phpbb

https://www.phpbb.de/community

MyBB

https://www.mybb.de

WoltLab

https://www.woltlab.com

Kuena (für Joomla-Websites)

https://www.kunena.org

Nunjaboard

http://ninjaforge.com/extensions/ninjaboard

Klout: Messen Sie Ihre Beliebtheit

Klout ist ein Webdienst, der Ihre Aktivitäten in den sozialen Netzwerken misst und Ihnen einen Zahlenwert ausgibt. Je höher die Zahl ist, desto beliebter sind Sie. Eine hohe Klout-Wert zeigt, dass Sie sehr aktiv in den sozialen Netzwerken sind.

Sie finden Klout unter der Adresse: *https://klout.com/home*. Registrieren Sie sich und notieren Sie sich Benutzernamen und Passwort. Alternativ können Sie sich mit Ihrem Facebook- oder Twitter-Account anmelden.

Der Klout-Score wird als Zahlenwert und als Diagramm angezeigt. Das Diagramm zeigt auch, ob der Score in den letzten Tagen gestiegen oder gesunken ist. Sie sehen auch, wie sich der Wert auf die verschiedenen sozialen Netzwerke verteilt.

Klout wertet die Aktivitäten auf den folgenden sozialen Netzwerken aus: Facebook, Facebook-Page, Twitter, Blogger, Flickr, Google +, Instagram, Linkedin, Pinterest, YouTube, Tumblr, Foursquare, Lastfm, Wordpress und Yammer.

Klout ist ein nettes Tool, das Sie aber keinesfalls überbewerten sollten. Viel interessanter und wichtiger sind die Zugriffe auf Ihre Projektseite. Hierzu bietet Ihnen Startnext eine eigene Auswertung, die ich Ihnen im Kapitel 11 vorstelle. Viel wichtiger ist auch die Zahl der Fans und Unterstützer und nicht ein Diagramm, das sich nach oben oder unten bewegt und zeigt, ob jemand bei Instagram Ihre Bilder anschaut und teilt. Kritisch muss man auch sehen, dass Klout nur die Aktivität der User misst, nicht aber die Inhalte oder deren Wirkung.

Mein aktueller Klout-Score liegt bei 52,67. Das ist ganz gut.

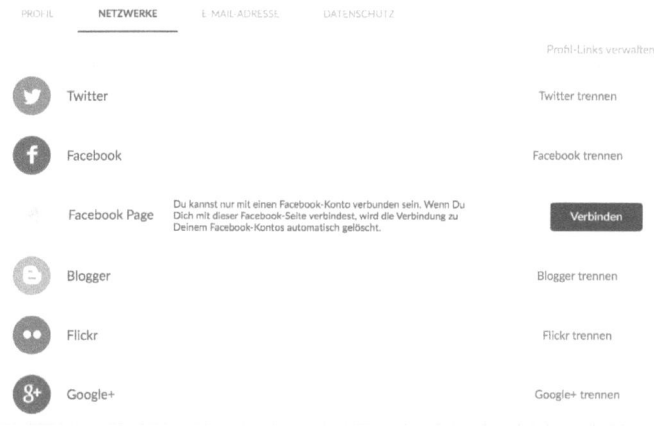

Klout unterstützt eine Reihe sozialer Netzwerke

Google Analytics

Die Zugriffe auf Websiten und Weblogs können Sie mit dem Google-Dienste Analytics messen. Der Dienst besitzt einen großen Umfang. Er richtet sich an Unternehmen, kann aber auch von privaten Usern kostenlos genutzt werden. Es genügt ein Account bei Google. Sie müssen Ihre Website anmelden und authentifizieren.

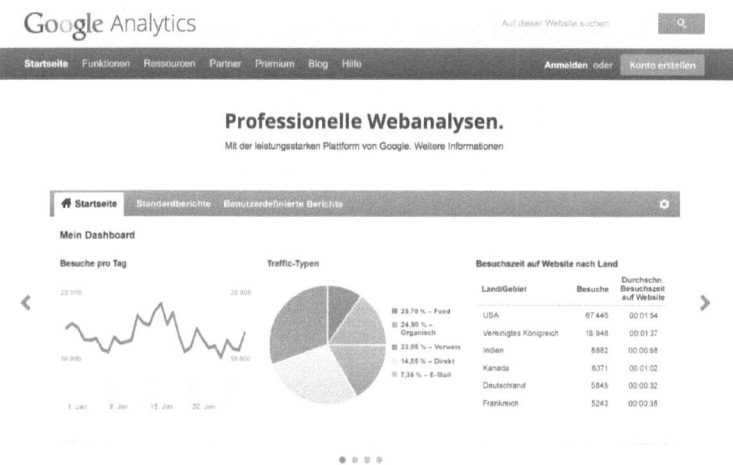

Google Analytics ist ein mächtiges Analysetool

Bei dieser Echtheitsüberprüfung wird ein Codefragment in die Website eingefügt. Damit weiß Google, dass es sich um Ihre Website handelt. Google Analytics finden Sie unter *https://www.google.com/intl/de_de/analytics*.

Beachten Sie: Google Analytics ist nur notwendig, wenn Sie umfangreiche Auswertungen benötigen. Provider bieten für Ihre Webhosting- und VServer-Angebote bereits eigene Auswertungsstatistiken, die durchaus genügen. In Blogger ist eine Analytics-Funktion integriert.

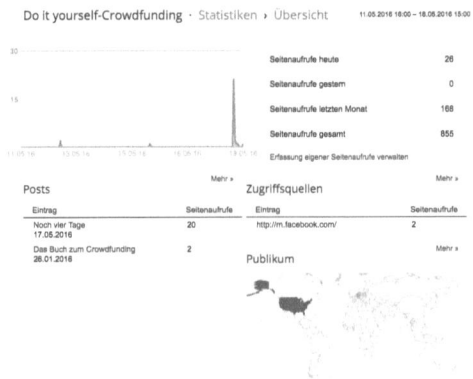

Blogger bietet bereits Zugriff auf Statistikfunktionen. Sie können diese sofort verwenden (Bild oben). Die Statistik meines Providers wirft mir eine Anzahl Daten um die Ohren. Hier sieht man genau, dass die Website gut besucht wird (Bild unten).

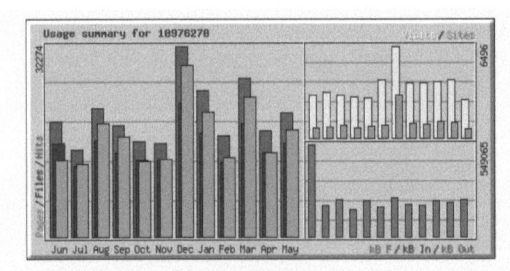

Schauen Sie sich auch die Google Search Console an (früher Webmaster Tools). Sie finden diese unter *https://www.google.com/webmasters/#?modal_active=none*. Dieser Dienst zeigt Ihnen, wie Ihre Website gefunden wird. Sie können die passenden Keywords erstellen

Interessant ist auch Google AdWords (*https://www.google.de/adwords*). Mit diesem Dienst lassen sich Onlineanzeigen erstellen, die dann bei anderen Usern in Ihren Suchtreffern angezeigt werden.

Notwendige Übel: Legitimation und Kontofreigabe

Mit der Legitimation überprüft Startnext Ihre Identität und Ihre Kontodaten. Ohne die erfolgreiche Legitimation erhalten Sie die Gelder der Unterstützer nicht. Ein Wechsel in die Funding-Phase ist ohne erfolgreiche Legitimation nicht möglich.

Startnext teilt die Legitimation in drei Schritte auf:

- Eingabe im Interface

- Treuhandvertrag bestätigen

- Legitimationsprüfung

Eingabe im Interface

Tragen Sie im Interface ein, ob Sie die Crowdfunding-Kampagne als Unternehmer oder Privatperson ausführen.

Treuhandvertrag bestätigen

Bestätigen Sie den Treuhandvertrag. Tragen Sie Ihre Kontodaten ein. Führen Sie die Authentifizierung des Kontos durch. Startnext überweist dazu einen Cent-Betrag. Diesen bestätigen Sie.

Legitimationsprüfung

Drucken Sie sich den Vordruck für die Legitimationsprüfung aus. Gehen Sie zu Ihrer Hausbank. Bitten Sie hier um die Durchführung des BankIdent-Verfahrens. Die Bank prüft Ihre Personalien und drückt auf das Formular einen Stempel auf. Das Formular wird unterschrieben und an Startnext per Post gesandt.

secuepay AG ist der Zahlungsdienstleister, der die Einzahlungen der Unterstützer, die per Kreditkarte und Lastschrift getätigt werden, durchführt. Sofortüberweisungen werden durch die Sofort AG durchgeführt.

Der Mindestbetrag für eine Unterstützung beträgt 5,- €. Lastschrift ist bis zu einem Betrag von 8.000 € möglich. Per Kreditkarte können bis zu 2.200 € überwiesen werden. Vorkasse kann bei limitierten Dankeschöns nicht verwendet werden.

Das Projekt während der Fundingphase begleiten

In diesem Kapitel lesen Sie, wie Sie einen Aktionsplan erstellen und warum ein solcher empfehlenswert ist. Sie erfahren, was sich hinter dem „Kommunikationsplan" in Ihrem Projektentwurf bei Startnext verbirgt und wie Sie diesen nutzen können. Sie lesen, wie Sie herausfinden, wie es um Ihr Projekt steht und wo Sie die bisherigen Unterstützer und Fans einsehen können. Sie lernen das Nachrichtenarchiv bei Startnext kennen und bringen in Erfahrung, wie Sie Ihre sozialen Netzwerke am besten pflegen. Ich stelle Ihnen die Blogfunktion auf Ihrer Startnextseite vor und zeige Ihnen, wie Sie einen ersten Beitrag schreiben und diesen anschließend an Ihre Fans und Unterstützer senden können. Sie lernen die Statistikfunktion kennen, lesen am Ende des Kapitels, warum eine Pressemeldung wichtig ist und erfahren, welche freien Presseportale Sie nutzen können.

Einen Aktionsplan erstellen

Die Funding-Phase ist eine der wichtigsten Phasen Ihrer Kampagne. Hier werden die Unterstützer Dankeschöns buchen und so Ihr Produkt finanzieren. Ganz besonders wichtig ist es, in dieser Phase vollen Einsatz zu zeigen. Sie müssen auf die Kommentare der Besucher Ihrer Projektseite antworten. Sie füllen das Blog mit Einträgen und zeigen, wie weit Sie mit dem Projekt sind. Ich empfehle Ihnen, gleich nach dem Wechsel in die Funding-Phase einen Blogbeitrag zu schreiben. Zugleich sollten Sie eine kleine Tabelle erstellen und sich notieren, wann Sie Ihr Produkt supporten können.

„Supporten" ist ein supertolles Wort. Hier genau zu sagen, was Sie wann tun sollten, kann ich leider nicht. Es kommt sehr auf das an, was Sie in Ihrer Crowdfunding-Kampagne finanzieren wollen. Bei einem Kinderbuch können Sie eine Lesung planen und auf einem Volksfest Ihr Buch bewerben. Sie können sich um Pressemeldungen kümmern, ein paar Flyer drucken und verteilen bzw. auslegen. Sie schreiben im Blog, wie weit Ihr Buch ist und zeigen so den Unterstützern, wie die Arbeit vorangeht. Lassen Sie die Besucher Ihrer Projektseite am Projekt und seiner Entwicklung teilhaben.

Beachten Sie bitte, dass Sie nicht einfach bei einem Straßenfest einen Stand aufstellen können. In vielen Fällen ist eine Genehmigung notwendig und diese ist oft mit einer kleinen Gebühr verbunden. Erkundigen Sie sich unbedingt vorher.

Ein kleiner Tipp am Rande: In Zeiten sozialer Netzwerke und von „Internetfirlefanz" muss man nicht immer eine Lesung in einer Bibliothek oder auf einem Straßenfest durchführen. Es ist auch mal möglich, eine Live-Webcam-Lesung zu machen.

Seien Sie so aktiv wie nur möglich! Eine Crowdfunding-Kampagne ist ein Fulltime-Job. Sie müssen viel Zeit und Arbeit investieren. Denken Sie immer positiv und optimistisch und zeigen Sie das!

Im Menü Ihrer Projektseite finden Sie unter *Kommunikation/Kommunikationsplan* ein Eingabefeld. Hier können Sie einen Plan erstellen. Dieser ist nur für Sie sichtbar und hilft, sich bereits im Vorfeld Gedanken darüber zu machen, was wann zu tun ist und auch getan werden kann.

Startnext überschreibt den Kommunikationsplan mit „Storytelling". Dieser Begriff umfasst das werbende Berichten mit Geschichten und Erfahrungswiedergaben. Erzählen Sie, wie Ihr Projekt vorankommt und teilen Sie Ihren Fans mit, was Sie schon erreicht haben. Zeigen Sie Fotos von kleinen Vorpremieren. Seien Sie bei Straßenfesten mit Ihrem Produkt dabei. Machen Sie so viel wie nur möglich.

Sie müssen nicht den Kommunikationsplan auf Ihrer Projektseite verwenden. Sie können sich auch einen Schreibblock nehmen und einfach einen Plan mit Kugelschreiber erstellen. Auch ein Word- oder Excel-Dokument tut es. Die Form des Kommunikationsplanes ist egal. Es ist nur wichtig, dass Sie Ihren Fans und Unterstützern eine Rückmeldung geben. Zeigen Sie, dass Sie Ihr Projekt verwirklichen! Die Unterstützer und Fans müssen sehen, dass etwas geschieht.

Von links nach rechts finden Sie im Kopf des Eingabefensters die Formatierungsschaltflächen Kursiv, Fett, Unterstrichen, Zitat, Liste und Nummerierte Aufzählung.

Storytelling

B *I* U " ≔ ≟

```
Montag, 20. Juni: Vorpremiere des Buches in der Bibliothek
Marzahn
Mittwoch, 22. Juni: Live-Video-Lesung auf meiner Facebook-Seite
Samstag, Sonntag, 25., 26. Juni: Stand beim Weddinger
Straßenfest
Mittwoch, 29.Mai: Besichtigung der Druckerei Mustermann. Hier
wird mein Buch entstehen.
Samstag, 2.Juli: Kuchenstand auf dem Tempelhofer Feld
```

In diesem Beispiel habe ich einmal den Kommunikationsplan mit Inhalt gefüllt

Wie weit ist mein Projekt schon?

Sobald die Funding-Phase gestartet ist, werden auch schon bald die ersten Fans und Unterstützer eintrudeln. Rufen Sie Ihre Projektseite auf. Hier sehen Sie auf einen Blick, wie nah Sie Ihrem Funding-Ziel bereits sind, wie viele Fans und wie viele Unterstützer Sie bereits haben und wie lange Ihre Kampagne noch läuft.

Noch läuft meine Crowdfunding-Kampagne ein paar Tage. Aber ich kann zufrieden sein. Das Funding-Ziel wurde erreicht und ich habe eine kleine Gruppe von Fans und Unterstützern gefunden. Aber es sind noch ein paar Tage...

Im Menü auf Ihrer Projektseite finden Sie ganz unten die Liste der Fans und die der Unterstützer. Hier können Sie direkt schauen, wer Ihr Fan ist und wer Sie unterstützt hat.

Während die Fans mit Ihren Namen nur einfach aufgelistet sind, finden Sie in der Liste der Unterstützer bei jedem die Art der Unterstützung, also das gebuchte Dankeschön oder die gespendete Summe. Sie sehen die verwendete Bezahlmethode und können über eine Schaltfläche den Unterstützer anschreiben.

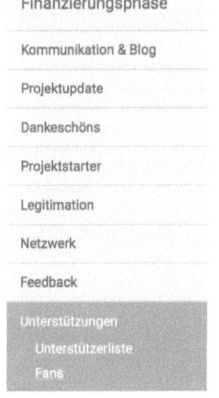

Mein Premium-Namens-Sponsor wird nach dem Erscheinen des Buches besonders bespaßt werden :-)

Sowohl direkt auf der Projektseite als auch im Arbeitsbereich unter Dankeschöns können Sie sehen, welche Dankeschöns bereits wie oft gebucht wurden. Hier sehen Sie sehr gut, was von den Dankeschöns bei Ihren Unterstützern ankommt und was nicht. Bei Bedarf können Sie auch neue Dankeschöns hinzufügen und so den ein oder anderen noch locken. Die bereits gebuchten Dankeschöns können nicht mehr editiert werden.

Die Übersicht der gebuchten Dankeschöns ist auch interessant, wenn Sie später eine weitere Kampagne starten möchten. Sie wissen dann, welche Dankeschöns besonders gern gebucht werden und welche eher weniger oder gar nicht gefragt sind.

Bedanken Sie sich bei jedem Unterstützer persönlich

Es mag vielleicht übertrieben klingen und es kostet sicher sehr viel Arbeit. Sie sollten sich jedoch bei jedem Unterstützer mit einer kleinen Nachricht bedanken. Schreiben Sie keine Romane. Ein einfaches kleines Dankeschön genügt. Es ist bei einer Crowdfunding-Kampagne sehr wichtig, einen direkten Kontakt zu den Unterstützern zu pflegen.

Um sich für eine Unterstützung zu bedanken, gehen Sie wie folgt vor:

1   Melden Sie sich auf der Startnext-Seite an.

2   Wählen Sie Ihr Projekt aus.

3   Öffnen Sie das Arbeitsmenü und wählen Sie *Unterstützungen/ Unterstützerliste*.

Schreiben Sie ein Dankeschön an Ihre Unterstützer

4   Klicken Sie auf den Namen des neuen Unterstützers. Sie sehen, was der Unterstützer gebucht hat. Rechts unten finden Sie die Schaltfläche *Unterstützer schreiben*. Klicken Sie darauf.

5   Das Nachrichtenfenster wird geöffnet. Tragen Sie in die Zeile *Subject* eine passende Überschrift ein. Geben Sie den Nachrichtentext an. Verschicken Sie die Nachricht mit einem Mausklick auf *Senden*.

Ich habe den folgenden Text verwendet:

Deine Unterstützung

Hallo,

vielen Dank für deine Unterstützung! Ich habe mich sehr gefreut!

Liebe Grüße

René

Ein Blick in das Nachrichtenarchiv

Im Nachrichtenbereich Ihrer Profilseite finden Sie alle erhaltenen und gesendeten Nachrichten. Hier können Sie auch eine neue Nachricht schreiben und versenden.

Um den Nachrichtenbereich zu erreichen, melden Sie sich bei Startnext an und führen die Maus auf Ihr Profilfoto (rechts oben). Wählen Sie hier *Nachrichten*.

Haben Sie Ihr Profil geöffnet, klicken Sie ganz rechts auf *Nachrichten*. So gelangen Sie ebenfalls in Ihren Nachrichtenbereich. Hier sehen Sie alle Ihre bisher geschriebenen Nachrichten und können eine neue Nachricht erstellen und versenden.

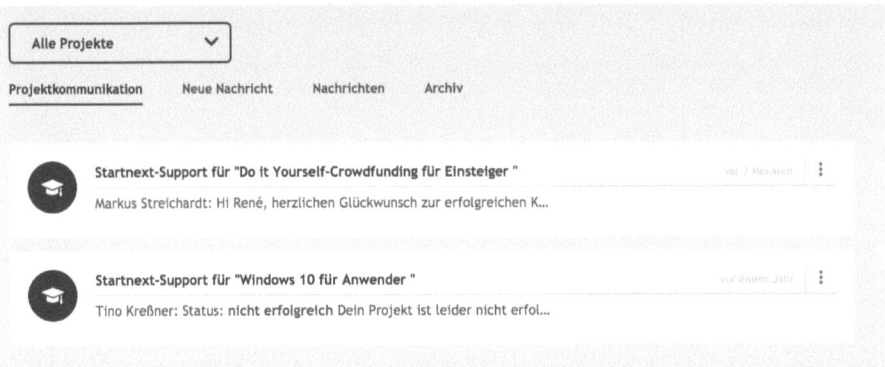

Die Projektkommunikation ist noch recht neu.

Neu im Nachrichtenbereich ist die "Projektkommunikation". Hier sehen Sie die Meldungen über den Ausgang Ihrer Kampagne. Die ersten Nachrichten zeigen die erfolgreichen und nicht erfolgreichen Kampagnen. Klicken Sie auf die Überschrift oder die Uni-Mütze, sehen Sie alle Nachrichten, die Sie mit dem Betreuer von Startnext ausgetauscht haben.

Einer bestimmten Gruppe eine Nachricht schreiben

Projektstarter können auf Startnext einer bestimmten Empfängergruppe eine Nachricht schicken. Das ist eine sehr interessante Funktion, die aber etwas versteckt liegt. Eine Empfängergruppe sind die Fans und Unterstützer einer Ihrer Crowdfunding-Kampagne. Eine Empfängergruppe bilden auch die Käufer eines bestimmten Dankeschöns.

Mit den Empfängergruppen richten Sie sich nur an die Fans, nur an die Unterstützer und können auch die Fans eines Ihrer älteren Kampagnen anschreiben. Mit dieser Funktion können Sie sich auch für den Kauf eines bestimmten Dankeschöns bedanken oder ein Treffen mit Premium-Unterstützern vereinbaren.

1 Wählen Sie *Neue Nachricht*.

2 Tragen Sie ein *Subject* (eine passende Überschrift) ein.

3 Geben Sie den Nachrichtentext ein.

4   Wählen Sie rechts im Bereich *Empfängergruppe wählen*, an wen die Nachricht gesendet werden soll. Bei Bedarf können Sie mehrere Empfängergruppen auswählen.

5   Verschicken Sie Ihre Nachricht mit *Senden*.

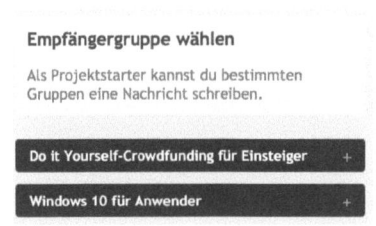

Jede Crowdfunding-Kampagne wird mit einer eigenen Liste aufgeführt. Darunter finden Sie jeweils die Empfängergruppen der Fans, Unterstützer und die Käufer jedes Dankeschöns (linkes Bild).

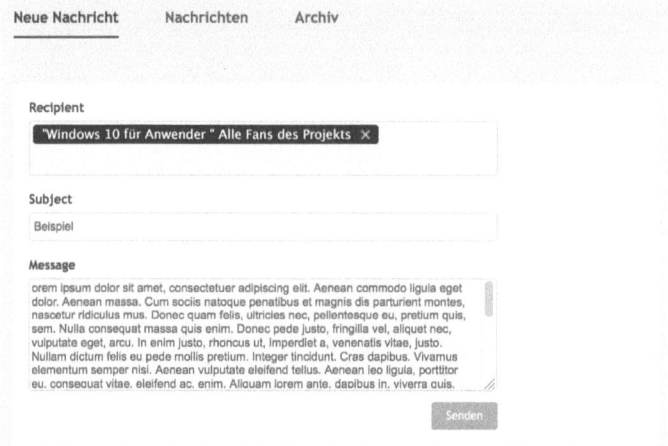

Eine neue Nachricht wird geschrieben.

Unterschätzen Sie diese Funktion nicht! Sie können mit einer Nachricht alle neuen Unterstützer erreichen und sich bedanken. Sie können Ihre Fans anschreiben und darum bitten, zu Unterstützern zu werden. Sie können die Fans und Unterstützer einer älteren Kampagne anschreiben und auf Ihre aktuelle Kampagne aufmerksam machen. Sie können die Käufer eines bestimmten Dankeschöns anschreiben.

Das "Archiv" wird von Ihnen selbst gefüllt. Nutzen Sie es, um wichtige Nachrichten aufzuheben. Verwenden Sie es auch, um interessante Funder aus der Fülle der Nachrichten herauszulösen und bei Bedarf schnell wiederzufinden. Eine Nachricht verschieben Sie mit dem Kreuzsymbol in das Archiv.

Diese drei Symbolschaltflächen finden Sie neben jeder Nachricht. Mit der ersten öffnen Sie die Nachricht. Sie sehen so den gesamten "Thread", also eine Nachricht mit allen Antworten und Folgenachrichten. Mit dem mittleren Symbol verschieben Sie die Nachficht in das Archiv. Mit dem Symbol rechts schalten Sie die Benachrtichtigung per E-Mail zu der zugehörigen Kampagne an bzw. ab.

Die richtige Reaktion auf die Kommentare der Community

Erhalten Sie einen Kommentar in Ihrem Blog oder einen Pinnwandeintrag, bekommen Sie eine Information per E-Mail. Im Pop-up-Menü rechts oben gibt es auch einen Hinweis auf die neue Nachricht. Schauen Sie sich diese an und antworten Sie. Antworten Sie in jedem Fall! Beantworten Sie alle Fragen. Erklären Sie Ihre Produktidee, wenn dem Schreiber des Pinnwandeintrages etwas unklar ist. Bedanken Sie sich.

Bei kritischen oder derben Kommentaren antworten Sie in jedem Fall diplomatisch und freundlich. „Schießen" Sie niemals zurück! Betteln Sie nicht um Unterstützungen! Denken Sie immer daran: Nicht nur der Schreiber des Kommentares liest Ihre Antwort, sondern auch alle Besucher Ihrer Projektseite. Wenn einer aus der Reihe tanzt, dann ignorieren Sie das. Was solls?! Nicht jedem kann Ihre Produktidee gefallen.

Die Pflege der sozialen Community

Halten Sie Ihre Community auf dem Laufenden! Schreiben Sie bereits nach dem Wechsel in die Funding-Phase auf Ihrem Blog, Ihrer Webseite, auf Facebook, Twitter und Co eine Nachricht. Jetzt geht Ihr Projekt los. Jetzt haben Sie die Funding-Phase begonnen. Jetzt kann man auch die Dankeschöns kaufen und Ihr Projekt unterstützen. Überlegen Sie sich einen geeigneten Text.

Ich habe auf meinem Startnext-Blog den folgenden Text verwendet:

Start der Funding-Phase

Heute geht es los! Das Projekt wechselt in die Fundingphase. Ich würde mich sehr über eure Unterstützung freuen. Schreibt mir auch, wenn euch etwas nicht gefällt und natürlich, was ihr toll findet. Lob und Kritik sind immer gern gesehen. Vorschläge lassen sich gern umsetzen.

Im Blog halte ich euch auf dem Laufenden und ihr könnt mitverfolgen, was es Neues gibt und wie das Buchprojekt voranschreitet.

LG

René

Eine Nachricht über den neuen Blog-Beitrag kann mit einem Mausklick an alle Fans per E-Mail gesendet werden. Nutzen Sie diese Option! So können auch Fans aktivieren, diese werden vielleicht zu Unterstützern.

Wenn Ihr Projekt nur noch eine Woche läuft und das Funding-Ziel noch nicht erreicht ist, verstärken Sie Ihre Aktivitäten. Schreiben Sie einen Beitrag auf Ihrem Projektblog. Verwenden Sie alle Social Communities, in denen Sie aktiv sind. Sprechen Sie Freunde, Kollegen und Bekannte an. Versenden

Sie eine E-Mail oder einen Newsletter. Weisen Sie darauf, dass jede Hilfe gebraucht wird. Auch hier habe ich selbst auch eine Nachricht in meinem Projektblog geschrieben:

Noch 7 Tage!

Die Kampagne läuft noch sieben Tage! Eine Woche ist nicht sehr lang. Jetzt ist noch Zeit, Fan zu werden. Jetzt kann jeder Fan noch zu einem Unterstützer werden. Jetzt können Sie noch mit einem Dankeschön dafür sorgen, dass Sie mit Ihrem Namen auf der Seite „Danksagung" im Buch und im E-Book aufgeführt werden. Unterstützen Sie mein Projekt! Sorgen Sie dafür, dass dieses umfangreiche Sachbuch zu einem erfolgreichen und guten Buch wird! Aktivieren Sie Freunde, Verwandte, Bekannte und Kollegen! Seien Sie Teil einer großen und starken Community.

LG

René Gäbler

Natürlich kann ein Fan auch ein Abo zu einem Projekt beenden. Auf der Profilseite unter Einstellungen können Sie dies tun. Wechseln Sie nach Benachrichtigungen. Hier lassen Sie E-Mail-Newsletter von Startnext und Benachrichtigungen abschalten. Scrollen Sie etwas nach unten, finden Sie alle Projekte, von denen Sie Fan sind. Mit dem Optionskreuz lassen sich die Abo-Einstellungen verändern. Klicken Sie auf das Kreuz hinter einer Kampagne, erhalten Sie keine Newsmeldungen mehr.

Den Blog bei Startnext füllen

Mit dem Blog auf Ihrer Projektseite halten Sie Ihre Unterstützer auf dem Laufenden. Diese Funktion ist besonders dann interessant, wenn Sie kein anderes Weblog, kein Forum oder keine Facebook-Seite besitzen. Natürlich können Sie auch Ihre bestehende Community mit dem Startnext-Blog kombinieren.

1   Loggen Sie sich ein.

2   Wechseln Sie auf Ihr Profil. Klicken Sie auf *Eigene Projekte* und wählen Sie Ihr Projekt.

3   Im Bearbeitungsmenü wählen Sie nun den Eintrag Blog. Sie finden ihn gleich unter *Kommunikation & Blog*.

Der Blog ist bereits vorhanden und fest in Ihre Projektseite integriert. Sie müssen ihn nicht erst erstellen. Sie können sofort einen neuen Beitrag schreiben. Um das zu tun, gehen Sie wie folgt vor:

1   Klicken Sie auf *Neuer Blog-Artikel*.

2   Geben Sie eine Überschrift für den Beitrag ein.

3   Schreiben Sie den Beitrag. Wenn Sie möchten, nutzen Sie für die Gestaltung die Symbolschaltflächen im Kopf des Fensters.

4   Fügen Sie einen Medienlink, Medien und ein Bild hinzu. Diese Inhalte sind optional. Es genügen auch eine Überschrift und der Text. Aber: Ein Bild macht einen Blogbeitrag interessanter.

5   Beenden Sie die Eingabe mit einem Mausklick auf die Schaltfläche *Speichern*.

6   Der neue Blogbeitrag ist nun in der Artikelliste des Blogs zu sehen. Für andere ist er noch nicht sichtbar. Sie müssen ihn veröffentlichen. Klicken Sie auf *Beitrag veröffentlichen*.

7   Bestätigen Sie die Rückfrage mit *Ja*.

Blog

Gibt es Neuigkeiten zu deinem Projekt? Mit dem Blog hälst du deine Fans und Unterstützer auf dem Laufenden.

Tipps: Bei wichtigen Neuigkeiten kannst du den Blog-Artikel nach der Veröffentlichung per E-Mail an deine Fans versenden. Die E-Mails werden an alle Fans und Unterstützer gesendet, die sich auf Startnext registriert haben. Wenn du exklusive Informationen hast, kannst du den Blog-Artikel auch nur für deine Unterstützer sichtbar machen.

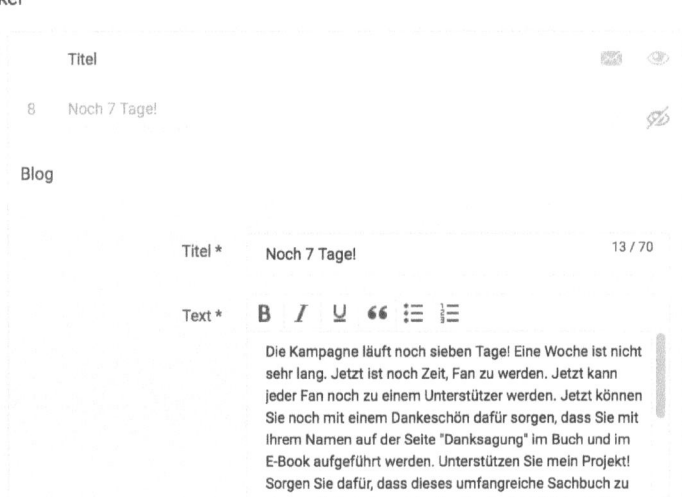

Schreiben Sie sofort einen neuen Beitrag auf Ihren Blog (oberes Bild). Eine Überschrift gehört dazu. Diese kann bis zu 70 Zeichen lang sein. Tragen Sie in das große Eingabefeld den Text des Blog-Beitrages ein (mittleres Bild). Zu jedem Beitrag können Sie einen Videolink einfügen, Medien und ein Bild hinzufügen. Mit einer Optionsschaltfläche ist der Beitrag nur für Unterstützer sichtbar. Beenden Sie die Eingabe mit dem Speichern des Beitrages (Bild links unten).

Der Beitrag ist nun in der Artikelliste zu sehen. Sie können ihn bearbeiten und bei Bedarf löschen. Ein Mausklick veröffentlicht ihn.

Der Beitrag erscheint in der Artikelliste. Das durchgestrichene Augensymbol weist daraufhin, dass der Beitrag noch nicht veröffentlicht ist (Bild links). Bestätigen Sie die Rückfrage ob Sie den Beitrag wirklich veröffentlichen wollen mit OK (Bild rechts).

Der geschriebene Blogbeitrag wird nicht automatisch an Ihre Fans gesendet. Dies müssen Sie mit zwei weiteren Mausklicks tun.

1   Öffnen Sie die Artikelübersicht. Suchen Sie den Beitrag, den Sie an Ihre Fans senden wollen. Klicken Sie auf *Blog-Artikel via E-Mail an Fans senden*.

2   Ein kleiner Dialog klappt auf. In diesem erhalten Sie noch einmal eine Rückfrage, ob Sie den Beitrag wirklich versenden wollen. Bestätigen Sie die Rückfrage mit einem Mausklick auf *OK*.

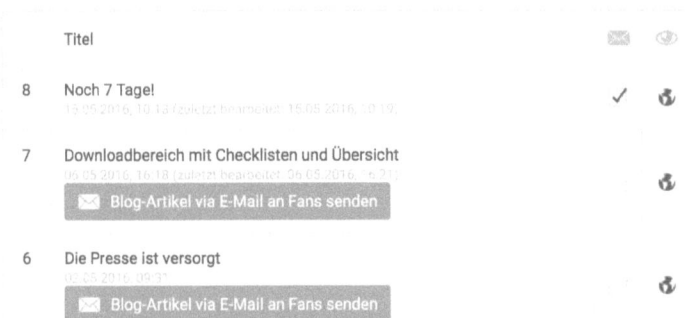

Der oberste Artikel meines Blogs wurde bereits an meine Fans gesendet. Die Beiträge 7 und 8 noch nicht.

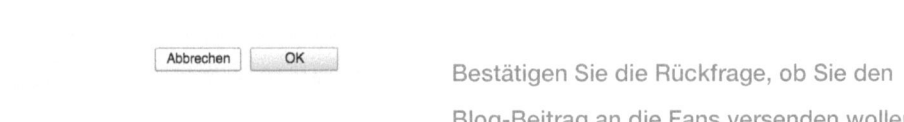

Bestätigen Sie die Rückfrage, ob Sie den Blog-Beitrag an die Fans versenden wollen

Beachten Sie bitte: Man vergisst leicht nach dem Erstellen eines Blog-Beitrages, diesen zu versenden. Das können Sie auch noch nachholen. Aber: Versenden Sie keinesfalls mehrere oder viele Beiträge per E-Mail. Dosieren Sie die Nachrichten. Mit zu vielen Nachrichten spammen Sie die Empfänger zu und stoßen auf ablehnende Haltung.

Bei Änderungen – Projektupdate bekannt geben

Ein Projekt-Update ist dann notwendig, wenn sich etwas Wichtiges am Projekt ändert. Ein mit 240 Seiten geplantes Buch wird um ein paar Seiten „dünner". Oder ein solches Buch wird etwas umfangreicher. Der angekündigte Buchpreis bleibt aber derselbe. Das Projekt dauert etwas länger. Sie sind mit dem Produkt bereits fertig. Es kann irgendwo immer einmal etwas dazwischenkommen. Kleinere Probleme können das Produkt verzögern. Jemand aus dem Team ist krank geworden. Eine bestimmte Eigenschaft oder ein technisches Feature, das Sie geplant haben, lässt sich nicht umsetzen.

Ein Projektupdate ist immer dann notwendig, wenn sich etwas Wichtiges an der Beschreibung des Projektes geändert hat. Das Update erscheint nach dem Schreiben direkt auf der Projektseite unter der Projektbeschreibung.

Um ein Projektupdate zu schreiben, gehen Sie wie folgt vor:

1. Melden Sie sich an. Wechseln Sie zu Ihrem Projekt. Wählen Sie im Arbeitsmenü *Projektupdate/Neues Projektupdate schreiben*.

2. Schreiben Sie den Text Ihres Updates. Bestätigen Sie mit *Speichern*.

Projektupdate

Wenn sich an deiner Projektbeschreibung etwas ändern sollte, kannst du das mit einem Update transparent machen. Updates erscheinen auf deiner Projektseite unter der Projektbeschreibung. Nutze Updates nicht für News-Beiträge - diese schreibst du im Blog.

Neues Projektupdate →

Startnext weist Sie noch einmal daraufhin, wann ein Update notwendig ist.

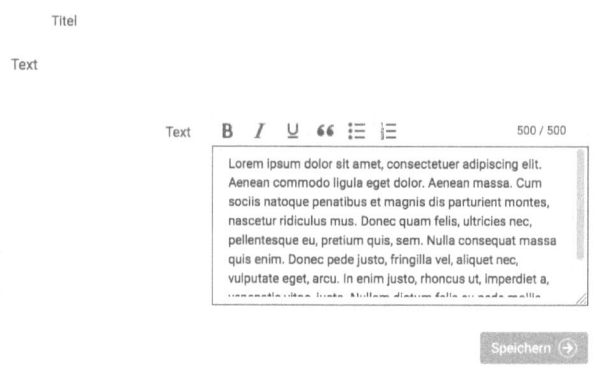

Ein Update wird in ein einfaches Eingabefenster eingetragen.

Die Statistik der Plattform einsehen und auswerten

Startnext bietet umfangreiche statistische Auswertungen an. Sie zeigen die Anzahl der Aufrufe Ihrer Projektseite und die bisher eingenommenen Unterstützungen. Um diese Funktion zu erreichen, gehen Sie wie folgt vor:

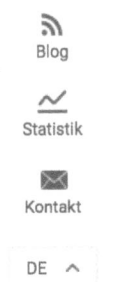

1. Melden Sie sich an.
2. Wechseln Sie zu Ihrer Projektseite.
3. Klicken Sie in der linken unteren Ecke auf Statistik.

4. Wählen Sie eine der Abschnitte *Startphase*, *Finanzierungsphase*, *Bis heute* oder *Individuell*. Bei Letzterem geben Sie selbst einen Datumsbereich an.

5. Wählen Sie mit den Optionsschaltflächen, für welche Seiten Sie eine Auswertung ausgegeben haben möchten.

6. Entscheiden Sie sich für eine der möglichen Ausgabefunktionen zu den bisher eingenommenen Unterstützungen. Sie können auch mehrere oder alle Optionen wählen. Möglich sind *Anzahl Unterstützungen*, *Unterstützungssumme täglich* und *Unterstützungssumme gesamt*.

7. Bestätigen Sie mit *Daten anzeigen*.

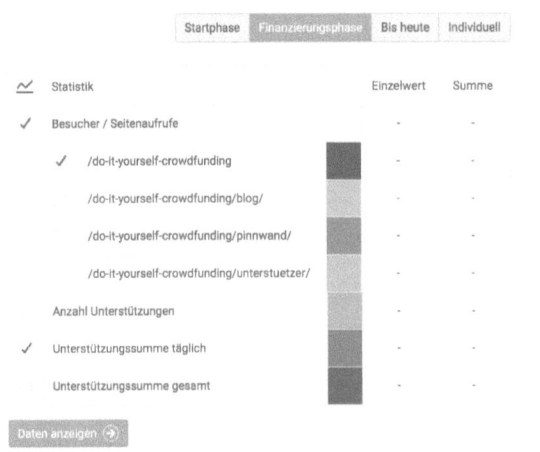

Startnext bietet umfangreiche statistische Auswertungen an

Die Zahlen sagen noch nicht so viel aus. Die Projektseite wurde gut besucht. Insgesamt sind es bisher 842 Seitenaufrufe.

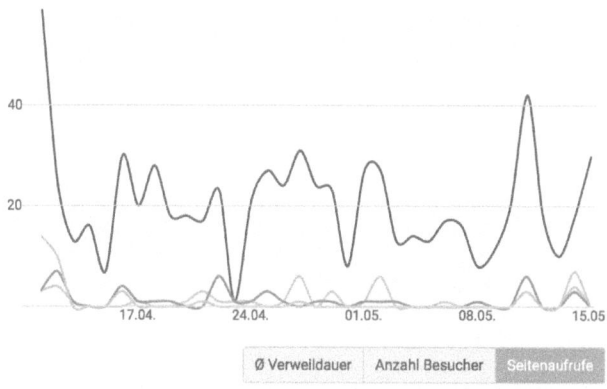

Ein buntes Diagramm gibt es auch

Das Diagramm können Sie auch umschalten und sich die Anzahl der Besucher und deren Verweildauer anzeigen lassen. In der Standardansicht werden die Seitenaufrufe angezeigt.

Bei der Anzeige der Unterstützungssummen werden die Daten als Einzelwert und die Summe angezeigt. Hier erfolgt auch die Ausgabe der Zahlenwerte und eine Ansicht als Diagramm.

Interessant ist die Liste mit den Keywords und Verweisen. Hier sehen Sie, woher Besucher kamen. Sie sehen hier, ob ein Hinweis bei Facebook wirklich die Leute zu Ihnen gebracht hat. Sie sehen hier den Erfolg Ihrer Presseanzeigen. Oder auch deren Misserfolg. Sie können sehen, ob jemand von Twitter, von einem Weblog, einem Forum oder Ihrer Webseite zu Ihrer Projektseite kam.

	Verweise			Keywords	
1	facebook.com/	248	1	(not set)	287
2	google	25	2	(not provided)	24
3	crowdfunding-berlin.c...	10	3	https://www.startnext...	1
4	presseanzeiger.de/pa...	7	4	recommendation	1
5	(direct)	6			
6	webmailer.hosteurope...	4			
7	facebook.com/l.php	3			
8	computerbuch-gaeble...	1			
9	l.facebook.com/l.php	1			
10	l.facebook.com/lsr.php	1			

Schauen Sie sich die Verweise genau an. Sie zeigen Ihnen, woher die Besucher Ihrer Projektseite kamen.

Pressemeldungen herausgeben

Mit einer Pressemeldung informieren Sie die Medien und machen auf sich aufmerksam. Eine Pressemeldung sollten Sie herausgeben, wenn eine Kampagne erfolgreich ist. Sie können Sie auch herausgeben, wenn ein Produkt für die Presse interessant ist. Das kann zum Beispiel auch etwas sein, was für ein lokales Gebiet aufschlussreich ist.

Beachten Sie: Es ist normal, wenn auf viele Pressemeldungen keine Reaktion erfolgt. Zeitungen, Magazine und TV-Redaktionen erhalten viele Meldungen und müssen auswählen. Ein kleiner Crowdfunder ist nicht unbedingt interessant. Aber: Oftmals sind kleine Spartenblätter und lokale Magazine eher interessiert. Und das umso mehr, wenn Ihr Projekt einen lokalen Bezug hat.

Erstellen Sie eine Pressemeldung. Korrigieren Sie diese und lassen Sie noch einmal einen Sprachlektor darüber schauen. Senden Sie diese dann an die Zeitungen, die für Ihren Wohnort oder Ihr Produkt infrage kommen. Vergessen Sie die lokale Redaktion eines dritten Programmes nicht. ZIBB vom Sender RBB ist hier für den Berliner und Brandenburger Raum interessant. Dazu versorgen Sie Crowdfunding-Magazine und freie Presseportale mit der Meldung.

Das Magazin Fundscene sollten Sie auf jeden Fall mit der Pressemeldung versorgen. Fragen Sie kurz per E-Mail oder Twitter an, ob ein Interesse an Ihrer Pressmeldung besteht.

Der Radiosender FluxFM sollte ebenfalls eine Anfrage erhalten. Er wird sich in der Regel Ihre Pressemeldung und ein paar Infos zu Ihrer Kampagne ansehen. FluxFM hat eine eigene Crowdfunding-Rubrik. Sie finden die Website des Senders unter: *https://www.fluxfm.de*

Freie Presseportale sind interessant, weil hier viele Journalisten und Medienmacher draufschauen. Darüber hinaus informieren sich auch interessierte Leser auf den Seiten dieser Portale.

Die wichtigsten freien Presseportale habe ich Ihnen in einer kleinen Übersucht zusammengestellt:

http://pressemitteilung.ws

http://www.openpr.de

http://www.firmenpresse.de

http://www.presseanzeiger.de

http://www.news4press.com

http://www.online-artikel.de

http://fair-news.de

http://www.nachrichten.net

http://www.premiumpresse.de

Sie müssen sich auf fast allen Presseportalen zunächst registrieren. Dies muss aber nur einmal geschehen. Notieren Sie sich den Zugangsnamen und das Passwort. Bei einer späteren Kampagne können Sie diese erneut verwenden.

Die Pressemeldung sollte informierend sein. Ein aufdringlicher Kaufzwang oder eine direkte Werbung ist nicht erlaubt. Jede Pressemeldung wird vor dem Veröffentlichen geprüft. Als Beispiel habe ich Ihnen einmal meine Pressemeldung zu diesem Buch und der Kampagne bei Startnext hinzugefügt:

Pressemitteilung

Berlin, 18. April 2016

Der Selfpublisher René Gäbler bringt mit seinem Sachbuch „Do it Yourself – Crowdfunding für Einsteiger" einen schon längst überfälligen Ratgeber auf den Markt. Das Interesse an Crowdfunding-Kampagnen in Deutschland wächst immer weiter. Der Marktführer Startnext zählt bereits jetzt 635.000 registrierte Nutzer und punktet mit 3.547 erfolgreichen Projekten. Verteilt wurden so beachtliche 29.507.802 €.

René Gäbler gibt in seinem Buch einen Überblick über die wichtigsten Plattformen, die Nutzern aus Deutschland, Österreich und der Schweiz zur Verfügung stehen. Die Plattformen und Unterschiede werden genannt. Denn Kickstarter ist nicht gleich Startnext. Ulule richtet sich an andere Nutzer als zum Beispiel Indiegogo.

Doch wie erstellt man eine eigene Crowdfunding-Kampagne? Firmen können auf teure Berater, Texter und Multimediaexperten zurückgreifen. Der Otto Normalbürger, ebenso wie kleine Teams und Vereine, muss es selbst in die Hand nehmen. Was auf den ersten Blick leicht aussieht, entpuppt sich beim näheren Hinsehen als anspruchsvolle, vielfältige und zeitaufwändige Arbeit. Der Funder muss sein Projekt mit ausgeklügelten Texten, Fotos und einem Pitchvideo bewerben. Er muss die Regeln und Unterschiede der Crowdfunding-Plattformen beachten, sein Projekt in den sozialen Netzwerken bewerben, Kosten kalkulieren und an werbende Öffentlichkeitsarbeit denken. Um dem Leser hier eine Hilfestellung zu geben, zeigt der Autor anhand von zwei Beispielen bei Startnext und

Kickstarter, wie eine Kampagne geplant und durchgeführt wird. Hier zeigt sich die Erfahrung René Gäblers, die er mit mehr als 50 EDV-Computerbüchern in 15 Jahren Freelancer-Tätigkeit sammeln konnte. Im Stile eines Computerbuches werden alle Arbeitsgänge Schritt für Schritt aufgezeigt. Viele Screenshots veranschaulichen das Gesagte. Der Leser sieht genau, welche Arbeitsgänge wie durchgeführt werden müssen.

Der dritte Teil des Buches enthält eine Reihe an Interviews und Gesprächen. Der Autor hat sich ein gutes Dutzend erfolgreiche Funder herausgesucht, sie besucht und ausgefragt. In den Gesprächen zeigt sich, wie unterschiedlich die Herangehensweisen an eine Crowdfunding-Kampagne sind und vor welchen Hürden die Funder standen. Sicher gibt jede Plattform einen Frage-und-Antwort-Katalog und ein Onlinehandbuch heraus, aber in der Praxis zeigt sich, dass die Umsetzung sehr individuell ist. Der Kinderbuchautor hat seine privaten sozialen Kontakte aktiviert und während der Kampagne jede Woche mehrere Lesungen und PR-Aktionen abgehalten. Der Student hat mit Startnext ein Eisfahrrad finanziert. Das gesetzte Ziel wurde überschritten, sodass es sogar zu einem motorisierten Gefährt reichte. Zwei Studenten haben ihr Literaturmagazin mit einer Crowdfunding-Kampagne finanziert und alle Hürden dank Teamarbeit gemeistert. Ein Literaturkreis aus der Marzahner Bibliothek hat sich bei dem Kampf mit der Technik schwergetan, es aber dennoch ins Ziel geschafft. Die Wege zum Erfolg einer Crowdfunding-Kampagne sind sehr unterschiedlich. Die Hürden, auf die die Funder stoßen, werden umschifft. Die Gespräche sind ein Fundus an Tipps für alle, die eine eigene Crowdfunding-Kampagne umsetzen wollen.

Natürlich wird das Buch selbst auch über eine Crowdfunding-Kampagne finanziert. Bereits wenige Tage nach dem Projektstart hat es die angestrebte Finanzierungssumme erreicht. Mit geplanten 500 Seiten zu einem Preis von 24,95 € wird es das bisher umfangreichste und anwenderbezogenste Sachbuch zu einem Thema sein, das „in" ist. Und jeder kann mit einer Crowdfunding-Kampagne eine Idee finanzieren und umsetzen.

Do it Yourself – Crowdfunding für Einsteiger

Sachbuch, ca. 500 Seiten

Preis der gedruckten Version: 24,95 €

Preis des eBooks: 9,99 €

https://www.startnext.com/do-it-yourself-crowdfunding

Verlag René Gäbler

René Gäbler

Nordbahnstraße 3

13359 Berlin Deutschland

E-Mail: autor (at) computerbuch-gaebler.de

Wird Ihre Pressemeldung veröffentlich, erstellen Sie ein Bild davon und geben Sie die Info auf Ihrem Kampagnen-Blog zum Besten. Es ist die beste Werbung für Ihr Projekt, die Sie bekommen können. Eine veröffentlichte Pressemeldung bringt Aufmerksamkeit und neue Besucher auf Ihre Projektseite. Im günstigsten Fall kommen nach der Pressemeldung auch neue Fans und Unterstützer zu Ihrem Projekt.

Projektende und nun ...

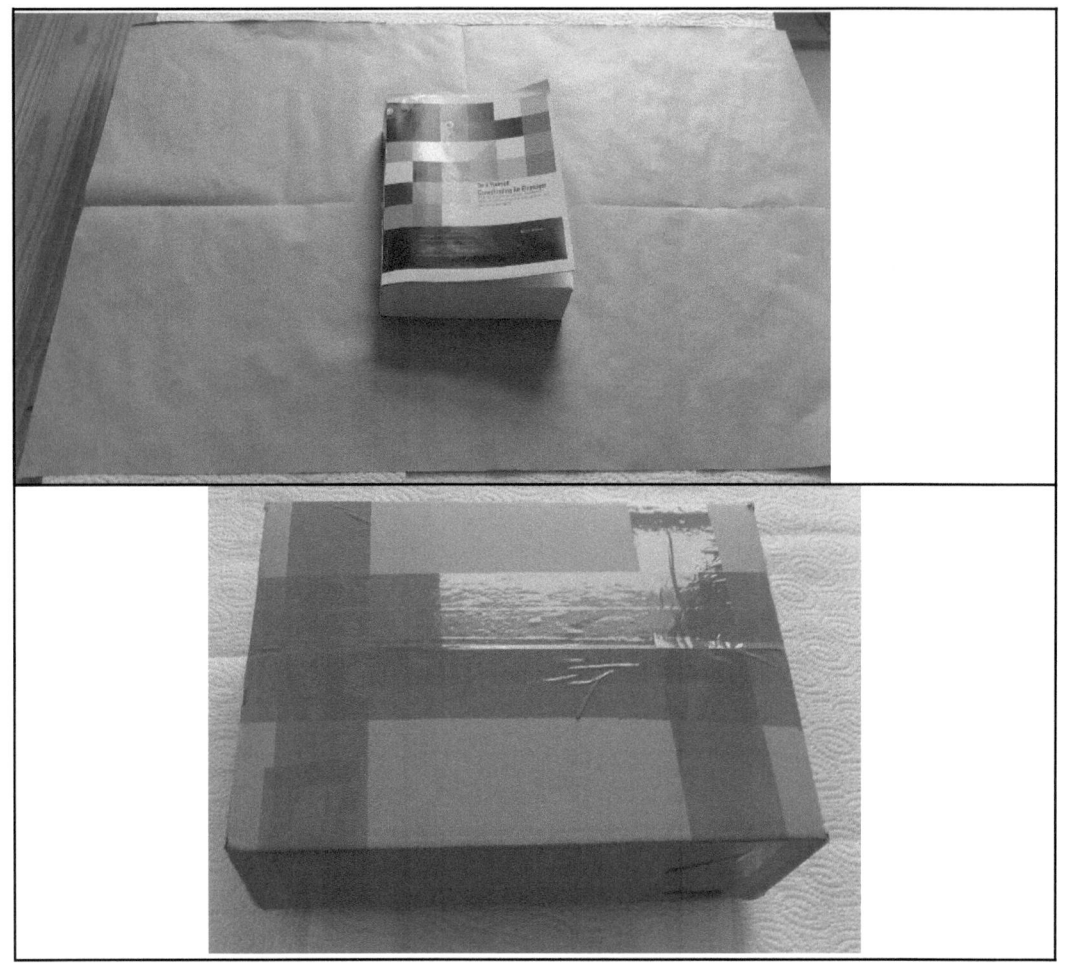

In diesem Kapitel lesen Sie, wie Sie Ihr Crowdfunding-Projekt auswerten. Sie erfahren, was sich hinter der Projektbestätigung verbirgt und wie Sie diese durchführen. Am Ende des Kapitels lesen Sie, worauf Sie beim Versand der Dankeschöns achten müssen. Ein Beispiel zeigt Ihnen, wie Sie Ihre Dankeschöns „versandsicher" verpacken.

Auswertung eines Crowdfunding-Projektes

Nach dem Ende des Projektes schauen Sie sich an, welches Funding-Ziel erreicht wurde. Werfen Sie einen Blick auf die Statistik und überprüfen Sie, welche Dankeschöns wie oft gebucht wurden.

Es dauert ca. 3 Wochen, bis die erreichte Funding-Summe auf Ihrem Konto eintrifft. Haben Sie hier ein wenig Geduld.

Bedanken Sie sich bei allen Unterstützern mit einer privaten Nachricht. Nutzen Sie hierfür die Nachrichtenfunktion von Startnext. Wählen Sie zu diesem Zweck die Nachrichtengruppe Unterstützer aus. Weitere Infos sollten Sie in den Projektblog schreiben, auf allen sozialen Netzwerken, Ihrer Website und Ihrem Blog, eben alle Seiten, auf denen Sie Infos zu Ihrer Kampagne abgelegt und gepostet haben.

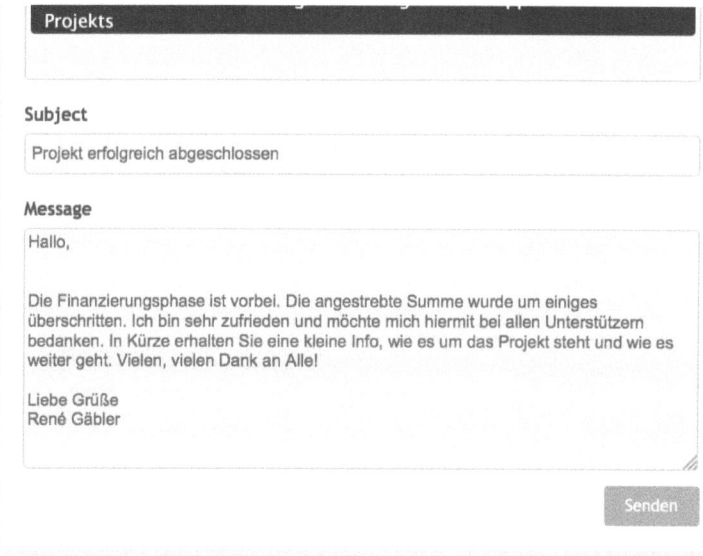

Ein paar Zeilen mit einem Dankeschön sollten selbstverständlich sein

Natürlich kann man weiterhin Fan werden. Sie werden auch sehen, dass sich ab und zu andere auf Ihre Projektseite verirren und die Anzahl der Fans steigt. Diese Fans können Sie für Ihr nächstes Projekt nutzen und mit der Startnext-Nachrichtenfunktion anschreiben. Für Ihr aktuelles Projekt bringen die neuen Fans nichts. Sie können Sie jedoch informieren, wenn Ihr Produkt fertig ist und wo es im Handel erhältlich ist.

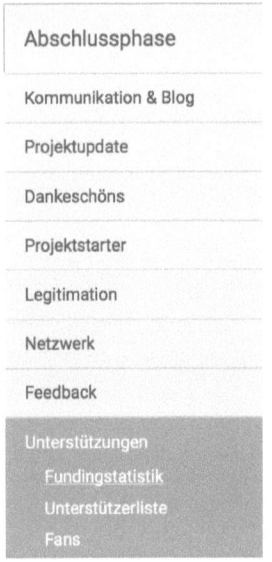

Im Menü Ihrer Projektseite finden Sie nun die Funding-Statistik. Sie erreichen diese unter *Unterstützungen/Funding-Statistik*. Diese Übersicht zeigt Ihnen alle mit dem Kauf der Dankeschöns eingenommenen Zahlungen. Die Übersicht zeigt Ihnen, mit welchen Zahlungsmethoden die Dankeschöns gebucht wurden, wie hoch die Summe der erhaltenen freien Beträge ist und welche Transaktionsgebühren auf Sie zukommen. Mit Auszahlungssumme sehen Sie auf einen Blick, was Sie an Geld erhalten.

Was tun, wenn es doch länger dauert als geplant

Wenn Sie etwas mehr Zeit brauchen, um Ihr Produkt fertig zu stellen, schreiben Sie die Unterstützer an und informieren Sie darüber. Bieten Sie auch die Rückgabe der Unterstützungen an. In der Regel wird davon niemand Gebrauch machen. Die Unterstützer werden Verständnis für eine kleine Verzögerung haben.

Nutzen Sie außerdem die Blogfunktion und greifen Sie bei größeren Änderungen am Produkt auf die Updatefunktion Ihrer Projektseite zurück.

Hallo,

mein Crowdfunding-Projekt „Do it Yourself-Crowdfunding für Einsteiger" wurde erfolgreich finanziert. Das Projekt ist nun beendet. Ich möchte mich hiermit bei allen Unterstützern bedanken! Vielen lieben Dank dafür, dass Ihr mein Projekt über die Ziellinie gebracht habt.

Liebe Grüße

René

Ich selbst habe alle Unterstützer angeschrieben und mich bedankt. Zusätzlich habe ich erklärt, wie weit mein Buch ist und welche Arbeiten noch vor mir liegen. Diese Information muss sein. Die Unterstützer werden in der Regel immer Verständnis dafür haben.

Hallo,

nun habe ich noch viel Arbeit vor mir. Nicht alle Kapitel sind fertig. Noch nicht alle Funder sind besucht. Ich schreibe nun die noch offenen Kapitel, überarbeite sie und gebe sie in das Sprachlektorat. Die fertigen Kapitel werden mit Quark XPress in eine druckfähige Datei gewandelt und anschließende an die Druckerei gesandt. Bitte habt etwas Geduld. All diese Arbeiten sind sehr arbeits- und zeitaufwändig.

Sollte es dem einen oder anderen Unterstützer zu lange dauern, bin ich gern bereit, seine Unterstützung zurückzugeben. Einfach anschreiben genügt. Das sollte jedoch nicht notwendig sein. Noch im Sommer wird mein Sachbuch fertig sein, im Onlinebuchhandel stehen und bei dem einen oder anderen Unterstützer per Post eintrudeln. Die E-Books gibt es natürlich per E-Mail.

Vielen Dank noch einmal an alle!

Liebe Grüße

René Gäbler

Die Projektbestätigung durchführen

Nach dem Projektende erhaltenen Sie eine E-Mail von Startnext. Zunächst finden Sie in dieser nicht viele Informationen. Sie werden lediglich darüber benachrichtigt, dass das Projekt nun erfolgreich finanziert wurde. Die Zahlungsvorgänge werden von Startnext überprüft. Sie müssen sich noch etwas in Geduld üben.

Es dauert nicht lange und Sie erhalten eine weitere E-Mail von Startnext. Man gratuliert Ihnen zu

Startnext informiert über das abgeschlossene Projekt mit einer E-Mail.

Nun müssen Sie noch bestätigen, dass Sie Ihr Projekt wie beschrieben umsetzen können

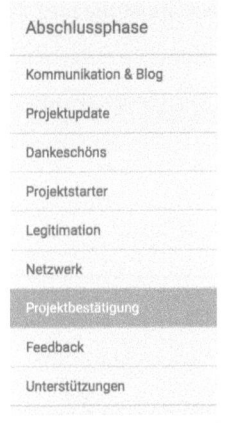

Ihrem Erfolg und bittet Sie, Ihr Projekt zu bestätigen. Sie müssen Startnext mitteilen, dass Sie Ihr Projekt, so wie in der Projektbeschreibung beschrieben, umsetzen können. Dies geschieht mit ein paar wenigen Mausklicks.

1. Öffnen Sie einen Browser. Geben Sie die Adresse von Startnext ein. Melden Sie sich an.

2. Öffnen Sie das Menü, das sich hinter Ihrem Profilbild verbirgt. Gehen Sie zu Profil und weiter zu *Eigene Projekte*. Wählen Sie Ihr Projekt aus.

3. Wählen Sie nun links das Arbeitsmenü aus. Es ist mit "Abschlussphase" überschrieben. Sie sehen einen neu hinzugekommenen Menüpunkt mit der Bezeichnung *Projektbestätigung*. Wählen Sie diesen aus.

4. Öffnen Sie mit einem Mausklick die Hinweise für erfolgreiche Projekte und die Richtlinien für erfolgreiche Projekte. Lesen Sie sich beides sehr aufmerksam durch. Sind Sie damit einverstanden, setzen Sie ein Häkchen in die beiden Optionskästchen vor den Optionen. Nur mit einer Bestätigung beider Informationen werden die Zahlungen an Sie übermittelt.

5. Scrollen Sie etwas nach unten und lesen Sie sich die *Hinweise zur freiwilligen Provision* durch. Mit einem Schieberegler legen Sie fest, wie hoch die Provision ist. Diese wird an Startnext gezahlt. Klicken Sie auf *Projekt bestätigen*.

Damit haben Sie Ihr Projekt bestätigt. Startnext kann nun die Zahlungen der Unterstützer an Sie weiterleiten.

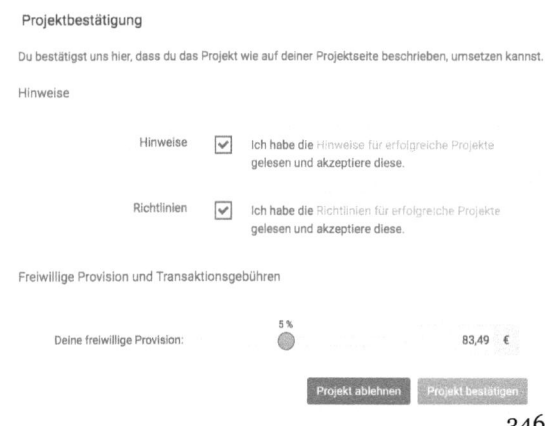

Nur wenn Sie die Hinweise und die Richtlinien für erfolgreiche Projekte bestätigen, leitet Startnext die Zahlungen der Unterstützer an Sie weiter. Die freiwillige Provision wird mit einem Schieberegler festgelegt (Bild unten).

Was enthalten die Hinweise und die Richtlinien für erfolgreiche Projekte? Startnext weist Sie hier daraufhin, dass Sie eine geschäftliche Beziehung mit den Unterstützern Ihrer Crowdfunding eingehen. Probleme zwischen Ihnen und Ihren Geschäftspartnern müssen Sie selbst lösen. Startnext vermittelt nur den Kontakt.

Jeder Unterstützer erhält eine gesetzliche Widerrufsfrist von 14 Tagen. In diesem Zeitraum kann ein einzelner Unterstützer seine Unterstützung zurückverlangen.

Die Dankeschöns müssen steuerlich korrekt abgewickelt werden. Bei Problemen und Unklarheiten sollten Sie auf einen Steuerberater zurückgreifen.

Die Unterstützer und Fans sollen auch nach dem erfolgreichen Ende des Projektes weiter informiert und auf dem Laufenden gehalten werden. Das kann zum Beispiel über die Pinnwand, die Nachrichtenfunktion von Startnext, den Blog Ihrer Projektseite, Ihr soziales Netzwerk oder Ihre Website geschehen.

Abschließend informiert Startnext noch darüber, dass Crowdfunding nur funktioniert, wenn so viele wie nur möglich mitmachen und der Crowdfunding-Gedanke weitergetragen wird. Weisen Sie in Ihren Dankeschöns und Ihrem Netzwerk daraufhin, dass Ihre Idee erfolgreich war. Kennzeichnen Sie Ihr Produkt mit „Von der Crowd finanziert".

Der Versand der Dankeschöns

Nach der Bestätigung der Projektbestätigung verschwindet die Einstellung unter Projektbestätigung. Sie lesen hier nun „Du hast das Projekt bereits bestätigt". Wechseln Sie nun nach *Unterstützungen/Unterstützerliste*. Sie können hier eine Liste der Unterstützer auf Ihren Rechner laden. Diese enthält die Namen und Adressdaten der Unterstützer, die Sie für Sie den Versand der Dankeschöns benötigen. Klicken Sie auf *Unterstützerliste herunterladen*. Wählen Sie ein Verzeichnis auf Ihrem Rechner. Bestätigen Sie. Die Unterstützerliste ist eine Excel-Tabelle.

In Ihrem Projektarbeitsbereich finden Sie nun auch die Namen der Unterstützer und deren Adressen. Bei besonders vielen Unterstützern sollten Sie jedoch nicht online nach den Adressen schauen und diese abtippen, sondern auf die Excel-Liste zurückgreifen.

> **Unterstützerliste herunterladen**

Laden Sie eine Liste Ihrer Unterstützer auf Ihren Rechner

Achten Sie bei Ihren Dankeschöns auf eine sorgsame Verpackung! Nehmen Sie sich genügend Zeit für diese Aufgabe. Die Dankeschöns müssen gut verpackt bei Ihren Unterstützern ankommen.

Es klingt ein wenig wie ein unnötiger Tipp. Es scheint selbstverständlich zu sein, ein Produkt gut zu verpacken, bevor man es per Post auf die Reise schickt. Zu leicht kann man aber unachtsam werden, wenn Eile geboten ist. Die Dankeschöns sollen schnell verschickt werden. Und zugleich sind womöglich viele Päckchen zu packen. Der Umgang mit den Adressen und den Versandgebühren sorgt für zusätzlichen Stress.

Sie möchten aber, dass die Dankeschöns sicher bei ihren Zielen ankommen. Unversehrt und ohne Schäden. So sind Unterstützer und Funder zufrieden. Und vielleicht bleiben sich bis zur nächsten Crowdfunding-Kampagne treu.

Schäden ist das nächste Stichwort. Die Transportdienstleister gehen nicht unbedingt sorgsam mit ihren Päckchen und Paketen um. Ein Funder, der bei Kickstarter eine Crowdfunding-Kampagne erstellt hat, berichtete mir von Problemen mit den Transportdiensten. Bei den ersten Sendungen mussten Dankeschöns ersetzt werden, weil die Päckchen und deren Inhalt beschädigt an ihren Zielen ankamen.

Ich empfehle Ihnen einen doppelten Pappkarton und eine Polsterung. Letzteres kann aus zerknülltem Papier, Schaumstoff oder Polstertaschen bestehen. Damit ist der Inhalt ausreichend geschützt.

In das Paket legen Sie ein kleines Anschreiben mit einem Dank und einen lieben Gruß an den Unterstützer. Ebenso gehört in das Päckchen/Paket ein Blatt mit den Adressangaben des Unterstützers und den Ihrigen (als Absender).

Achten Sie darauf, dass nicht alle Postsendungen bei jedem Versanddienstleister versichert sind. Es kann immer einmal zu Schwierigkeiten bei der Zustellung, zu Transportschäden oder anderen Problemen kommen.

Denken Sie auch daran, dass jedem Unterstützer ein zweiwöchiges Rückgaberecht zusteht. Wenn das Dankeschön der Projektbeschreibung entspricht und die Sendung unversehrt beim Ziel ankommt, werden nur wenige das Rückgaberecht in Anspruch nehmen. Vorkommen kann es jedoch immer einmal.

Fassen wir kurz zusammen:

- Verpacken Sie die Dankeschöns sorgsam.

- Nutzen Sie ein doppeltes Päckchen bzw. Paket.

- Legen Sie ein Anschreiben und ein Dankeschön in das Päckchen.

- Legen Sie ein Blatt mit den Absender- und Adressangaben in das Päckchen.

- Achten Sie auf eine gute Polsterung.

- Verschnüren Sie das Paket gut mit Paketklebeband.

Zuerst wird das Buch in Packpapier eingelegt und verpackt. Ist es noch in Plastik eingeschweißt, kann dieser Schritt entfallen.

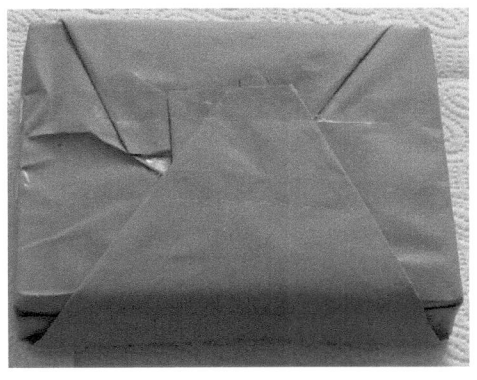 

Das Packpapier schützt mein Buch. Die Verpackung habe ich mit Tesaband befestigt (Bild links). Das verpackte Buch lege ich in ein passendes Päckchen. Ich verwende ein wiederverwertetes Päckchen. Was da ist und noch gut aussieht, kann ruhig weiter benutzt werden (rechtes Bild).

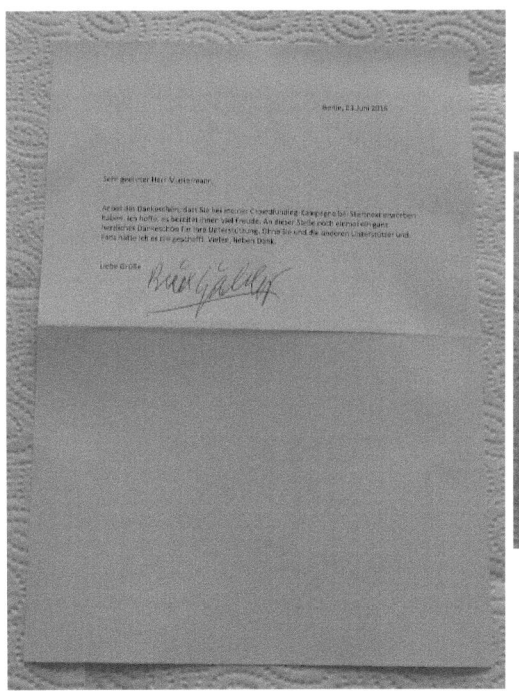 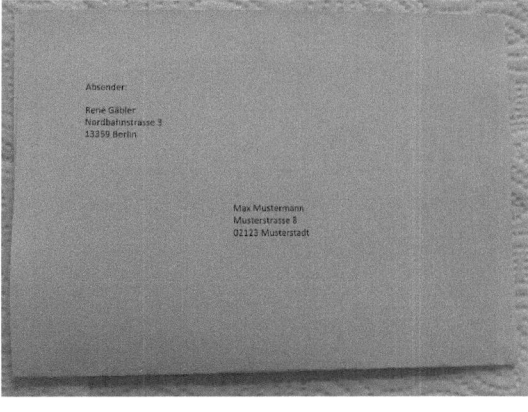

Ein kleines Anschreiben ist schnell erstellt. Wichtig sind die persönliche Anrede eines jeden Unterstützers, ein Dank, ein paar Grüße und die eigenhändige Unterschrift (Bild links). Auf einem weiteren Schreiben werden Absender und Adresse des Unterstützers festgehalten. Das gefaltete Schreiben wird ins Päckchen gelegt.

Das Anschreiben und das Blatt mit den Adressangaben werden gefaltet und in das Päckchen gelegt. Der Zettel mit den Adressangaben liegt zuoberst (Bild links). Mehrere Lagen zurechtgeschnittener Polsterfolie lege ich zum Schutz auf das Päckchen (Bild rechts).

Das Päckchen wird mit Paketklebeband verschnürt.

Das kleine Päckchen kommt in ein größeres Päckchen. Luftpolstertaschen an den Seiten und über dem Päckchen schützen es und sorgen dafür, dass es im größeren Paket nicht hin und her rutscht.

Nun wird das Paket zugeklappt und ordentlich mit Paketklebeband verschnürt. Damit ist der Inhalt wirklich sicher.

Crowdfunding-Kampagnen bei Kickstarter

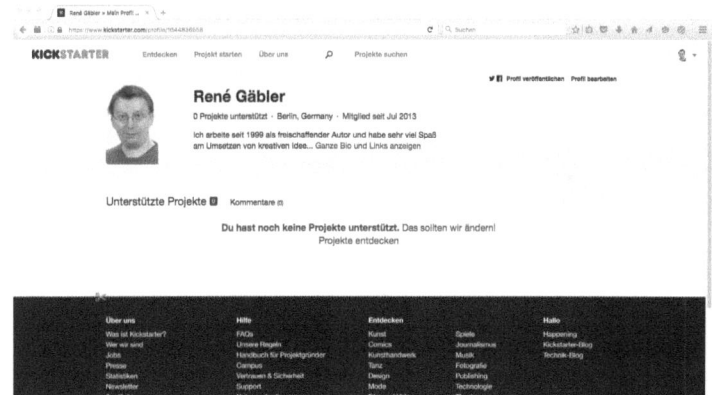

In diesem Kapitel lernen Sie die Crowdfunding-Plattform Kickstarter kennen. Sie erfahren, worin sich diese Plattform von anderen unterscheidet. Sie lernen die wichtigsten Grundlagen und Richtlinien von Kickstarter kennen und erfahren, welche Dinge Sie in einer Kampagne nicht anbieten dürfen. Ich stelle Ihnen die Voraussetzungen für eine Kampagne bei Kickstarter vor und verrate Ihnen, was sich hinter den „Team-Favoriten„ verbirgt. Anschließend lesen Sie, wie Sie Kickstarter für sich nutzen und bei dieser Plattform ein Profil und eine eigene Crowdfunding-Kampagne erstellen.

Kickstarter für Einsteiger

Nach eigenen Angaben haben bisher mehr als 11 Millionen Menschen ein Kickstarter-Projekt unterstützt. Einige haben sogar mehr als ein Projekt unterstützt. Hier nennt Kickstarter die Zahl 3,5 Millionen. Ganze 440.000 User haben zehn oder mehr Projekte unterstützt. Schauen Sie sich die Statistiken an und Sie sehen noch viel mehr interessante und erstaunliche Zahlen.

Kickstarter ist so etwas wie der Pionier der Crowdfunding-Plattformen. Die Firma hat diese Idee populär gemacht. Kickstarter gibt es seit 2009. Einige interessante Rekorde wurden bisher aufgestellt. Das Spiel Wasteland 2 wurde 2012 mit 900.000 US-Dollar finanziert. Die Kühlbox Coolest Cooler erreichte unglaubliche 13,2 Millionen US-Dollar. Das Kartenspiel Exploding Kittens wurde mit 8,7 Millionen US-Dollar finanziert. Das Filmprojekt „The Veronica Mars Movie Projekt" konnte dank Kickstarter finanziert werden. 5,7 Millionen US-Dollar wurden eingenommen. Die britische Firma Torquing Group hat den europäischen Rekord aufgestellt. Mit 2,3 Millionen Pfund ist das die bisher höchste Funding-Summe für ein Projekt aus Europa bei Kickstarter.

> **Mischformen**
>
> Star Citizen zeigt, dass auch eine Mischform von Crowdfunding-Kampagne bei einer Plattform und mit einem Plug-in auf der eigenen Webseite Erfolg haben kann. Kickstarter lässt ein derartiges Modell auch zu. Möchten Sie dies selbst nutzen, sollten Sie sich mit Webtechnologien, insbesondere mit WordPress, gut auskennen. Alternativ können Sie auch einen Mitarbeiter an ein derartiges Problem setzen. Gerade bei Start-up-Unternehmen und kleinen Firmen bietet sich auch ein spezialisierter Mitarbeiter oder eine externe Arbeitskraft für diese Aufgabe an. Beachten Sie bitte: Das WordPress Plug-in ist nicht kostenlos!

Das Game Star Citizen kann nicht direkt als Kickstarter-Rekord aufgeführt werden. Und das, obwohl es einen Guinness-Rekord eingefahren hat. Warum ist das so? Star Citizen hat bei Kickstarter 2,1 Millionen US-Dollar eingesammelt. Weitere Gelder wurden über das Crowdfunding-Plug-In Ignition Deck, das in eine Wordpress-Seite eingefügt wird, erreicht. Aber: Star Citizen kann es als Rekord verzeichnen, die bis heute zweithöchste Summe für ein Crowdfunding-Projekt eingesammelt zu haben. Insgesamt wurden so 114 Millionen US-Dollar von Unterstützern zusammengebracht.

Star Citizen zählt zu den Spiele-Kampagnen, die bis heute bei Kickstarter die höchste Finanzierungssumme erhalten haben. Das Game Elite: Dangerous wurde ebenfalls bei Kickstarter finanziert und erhielt 1,5 Millionen britische Pfund. Es gibt viele weitere interessante Projekte. Nicht jedes hat Rekorde aufgestellt. Kickstarter lädt auch sehr zum Entdecken und Herumstöbern ein. Schauen Sie sich einmal um und unterstützen Sie auch das eine oder andere Projekt. Es lohnt sich und Sie sind mit wenigen Mausklicks Teil einer großen weltweiten Community. Und Sie unterstützen den Crowdfunding-Gedanken und natürlich auch die Funder.

Jede Crowdfunding-Plattform hat ihre Besonderheiten. Natürlich ist dies bei Kickstarter auch so. Diese möchte ich Ihnen in den nächsten Abschnitten zeigen.

Die wichtigsten Besonderheiten bei Kickstarter

Die Plattform steht seit einiger Zeit in deutscher Sprache zur Verfügung. Sie können eine Kampagne in Deutsch erstellen. Sie können die englische Sprache für Ihre Projektseite wählen oder auch Deutsch und Englisch kombinieren. Letzteres halte ich für eine gute und empfehlenswerte Lösung.

Die Ausrichtung von Kickstarter ist international. Sie können natürlich kleine Kampagnen für deutschsprachige Fans und Unterstützer erstellen. Sie erreichen hier jedoch nur kleine Funding-Ziele. Mehr ist möglich, wenn Sie die internationale Ausrichtung der Plattform nutzen. Zu beachten ist dabei jedoch auch, dass Sie sehr achtsam bei der Verpackung der Dankeschöns sein müssen und dass erhöhte Versandkosten auf Sie zukommen. Unterstützer aus den USA, dem arabischen Raum, aus Asien und Europa sind durchaus möglich. Das erschwert natürlich auch die Recherche der Versandgebühren. Die Arbeit lohnt sich jedoch.

Bei Kickstarter werden Ihnen sehr viele Freiheiten gelassen. Kein Mitarbeiter wird Ihnen schreiben, dass ein Projekt nicht erwünscht ist. Es gibt keine Begleitung einer Kampagne. Somit ist es unerheblich, ob die Mitarbeiter von Kickstarter Ihr Produkt mögen oder nicht. Die Community bestimmt über den Erfolg Ihres Projekts. Damit sind kreative und schräge Projekte möglich. Vorausgesetzt natürlich, Sie halten sich an die AGBs der Plattform, die Datenschutzbestimmungen, die Netiquette und die Gesetze. Aber ... Kickstarter lässt auch einzelne Kampagnen nicht zu. Es kommt schon einmal vor, dass der Mitarbeiter der Plattform eine Kampagne ablehnt. Dies sollte in der Regel auch begründet werden.

Kickstarter nennt drei Regeln für ein Projekt, das auf der Plattform veröffentlicht werden soll. Das Projekt muss etwas erschaffen, das mit anderen Usern geteilt werden kann. Sie müssen das Projekt ehrlich, wahrheitsgetreu und direkt zeigen. Das ist eine einfache und nachvollziehbare Regel. Sie müssen ganz offen und ehrlich beschreiben, was Sie tun wollen. Sie beschreiben Ihr Produkt, den Weg zu diesem und den Nutzen dieses Produktes. Niemand hat etwas von einer Produktbeschreibung, mit der der Fan und Unterstützer nicht alles erfährt. Niemand möchte falsche Informationen über Ihr Produkt lesen. Direkt heißt in diesem Fall, die Textelemente der Projektseite, die Bilder und das optionale Bild müssen offenbaren, was Sie tun wollen. Sie können das Produkt oder eine frühere Version nicht jemandem in der Hand drücken und sagen, dass es aussehen soll, wenn es fertig ist und du es unterstützt. Sie haben dafür nur Ihre Projektseite. Die letzte Regel: Sie dürfen Kickstarter nicht verwenden, um Spenden für wohltätige Zwecke oder auch für wohltätige Organisationen zu sammeln. Sie dürfen keine finanziellen Versprechungen machen und keine unzulässigen Artikel anbieten. Kickstarter listet in einer langen Liste einige Dinge auf, die keinen Platz in einer Crowdfunding-Kampagne auf der Plattform haben.

Bei Kickstarter ist ein Pitchvideo keine Pflicht. Sie müssen für Ihre Kampagne kein Video erstellen. Die Plattform stellt es Ihnen frei, ob Sie dies tun oder ob Sie dies nicht tun. Kampagnen mit einem Video erlangen aber mehr Aufmerksamkeit, mehr Fans und Unterstützer. Ein Video lockt mehr zu Ihrer Kampagne.

Kickstarter ist nicht kostenlos. Die Plattform verlangt bei einer erfolgreichen Kampagne eine prozentuale Gebühr von der erreichten Funding-Summe. Hinzu kommen die Gebühren für die Zahlungsdienstleister. Die Gebühren bei einer erfolgreichen Kampagne betragen 5 % der erreichten Funding-Summe. Die Zahlungsanbieter erheben 3 - 5 %. Diese Kosten muss der Funder beim Erstellen seiner Kampagne in seine Kalkulation mit einbeziehen.

Ein einmal festgelegtes Funding-Ziel kann nicht mehr verändert werden. Sobald die Projektseite veröffentlicht wird und das Projekt aktiv ist, steht auch das Funding-Ziel unveränderbar. Möglich ist es jedoch, das Funding-Ziel zu erweitern. Wird die angestrebte Summe überschritten, können Sie dies tun. Dabei lassen sich neue Dankeschöns anbieten und dem Produkt neue Funktionen zuordnen. Bei einigen Produkten lässt sich eine solche Erweiterung gut nutzen und auch anstreben. Sie können so einem Computerspiel einen zusätzlichen Bonuslevel in Aussicht stellen, ein Buch mit mehr Farbseiten und mehr Inhalt versehen oder etwas anderes Zusätzliches tun.

Kickstarter-Kampagnen richten sich, wie bei Startnext auch, nach dem „Alles oder nichts"-Prinzip. Nach der Kampagne erhalten Sie Ihr Geld, wenn die Funding-Summe erreicht oder überschritten wurde. Wird das Ziel nicht erreicht, fließt kein Geld von den Unterstützern zum Funder. Es werden in diesem Fall keine Gebühren fällig.

Ihre Kampagne muss in eine der vorgegebenen Kategorien passen: Kunst, Comics, Kunsthandwerk, Tanz, Design, Mode, Film und Video, Essen/Trinken, Spiele, Journalismus, Musik, Fotografie, Publishing, Technologie und Theater.

Die internationale Ausrichtung bei Kickstarter hat auch den Nachteil, dass es keinen Zahlungsdienstleister gibt, der die Zahlungen der Unterstützer verwaltet und sich um die kümmert, die nicht zahlen. Diese Aufgabe überlässt die Plattform Ihnen. In der Praxis können Sie den Usern, die eine Unterstützung zugesagt haben, diese aber nicht ausführen, nur eine Erinnerung per E-Mail zukommen lassen. Es kommt leider auch zu Zahlungsausfällen. Das müssen Sie in Ihre Kalkulation mit einberechnen. Die Funding-Summe einer erfolgreichen Kampagne beinhaltet alle Unterstützungen, also auch die von Usern, die nicht gezahlt haben.

Kickstarter ist durch große Funding-Summen für Computerspiele, durch die Finanzierung von Independent-Filmen mit mehreren Millionen Dollar und durch kreative und ungewöhnliche Projekte bekanntgeworden. Versuchen Sie, bei Ihrer eigenen Kampagne auf dem Teppich zu bleiben. Seien Sie kreativ!

Grundlagen und Richtlinien

In den Community-Richtlinien wird klar geregelt, was in der Kommunikation mit anderen Kickstartern zu beachten ist. So sind Spam-Mails untersagt, ebenso das Verschicken von Links und das Bewerben von Projekten an einer nicht zulässigen Stelle. Fremde Angebote dürfen nicht beworben werden. Externe E-Mail-Listen sollten nicht verschickt werden. Wie überall sind Hassbotschaften, gesetzwidrige Inhalte, menschenverachtende und diskriminierende Inhalte und sexistische Texte untersagt. Im Umgang mit anderen sollten Sie sich immer gewählt und rücksichtsvoll ausdrücken. Bei boshaften und unangebrachten Kommentaren müssen Sie diplomatisch und sachlich antworten. Bei Kickstarter wird sehr stark auf die Einhaltung der Community-Richtlinien geachtet. Das ist o.k. so. Bei Unklarheiten und Fragen hilft Ihnen ein Mitarbeiter.

Zu den unzulässigen Dingen, die man in seiner Kickstarter-Kampagne nicht finanzieren darf, zählen:

- Medikamente
- Gesundheits-Apps
- Bücher zum Thema Krankheiten und Heilung
- Nahrungsergänzungsmittel
- Lotterielose
- Wettbewerbe
- Gutscheine
- Glücksspiele
- Lotterien
- Energydrinks
- Energynahrungsmittel
- Anstößige und verbotene Inhalte
- Dankeschöns mit genetisch erzeugten Pflanzen, Tieren u.Ä.
- Alkohol als Dankeschöns
- Finanzdienste
- Zahlungsmittel
- Prepaid-Angebote
- Telekommunikations-Mehrwertdienste

- Spendensammlungen für die Politik

- Kampagnen, mit denen vorhandene Produkte weitergegeben werden

- Kampagnen, mit denen vorhandene Produkte neu verpackt und weitergegeben werden

- Produkte aus zweiter Hand (Gebrauchtwarenangebote)

- Pornografische Inhalte und Produkte

- Tabakprodukte

- Drogen

- Nikotin

- E-Zigaretten und E-Zigaretten-Zubehör

- Waffen

- Waffennachbildungen

- Zubehör für Waffen

Eine vollständige Liste finden Sie auf den Seiten von Kickstarter.

Bei einer Crowdfunding-Kampagne auf Kickstarter muss etwas Neues entstehen. Mehrere Personen müssen einen Nutzen davon haben. Das sind einfache Grundlagen, die sich leicht nachvollziehen lassen.

Wenn Sie sich nicht sicher sind, ob Ihre Idee einen Platz bei Kickstarter haben kann, fragen Sie einfach. Die Liste der Mitarbeiter bei Kickstarter ist sehr lang. Man hilft gern weiter und berät Sie.

Die AGBs und die Datenschutzrichtlinien von Kickstarter möchte ich an dieser Stelle nicht wiedergeben. Schauen Sie sich diese auf der Website von Kickstarter an und lesen Sie sich diese Informationen aufmerksam durch.

Die Voraussetzungen für eine Kickstarter-Kampagne

Die folgenden Voraussetzungen müssen Sie erfüllen, wenn Sie in Deutschland wohnhaft sind und bei Kickstarter eine eigene Kampagne starten möchten:

- Sie müssen mindestens 18 Jahre alt sein.

- Sie müssen dauerhaft in Deutschland wohnen und eine Postadresse nachweisen können.

- Sie müssen einen gültigen Ausweis Ihres Landes bzw. der Europäischen Union besitzen.

- Das Projekt muss im eigenen Namen oder im Namen einer juristischen Einheit, der Sie angehören, veröffentlicht werden.

- Sie müssen über ein Bankkonto verfügen.

- Der Besitzer des Bankkontos muss mit der Person, die das Projekt durchführt und sich identifiziert, identisch sein.

- Sie müssen eine Kreditkarte eines bekannten Unternehmens besitzen.

Schwarze Schafe

Es gibt leider auch Funder, die Ihre Unterstützer und Fans enttäuschen. Sie nehmen Geld ein und nichts passiert. Das passiert manchmal, wenn ein StartUp-Unternehmen von einer sehr hohen Finanzierungssumme überrascht wird und dann schlichtweg überfordert ist.

Lassen Sie sich von derartigen Problemen und schwarzen Schafen nicht entmutigen! Nutzen Sie die Möglichkeiten von Crowdfunding!

Gleiches gilt für Schweizer Bürger, Bürger aus Österreich und aus Luxemburg. Darüber hinaus können bei Kickstarter Bürger aus den folgenden Ländern eine Crowdfunding-Kampagne erstellen: Australien, Belgien, Kanada, Dänemark, Spanien, Frankreich, Großbritannien, Irland, Italien, Holland, Norwegen, Neuseeland und natürlich aus den USA. Bei Fundern aus den USA sind Kampagnen von Kindern möglich, die noch nicht das 18. Lebensjahr erreicht haben.

Team-Favoriten

Kickstarter wählt bestimmte Kampagnen aus und stellt Sie als „Team-Favoriten" auf der Startseite der Plattform vor. Diese Auswahl können Sie nicht direkt beeinflussen. Das Team von Kickstarter wählt die Kampagnen aus. Ausgesucht werden Projekte, die die Möglichkeiten von Kickstarter auf sehr gute Weise nutzen. Auch ausgewählt werden Kampagnen mit einem witzigen oder besonders interessanten Pitchvideo. Ebenso sorgen gut ausgewählte Dankeschöns (Kickstarter spricht von „fair kalkulierten Belohnungen") und eine gute Geschichte für eine Auswahl als Team-Favorit.

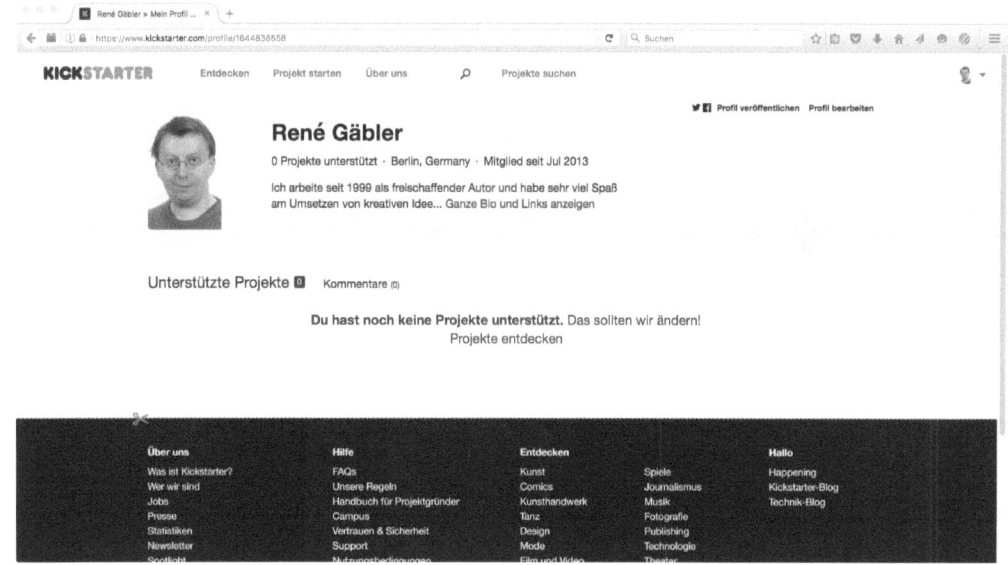

Achten Sie darauf, vor dem Start bei Kickstarter ein Profil zu erstellen und es mit einer Kurzbiografie auszufüllen. Das Profil ist der zentrale Startpunkt bei Kickstarter. Es zeigt, wer Sie sind. Erstellen Sie ein eigenes Projekt, werden andere User hier nachschauen, mit wem sie es zu tun haben.

Die ersten Schritte bei Kickstarter

Ein Projekt bei Kickstarter läuft in ähnlichen Phasen ab wie auf einer anderen Crowdfunding-Plattform. Zuvor sind auch hier einige Vorarbeiten zu erledigen. Das Projekt sollte zunächst einmal auf dem Papier durchgearbeitet werden. Eine Community sollte aufgebaut und gepflegt werden. Sie sollten die Kalkulation durchgehen und sich erste Gedanken über mögliche Dankeschöns machen. Textinhalte, ein Pitchvideo (optional) und die Medien sollten erstellt werden.

Die einzelnen Phasen sind die:

- Anlegen des Projektes.
- Einholen von Feedback.
- Feedback umsetzen und das Projekt überarbeiten.
- Projekt veröffentlichen.
- Unterstützer, Fans und Community mit Informationen versorgen. Das Projekt dabei weiterentwickeln.
- Das Produkt fertig stellen.
- Dankeschöns versenden.

Bevor Sie jedoch an ein eigenes Projekt denken, sollten Sie sich auf Kickstarter umsehen. Erstellen Sie ein Profil. Schauen Sie sich andere Kampagnen an.

Share: Tweeten   Teilen   Einbetten   Pin   Posten

Die sozialen Netzwerke sind bei Kickstarter mit eingebunden. Teilen Sie Projekte, die Ihnen gefallen, auf Twitter, Facebook, Pinterest und tumblr. Werden Sie so zu einem Teil der Community und lassen Sie Ihre Kontakte an Ihren Interessen teilhaben.

★ Erinnerung anfordern

Mit einem Mausklick auf „Erinnerung anfordern" bei einer interessanten Crowdfunding-Kampagne auf Kickstarter erhalten Sie 48 Stunden vor Projektende eine E-Mail. Diese Erinnerungsfunktion ist praktisch. So kann man sich informieren und auch kurz vor Ende einer Kampagne noch mit an Bord kommen. Das Kickstarter-Menü (nächstes Bild) ist Ihr persönlicher Wegweiser zu allen Stationen und Anlaufpunkten auf der Crowdfunding-Plattform.

Meine Daten

Empfehlungen für dich
Nachrichten
Aktivität
Profil
Unterstützte Projekte
Meine Favoriten
Freunde finden

Einstellungen

Konto
Profil bearbeiten
Benachrichtigungen

Du bist als **René Gäbler** angemeldet
Abmelden

Mit einer praktischen Funktion erhalten Sie kurz vor dem Ende einer interessanten Kampagne eine Information per E-Mail. Klicken Sie auf Erinnerung anfordern. Sie finden diese Funktion gleich rechts neben dem Pitchvideo (rechts unten). Kickstarter informiert Sie 48 Stunden vor dem Ende der Kampagne per E-Mail. Sie können so schauen, wie es um die Kampagne steht und noch als Unterstützer mitmachen.

Zugleich wird bei einem Mausklick auf Erinnerung anfordern eine Kampagne in Ihre Favoriten eingefügt. Nach dem Einloggen finden Sie in der rechten oberen Ecke Ihres Browserfensters Ihr verkleinertes Profilbild. Mit einem Mausklick darauf öffnen Sie das Kickstartermenü. Hier finden Sie auch Ihre Favoriten.

Ich halte das „aktiv sein" bei Kickstarter und anderen Plattformen für äußerst wichtig. Es zeigt, dass Sie nicht nur „Geld sammeln" wollen, sondern dass Sie aktiv an der Crowdfunding-Idee interessiert sind. Leider sieht man viel zu häufig bei Startnext, Kickstarter und anderen Plattformen Funder, die nur Ihr Produkt finanzieren wollen. Sie halten weder Kontakte fest noch unterstützen sie andere Kampagnen. Ein aktiver User trägt die Idee weiter. Er zeigt, wo seine Interessen liegen. Er ist offen für neue Internettechnologien wie eben Crowdfunding. Das aber ist nur meine ganz persönliche Meinung. :-)

Das „Herumstöbern bei Kickstarter" vermittelt Ihnen auch einen ersten Eindruck von all dem, was auf dieser Plattform möglich ist. Sie sehen ungewöhnliche, kreative, richtig coole, außergewöhnliche und furchtbar langweilige Projekte. Schauen Sie sich unbedingt die Videos an! Auch hier gibt es Hochglanz-Profivideos, kleine, aber feine kreative Schnäppchen und langweilige, unkreative Videos, die sie wortreich über oft belanglose Dinge „informieren". Gerade Letzteres sieht man leider auch bei

Filmemachern. Hier können Sie manchmal zusehen, wie die Funder Ihre Texte von Pappen hinter der Kamera ablesen und wie sie aufatmen, wenn Sie Ihre Dialoge endlich „abgearbeitet" haben. Das ist schade. Mehrere Schnitte und ein paar kreative Szenen sind viel interessanter und besser.

Schauen Sie sich an, was andere in Ihre Projektseiten schreiben, wie die Community reagiert und ob und wie hier ein „Miteinanderreden" funktioniert. Sie können sich viele Anregungen holen. Und das allein durch ein „Herumgucken".

Über eine Funktionsleiste unter der Kurzbeschreibung einer Kampagne können Sie diese in Ihren sozialen Netzwerken teilen. Kickstarter unterstützt die Plattformen Facebook, Tumblr, Twitter und Pinterest. Mit Einbetten wird das Widget einer Kampagne in die eigene Seite eingefügt. Mit „eigene Seite" ist hier eine Website oder ein Weblog gemeint. Nach dem Klick auf die Funktion wählen Sie über eine Schaltfläche die Größe des Videofensters. Kopieren Sie den HTML-Code in die Zwischenablage und fügen Sie ihn in Ihre Website oder Ihr Weblog ein. Im Fenster der Funktion sehen Sie eine Vorschau, die zeigt, wie das eingefügte Widget aussehen wird. Es zeigt die Überschrift, das Startbild des Videos, den Namen des Funders der Kampagne und eine Kurzbeschreibung des Projektes. Darüber hinaus finden Sie im Fenster der Funktion Einbetten auch die URL zu der Projektseite, die Sie in Ihren sozialen Netzwerken wiedergeben können.

Viele Funder fügen den Vorschaubildern Ihrer Produkte ein Logo für die Sprachunterstützungen hinzu. Sie sehen so, dass ein Produkt gratis in ein bestimmtes Land versandt wird. Sie sehen so, ob es auch eine deutsche Version gibt oder „EU-Friendly" ist. Das ist eine, wie ich finde, sehr praktische Geschichte. Der Unterstützer sieht auf einen Blick, ob ein Produkt auch für sein Sprachgebiet tauglich ist. Natürlich bevorzugen viele die US-Sprachversion von XYZ. Aber nicht jeder kann perfekt Englisch. Daher kann man als Funder mit einem kleinen Bildchen auf eine Sprachunterstützung hinweisen.

Das Banner im linken Bild zeigt, dass das so markierte Produkt „EU-Friendly" ist. Das mit dem rechts zu sehenden Banner gekennzeichnete Produkt ist dies ebenfalls, bietet aber darüber hinaus auch eine deutsche Sprachunterstützung.

Diese Markierung bringt Ihnen Pluspunkte in Ihrer eigenen Kampagne. Natürlich sollten Sie als Funder aus Deutschland, Österreich oder der Schweiz eher auf eine US-Unterstützung hinweisen. Schwieriger wird es mit „Australian-Friendly-Shipping", „Canada-Friendly-Shipping" und „US-Friendly-Shipping". Die deutschen Versanddienstleister bringen zwar die Produkte nach Kanada, in die USA und nach Australien – sicher aber zu hohen Versandkosten und bei Inkaufnahme von langen Transportwegen.

Beim Herumstöbern fällt mir auf, dass es bei Kickstarter viele kreative Brettspiele gibt, die bei den meisten Usern sehr beliebt sein. Eine angestrebte Funding-Summe wird hier in der Regel um ein Vielfaches überschritten, ebenso aber auch Comics und Independent-Computerspiele.

Unterstützen Sie eine Kampagne, werden Sie bemerken, dass Sie bei Kickstarter nicht um eine Kreditkarte herumkommen. Es gibt keinen Zahlungsanbieter, der Ihre Zahlungen verwaltet und eine bequeme Überweisung anbietet. PayPal wird nicht unterstützt.

Einige sehr aktive Unterstützer sammeln für Freunde und erstellen mehrere Gebote. Das ist durchaus möglich. Wozu hat man den gute Freunde?! Das funktioniert aber nur, solange Sie derartige Kontakte haben oder auch finden und nicht selbst als Funder aktiv werden. Sie brauchen eine von Kickstarter akzeptierte Kreditkarte! Nur dann können Sie selbst eigene Crowdfunding-Kampagnen bei Kickstarter starten.

Die Gebote fangen bei einigen Kampagnen bei freundlichen 1 US-Dollar an. Manchmal liegen die untersten Unterstützungssummen auch bei 10 US-Dollar oder 25 US-Dollar. Diese Beträge kann man für sehr gute und kreative Projekte ohne Weiteres aufbringen.

1 US-Dollar ist etwas mehr als eine symbolische Geste. Sie unterstützen mit einem kleinen Betrag eine Crowdfunding-Kampagne. Machen das 200 User, hat der Funder allein durch dieses kleine Dankeschön 200 US-Dollar eingenommen. Klein bleibt der Betrag nicht, wenn es viele tun.

Zu verachten ist auch nicht der Effekt, den Sie mit kleinen Unterstützungen auf Ihrem Profil erreichen. 10 kleine 1 Dollar-Unterstützungen, für die Sie wahrscheinlich nur eine automatisch generierte E-Mail mit einem Dankeschön bekommen, bedeuten, dass auf Ihrem Profil zehn aktive Unterstützungen zu sehen sind. Gerade wenn Sie neu bei Kickstarter sind, können Sie so schnell Ihr Profil mit Aktivitäten füllen.

Um eine Kreditkarte kommen Sie bei Kickstarter leider nicht drum herum. Eine solche ist notwendig, wenn Sie bei anderen Kampagnen mitbieten wollen.

Nach einer Unterstützung bedankt sich Kickstarter und zeigt an, wie viele andere User das Projekt bereits unterstützt haben. Zugleich haben Sie hier noch einmal die Möglichkeit, die Kampagne bei Twitter und Facebook mit Ihren Kontakten zu teilen. Der Funder hier hat sein erstes Projekt erstellt und selbst bereits 7 andere Projekte unterstützt (im Bild am unteren Rand zu sehen). So muss das bei einem Kickstarter sein. :-)

René Gäbler

hat bereits 4 Projekte unterstützt · Berlin, Germany · Mitglied seit Jul 2013

Ich arbeite seit 1999 als freischaffender Autor und habe sehr viel Spaß am Umsetzen von kreativen Idee... Ganze Bio und Links anzeigen

Unterstützte Projekte 4   Kommentare (0)

HATCH - A notebook for makers & entrepreneurs

Stygian - A Lovecraftian Computer RPG

Railroads Second Edition - Special Run

Nova Cry: A 30-minute Sci-Fi Card Game (2nd printing!)

Mein eigenes Profil hat sich auch mit einigen Unterstützungen gefüllt. Ebenso das Kickstarter-Kreisdiagramm. Es sieht alles ein wenig bunter und voller aus.

Kickstarter unterstützt die Karten von Visa, MasterCard, American Express und Discover. Die Zahlungsdaten werden mit einer sicheren Verbindung übertragen. Mit einem Optionshäkchen beim Ausfüllen des Zahlungsformulars können Sie die eingegebenen Daten speichern. So müssen Sie diese bei der nächsten Kampagne, die Sie unterstützen wollen, nicht mehr ausfüllen.

Eine kleine Bitte: Unterstützen Sie nicht auf Krampf! Fördern Sie nicht zwanghaft nur Kampagnen, die der Rubrik Ihrer eigenen Produktidee, die Sie bei Kickstarter finanzieren wollen, entsprechen! Lassen Sie sich ein wenig treiben. Stöbern Sie herum und fördern Sie die Kampagnen, die Ihren Interessen entsprechen, die Sie cool, kreativ und super finden. Die Idee Crowdfunding lebt davon, dass man kreativ ist und schöne, spannende und interessante Ideen fördert.

Bitte verzeihen Sie mir, wenn ich von Crowdfunding schwärme und fast schon wie ein „Wirtschaftsheini" predige und lobe. Das ist einfach nur eine Autorenkrankheit. Man ist immer der größte und begeistertste Fan vom eigenen Buch. Und das wird schlimmer, wenn man ein wenig Erfolg hat und dem Abschluss seiner Arbeit immer kommt. :-)

Auf Ihrer Projektseite wird Ihr Name oder der Name Ihrer Firma stehen. Sie finden hier den Link zu Ihrer Webseite. Und Sie sehen, wie viele Kampagnen Sie bereits unterstützt haben. Angezeigt wird unter anderem auch, das wievielte Projekt die Kampagne bei Kickstarter ist. Man sieht hier nicht, welche Unterstützung Sie gewählt haben. Dem interessierten User wird bei einem Mausklick auf Ihr Profil und die Unterstützungen nur gezeigt, was Sie alles unterstützt haben, nicht aber, wie viel Geld ihrerseits geflossen ist. Auch erfährt ein anderer User nicht, welche Dankeschöns Sie gebucht haben.

Ein bisschen Theorie vor dem Start der ersten eigenen Kampagne

Wie bei jeder Crowdfunding-Kampagne sollten Sie auch bei Kickstarter überlegt vorgehen und sich Zeit nehmen. In kleinen Abschnitten habe ich Ihnen einmal zusammengestellt, was Sie tun sollten. Beachten Sie bitte: Die konkreten einzelnen Schritte und die durchzuführenden Aufgaben hängen von Ihrem Ziel, dem Produkt und der Zielgruppe ab. Eine Crowdfunding-Kampagne ist eine sehr individuelle Sache. Aus diesem Grund sind die folgenden Schritte und Tipps nur grobe Ratschläge.

Beginnen Sie zunächst mit der Vorarbeit. Es folgt der Entwurf der Projektseite nebst aller Medien und deren Überarbeitung. Anschließend das Projekt gestartet, das Produkt entwickelt und die Community mit Infos versorgt. Mit Abschluss des Projektes werden das Produkt und die Dankeschöns verschickt.

Werfen wir einmal einen Blick auf diese einzelnen Schritte. Sie werden sehen, sie ähneln denen bei Startnext und anderen Crowdfunding-Plattformen.

Die Vorarbeit

Bevor es an die wirkliche Kampagne geht, müssen ein paar Vorüberlegungen angestellt und Vorarbeiten erledigt werden. Das sollten Sie tun:

- Entwickeln Sie zuerst Ihr Projekt auf dem Papier. Schreiben Sie sich auf, was Sie finanzieren wollen.

- Schauen Sie sich bei Kickstarter und auch bei anderen Plattformen um. Überlegen Sie, ob Ihr Projekt in die vorhandenen Kickstarter-Kategorien passt und ob es hier gut aufgehoben ist. Schauen Sie, ob es ähnliche Projekte gibt und ob eine direkte Konkurrenz vorhanden ist.

- Überlegen Sie, ob Sie genug Zeit für die Crowdfunding-Kampagne haben. Unterschätzen Sie dies nicht! Die Crowd will versorgt werden und sehen, wie sich Ihr Produkt entwickelt. Sie müssen aktiv sein und viele Dinge selbst erledigen.

- Erstellen Sie eine erste Kalkulation. Welche Kosten sind für die Entwicklung Ihres Produktes notwendig? Was können Sie selbst dazu beitragen?

- Können Sie einen ersten Prototyp oder eine Vorschau des fertigen Produktes auf der Projektseite zeigen? Ist dies nicht der Fall, erstellen Sie einen. Auf der Projektseite wollen andere sehen, was Sie finanzieren sollen. Umso mehr Sie zeigen können, desto überzeugender ist Ihre Kampagne.

- Haben Sie eine Community? Weiß diese von Ihren Interessen? Versorgen Sie das vorhandene soziale Netzwerk mit Informationen. Erweitern Sie das Netzwerk oder bauen Sie es auf.

- Schreiben Sie Pressemeldungen und verteilen Sie diese.

- Machen Sie sich erste Gedanke über die möglichen Dankeschöns (bei Kickstarter heißen diese „Belohnungen"). Versuchen Sie, viele verschiedene Dankeschöns anzubieten. Eine Auswahl interessanter, zum Produkt passender Dinge sollte auf die Unterstützer warten. Dabei sollten User mit kleinem Geldbeutel etwas Interessantes finden wie auch die, die etwas mehr zahlen können.

- Kalkulieren Sie die Verpackungskosten mit ein. Notieren Sie sich die internationalen Versandkosten, die auf Sie zukommen können. Auch diese müssen Sie mit in Ihre Kalkulation einbeziehen. Ebenso wie die Kosten für Kickstarter, die Gebühren für Zahlungsdienstleister und die Ausfälle durch User, die nicht zahlen.

Die Projektseite entwerfen

Sind die Vorüberlegungen und Vorarbeiten durchgeführt und sind Sie davon überzeugt, dass Ihr Projekt bei Kickstarter gut aufgehoben ist, erstellen Sie Ihre Projektseite. Dazu führen Sie die folgenden Aufgaben durch:

- Melden Sie sich bei Kickstarter an und erstellen Sie schrittweise alle Textinhalte zu Ihrer Kampagne. Formulieren Sie klar und deutlich. Beschreiben Sie Ihr Projekt. Stellen Sie sich vor. Begründen Sie, warum andere Ihr Produkt finanzieren sollten. Gehen Sie hier auf den allgemeinen Wert (den Nutzen für andere) ein.

- Planen, erstellen und schneiden Sie ein Pitchvideo. Laden Sie es auf eine Videoplattform und binden sie es in die Projektseite mit ein.

- Erstellen Sie mehrere Fotos, die Ihr Produkt zeigen. Bearbeiten und optimieren Sie diese und binden Sie auch diese in Ihre Projektseite mit ein.

- Machen Sie sich erste Gedanken über die Updates, mit denen Sie die Besucher Ihrer Kickstarter-Projektseite versorgen können. Wie können Sie zeigen, dass die Entwicklung Ihres Produktes vorangeht und Sie aktiv an ihm arbeiten? Notieren Sie sich mögliche Events und Aktionen.

- Kalkulieren Sie die Entwicklungszeit des Produktes. Fügen Sie Informationen in die Projektseite mit ein, aus denen hervorgeht, wann das fertige Produkt an die Unterstützer gesandt wird. Informieren Sie auch über den Versand der Belohnungen.

Der Projektstart

Ist die Projektseite fertig und überarbeitet, kann das Projekt in die Funding-Phase wechseln. Beim Wechsel und danach sind folgende Aufgaben wichtig:

- Überarbeiten Sie noch einmal alle Inhalte Ihrer Projektseite. Überprüfen Sie die Zeitangaben und die Kalkulation für die Projektkosten und nehmen Sie wenn notwendig Korrekturen vor.

- Führen Sie die Identitätsprüfung und die Authentifizierung Ihrer Kreditkarte durch.

- Wechseln Sie in die Funding-Phase.

- Informieren Sie die Community weiter über den Fortschritt des Projektes.

- Hinterlassen Sie aktuelle News auf Ihrer Projektseite.

- Antworten Sie auf Kommentare und Fragen der Besucher Ihrer Projektseite.

Projektende

Ist das Projekt erfolgreich, sind noch einige Arbeiten zu tun. Noch können Sie sich nicht ausruhen. An das Folgende müssen Sie denken:

- Entwickeln Sie das Projekt zu Ende. Halten Sie dabei die Community und die Unterstützer des Projektes auf dem Laufenden.

- Versenden Sie die Dankeschöns an Ihre Unterstützer.

- Nutzen Sie die Spotlight-Funktion von Kickstarter. Mit ihr passen Sie die Projektseite an und informieren Ihre Unterstützer und die Besucher der Seite über die Entstehung und Umsetzung des Projektes. Es ist quasi Ihre ganz persönliche Abschlussdokumentation.

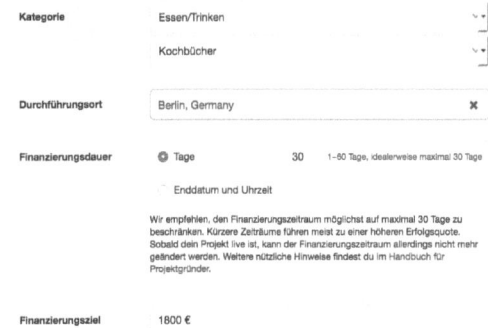

Die eigene Kampagne starten

Für die eigene Kampagne bietet Kickstarter die Profilseite des Funders an. Es gibt natürlich die Projektseite, die zu jeder Kampagne gehört – übersichtliches „Dashboard" für den Projektgründer. Sie können einen Unterstützerbericht einsehen. Er listet übersichtlich alle Informationen zu den bisher eingegangenen Unterstützungen auf. Dieser Bericht kann als CVS-Datei auch auf den Rechner geladen werden. Google Analytics ist in die Projektseite integriert und zeigt viele verschiedene Informationen und Auswertungen an. Sie können eine Kickstarter-App für Ihr Smartphone nutzen und so auch mobil schauen, was bei Kickstarter los ist und wie es um Ihr Projekt steht. Eine solche App gibt es für Android, iPad und iPhone.

Um eine Kampagne bei Kickstarter zu starten, gehen Sie wie folgt vor:

1   Melden Sie sich auf der Plattform an.

2   Klicken Sie in der Menüleiste am rechten oberen Rand auf *Projekt starten*.

3   Sie sehen nun eine Reihe von allgemeinen und einführenden Informationen. Diese sollen unerfahrenen Usern helfen, sich bei Kickstarter zurechtzufinden. Sie können hier sich über die verschiedenen Kategorien und über die Schritte (Phasen) einer Kampagne informieren und die wichtigsten Regeln durchlesen. Sie können hier auch über einen Link die Projektgründer von Kickstarter kennen lernen. In diesem Zusammenhang folgt ein kurzes Video, mit dem sich die Kickstart-Macher vorstellen. Das sollten Sie sich unbedingt einmal anschauen.

4   Haben Sie sich alle Informationen angesehen und über die AGBs, Datenschutzrichtlinien, Community-Richtlinien und Grundlagen informiert, scrol-

len Sie nach einem Klick auf *Projekt starten* nach unten. Wählen Sie hier *Entwerfe ein eigenes Projekt*.

5   Wählen Sie über das Listenfeld eine passende Kategorie. Tragen Sie einen Titel für Ihr Projekt ein. Ihr Land sollte die Webseite korrekt erkannt haben. Bestätigen Sie mit einem Mausklick auf *Starten*.

6   Sie sehen nun das Eingabefenster für Ihre Projektseite vor sich. Am oberen Rand der Seite finden Sie ein Menü, mit dem Sie bestimmte Eingabefenster anwählen. Ein grünes Häkchen markiert hier einen Inhalt, der vollständig vorhanden ist. Gehen Sie schrittweise durch alle Angaben durch. Füllen Sie nacheinander alle Eingabefelder mit einem Inhalt. Nehmen Sie sich Zeit für diese Aufgabe! Andere können Ihre Projektseite erst sehen, wenn die Angaben vollständig sind, Sie die Seite zur Überprüfung eingereicht haben und diese von einem Kickstarter-Mitarbeiter frei gegeben wurde.

7   In den Grundlagen wählen Sie ein Vorschaubild für Ihre Kampagne. Bei Kickstarter wird es „Projektbild" genannt. Den Projekttitel können Sie noch korrigieren und verändern. Er darf maximal 60 Zeichen lang sein. Darunter geben Sie eine kurze Beschreibung ein. Hier führen Sie mit wenigen Worten aus, um was es sich bei Ihrem Produkt handelt. Die Kurzbeschreibung kann bis zu 135 Zeichen lang sein. Zur Kategorie können Sie eine Unterkategorie wählen. In meinem Fall heißt die Hauptkategorie „Essen und Trinken". Die Unterkategorie lautet „Kochbücher". Im Feld *Durchführungsort* tragen Sie den Ort ein, an dem Sie Ihr Produkt entwickeln. Bei mehreren Möglichkeiten wählen Sie den passenden Wohnort aus dem Listenfeld. Im Feld *Finanzierungsdauer* geben Sie an, wie viel Tage die Funding-Phase Ihres Projekts dauern soll. Die vorgegebenen (und empfohlenen) 30 Tage sind eine gute Wahl. Im Feld *Finanzierungsziel* tragen Sie die Summe ein, die Sie für die Entwick-

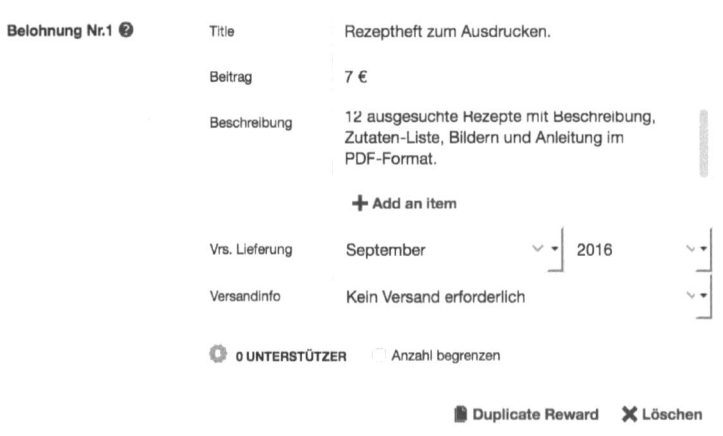

Belohnung Nr.1

Rezeptheft zum Ausdrucken.
Mindestbeitrag: 7 €

12 ausgesuchte Rezepte mit Beschreibung, Zutaten-Liste, Bildern und Anleitung im PDF-Format.

Voraussichtliche Lieferung: Sep 2016

0 Unterstützer

+ Neue Belohnung hinzufügen

lung und Umsetzung Ihres Projektes benötigen. Bei Bedarf können Sie auch Mitarbeiter hinzufügen.

8   Die gemachten Angaben halten Sie mit einem Mausklick auf die Schaltfläche *Speichern* fest. So können Sie auch Ihre Arbeit beenden und später fortführen.

Das Menü wurde nun um den Eintrag *Meine Projekte* erweitert. Melden Sie sich zu einem späteren Zeitpunkt bei Kickstarter an, können Sie hier Ihre Projektseite aufrufen und weiterbearbeiten.

Ein Klick auf *Meine Projekte* zeigt mein Kochbuchprojekt. Ein weiterer Mausklick bringt mich auf die Profilseite (im Bild unten zu sehen).

9   Legen Sie im nächsten Arbeitsschritt die Belohnungen fest. Im Bearbeitungsmodus der Profilseite klicken Sie dazu auf *Belohnungen*. Tragen Sie einen Titel ein. Geben Sie den Betrag an, den die Belohnung kosten soll. Geben Sie eine kurze Beschreibung ein. Mit *Add Item* können Sie eine Bilddatei anfügen, die zeigt, wie die Belohnung aussieht. Über die Listenfelder wählen Sie den voraussichtlichen Lieferzeitpunkt. Im Feld *Versandinfo* können Sie den Versand in bestimmte Länder begrenzen oder einen weltweiten Versand angeben. Mit *Versand begrenzen* haben Sie die Möglichkeit, nur eine bestimmte Anzahl der Belohnungen anzubieten.

10 Beginnen Sie die Eingabe der Belohnungen mit der kleinsten Belohnung. Geben Sie dann nach und nach weitere Belohnungen ein. Sofern möglich, sollten Sie zweisprachige Beschreibungen angeben. Eine deutschsprachige und eine englischsprachige Beschreibung sind empfehlenswert. So erreichen Sie mehr Interessenten, die vielleicht zu Unterstützern werden.

11 Beenden Sie die Eingabe einer Belohnung mit einem Mausklick auf *Speichern*. Mit *Neue Belohnung hinzufügen* erstellen Sie die nächste Belohnung. Mit *Duplicate Reward* bei einer Belohnung können Sie die Angaben duplizieren und anschließend ergänzen. So erstellen Sie eine Variante mit etwas mehr oder weniger Inhalt und sparen sich die erneute Eingabe der Textinhalte.

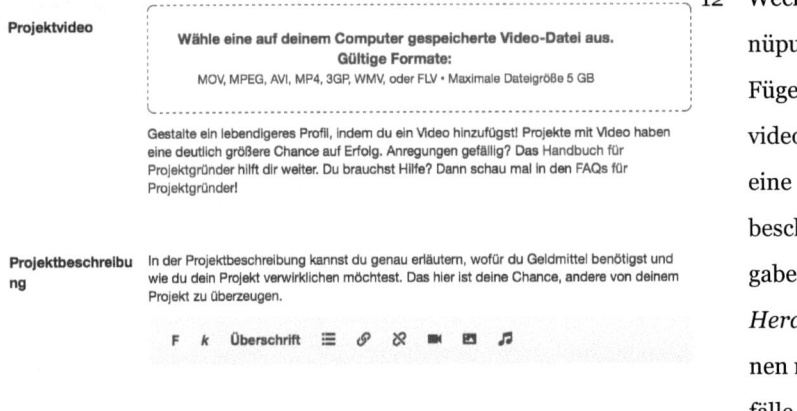

12 Wechseln Sie zu dem Menüpunkt *Hintergrund*. Fügen Sie hier Ihr Projektvideo ein und geben Sie eine ausführliche Projektbeschreibung ein. Im Eingabefeld *Risiken und Herausforderungen* können mögliche Zwischenfälle und Probleme angegeben werden. Mit welchen Problemen ist zu rechnen und wie würden Sie diese angehen? Tragen Sie diese Angaben hier ein.

Idealerweise sollte das Feld *Risiken und Herausforderungen* leer sein. Arbeiten Sie an dem Projekt vor und zeigen Sie bereits beim Start der Funding-Phase, dass Sie es umsetzen können.

Das Projektvideo wird bei Kickstarter nicht zuerst auf YouTube oder Vimeo geladen und dann auf die Projektseite verlinkt. Hier laden Sie die Videodatei direkt zu Kickstarter hoch. Die Datei kann maximal 5 GB groß sein. Unterstützt werden die Dateiformate MOV, MPEG, AVI, MP4, 3GP, WMV und FLV.

Bei Bedarf können Sie Ihre persönlichen Angaben unter *Zur Person* ergänzen. Hier können Sie zum Beispiel eine weitere Website eintragen und Ihren Google Analytics- Code eingeben.

Im Feld *Konto* können Sie sich mit einem automatischen Anruf verifizieren. Hierbei tragen Sie einfach Ihre Telefonnummer ein und wählen *Jetzt anrufen*. Sie erhalten einen automatischen Anruf mit einer Zahlenansage. Diesen „Verification Code" tragen Sie in das Formular ein.

Werfen Sie ab und zu einen Blick auf die Vorschau und beurteilen Sie die Projektseite. Unter *Vorschau* kann ein Link angefordert werden, den Sie an Freunde weitergeben dürfen. So können Sie andere nach ihrer Meinung fragen und dies, bevor Ihr Projekt online ist. Optimieren, ergänzen und verbessern Sie die Inhalte. Ist alles zu Ihrer Zufriedenheit, wählen Sie *Zur Überprüfung einreichen*. Nach etwa 3 Tagen erhalten Sie eine Antwort von Kickstarter. Natürlich müssen Sie auch Ihre Kontoverbindung angeben und zertifizieren. Wenn alles gut geht, sind Sie bald mit Ihrer ersten eigenen Crowdfunding-Kampagne bei Kickstarter online.

Fehler vermeiden und missglückte Projekte analysieren

LITERATUR

Do it Yourself-Crowdfunding für Einsteiger

Mit diesem Sachbuch möchte ich allen Interessierten ein Nachschlagewerk, ein Anleitungs-Buch und ein Buch mit

In diesem Kapitel lesen Sie, In diesem Kapitel gebe ich Ihnen wichtige Tipps, die Sie für Ihre erfolgreiche Crowdfunding-Kampagne nutzen können. Ist die Kampagne nicht erfolgreich beendet worden, erfahren Sie, mit welchen Fragen Sie die Gründe herausfinden können. Haben Sie die Ursachen ermittelt, überarbeiten Sie das Projekt und starten es neu. Auf was es dabei zu achten gilt, erfahren Sie hier. Am Ende des Kapitels lesen Sie noch einmal, was bei einer Crowdfunding-Kampagne alles schiefgehen kann. Mit Checklisten können Sie anschließend Ihre Crowdfunding-Kampagne analysieren und neu starten.

Tipps für eine erfolgreiche Crowdfunding-Kampagne

In den folgenden Abschnitten habe ich Ihnen eine Reihe von Tipps und Ratschlägen zusammengestellt, die mir für den Erfolg einer Crowdfunding-Kampagne wichtig erscheinen. Sie sind sowohl für die erste Kampagne als auch beim Neustart einer Kampagne wichtig. Diese Tipps können Sie auch für die Analyse einer gescheiterten Crowdfunding-Kampagne nutzen.

Beachten Sie bitte: Meine Ratschläge sind nur allgemeiner Natur. Crowdfunding ist eine ganz individuelle Geschichte. Der Erfolg einer Kampagne hängt vom Produkt, vom Interesse der Plattformbesucher, von der Ausrichtung der Plattform, von den Verknüpfungen in den sozialen Netzwerken, vom Nutzen des Produktes und von den aktuellen Trends ab.

Professionelle Projektbetreuungen nutzen

Nicht alles kann jeder immer gut genug. Sie müssen bei einer Crowdfunding-Kampagne mit Text umgehen, Bilder erstellen und bearbeiten, ein Video erstellen und bearbeiten, ein Produkt und dessen Herstellung und den Verkauf kalkulieren, Dankeschöns auswählen, die sozialen Netzwerke betreuen … können. Scheuen Sie sich nicht, Hilfe zu suchen und diese auch anzunehmen. Natürlich sind Teamkollegen, Freunde und Bekannte die erste Wahl. Vor allem dann, wenn Sie jemanden erreichen, der etwas Bestimmtes gut kann. Auch wenn es nur ein Rat und etwas Ansporn sind – auch diese zählen und bringen Sie ein Stück näher ans Ziel.

Bei einigen Crowdfunding-Plattformen gehört eine ausführliche Beratung und Betreuung dazu. So zum Beispiel bei Vision Bakery. Nutzen Sie diese auch. Sie zahlen diese mit Ihren Plattformgebühren.

Bei anderen Plattformen können Sie eine Betreuung zusätzlich buchen. Schauen Sie sich vorher an, was diese kostet und welche Leistungen Sie erhalten. Es gibt auch Berater, die Sie nutzen können.

Bei Unklarheiten mit den Eigenheiten einer Plattform und den Besonderheiten einer Kampagne stellen Sie Fragen. Das Team einer Plattform wird sich Ihre Fragen immer anhören und darauf antworten.

Keine Bitten um Unterstützung im Kommentarfeld

Achten Sie immer genau auf die Richtlinien und AGBs der Plattformen. Bitten Sie nicht um eine Unterstützung in den Kommentarfeldern anderer Kampagnen, auch nicht auf der Pinnwand eines anderen Projektes. Ein direktes Anschreiben per Nachrichtenfunktion ist hingegen kein Problem.

Zu viele Nachrichten auf einer Plattform sind auch nicht gern gesehen. Bei Kickstarter werden Sie schnell verwarnt, wenn Sie zu oft die Nachrichtenfunktion verwenden und gleiche oder ähnliche Nachrichten verschicken.

Bei kleineren Verstößen erhalten Sie eine Verwarnung und die Bitte, die Vorgehensweise zu unterlassen. Kommen Sie dem nach! Es ist auch möglich, dass Sie von einer Plattform ausgeschlossen werden. Dann können Sie diese Crowdfunding-Plattform nicht mehr nutzen.

Betrügen Sie nicht! Ihre Projektbeschreibungen und die Beschreibungen der Dankeschöns sollten der Wahrheit entsprechen. Nur so erhalten Sie zufriedene Fans und Unterstützer, die Sie auch bei weiteren Kampagnen unterstützen.

Bilddateien und Videomaterial nicht verpatzen

Der zweite Blick eines Besuchers fällt auf das Video. Ein Video anschauen geht schnell. Es ist Unterhaltung und Information in einem. Als Funder kann man hier punkten oder die Leute vergraulen. Achten Sie auf die Länge eines Pitchvideos. Etwa 2,5 bis 3,5 Minuten sind ausreichend. Stellen Sie sich vor. Zeigen Sie, was Sie vorhaben. Bauen Sie einen kleinen Gag ein. Bitten Sie um eine Unterstützung.

Planen Sie Ihr Video und stellen Sie es aus mehreren kleinen Szenen zusammen. Bitten Sie einen Freund um Hilfe. Zu zweit filmt es sich leichter. Gehen Sie ins Freie! Achten Sie auf gutes Licht. Bauen Sie auch einmal einen kleinen Kameraschwenk mit ein.

Viele kleine Dinge führen zu einem guten Pitchvideo. Sie müssen kein Hochglanzvideo erstellen oder von einer spezialisierten Filmfirma erstellen lassen. Das ist gar nicht notwendig! Eine gute Struktur mit ein paar Szenen genügt bereits.

Achten Sie darauf, dass Sie nicht auf einem Fleck sitzen und den Zuschauer den ganzen Film über „zulabern". Sitzen Sie nicht im Dunkeln. Orientieren Sie sich an anderen Pitchvideos der Crowdfunding-Plattformen. Schauen Sie sich an, wie andere Funder „es gemacht haben". Seien Sie kreativ! Es ist einfacher, als Sie vielleicht glauben. Auch ich habe mich bei meinen ersten Pitchvideos schwergetan und Fehler gemacht.

Nehmen Sie sich Zeit für das Erstellen des Pitchvideos, der Bilddateien und Textinhalte. Die Besucher Ihrer Projektseite schauen auf diese Inhalte. Sie „sehen" zunächst ein Video, Bilder und Text und beurteilen diese. Schauen Sie sich selbst einmal andere Projektseiten an. Sie werden auch hier bemerken, dass die Art, wie etwas präsentiert wird, Sie anspricht oder auch abstößt. Sie schauen nicht gleich auf das Projekt oder die Idee, die dahintersteht. Das ist menschlich. Das kann man als Funder für sich nutzen. Sie gewinnen mehr Fans und Unterstützer, wenn Sie eine gute Projektseite erstellen.

Die Bilddateien zeigen, wie Ihr Produkt aussehen soll. Es ist ungemein wichtig, hier wirklich das fertige Produkt zu zeigen und auf eine gute Bildqualität zu achten. Vielleicht wollen Sie Ihr Buch erst dann erstellen, wenn Sie sehen, dass Ihre Kampagne erfolgreich sein wird. Das ist o.k. Das machen viele so. Dennoch müssen Sie vorher zeigen, was Sie machen wollen und wie das Endprodukt aussehen soll.

Gute Fotos zu machen, ist heutzutage gar nicht schwer. Digitalkameras kosten nicht mehr viel. Selbst Smartphones machen gute Fotos. Achten Sie auf ein gutes Licht. Bearbeiten Sie die Bilddateien mit einem herkömmlichen Bildbearbeitungsprogramm.

Video- und Bilddateien müssen Ihr Eigentum sein und dürfen keine Rechte Dritter verletzen. Was selbstverständlich klingt, ist es durchaus nicht für jeden. Ich habe es bei meinen Gesprächen mit erfolgreichen Fundern tatsächlich erlebt, dass ein Unternehmer Videomaterial aus dem Internet zusammengesucht und es für seine Kampagne genutzt hat. Und das mit einem Lächeln und Schulterzucken. Eine teure Abmahnung sowie eine Unterlassungserklärung folgten. Das Video musste von der Plattform entfernt werden, die Kampagne musste ohne Pitchvideo auskommen. Was der Unternehmer mit einem Schulterzucken weggesteckt hat, kostet Sie ein paar tausend Euro.

Fehler beim Umgang mit Textinhalten vermeiden

Im vorhergehenden Abschnitt „Bilddateien und Videomaterial nicht verpatzen" habe ich festgehalten, dass der zweite Blick eines Besuchers auf das Video fällt. Als Erstes sieht er die Überschrift, die ersten Zeilen und den Text im Bild. Schauen Sie sich einmal die neuen Projekte bei Startnext an. Öffnen Sie die Seite *https://www.startnext.com/Projekte.html* und klicken Sie dann oben auf Neu. Worauf schauen Sie zuerst?

Die Textinhalte bringen die Besucher zu den Projektseiten. Überschrift und Beschreibungen sind so etwas wie die Einlasstür für Ihre Projektseite. Hier wird Interesse geweckt. Oder manchmal auch Desinteresse geschürt. Geschieht Letzteres, verlässt der Besucher die Seite. Oder er öffnet sie erst gar nicht.

Formulieren Sie klar und deutlich. Betteln Sie nicht in der Projektbeschreibung. Beschreiben Sie sich, das Produkt und gehen Sie auch darauf ein, für wen das Produkt gedacht ist und wofür andere es haben müssen. Achten Sie auf fehlerfreie und klare Formulierungen. Wenn Sie sich nicht sicher sind, lassen Sie Ihre Textinhalte von einem Korrektor durchsehen. Auch hier können Sie sich an anderen Projekten orientieren. Schauen Sie sich um und beurteilen Sie, wie andere es gemacht haben.

Die Projektseite mit allen Inhalten ist so etwas wie Ihre Verkaufswerbeanzeige. Sie müssen Interesse wecken. Sie müssen mit den Inhalten Fans und Unterstützer gewinnen. Sie müssen Fans zu Unterstützern werden lassen.

Warum man nicht zu lustig oder zu ernst sein darf

Ein kleiner Gag im Video ist o.k. Er lockert das Video auf. Aber zu viele Späße wirken deplatziert und unseriös. Auf der Projektseite kann man etwas „Augenzwinkerndes" einbauen. Aber hier ist Vorsicht geboten. Schließlich wollen Sie Ihr Projekt anpreisen, Fans und Unterstützer gewinnen.

Zu viel Spaß stößt andere eher ab. Zu viele Albernheiten zeigen eher, dass Sie nicht hinter Ihrem Produkt stehen und nicht ernsthaft bei der Sache sind. Sie können das Pitchvideo mit ein paar kleinen Albernheiten oder misslungenen Szenen enden lassen. Das ist durchaus möglich.

AGBs und Datenschutz beachten

Halten Sie sich unbedingt an die AGBs und die Datenschutzbestimmungen einer Plattform. Beachten Sie die Richtlinien und Communityregeln. Sehr schnell kann man verwarnt oder auch ausgeschlossen werden. Tritt Letztgenanntes ein, steht Ihnen die Plattform nicht mehr zur Verfügung. Damit können Sie Ihr Produkt nicht mehr auf dieser Plattform umsetzen.

Ich weiß, man liest keine Handbücher, AGBs und Datenschutzhinweise. Man markiert nur das Optionskästchen. Alles in Ordnung und weiter. Bei den Crowdfunding-Plattformen sollten Sie aber unbedingt die Bestimmungen lesen. Einmal genügt. Es kostet nur ein paar Minuten.

Analyse von Crowdfunding-Projekten durchführen

Scheitert ein Projekt und Sie erreichen nicht die angestrebte Funding-Summe, sollten Sie nicht gleich die Flinte ins Korn werfen. Schauen Sie sich Ihre Kampagne an und versuchen Sie herauszufinden, warum diese Kampagne ihr Ziel nicht erreicht hat. Machen Sie sich Notizen. Gehen Sie die folgende Checkliste durch. Danach überarbeiten Sie die Kampagne und starten diese neu.

Stellen Sie sich einmal die folgenden Fragen:

- Haben viele Besucher den Weg auf die Projektseite gefunden? Wenig Besucher weisen auf ein nur geringes Interesse, ebenso wie wenige Fans.

- Gibt es ein allgemeines Interesse an Ihrem Produkt? Oder gehört das Produkt eher in eine Nische oder hat einen zu engen lokalen Bezug?

- Passt Ihr Projekt auf die Crowdfunding-Plattform? Gibt es ähnliche Kampagnen?

- Haben Sie die Funding-Summe zu hoch angesetzt?

- Gibt es eine Community und haben Sie deren Interesse geweckt?

- Haben Sie sich für die Vorbereitungsphase und die Startphase genug Zeit genommen? Oder sind

Sie zu schnell in die Funding-Phase gegangen?

- Haben sich die Fans und Unterstützer für die Dankeschöns interessiert? Oder haben Sie zu wenige und/oder die falschen Dankeschöns angeboten?

- Haben Sie sich für Ihr Projekt genug Zeit genommen? Haben Sie sich um die Fans gekümmert, Kommentare beantwortet und Beiträge in das Projektblog gesetzt?

- Haben Sie Ihr soziales Netzwerk mit genügend Informationen versorgt?

- Sind die Textinhalte, das Pitchvideo und die Medien in Ordnung? Konnten Sie mit diesen die Besucher der Projektseite überzeugen?

- Haben Sie sich genug Zeit für Pressemeldungen genommen?

Korrektur und Neustart eines fehlgeschlagenen Projektes

Nicht jede Crowdfunding-Kampagne erreicht Ihr Ziel. Es kann vorkommen, dass ein Projektvideo die Besucher nicht überzeugt. Es kann vorkommen, dass ein Produkt kein Interesse bei anderen findet. Es ist möglich, dass ein Produkt weder ein Trendthema trifft noch bei einer breiten Gemeinschaft auf Gefallen stößt. Vielleicht richtete sich das Projekt auch an eine Randgruppe oder eine Käuferschicht, die ihren Weg nicht auf die Crowdfunding-Plattform gefunden hat. Es ist möglich, dass die Projektbeschreibung unglücklich ist oder die Bilddateien nicht überzeugend sind. Vielleicht waren auch die Dankeschöns uninteressant oder es waren nicht genug erstellt wurden. Vielleicht ist die Kampagne zu schnell in die Funding-Phase gewechselt und eine Community war noch nicht vorhanden. Vielleicht hat sich der Funder auch ein zu hohes Ziel gesetzt. Womöglich haben ihm die Besucher der Projektseite nicht abgenommen, dass er der Richtige für die Kampagne und das Produkt ist.

Es gibt viele Möglichkeiten, weshalb eine Crowdfunding-Kampagne scheitern kann. Das heißt aber nicht, dass Sie gleich aufgeben sollten. Crowdfunding ist eine Technik, bei der man aus Fehlern lernen kann und auch sollte.

Schauen Sie sich genau an, welche Ursachen für den Misserfolg verantwortlich sein können. Und… dann überarbeiten Sie Ihr Projekt. Erstellen Sie neue und bessere Bilder. Drehen Sie ein besseres Projektvideo. Schauen Sie sich die Projektbeschreibung an und überarbeiten Sie die Texte. Kalkulieren Sie noch einmal die Funding-Summe und korrigieren Sie diese. Vergessen Sie nicht, vor dem Neustart der Kampagne die Daten zu berichten. Passen Sie die Erscheinungs- und Auslieferungszeiten der Dankeschöns an. Korrigieren Sie die Zeitangabe, die darauf hinweist, wann das Produkt umgesetzt wird. Nehmen Sie sich Zeit, bevor Sie mit der Kampagne in die Startphase gehen. Fragen Sie andere Fans und Unterstützer nach Ihren Meinungen und Ideen.

Wenn Sie der Meinung sind, dass das Produkt auf der Plattform nicht gut aufgehoben ist, schauen Sie sich nach einer anderen Plattform um. Stöbern Sie durch die Kategorien und scheuen Sie sich auch nicht, die Betreuer der Plattform anzuschreiben und zu fragen, ob die Kampagne dort umgesetzt werden könnte.

Finden Sie keine passende Plattform und meinen, dass Sie mit Ihrer Produktidee keinen Erfolg haben könnten, dann versuchen Sie, eine andere Idee zu entwickeln. Geben Sie niemals auf! Schauen Sie sich genau an, was auf eine Plattform geht und überlegen Sie, was Sie persönlich interessiert und was Sie machen würden. Erstellen Sie schrittweise eine neue Produktidee. Und setzen Sie diese um.

Viele andere Crowdfunder haben erst im zweiten oder dritten Anlauf Erfolg. Andere Funder erstellen immer mal wieder Crowdfunding-Kampagnen. Aber auch bei diesen funktioniert nicht jede Kampagne.

Eines meiner ersten Crowdfunding-Projekte war das Buch „Windows 10 für Anwender". Sie finden es bei Startnext unter: *https://www.startnext.com/windows10-gaebler*. Ganze 29,00 € habe ich durch Dankeschöns erhalten. Das Projekt war ein Misserfolg. Aber warum?

Die Grafiken sehen furchtbar aus. Das Titelbild ist fast scheußlich. :-) Das Video kann nicht überzeugen. Aber ich habe bisher 62 Fans gefunden. Die Pinnwand enthält 18 Einträge. Ich habe bisher bei Buchverlagen 53 Bücher geschrieben und um die 300 oder mehr Beiträge.

Die Funding-Summe ist nicht hoch. 1330,- € hatte ich als Ziel gesetzt. Das sollte zu erreichen sein. Die Dankeschöns passen gut zum Buch, das Knabberpaket und der VIP-Server-Sponsor vielleicht nicht ganz.

Eine Community war hier nicht vorhanden. Aber jetzt wäre sie vorhanden. :-)

Die Produktbeschreibung klingt so, als hätte ich mich nicht entscheiden können, was ich wirklich machen soll. Zwei Bücher, ein Server, ein Webforum und eine Webseite sind etwas viel auf einmal.

Computerbücher sind kaum auf Crowdfunding-Plattformen vorhanden. Eigentlich finden Sie diese hier gar nicht. Es ist also ein Produkt, das eher in eine ganz spezielle Nische gehört.

Ich habe hier nicht nur einen Fehler gemacht, sondern ein ganzes Paket von Fehlern. Das nächste Crowdfunding-Projekt war dann ein Sachbuch und das hat funktioniert.

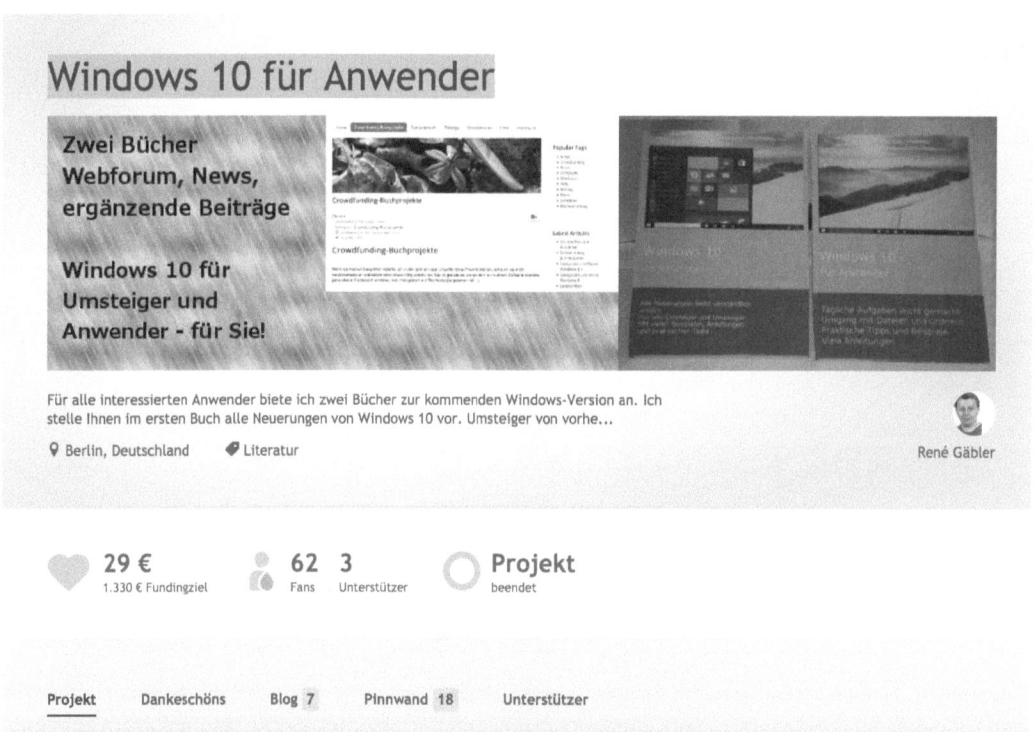

Diese Kampagne war leider unausgereift. Darüberhinaus war die Plattform ungeeignet für ein EDV-Buchprojekt.

Lassen Sie sich von Misserfolgen nicht entmutigen! Überarbeiten Sie eine Kampagne, wenn diese ihr Ziel nicht erreicht hat. Oder versuchen Sie es bei einer anderen Plattform. Oder mit einer anderen Idee! Denken Sie immer daran: Crowdfunding lebt von vielen kreativen Ideen und den Leuten, die mitmachen und sich etwas trauen. Es braucht keinen Businessplan, keinen Kredit, keinen Investor, keinen teuren Berater und keine Marktanalyse. Es kostet Sie lediglich Zeit und vielleicht etwas Mut.

Das kann alles bei einer Crowdfunding-Kampagne schiefgehen:

- Die Funding-Summe ist zu hoch und wird nicht erreicht.

- Ein schlechtes Projektvideo stößt die Besucher der Projektseite ab.

- Die Medien zeigen das Produkt nicht, wie es später aussehen soll.

- Die Produktbeschreibung ist mit Fehlern versehen.

- Die Dankeschöns sprechen die Besucher der Projektseite nicht an.

- Produkt und Dankeschöns sind auf ein regionales Gebiet beschränkt.

- Das Produkt ist ein Nischenprodukt. Die Zielgruppe findet nicht den Weg auf die Plattform.

- Sie finden nicht genügend Zeit, um das Produkt fertig zu stellen.

- Einige Dankeschöns werden auf dem Versandweg beschädigt oder nicht zugestellt.

Checkliste für die Analyse einer Kampagne:

- Überlegen Sie sich, ob die gewählte Crowdfunding-Plattform die Richtige ist. Schauen Sie nach, ob es ähnliche Projekte gibt.

- Überprüfen Sie, ob eine andere Plattform für die Kampagne besser geeignet wäre.

- Überarbeiten Sie die Beschreibung der Kampagne.

- Erstellen Sie ein neues Pitchvideo.

- Erstellen Sie neue Vorschaubilder. Achten Sie darauf, dass das Produkt so gezeigt wird, wie es später aussehen soll.

- Kalkulieren Sie die Funding-Summe neu und passen Sie diese an.

- Überarbeiten Sie die Liste der Dankeschöns. Fügen Sie passende Dankeschöns hinzu.

- Aktivieren Sie Ihre Crowd!

Checkliste für den Neustart einer Kampagne:

- Überprüfen Sie, ob die ausgewählte Crowdfunding-Plattform die richtige ist. Wählen Sie eventuell eine andere Plattform.

- Pflegen Sie Ihre sozialen Netzwerke. Seien Sie hier so aktiv wie nur möglich. Kündigen Sie den Neustart Ihres Projektes an.

- Kalkulieren Sie die Kosten für die Entwicklung des Produktes neu.

- Erstellen Sie ein neues Pitchvideo.

- Erstellen Sie neue Medien.

- Überarbeiten Sie die verwendeten Texte.

- Überarbeiten und ergänzen Sie die Dankeschöns.

- Fügen Sie allen Dankeschöns Fotos oder Grafiken hinzu.

- Starten Sie die überarbeitete Kampagne.

- Teilen Sie der Community mit, dass Ihr Projekt neu gestartet wurde.

- Teilen Sie den Fans und Unterstützern der Kampagne, die nicht das Ziel erreicht hat, mit, dass das Projekt neu gestartet wurde. Erwähnen Sie auch die vorgenommenen Veränderungen.

- Sprechen Sie Freunde und Bekannte an und teilen Sie mit, dass Sie eine neue Crowdfunding-Kampagne gestartet haben. Bitten Sie um Unterstützung. Seien Sie überzeugend und hartnäckig.

- Erstellen Sie einen ersten Blogeintrag auf Ihrer Projektseite.

Erfahrungsberichte von erfolgreichen Crowdfundern

Ein Buch mit Informationen und Anleitungen zum Thema Crowdfunding zu schreiben, ist eine interessante Sache. Sie lernen die Plattformen kennen und anhand einer eigenen Kampagne auch die einzelnen Schritte, die von der Idee bis zur erfolgreichen Kampagne führen. Und warum dann noch das Buch mit Erfahrungsberichten füllen?

Zum einen finde ich bei den herkömmlichen Buchläden und Onlinebuchhandlungen kein Buch, in denen Erfahrungsberichte nachzulesen sind. Ein Buch mit Erfahrungsberichten erfolgreicher Crowdfunder gibt es einfach nicht im Buchhandel.

Noch viel wichtiger ist etwas ganz anderes: Jede Plattform hat ihre Eigenheiten. Jede Kampagne hat ganz individuelle Besonderheiten. Jeder Mensch geht anders an eine Crowdfunding-Kampagne heran. Jeder hat hier besondere und ganz eigene Kenntnisse und Vorstellungen im Hinblick auf die Kampagne. Ganz wichtig: Jeder kann auch bestimmte Dinge und tut sich bei anderen schwer. Es ist nicht etwa wie beim Backen einer Schokoladentorte. Ein Rezept erfordert bestimmte Zutaten und eine ganz bestimmte Reihenfolge von Vorbereitungen und Arbeiten. Mal abgesehen davon, dass es auch unterschiedliche Rezepte gibt. Ich lese das ab, mache es nach und fertig ist die Torte. Es gibt bei der Torte eine festgelegte Vorgehensweise, an die ich mich halten muss, um zum Ergebnis zu kommen. Sicher, es gibt auch Varianten dieser Torte, aber auch für die gibt es ein Rezept.

Ich habe dies bei meinen eigenen Crowdfunding-Kampagnen gemerkt. Und noch viel mehr bei den Fundern, die ich angeschrieben und mit meinen Fragen gelöchert habe. Ein Kinderbuch mit fantasievollen und märchenhaften Geschichten hat eine andere Klientel als ein erotisches Fotobuch. Aber auch der Funder hat ganz andere Vorstellungen von seiner Kampagne.

Bei Startnext finden Sie ganz bestimmte Vorgaben und Tipps. Die Macher der Plattform empfehlen Ihnen, wie Sie vorgehen sollen. Aber viele Wege führen nach Rom.

Für Sie sind die unterschiedlichen Erfahrungsberichte ein Stückchen unterhaltsame Literatur, aber vor allem auch ein Fundus an Tipps und Tricks. Wie kann man sein Ziel erreichen? Wie überwindet man die Hürden, die einem bei einer eigenen Crowdfunding-Kampagne unweigerlich in den Weg geworden werden? Welche Umwege kann man einschlagen?

Funder finden, die einem etwas erzählen, ist gar nicht so leicht

Auf allen Crowdfunding-Portalen kann ich sehr gut nach erfolgreichen Kampagnen in meiner Nähe suchen. Ich bekomme eine sehr große Trefferzahl bei Startnext. Bei Kickstarter muss ich jede einzelne Kategorie einzeln durchforsten. Aber das ist ja auch okay.

Lernen musste ich, dass ich nicht einfach über die Nachrichtenfunktion die Funder anschreiben darf. Einen einmal geschriebenen Text in die Zwischenablage packen und dann jeweils per Copy & Paste an einzelne Funder senden, ist keine gute Idee. Schwupps, werden Funktionen gesperrt und man bekommt einen Spam-Hinweis von der Kickstarter-Redaktion. Dann musste ich versprechen, dass ich mich an die Regeln halte und nie wieder mehrere Funder mit dem gleichen Nachrichtentext versorge. Das ist natürlich „Kindergartenkram". Wer sollte auch schon auf die Idee kommen und Funder anschreiben, um sie nach Erfahrungsberichten zu fragen?

Natürlich finde ich zu fast allen Projektseiten die Homepageadressen, Facebook-Kontaktdaten und E-Mail-Adressen der Funder. Leider meldet sich nicht jeder Funder, den ich anschreibe. Das ist aber normal. Verbringt man einen Vormittag damit, rund 50 Funder anzuschreiben, erhält man in der nächsten Woche etwa 5 bis 10 Antworten. Damit kann ich aber gut leben. Es muss ja nicht jeder mit mir reden. Und ich kann in mein Buch auch nicht fünfzig Interviews einfügen, von denen jedes über

10 bis 20 Seiten geht.

Natürlich habe ich mich bei den ersten Interviews und Gesprächen etwas schwergetan. Ich war sehr aufgeregt. Der Autor sitzt sonst allein an seinem Schreibtisch, vergräbt sich in seiner dunklen Bude und tippelt vor sich her.

Es hat mir sehr viel Spaß gemacht, die unterschiedlichsten Menschen zu treffen. Ich habe mir ein Blatt Papier mit vorgefertigten Fragen zusammengestellt und mithilfe meines kleinen Diktiergerätes meine Fragen gestellt. Hierbei habe ich auch immer darauf geachtet, den anderen nicht nur Fragen zu stellen, sondern auch einfach mal erzählen zu lassen. Oft habe ich auch selbst etwas erzählt und eigene Erfahrungen und Meinungen zum Besten gegeben. Und so sind meine Berichte, die Sie in den folgenden Abschnitten lesen, immer nach dem gleichen Schema aufgebaut: Zuerst erfahren Sie alles Wissenswerte über das Projekt des Funders. Die Projektseite verrät, was der andere umgesetzt hat und welche Funding-Summe erreicht wurde. Hier stöbere ich auch ein wenig durch die Projektbeschreibung und die Medien. Ich schaue mir das Pitchvideo an und gebe Ihnen meinen ersten Eindruck wieder. Ich werfe einen Blick auf die Dankeschöns der Kampagne. Dann blättere ich durch das Blog und die Pinnwand. Anhand der URL der Projektseite können Sie sich die Texte, Medien und das Pitchvideo selbst ansehen.

Mit wenigen Worten schildere ich Ihnen den Weg zum Funder und den Eindruck, den er auf mich hinterlassen hat. Hier lesen Sie auch über meine persönlichen Missgeschicke und können hier und da vielleicht auch einmal schmunzeln. Sie erfahren, wo ich mich mit dem Funder getroffen habe und welche Atmosphäre uns umgab. Dann lesen Sie den Wortlaut des Interviews und Gespräches. Die Fragen, die ich jedem gestellt habe, lauteten:

- Wie bist du den auf Startnext gekommen? Warum gerade diese Plattform?

- War es ein Problem, die richtigen Dankeschöns zu finden, die notwendige Summe zu kalkulieren, die Bilder, Texte und das Video für die Projektseite zu erstellen?

- Wie hast du die Startphase erlebt? Hat dich der Kontakt zu den Fans und Unterstützern viel Arbeit gekostet?

- Kamen Fans und Unterstützer aus deinen sozialen Netzwerken, dem Bekannten- und Freundeskreis? Oder eher über Startnext direkt?

- Pinnwand und Blog haben auf deiner Projektseite viele Einträge. Der direkte Kontakt zu den Fans und Unterstützern war dir wichtig?

- Hast du auch negative Reaktionen bekommen?

- Gab es Schwierigkeiten oder Hürden im Verlauf der Kampagne?

- Würdest du die Plattform empfehlen?

- Würdest du gern einmal später wieder eine neue Kampagne starten?

- Würdest du dabei etwas anders machen?

Natürlich habe ich mich nicht streng an diesen „Frageblock" gehalten, sondern die eine oder andere Frage abgewandelt oder auch einmal eine weggelassen. Oft ist es vorgekommen, dass ich eine Frage gar nicht stellen musste und der Funder mir von sich aus erzählt hat, was ich wissen wollte.

Jeder Funder hat mir mit seiner Unterschrift eine Genehmigung gegeben, das Gespräch im Buch verwenden zu dürfen. Natürlich habe ich es ein wenig überarbeitet und so runder gemacht. Selbstverständlich habe ich es auch jedem Funder vorgelegt.

Ich habe versucht, die Interviews und Gespräche in einem lockeren Schreibstil wiederzugeben. Der Leser soll ja nicht nur sachliche Berichte und Informationen um die Ohren gehauen bekommen, sondern auch unterhalten werden.

Um die Lesbarkeit zu verbessern, sind die Antworten der Funder kursiv formatiert.

Lesen Sie sich die Interviews und Gespräche aufmerksam durch und blättern Sie durch die Beschreibungen der Projekte. Sie werden viele Tipps und Anregungen finden.

Mit Tim Hochmuth in der Charité-Kantine

Dat Prinzesschen - Ein Märchenbuch

Startnext, Literatur

https://www.startnext.com/dat-prinzesschen

Tim Hochmuth war der erste Funder, der sich für mich Zeit genommen hat. Tim hat zusammen mit einer Freundin, der Künstlerin Sabine Sammer, bei Startnext eine Crowdfunding-Kampagne gestartet. Das Kinderbuch „Dat Prinzesschen - Ein Märchenbuch" sollte über die Plattform finanziert werden. Das Funding-Ziel lag bei 9.500 €. Erreicht wurden 10.289 €. Insgesamt haben 174 Fans und 204 Unterstützer das Projekt unterstützt. Ein sehr gutes Ergebnis, wie ich finde.

Die Projektseite ist sehr liebevoll gestaltet. Hier sehen Sie bereits, dass Kinder und Eltern angesprochen werden. Der Leser und der Zuhörer werden mitgenommen auf eine „Reise durch eine lustige und bezaubernde Welt". Schauen Sie etwas näher hin, wird Ihnen auffallen, dass hier keine „Gebrüder-Grimm-Geschichten" erzählt werden. Aktuelle Themen hat Tim in märchenhafte Geschichten gepackt.

Ein paar kleine Zeilen lassen sich in den Vorschaubildern erhaschen. Vielmehr fallen hier jedoch die liebevollen, künstlerisch sehr fantasievoll gestalteten Zeichnungen auf. Man fühlt sich sofort in eine märchenhafte Welt versetzt.

Die Medien zeigen bereits das fertige Buch sowie die E-Book-Version des Märchenbuches. Die Projektbeschreibung verrät, dass „dat Prinzzesschen" die Hauptfigur ist und der Leser und Zuhörer in 14 Geschichten miterlebt, was sie so alles erlebt. Mal verwöhnte Göre, mal schüchternes Mädchen und mal am Raufen mit Jungs. Statt einer Märchenfigur, die mit ihrem Feuerregen Riesen zerdeppert, hat man es in den Geschichten mit einer Figur zu tun, mit der sich der junge Zuhörer identifizieren kann und die er von gleichaltrigen Freunden kennt. Bereits beim Lesen der Projektseite entwickele ich so etwas wie eine „verliebte Sympathie" in das Buch.

In der weiteren Projektbeschreibung lesen Sie, dass in den Märchen Bezüge zu aktuellen geschichtlichen Ereignissen versteckt sind, zu aktuellen Debatten und realen Diskussionen. Bei erfolgreicher Finanzierung sollen 400 Bücher gedruckt werden. Die Funding-Summe ist für die Druckerei, Binder, Papierschneider, Lektoren und den Grafiker gedacht.

Das Video zeigt einige der kunstvollen Zeichnungen. Es folgen eine kurze Einführung in das Thema Märchen und eine Vorstellung des Autors. Dann sehen Sie, wie die Künstlerin Sabine ein farbenprächtiges Bild malt. Sie stellt sich vor. Kleine Szenen zeigen Sie beim Malen. Sie verrät, warum Sie an dem Projekt mitarbeitet und was sie darin gut findet. Tim beschreibt sein Projekt. Einige Vorleser erscheinen und geben Leseproben aus einem der Märchen wieder. Untermalt wird das ganze Pitchvideo von einer sanften, sehr gut passenden Musik.

Die Atmosphäre der Geschichten wird hervorragend wiedergegeben. Es ist sofort klar, für wen das Buch gedacht ist. Bei einer Laufzeit von 3 Minuten und 16 Sekunden wird das Pitchvideo nie langweilig. Es gibt viele kleine Szenen, die sinnvoll zusammengestellt sind und ein rundes Ganzes ergeben. Ein wirklich gelungenes Pitchvideo, das sehr gut zeigt, wie man eine Crowdfunding-Kampagne perfekt vorstellen kann.

In den Dankeschöns finden Sie das Buch und die E-Book-Version des Buches. Das kleinste Dankeschön war eine signierte Dankespostkarte. Unterstützer konnten Originalbilder der Künstlerin erwerben und ein originales Coverbild. Unterstützer, die etwas mehr ausgeben wollten, konnten einen Nachmittag mit den beiden Fundern verbringen. Dieser Nachmittag beinhaltete eine Lesung samt kinderfreundlicher Schminkwerkstatt. Immerhin hatten sich zwei Unterstützer für dieses Paket entschieden. Die meisten Unterstützer haben das Paket „Printausgabe plus Nennung im Buch" gekauft, gefolgt von einem Paket mit zwei Büchern, dem E-Book und einem Jutebeutel.

Der Blog zum Projekt enthält 9 Einträge. Auf der Pinnwand findet man ganze 43 Einträge. Hier ist während der Kampagne sehr viel passiert. Auf dem Blog konnte man sehr schön verfolgen, was der Autor und die Künstlerin unternommen haben. Hier erfährt man von einer Lesung, einem Radiointerview und einem Weltrekordversuch. An einem Abend gab es vier Lesungen. Sie lesen von Presseberichten und natürlich vom erfolgreichen Erreichen des Funding-Zieles. Bei zwei weiteren Beiträgen können Sie der Künstlerin bei der Auswahl der Bilder über die Schulter schauen und einen Blick auf die arbeitende Druckmaschine werfen. Abschließend gab es eine dicke „Bookreleaseparty".

Bei der Kampagne von Tim Hochmuth und Sabine Ammer fällt besonders auf, dass sich beide sehr viel Mühe gegeben haben, ihre „Crowd" aufzubauen, das Projekt zu bewerben und interessierte Leser an der Entstehung teilhaben zu lassen. Die Kampagne der beiden war ein echter „Fulltime-Job".

Das Interview mit Tim Hochmuth war mein erstes Funder-Interview für dieses Buch. Dementsprechend aufgeregt war ich natürlich. Nun, aufgeregt war und bin ich bei einem solchen Interview und Treffen eigentlich immer. Ich bin es gewohnt, in meinem kleinen Zimmerchen zu schreiben und wie ein eigenbrötlerischer Nerd allein am Rechner zu sitzen. Die Arbeit eines Sachbuchautors ist nun einmal so. Nur ab und zu hat man per E-Mail und Telefon mit anderen Kontakt.

Tim hat mich in die Kantine der Berliner Charité bestellt. Wir hatten uns an einem Mittag verabredet. Das Gelände des Virchow-Klinikums der Berliner Charité wirkt wie eine kleine Stadt. Man kommt durch einen Torbogen auf das Gelände und läuft eine Allee entlang. Rechts und links finden sich die verschiedenen Zentren. Ich kannte dies bereits. Ich war hier ein paar Mal in der Augenklinik gewesen.

Natürlich befand sich die Kantine auf der anderen Seite des Geländes. Und natürlich war ich etwas zu zeitig da. Also habe ich meinen Interviewpartner angerufen und auf ihn gewartet. Nicht lang nach meinem Anruf kam ein freundlicher junger Mann auf mich zu. Wir haben uns in die Kantine gesetzt. Ich habe mein Diktiergerät angeworfen und los ging es ...

RG: „Ich habe mir jetzt nur ganz kurz aufgeschrieben, was du gemacht hast. Ein paar Fragen habe ich mir aufgeschrieben und mir noch einen Zettel gemacht, dass ich das dann auch verwenden darf."

Tim Hochmuth: „Ähm, ja. Das unterschreib ich gerne. Ist ja auch immer etwas Werbung für das Projekt. Das Buch gibt es ja nach wie vor."

RG: „So Grafikerin soll man nicht sagen? Kinderbuchillustratorin?"

Tim Hochmuth: „Nee, Künstlerin. Bei Kinderbüchern hat man klassischerweise Illustratoren. Und sie hat ja Bilder gemalt, regelrechte Kunstwerke im Prinzip."

RG: „Ja, ich hab heut früh mal kurz drübergeschaut. Es sah recht schön aus. Nicht nur einfach kindgerechte Bilder, sondern so ein Zwischending zwischen sehr schönen, fast schon Kunstbildern, die aber auch Kinder ansprechen."

Tim Hochmuth: „Ja. Man findet viele einzelne Objekte in den Bildern, wenn man sucht. Man sieht erst einen Elefanten. Wenn man genauer hinschaut, sieht man einen Baum und noch mehr Objekte. Das hätte ich nicht gekonnt."

RG: „Ich kann das auch nicht. Ich tue mich schon bei dem Buchcover etwas schwer. Ich habe erst etwas entworfen mit Text, Bild und passendem Hintergrund. Das Ergebnis sah einfach furchtbar aus."

Tim Hochmuth:„Hm okay."

RG: „Ich hab mir dann eine Plattform gesucht, wo man ein passendes Design kaufen kann und was auch nicht überteuert ist. Wenn ich einen Grafiker oder Designer beauftragt hätte, will der ja auch schon ein-, zweitausend Euro. Irgendwas muss er ja verdienen. Ich brauch ja erstmal nur ein Cover."

Tim Hochmuth: „Ja. Stimmt. Solltest auf jeden Fall machen. Für die Kampagne ist das wichtig. Du hast bestimmt bei unserer Kampagne gesehen, dass wir auf der Projektseite schon Bilder vom Buch gezeigt haben."

RG: „Ja, hab ich gesehen."

Tim Hochmuth: „Das war ja alles eigentlich fiktiv. Das Buch sieht zwar im Nachhinein jetzt so aus. Aber auf der Projektseite waren es zunächst nur Fotomontagen. Wir mussten den Fans und Unterstützern ja zeigen, wie das fertige Buch aussehen soll. So. Nun stell mal deine Fragen!"

RG: (lacht) „Okay. Wie bist du jetzt auf die Idee gekommen? Und wie bist du gerade auf die Plattform Startnext gestoßen? Warum hast du dich für diese Plattform entschieden?"

Tim Hochmuth: „Auf die Idee, Crowdfunding zu machen? Oder auf die Idee mit dem Märchenbuch?"

RG: „Naja... zwei Fragen. Beides." (lacht)

Tim Hochmuth: „Okay. Zuerst das Märchenbuch. Ich hab ́ne kleine Tochter. Die ist jetzt 5 Jahre alt. Damals, wo das Projekt realisiert wurde, war sie noch 3 Jahre alt. Meiner Tochter habe ich abends immer eine Gutenacht-Geschichte vorgelesen. Ich habe eine sehr gute und lebhafte Fantasie. Ich habe irgendwann einmal damit angefangen, ihr zusätzlich zum Vorlesen noch eine Gutenacht-Geschichte zu erzählen. Also ganz kreativ eine Geschichte auszudenken, zu erfinden und so zu erzählen."

RG: „Ein kreativer Vater praktisch, der nicht nur ein Buch kauft und daraus vorliest, sondern sich selbst Geschichten ausdenkt?"

Tim Hochmuth: „Genau. Ein kreativer Vater und ein bisschen so ein klassischer und kreativer Erzähler."

RG: „Ein klassischer Geschichtenerzähler?"

Tim Hochmuth: (nickt) „Und die Geschichten haben mir so gut gefallen, dass ich irgendwann mal angefangen habe, so ein paar davon aufzuschreiben. Dann habe ich immer mehr daraus gemacht. So sind 14 Geschichten entstanden. Die habe ich dann meiner Freundin gezeigt, der Künstlerin. Sie fand das super. Stück für Stück hat sich dann die Idee entwickelt, ein Buch draus zu machen.""

RG: „Ihr habt nicht einen Verlag gesucht? Ein Exposee erstellt und an einen Verlag gesendet?"

Tim Hochmuth: „Nein. Wenn man sich online umschaut, ist es, glaube ich, relativ schwer, einen Verlag zu finden. Fast jeder fühlt sich als Autor und schreibt Kinderbücher. Wir wollten schon unser Ding auch durchziehen. Uns da auch nicht so viel reinreden lassen. Wir wollten es auch professionell machen. Und wir haben gedacht, wir legen es erst einmal selber auf. Wir wussten, dass die Druckkosten relativ hoch sind. Das lag daran, weil es ein Farbbuch war. Es sollte mit einem Leseband sein. Es sollte schön anfassbar und kinderfreundlich sein. Man kann ja Kindern nicht so einen Hefter in die Hand drücken mit zusammengehefteten Blättern. Und von daher hatten wir gedacht, wäre Crowdfunding eine tolle Idee. Crowdfunding kam gerade so ein wenig auf und wurde immer populärer. Und so haben wir gedacht, dass wir das einfach mal probieren. Das hatte auch den Vorteil, dass wir mit Crowdfunding bei Startnext gleich Werbung für das Projekt machen. Und wir sehen gleich, ob es auch funktioniert. Bei einem Verlag wär das anders. Da kann es passieren, das uns jemand gesagt hätte, dass das Buch nicht in das Programm passt oder nicht verkaufbar wäre. Was auch immer. Nun können wir sagen, es haben genug Leute gekauft, ohne es zuvor gesehen haben. Diesen Werbeeffekt haben wir nur bei Crowdfunding nutzen können."

RG: „Ja, das ist der Werbeeffekt bei Crowdfunding-Kampagnen. Das finde ich auch gut. Du kannst schauen, ob ein Produkt überhaupt jemand haben will oder ob es gar nicht geht. Und du fängst die Kosten auf."

Kleine Pause. Die Kaffeemaschine in der Kantine brachte mich mit ihrem Piepen durcheinander. Ich dachte schon, mein Diktiergerät steigt aus.

RG: „Und hast du vorher mal geschaut, ob schon ähnliche Projekte auf der Startnext-Seite vorhanden waren?"

Tim Hochmuth: „Ich hab mich natürlich vor unserer Kampagne informiert. Wir haben uns verschiedene Literaturprojekte angeschaut. Unser Buch ist ja ein modernes Märchenbuch, kein klassisches Märchenbuch. Bei einem Märchen geht es beispielsweise um die RAF, wie die sich gegründet hat. Ohne dass dabei das Wort ‚RAF' fällt. Ein Kind hört die Geschichte und findet es lustig. Du selber würdest einen ganz anderen Eindruck bekommen, wenn du die Geschichte liest. Für dich wäre das krass."

RG: „Ja, ich hab eben überlegt, was du erzählst und wie ich das finden soll …"

Tim Hochmuth: „Ja eben. In einer anderen Geschichte geht es darum, wie Facebook sich entwickelt hat. Die Geschichten sind sowohl für Kinder wie auch für Erwachsene gedacht. Und so etwas gab es bisher bei Startnext noch nicht. Wir haben uns natürlich andere Projekte angeschaut und uns Anregungen geholt, zum Beispiel wie man so ein Projektvideo machen kann. Wir haben geschaut, was besonders gut läuft. Was sind erfolgreiche Projekte und was sind nicht so erfolgreiche Projekte. Das kann man sich ja auf der Plattform schön anschauen. Und so haben wir aus dem Vorhandenen Anregungen und Ideen herausgeholt und für unsere eigene Kampagne genutzt."

RG: „Hm, richtig. Und bei Startnext gibt es ja noch den Vorteil, dass du keine Kosten hast. Außer dann natürlich die freiwillige Gebühr. Bei anderen Plattformen hast du natürlich Gebühren."

Tim Hochmuth: „Startnext war einfach die erste Wahl. Ich war da relativ offen. Ich hätte auch eine Gebühr bezahlt. Aber Startnext ist nun einmal die größte und populärste Plattform, wenn es um Crowdfunding geht. Obwohl wir festgestellt haben … Es ist immer die Rede von einer Crowdfunding-Community. Leute, die zuhause rumsurfen und dann Projekte unterstützen. So, als wäre Crowdfunding ein Selbstläufer. Aber das ist es nicht. Man hat drei Arten von Projekten: Filme werden über Startnext finanziert. Dann hast du Projekte auf Startnext, wo du die Welt retten willst. So zum Beispiel der Unverpackt-Supermarkt. Die machen einen Supermarkt auf und verzichten auf Verpackung."

RG: „Das Projekt kenne ich zwar nicht. Aber man sieht immer wieder die Bio-Geschichten. Letztens habe ich irgendwelche Schuhe gesehen, die nicht aus Tierleder waren."

Tim Hochmuth: „Ja, so etwas zum Beispiel. Du willst halt mit deinen Projekten irgendwie die Welt retten. Entweder ist es nachhaltig, ökologisch …"

RG: „Ja, aber da sind die Fans schon da …"

Tim Hochmuth: „Ja, da gibt es relativ viel bei Startnext. Da springen Medien auch leicht auf. So nach dem Motto ‚Coole Sache. Der macht das.' Und dann gibt es die dritte Art von Projekten. Das sind Leute, die ihre eigene CD herausbringen oder andere, die ein Buch geschrieben haben und gern den Druck finanzieren wollen. Leute, die eine gute Idee haben wie zum Beispiel Märchen für Kinder oder Leute über Crowdfunding aufklären. Aber die mit ihrem Projekt nicht die Welt retten wollen. Aber diese dritte Gruppe hat es natürlich am schwierigsten.

Crowdfunding ist furchtbar anstrengend. Es ist auf keinen Fall ein Selbstläufer, außer du willst die Welt retten oder du bist ein berühmter und bekannter Schauspieler und willst einen Film machen. Du musst auf jeden Fall alle sozialen Netzwerke, alle Kanäle nutzen. An was oft nicht gedacht wird, ist, dass Freunde und Bekannte bei dieser Art von Projekten an die fünfzig Prozent ausmachen.

Freunde von mir haben erst eine CD produziert und bei Startnext finanziert. Das sind Kumpels von mir, mit denen habe ich selbst einmal in einer Band gespielt. Das ist der Klassiker. Keiner geht auf Startnext und meint ‚Oh cool, ein Crowdfunding-Buch' oder ‚cool, ein neues Album'. Das gibt´s dort nicht.'

RG: „Oder du hast ein bestimmtes Interessengebiet, was du ansprichst."

Tim Hochmuth: „Ja, genau. Das geht natürlich auch."

RG: „Du hast relativ viel auf der Pinnwand geschrieben und viele Beiträge auf deinem Startnext-Blog veröffentlicht. Du hast da recht viel getan und so immer Rückmeldungen gegeben?"

Tim Hochmuth: „Das war das Wenigste. Was wir benutzt haben, war Facebook. Wir haben hier Werbung geschaltet. So einhundert, einhundertfünfzig Euro haben wir schon in die Hand genommen und für Werbung in den sozialen Netzwerken eingesetzt. Wir haben ganz viele Events gemacht. Wir haben Kinderschminken angeboten. Auf dem Tempelhofer Feld haben wir uns einmal hingestellt. Wir haben Flyer verteilt und Lesungen gemacht. Die Leute wollen halt sehen, dass du hinterher bist. Sonst könntest du ja auch einen Kredit aufnehmen oder das Ersparte plündern und so die Idee finanzieren. Du musst über alle Kanäle kommunizieren. Und das auch persönlich. Nur so am Computer sitzen und bei Facebook was posten, reicht nicht aus. So haben wir viele Fans beim Kinderschminken gefunden. Wir haben den Eltern Flyer in die Hand gedrückt. Einer schminkt, einer erzählt vom Projekt."

RG: „Es gibt halt auch andere Funder, die erstellen ihren Text, machen ihr Video und ihren Text. Dann lehnen sie sich zurück und denken, irgendwann kommt die große Kohle an."

Tim Hochmuth: „Ja, und so ist es halt nicht. Außer, du willst vielleicht die Welt retten?!"

Wir lachen beide.

RG: „Oder du bist ein bekannter Schauspieler und willst deinen neuen Film bekanntmachen."

Tim Hochmuth: „Oder so. Was du natürlich nutzen kannst, sind Medien. Wir waren zum Beispiel im Radio bei Flux FM. Die haben eine Kategorie ‚Crowdfunding'. Wir waren bei zwei, drei Zeitungen. So zum Beispiel bei der Märkischen Allgemeinen Zeitung und der Berliner Woche. Da sehen einen auch noch einmal viele Leute. Du erreichst halt eine breite Masse."

RG: „Es ist aber schwierig, ob über die Medien jemand aufmerksam wird und es für deine Kampagne etwas bringt. Es gab zum Beispiel eine Kampagne bei Startnext, die fand ich persönlich gar nicht so schlecht. Der Funder ist ein Landwirt aus dem Berliner Umland. Der Landwirt wollte mit seiner Kampagne Milchzapfanlagen finanzieren. Bei sich auf dem Bauernhof hatte er so eine Anlage. Die lief auch gut. In Berlin ging das aber nicht. Der Funder hat sein Kampagnenziel nicht erreicht. Er hat zweitausend Euro zu wenig eingenommen. Er war auch im RBB und hat seine Kampagne vorgestellt.

Alles toll und super. Aber es hat eben nicht funktioniert."

Tim Hochmuth: „Ja, es ist natürlich ein großer Schritt, etwas über eine solche Crowdfunding-Kampagne zu lesen, zu sehen oder zu hören und sich dann zu sagen: Ich schau mir das auf der Website einmal an. Und es dann auch zu unterstützen. Am besten ist ein Link, wo jemand drauf klicken kann, auf die Website von dir kommt und es gleich ganz toll findet. Man muss die Leute sofort begeistern."

RG: „Es kommt sicherlich auch auf das Projekt an. Du kannst ein schönes kreatives Kochbuch machen. Du findest hierfür eher Leute und kannst auch eher etwas in der Öffentlichkeit machen. Leute dafür zu begeistern, dass sie zwei Euro für eine Flasche Milch ausgeben, wenn sie das Projekt unterstützen ... Und vielleicht einen Namen für eine junge Kuh vergeben, das ist sicher schwieriger."

Tim Hochmuth: „Ja schon. Klar."

RG: „Kinderbuch ist sicherlich auch einfacher."

Tim Hochmuth: „Ja, genau. Kinderbuch ist bisschen einfacher. Einfacher als dein Crowdfunding-Buch."

RG: „Hast du irgendwelche Probleme gehabt? Gab es negative Reaktionen von den Fans?"

Tim Hochmuth: „Nein, gar nicht. Im Nachhinein war es etwas Trubel mit dem Finanzierungszeitraum. Wir hatten das auf sechs bis acht Wochen angesetzt. Das würde ich auf jeden Fall beim nächsten Mal kürzer machen. Am Anfang hat man so einen Hype. Du sammelst deine Fans ein. Die erfahren von dem Projekt und wissen Bescheid, was du tust. Dann springen auch alle erst einmal auf. Freunde und Bekannte werden aufmerksam und werden Fans von deinem Projekt. Und später gibt es so eine gewisse Ruhephase. Dann ist das Projekt da, aber keiner schaut mehr drauf. Und am Ende des Projektes, in den letzten Tagen, geht nochmal einiges.

Das Wichtigste ist, das du einen Plan hast. Dass du halt sagst, am Montag poste ich bei Facebook das. Dann schreibe ich immer neue Updates zum Projekt. Dann hast du schon einmal ein Kapitel zum Reinschnuppern geschrieben. Du gibst Infos ab, wenn du deine Website erstellt hast oder das E-Book fertig hast. Wenn du die Medien nutzen willst, ist es natürlich am besten, wenn du mit den Zeitungen schon vorher einen Kontakt aufnimmst und fragst, ob sie den Artikel dann und dann he-

rausbringen können. So kannst du einen genauen Zeitplan erstellen und einhalten. So sehen die Fans in der Funding-Phase, dass du immer aktiv bist und dich um das Projekt kümmerst."

RG: „Aber du hast nicht die Onlinefunktion genutzt, diesen Planer von Startnext? Du hast dir einfach auf ein Blatt Papier was aufgeschrieben und dir so deinen Zeitplan erstellt?"

Tim Hochmuth: „Ich habe einfach eine Excel-Tabelle erstellt und so aufgeschrieben, an dem Tag mache ich das, an dem Tag das und so weiter. Das ist unkompliziert. Ich kann das nur jedem empfehlen. Du kannst natürlich auch schreiben, dass du schon tausend Euro eingenommen hast. Vielleicht ein Foto von Startnext posten oder so. Am idealsten ist es, wenn du eine Meldung schreiben kannst, wie ‚Buchcover finalisiert und so sieht es jetzt aus'. So, dass die Leute sehen, was genau geschehen ist. So etwas wird viel eher gelikt. Natürlich musst du dich ein wenig mit sozialen Netzwerken auskennen. Du musst einen konkreten Plan haben. Du kannst dich nicht einfach hinstellen und zurücklehnen. Und dann ab und zu nur ein paar Blogeinträge bei Startnext veröffentlichen. Da muss ein Inhalt kommen."

RG: „Seid ihr den mit eurer Kalkulation zurechtgekommen? Ihr habt euch vorher sicher einmal hingesetzt und geschaut, was der Buchdruck, der Illustrator und, und, und kosten?"

Tim Hochmuth: „Ja, das haben wir schon aufgeschrieben. Inzwischen sind wir bei plus minus null. Am Ende der Finanzierungsphase waren wir bei zweitausend Euro in den Miesen. Das kam daher, das wir auch alle fair bezahlen wollten. Wir haben mit dem Projekt keinen Gewinn gemacht."

RG: „Profitiert ihr davon, dass ihr eine solche Crowdfunding-Kampagne bei Startnext gestartet habt?"

Tim Hochmuth: „Ja, auf jeden Fall. Du hast dir eine Fanbase geschaffen. Wir haben ungefähr 350 Bücher verkauft, ohne dass irgendjemand das Buch in der Hand gehalten hat. Das fand ich nicht schlecht. Ich würde wahrscheinlich keine neue Kampagne bei Startnext machen."

RG: „Nicht? Warum nicht?"

Tim Hochmuth: „Es ist sehr anstrengend. Wenn du normal arbeiten gehst, hast du mit einer solchen Kampagne einen zweiten Fulltime-Job. Wenn du nicht nur Freunde und Bekannte als Unterstützer brauchst, sondern du auch andere Leute finden musst, dann ist das viel Arbeit. Wenn du so schon

40 Stunden die Woche arbeitest, musst du jede Woche noch einmal 20, 30 Stunden draufschlagen und zusätzlich arbeiten. Einen Marketingplan erstellen, das Projekt koordinieren und weiterbringen, Events ausrichten, Lesungen machen ..."

RG: „Einen Notfallplan habt ihr aber nicht gehabt? Oder auch daran gedacht, was zu tun ist, wenn das Projekt nicht funktioniert?""

Tim Hochmuth: „Uns war klar, dass es in irgendeiner Form das Buch geben wird. Die Malereien waren noch nicht alle erstellt. Es waren erst zwei oder drei fertig. Wir hätten im Fall des Falles eine abgespeckte Version nur für uns gemacht. Wir waren uns aber auch darüber im Klaren, wo wir bei achttausend Euro stehen, dass wir die letzten eineinhalbtausend Euro auf irgendeine Weise besteuern würden. Wir waren uns an der Stelle klar, dass wir das Projekt nicht scheitern lassen.

Bei Startnext hast du halt den Vorteil, dass du den Markt testest. Du hast eine Fanbase aufgebaut. Davon profitierst du.

Wo das Buch draußen war, da wollten es noch viel mehr Leute haben. Ohne Startnext hätten es wahrscheinlich auch nicht so viele haben wollen. Einige haben es wohl erst nicht unterstützt, weil sie nicht wussten, ob das Projekt auch wirklich realisiert wird. Wo es dann aber funktioniert hatte, war es dann viel geiler und es wollte jeder dabei sein. Auch zum Schluss, als wir das Funding-Ziel überschritten hatten und es nur noch wenig Zeit war, sind viele aufgesprungen. Man wollte dabei sein.

Die Dankeschöns sind auch wichtig. Wie du gesagt hast, der Bauer hat bei seiner Kampagne angeboten, einer Kuh einen Namen zu geben. Vielleicht will auch niemand, dass eine Kuh nach ihm benannt wird."

RG: „Angesprochen werden ja eigentlich Leute, die eine Milch kaufen wollen. Und so ein Dankeschön ist ja eher für Kinder interessant. Die würden dann vielleicht gern ein Tier benennen. Es ist schwierig, hier die richtigen Dankeschöns zu finden. Bei einem Buch ist das sehr viel einfacher. Du kannst das Buch kaufen, ein Postkartenpaket, eine Buchlesung, einen ganzen Tag mit euch verbringen ... So habt ihr das ja auch gemacht."

Tim Hochmuth: „Was halt sehr gut bei den Dankeschöns funktioniert hat, war, dass, wenn jemand ein Buch kauft, er auch im Buch mit seinen Namen genannt wird. Darum sind auch viele aufgesprungen bei dem Projekt.

Es sind drei Seiten mit den Namen der Unterstützer. Man kann seinen Namen suchen und findet ihn auch. Das ist eine sehr schöne Sache. Wenn man das Buch verschenken will, kann man dann auch sagen: Ah, schau mal, da steh ich übrigens auch drin!

Freunde von mir, die eine CD über Startnext produziert haben. Das war eine ganz witzige Sache. Sie haben so um die dreitausend Euro gesammelt. Da haben nur so sechs Leute die CD gekauft. Die Band hat eine Aktion gemacht, wo jemand einen Songtitel nach sich benennen kann, also nach seinen Namen. Der Song kann meinetwegen René Gäbler heißen oder Tim Hochmuth. Das ging weg. Es war viel teurer als die CD. Die CD wollte kein Mensch haben."

Wir beide lachen.

Tim Hochmuth: „Aber das fanden alle cool. Oder natürlich ein Wohnzimmerkonzert. Das ist natürlich der Klassiker. Das hat dann besser funktioniert als die CD selber."

RG: „Es ist sicherlich immer schwierig, die richtigen Dankeschöns zu finden. Das kommt sehr auf das Projekt an."

Tim Hochmuth: „Man muss bei Startnext innovativ sein. Du musst was anders machen als andere. Es gibt auch Leute, die stellen sich bei ihrem Video vor einen schwarzen Hintergrund und reden drei Minuten in die Kamera."

RG: „Ja, habe ich auch gesehen. Ich finde es sehr schwierig. Zumal, du kannst es nicht allein machen. Irgendjemand muss helfen und vielleicht die Kamera halten oder vielleicht helfe – bei einem kleinen Gag am Anfang des Filmes oder so."

Tim Hochmuth: „Ja, du musst einen Film zeigen. Nicht sich einfach vor die Kamera setzen und zwei Minuten lang erzählen. Die Aufmerksamkeitsspanne der Leute ist einfach zu kurz. Das machst du ja auch nicht bei Facebook, also irgendwie einen Beitrag mit dreißig Zeilen Text. Das geht da auch nicht. Du musst wirklich den anderen für dein Projekt interessieren."

RG: „Du brauchst Leute, die dir helfen. Wenn du es professionell machst, dann sprengt das den Rahmen. Die Filmleute sind zu teuer."

Tim Hochmuth: „Du brauchst sowieso Unterstützer. Jemand, der sich mit Marketing auskennt zum Beispiel. Umso mehr Leute du ins Boot holst, umso besser ist es. Jemand macht Marketing, der andere Grafiken, der Nächste denkt sich was aus … Du brauchst X Leute. Es ganz alleine zu machen, ist, glaub ich, ganz ganz schwierig."

RG: „Ja. Es gibt auch andere Projekte, wo zum Beispiel ein Kochbuch geschrieben wird. Und da hast du gleich von Beginn an ein Team. Bei einer Kampagne ging es um ein regionales Kochbuch über die Gerichte aus einem Kiez in Berlin. Da gab es schon einige Leute, die sich damit beschäftigt haben. So hattest du bei der Kampagne gleich zu Beginn einen Pool von Leuten."

Tim Hochmuth: „Ja, sowas ist super. Wenn du in einer Szene bist und einen gewissen Bekanntheitsgrad hast, profitierst du davon. Wenn du zum Beispiel ein Buch schreiben willst und auf Berliner Lesebühnen präsent bist. So etwas musst du immer nutzen.

Aber wenn ich jetzt ein Kochbuch schreiben würde. Selbst wenn ich jetzt einen Grafiker an der Hand hätte. Es würde vielleicht bei Startnext nicht funktionieren. Die Leute müssen es ja auch irgendwo abnehmen. Du musst halt irgendwo reinkommen in die Szene."

RG: „Ja, das ist auch das Problem bei einer der Ideen, die mir letzte Woche jemand erzählt hat. Ein Coworking-Space sollte über eine Startnext-Kampagne finanziert werden. Da hast du nicht die Leute bei Startnext da. Es gab einmal eine Kampagne und die haben auch nicht das Geld reinbekommen. Du hast da keine Fans und keine Unterstützer. Und du kannst schwer irgendwelche Dankeschöns verkaufen."

Tim Hochmuth: „Und wenn du nicht die Welt retten willst, wird nicht jemand einfach so ein Dankeschön wie eine Postkarte kaufen.

Ich habe einmal ein Theaterstück für Behinderte bei Startnext mitfinanziert. Da habe ich eine Postkarte bekommen, wo alle unterschrieben haben. Da bin ich nicht selbst hingegangen. So was macht man. Aber das ist wieder etwas, wo du die Welt rettest. Sozial Schwache unterstützen ist eine gute Sache."

RG: „Du willst also keine eigene Kampagne mehr machen?"

Tim Hochmuth: „Also ich will es jetzt nicht ausschließen. Aber ich würde, glaub ich, mir vier Wochen Urlaub nehmen und es dann machen. Um es zugespitzt auszudrücken."

RG: „Ja, ihr beide habt ja jetzt schon einen Fanblock, den man direkt ansprechen könnte."

Tim Hochmuth: „Ich bin mir da sicher. Jetzt wo das Buch draußen ist. Ich verkauf ja immer noch Bücher und mache Lesungen. Ich könnte sicherlich darauf aufsetzen. Ich bin mir sicher, wenn ich jetzt eine Kampagne starten würde, dass fünftausend Euro nicht mehr das Problem wäre. Aber natürlich ..."

RG: „Es macht viel Arbeit."

Tim Hochmuth: „Ja es ist viel Arbeit. Und wenn man einen Vierzig-Stunden-Job hat, dann musst du halt alles unter einen Hut bringen. Du musst halt wirklich einen Plan haben und mit etwas Vorlaufzeit an die Sache herangehen. Nicht einfach ein Video drehen, online stellen und los geht es. Und es ist halt kein Selbstläufer. Es gibt nicht die Community, die nach deinem neuen schönen Buchprojekt oder deinem neuen schönen Album Ausschau hält und dann gleich so gefesselt ist. Das sind dann vielleicht zehn Prozent, die das Projekt so unterstützen. Die ersten sind Freunde, Bekannte, Verwandte..."

RG: „Okay."

Tim Hochmuth: „Hab ich dir geholfen? Hab dich jetzt nicht demotiviert?"

RG: „Nein. Hast du nicht. Keine Sorge.

Vielen Dank, dass du dir für mich ein bisschen Zeit genommen hast."

Tim Hochmuth: „Gerne."

Ein Interview mit Monika Scheele Knight per E-Mail

Tomorrow Can Wait

Kickstarter, Literatur

https://www.kickstarter.com/projects/1180518949/tomorrow-can-wait?ref=discovery

Das Projekt ist die Geschichte der Reise mit einem autistischen Kind und der Suche nach einer neuen Perspektive. 189 Unterstützer haben bei Kickstarter für diese Kampagne 7.101 $ beigetragen. Das Interview dazu habe ich per E-Mail geführt. Ich möchte gar nicht so viel darüber plaudern, sondern einfach mal Frau Monika Scheele Knight erzählen lassen.

RG: „Wie bist du denn auf Kickstarter gekommen? Warum gerade diese Plattform?"

MSK: "Ich habe mein Projekt über Kickstarter angeboten. Vor drei Jahren war Startnext noch nicht so bekannt und außerdem wollte ich es auf Englisch machen, um potenziell mehr Leute erreichen zu können. Ich hatte irgendwo im Internet etwas über Kickstarter gelesen und so kam ich darauf, es selbst auszuprobieren."

RG: „War es ein Problem, die richtigen Dankeschöns zu finden, die notwendige Summe zu kalkulieren, die Bilder, Texte und das Video für die Projektseite zu erstellen?"

MSK: „Da ich ein Buch schreiben wollte, waren die Dankeschöns einfach Ausgaben des Buches. Ansonsten bin ich recht internetaffin, schreibe mein eigenes Weblog mit Wordpress und empfand die Vorbereitung deshalb auch nicht als besonders schwer, wobei das Video für mich die größte Hürde war. Damit kannte ich mich nicht aus und brauchte ein paar Versuche.

Bevor ich mein eigenes Projekt gestartet habe, habe ich selbst ein paar Projekte bei Kickstarter unterstützt, um mir anzusehen, wie das funktioniert. Das kann ich jedem nur empfehlen. Da bekommt man ein wirklich gutes Gefühl dafür. Man merkt, wie man wirklich mitfiebert, wie schön es ist, Updates geschickt zu bekommen, wie sich das Ganze auch oft ähnlich entwickelt. Zuerst gibt es meis-

tens viele Unterstützer, dann eine Talsohle und am Ende meistens nochmal einen richtigen Schwung. So habe ich auch ein Gefühl dafür bekommen, dass ich meine Projektphase auf 30 Tage gelegt habe.

Vorher hatte ich mir gedacht, es am besten länger laufen zu lassen, aber dann habe ich bei anderen Projekten gemerkt, dass das nicht gut funktioniert. Da ist dann kein Spannungsbogen, weil es zu lange dauert, und so bekommt man am Ende auch nicht mehr den letzten Schwung, der zum Erreichen der Zielsumme ja oft entscheidend ist. Zu kurz darf die Phase allerdings auch nicht sein, weil sich alles auch erst entwickeln muss und man braucht Zeit, damit es sich herumsprechen kann. So kam ich also aus der eigenen Erfahrung des Unterstützens auf meine 30 Tage – und das hat gut funktioniert."

RG: „Wie hast du die Startphase erlebt? Hat dich der Kontakt zu den Fans und Unterstützern viel Arbeit gekostet?"

MSK: „Der Start war natürlich aufregend, wie überhaupt die ganze Sache. Ich bin auf Twitter und habe mein Weblog, und so habe ich es einfach dort bekannt gegeben. Dann kamen viele Reaktionen und irgendwann auch ein paar Interviewanfragen, das hat natürlich schon ein bisschen Zeit gekostet."

RG: „Kamen Fans und Unterstützer aus deinen sozialen Netzwerken, dem Bekannten- und Freundeskreis? Oder eher über Startnext direkt?"

MSK: „Beides. Es haben mich ganz viele Leute unterstützt, die ich entweder wirklich kenne oder virtuell kenne, aber es kamen auch viele Unbekannte dazu. Die Dankeschöns später gingen neben den unterschiedlichsten europäischen Ländern auch in die USA, nach Kanada, nach Dubai und nach China."

RG: „Pinnwand und Blog haben auf deiner Projektseite viele Einträge. Der direkte Kontakt zu den Fans und Unterstützern war dir wichtig?"

MSK: „Bei den Projekten, die ich selbst unterstützt habe, merke ich, dass der Kontakt wichtig ist. Ich hatte ein Projekt unterstützt, bei dem sich der Anbieter fast gar nicht gemeldet hat. Das war eine enttäuschende Erfahrung, insofern wollte ich das auf jeden Fall anders machen."

RG: „Hast du auch negative Reaktionen bekommen?"

MSK: „Nur eine. Jemand schrieb, ich wolle mir wohl nur einen Urlaub finanzieren lassen (weil mein Buch an Reisen entlang geschrieben ist). Da habe ich aber sofort gemerkt, dass das eher ein Troll war, denn die Reisen waren ja alle schon abgeschlossen und das Buchprojekt war ein reiner Rückblick. Nicht einmal so weit hatte derjenige gelesen. Das muss man nicht ernst nehmen."

RG: „Gab es Schwierigkeiten oder Hürden bei der Kampagne?"

MSK: „Nein, nicht wirklich. Die Finanzen muss man natürlich gut kalkulieren: Was kosten die Dankeschöns, auch an Porto, und wie viel zieht Kickstarter als Provision ein etc. Ich hatte das alles zwar ganz gut kalkuliert, aber auch etwas knapp, besonders was das Porto für internationale Päckchen betrifft.

Irgendwie hatte ich dann doch nicht damit gerechnet, so viele Bücher in die ganze Welt zu senden. Auch hat das Schreiben selbst länger gedauert als gedacht. So war ich am Ende froh, dass ich tausend Euro mehr bekommen hatte als geplant. Wenn ich es noch einmal machen würde, würde ich alles großzügiger kalkulieren."

RG: „Würdest du die Plattform empfehlen? Oder mal später wieder eine neue eigene Kampagne starten?"

MSK: „Ja, ich kann Kickstarter empfehlen. Für mich war das Buch eine Herzensangelegenheit. Ich glaube nicht, dass ich ein neues Projekt starten werde. Jedenfalls habe ich momentan keines im Sinn, das dafür passen würde."

Bei Literaturschaffenden

Sachen mit Wörtern

Startnext, Literatur

https://www.startnext.com/sachenmitwoerternkern

Die Überschrift „Sachen mit Wörtern" verrät bereits, dass es sich hier um ein Literaturmagazin handelte. Warum die Projektseite ein "Kern" enthält, zeigt sich bei einem näheren Blick auf Selbige. Das Thema der sechsten Ausgabe des Heftes ist der "Kern".

Das Funding-Ziel lag bei erreichbaren 300 €. Eingenommen wurden sechshundertsiebenundsechzig €, also etwas mehr als das Doppelte. 48 Fans und 39 Unterstützer hat das Projekt gefunden. Blog und Pinnwand enthalten jeweils nur einen Eintrag. Die Kommunikation mit den Fans und Unterstützern lief über einen anderen Weg. In den Dankeschöns fanden sich natürlich die neuen Ausgaben des Magazins. Unterstützer konnten sich einen Platz in der ersten Reihe bei der Preview-Lesung reservieren lassen, sich namentlich in der Ausgabe nennen lassen und eine Originalzeichnung ergattern. Alles in allem ein umfangreiches Angebot zur Kampagne passenden Dankeschöns.

Die Projektbeschreibung ist bereits ein Stück Literatur. Man merkt sofort, hier wurde nicht schnell ein Text in die Eingabeformulare geschrieben, sondern Zeile für Zeile überlegt und formuliert. Das passt sehr gut. Schließlich geht es ja bei der Crowdfunding-Kampagne um Literatur. Die Projektbeschreibung „holt bereits die passenden Unterstützer ab". Sehr genau erfährt man dann, wie das Literaturmagazin entstand, wer es betreibt und wer zur Zielgruppe gehört. Man liest, warum man es unterstützen sollte und was mit dem eingenommenen Geld geschehen soll. Fragen bleiben hier nicht offen.

Das Video ist sehr schön aufgebaut. Mehrere kleine Szenen zeigen die Macher, das Heft, einen Buchladen, wo es das Heft gibt, und mehr.

Nicht so gut gefällt mir, dass die beiden Projektbetreiber Mena Koller und Laura Schlingloff keine Kontakte in ihren Profilen abgelegt haben. Sie haben nur ein anderes Projekt selbst unterstützt.

Diesmal hatte ich mich verfranzt. Irgendwo in Berlin Tegel war das gesuchte Café, in dem ich mich mit den beiden Studentinnen treffen wollte. Die beiden hatten über eine Startnext-Kampagne ihr Literatur-Magazin finanziert. Das gesuchte Café war nicht leicht zu finden. Der Zeitpunkt unseres Treffens rückte näher und näher. Ich wurde langsam nervös und aufgeregt. Wahrscheinlich war es eine Mischung aus beidem. Der dicke alte Autor wollte lieber zuhause in seiner warmen Stube sitzen, sich in seiner Schreibtischecke hinlümmeln und nicht im kalten Februar durch Berlin latschen. Unbekannte Leute treffen und ausfragen war eher etwas für gelernte Journalisten. Computerbuchautoren und Ex-Eisenbahner sollten zuhause sitzen!

Wie immer zückte ich mein Smartphone, startete Google Maps und wartete, bis das nervige kleine Hilfsmittel erst einmal Twitter, Mail-Client, Facebook, Instagramm und Was-weiß-ich-noch-alles abgecheckt hatte und alle Newsmeldungen ausgab. Das war jetzt im Augenblick völlig uninteressant. Konnte man diesen Quark nicht abschalten?

Endlich zeigte mir das Technikteil den richtigen Weg an. Ich musste ein Stück zurück und einen kleinen Weg nehmen, der keinen Namen, sondern nur eine Nummer hatte. Dieser führte mich am Rande des Tegeler Flughafenfeldes entlang auf einen kleinen Platz. Hier fand ich auch das gesuchte Café.

Ich war pünktlich, sogar noch eine Viertelstunde vor unserem Treffen. Das war mir ganz lieb. Ich war sowieso bei jeder Art von Treffen lieber eine Stunde eher da und nicht genau zur ausgemachten Zeit. Jetzt war keine Stunde mehr Zeit, es blieben nur noch etwa zehn Minuten. Das war ganz okay.

Bis auf einen Mann an einem Tisch nahe der Tür war ich der einzige Gast. Das Café wirkte irgendwie ein wenig linksgerichtet. Klar, das Ding hieß ja auch "Café Engels". Eine Büste des Namensgebers stand in einem Fenster. Die Wände waren vollgekritzelt und sahen altbacken aus. Es war laut. Drei Leute hantierten hinter der Theke mit der Kaffeemaschine und diversen Dingen herum. Ich bestellte mir einen Kaffee und wartete ...

Ein paar Minuten später erschienen die beiden Studentinnen. Wir begrüßten uns und los ging es mit meinen Fragen:

RG: „Ich freu mich, dass ihr euch die Zeit für ein paar Fragen genommen habt. Stellt euch doch bitte kurz einmal vor."

Mena Koller/Laura Schlingloff: „Wir haben ein Literaturmagazin mit der Crowdfunding-Kampagne finanziert. Seit 2011 gibt es unser Magazin schon. Ursprünglich war es als Uniprojekt gestartet. Von zwei Redaktionsmitgliedern wurde es dann weitergeführt, weil sie so viel Spaß dran hatten und weil es ein schönes Projekt war. Wir haben dann auf eigene Faust weitergemacht. In Literatur steckt leider nicht so das große Geld. Das mag daran liegen, dass man einen hohen Anspruch an Literatur hat und junge Literatur fördern möchte und so kleinere Formate hat wie Lyrik- und Prosatexte. Am Anfang gab es einiges an Förderung durch einen Verein der Uni und die Weginitiative von Telefonica. Da werden Projekte von jungen Menschen unterstützt. Dadurch gab es einiges an Unterstützung. Aber das läuft halt irgendwann aus und dann möchte man sich natürlich unabhängig machen."

RG: „Und ihr wolltet da weitermachen?"

Mena Koller/Laura Schlingloff: „Genau."

RG: „Aus eigenem Interesse und weil ein paar Leute dabei waren, die schreiben wollten."

Mena Koller/Laura Schlingloff: „Genau, ja. Es macht Spaß, wenn man mit unbekannten Leuten arbeitet und mit Leuten, die vielleicht woanders nicht veröffentlicht werden würden."

RG: „Die Kosten waren auch nicht so immens hoch?"

Mena Koller/Laura Schlingloff: „Dadurch, dass wir alle ehrenamtlich arbeiten, sind es bei uns tatsächlich nur die Druckkosten, die anfallen, und das ist ein kleiner Betrag, den wir zum Teil über Einnahmen selber getragen haben. Und den Rest haben wir über die Kampagne finanziert."

Das Gespräch wurde mit der Bestellung kurz unterbrochen. Im Hintergrund war immer wieder der Krach aus dem Café zu hören. Die Kaffeemaschine arbeitete und die Teller klapperten. Wir hatten uns gegen Mittag verabredet. Als ich ankam, war zunächst nicht viel los. Nach und nach strömten jedoch weitere Gäste herein.

RG: „Und ihr habt für dieses Jahr die Auflage finanziert?"

Mena Koller/Laura Schlingloff: „Genau. Wir versuchen, zweimal im Jahr herauszukommen. Und für die aktuelle Ausgabe haben wir das jetzt finanziert. Einen Teil hatten wir noch in der Rücklage. Einen weiteren Teil bekommen wir auch wieder rein durch die Verkäufe. Aber diese Druckkosten sind das, was wir irgendwie wieder hereinholen müssen. Und so haben wir als Ziel erst einmal 300 € gesetzt. Damit wollten wir das, was wir schon haben, aufstocken. Und das Funding-Ziel haben wir sogar um das Doppelte übertroffen. Ich glaube, so 600 € haben wir eingenommen. 870 € hatten wir dann am Ende."

RG: „Und wie seid ihr auf Startnext gekommen?"

Mena Koller/Laura Schlingloff: „Na, ich habe mich so ein bisschen umgeguckt und Startnext scheint eine der größten Plattformen zu sein. Es gibt ja noch so 'ne andere ... "

RG: „Kickstarter."

Mena Koller/Laura Schlingloff: „Genau, Kickstarter. Und das ist ja amerikanisch getragen."

RG: „Ja. Aber da bekommt man nicht so viele Kohle rein. Literatur- und Kunstprojekte laufen hier auch. Wenn die Einnahmen höher sein sollen, muss man alles in Englisch reinsetzen. Weil es dann doch ein bisschen internationaler ist."

Mena Koller/Laura Schlingloff: „Genau. Wir sind halt ein deutschsprachiges Magazin. Das bringt es dann nicht so wirklich, wenn man bei so einer englischsprachigen Plattform ist. Und ich habe auch gesehen, dass es bei Startnext einige Projekte ähnlicher Größenordnung und Gestaltung gab. Ich fand, bei Startnext gab es ein gutes Zahlungsmodell. Das ist flexibel geregelt. Man muss keinen festen Betrag abdrücken, sondern kann selbst entscheiden, wie viel man da geben möchte."

RG: „Ja, das ist bei den anderen Plattformen komisch. Da zahlt man bis zu 13 Prozent vom Gesamtbetrag."

Mena Koller/Laura Schlingloff: „Genau. Ja. Wir haben jetzt zehn Prozent gezahlt. Also fünf Prozent gingen an den Zahlungsdienstleister."

RG: „Startnext läuft eigentlich ganz gut. Ihr habt jetzt sicher nicht das Problem gehabt, die richtigen Dankeschöns zu finden. Bei einem Literaturmagazin würde man die fertigen Ausgaben und Abos anbieten. Ihr habt auch angeboten, dass der Name des Unterstützers genannt wird."

Mena Koller/Laura Schlingloff: „Wir fallen in dieses Prinzip gut rein, da wir konkrete Sachen anbieten können. Wir können auch genau sagen, wenn das Magazin fertig ist. Wir haben ein fertiges Produkt. Man kann unsere alten Ausgaben anschauen und sieht, wie es ungefähr aussehen wird. Wir haben mit Startnext eine neue Art der Finanzierung ausgewählt und können uns so unabhängiger machen. Und werden von den Leuten auch finanziert, die das Magazin am Ende auch lesen."

RG: „Ja, ich kenn das von einem anderen Funder. Ein Kinderbuchautor, der mit Startnext ein Projekt finanziert hat. Er musste erst einmal etwas zusammenstellen, um zu zeigen, wie das Buch aussehen wird. Die Unterstützer wollen ja sehen, was sie finanzieren."

Mena Koller/Laura Schlingloff: „Ja. Das war bei uns einfacher. Wir waren mit dem Lay-outen schon fertig, als wir die Crowdfunding-Kampagne begonnen haben. Wir mussten nur noch drucken. Bis Mitte Januar lief die Kampagne und Ende Januar sind wir mit dem Heft schon rausgekommen. Wir hatten den Vorteil, dass wir die Kampagne nicht am Anfang unseres Projektes gemacht haben, sondern dass unser Heft schon ein paar Jahre läuft. Es gab schon eine große Basis an Leuten, die uns ohnehin irgendwie verfolgten. Wir hatten einen Leserkreis und einen festen Autorenkreis. Wir konnten so auf relativ viel zurückgreifen."

RG: „... die dann auch die ganze Kampagne als Fans und Unterstützer mitgetragen haben?"

Mena Koller/Laura Schlingloff: „Genau. Wir hatten nicht das Problem, dass wir uns neu erklären mussten. Und wir mussten auch nicht Leute davon überzeugen, dass das, was wir tun, überhaupt funktioniert. Insofern sind wir mit der ganzen Kampagne woanders eingestiegen als andere."

RG: „Wir habt ihr das Video dann gemacht? Selbst gemacht oder ... ?"

Mena Koller/Laura Schlingloff: „Ja wir haben das selber gemacht. Ein Freund hat uns beim Filmen geholfen. Er hat Erfahrung beim Filmen und beim Schnitt."

RG: „Das Video ist ja bei vielen ein Problem. Man versucht, etwas zu machen und dann labert einer vier Minuten in die Kamera. Und das Ergebnis ist völlig langweilig."

Mena Koller/Laura Schlingloff: „Interessanterweise war die Musik, glaub ich, total wichtig bei dem Video. Wir haben alles gedreht. Das war ganz schön. Wir haben geschaut, dass der Film aufgelockert wurde. Unser Zeichner wurde interviewt. Wir haben im Film unseren Buchladen gezeigt, wo das Magazin auch ausliegt. Wir sind viel durch die Gegend gelaufen und haben dies und das gefilmt, sodass alles ein bisschen aufgelockert wird. Am Ende haben wir verschiedene Musikstücke unter die Videospur gelegt. Die Atmosphäre war komplett anders. Es gibt im Internet lizenzfreie Musik, die man dann einfach verwenden kann. Das sollte man auf jeden Fall machen. Die Wirkung von Musik in einem Pitchvideo bei einer Crowdfunding-Kampagne sollte man nicht unterschätzen.

Ansonsten war es uns wichtig, dass wir so ein bisschen unseren Dunstkreis zeigen konnten. Und dass wir zeigen konnten, dass es kein Projekt ist, was wir zuhause bei uns im Keller machen. Uns ist schon wichtig, dass es ein gemeinschaftliches Projekt ist, das von vielen Seiten getragen wird und nicht nur von uns. Und die Stimmen wollten wir dann auch zu Wort kommenlassen. Und wir schauten auch schon auf die Zielgruppe. Ein Buchhändler wäre ja jemand, der uns vielleicht auch unterstützen würde und ebenso die Autoren."

RG: „Und irgendwelche Schwierigkeiten habt ihr nicht gehabt? Oder negative Reaktionen?"

Mena Koller/Laura Schlingloff: „Bei dem Video oder so generell?"

RG: „Bei der ganzen Kampagne."

Mena Koller/Laura Schlingloff: „Nur mit dem Betreuer. Aber das ist jetzt ein wenig kompliziert …"

RG: „Ja, so etwas habe ich bei einem anderen Funder auch schon gehört."

Mena Koller/Laura Schlingloff: „Was bei uns das größte Problem war, dass uns am Ende nicht ganz klar war, wie lange am Ende der Kampagne die Phase ist … mit der Legitimierung der Bank und, und, und … bis man die Adressen der Unterstützer bekommt und ab wann man die Dankeschöns verschicken kann. Wir wussten nicht, ab wann man dann das Geld bekommt. Dann gibt es auch noch die Zeit, in der die Unterstützer ein Rückgaberecht haben. Die letzten Phasen der Kampagne waren in Wirklichkeit länger, als wir es uns eigentlich gedacht hätten. Ich fand, es war nicht ganz klar auf der Webseite von Startnext beschrieben, dass man auch wirklich erst nach Abschluss der Finanzierungsphase die Legitimierung durchführen kann, die irgendwie sieben bis zehn Tage dauert."

RG: „Ja das ist manchmal auch ein Problem. Es gibt ja auch Leute, die bei einer Onlinebank sind. Die haben hier ein wenig Schwierigkeiten."

Mena Koller/Laura Schlingloff: „Wir sind auch bei einer Onlinebank. Aber das war kein Problem. Wir sind einfach in irgendeine Bankfiliale gegangen und die haben die Legitimierung ohne Probleme durchgeführt. Nach der Legitimierung dauert es noch einmal zwei Wochen. Wir haben schon die Adressen der Unterstützer bekommen und die Dankeschöns fertig gemacht. Aber die Auszahlung kam später. Darauf mussten wir noch warten. Wenn man darauf angewiesen, dass das Geld pünktlich kommt, sollte man auf diese Verzögerungen und Wartezeiten achten.

Dann waren wir noch etwas verwirrt von unserem Betreuer. Er hat unseren Zeitplan abgenommen, obwohl es dann nicht so ganz hingehauen hätte. Da hätte er uns ein bisschen darauf aufmerksam machen können, fanden wir.

Und dann waren generell seine Auskünfte etwas konfus. Er hat relativ schnell unser Ziel erreicht hatten, haben wir uns überlegt, ob wir uns ein neues Ziel setzen. Dann war nicht ganz klar, was der Vor- und Nachteil davon wäre. Das hat er dreimal versucht zu erklären. Wir haben das dann einfach gelassen."

RG: „Bei euch war es nicht mehr so, dass ihr eine bestimmte Fananzahl erreichen musstet, bis es in die nächste Phase geht?"

Mena Koller/Laura Schlingloff: „Nee, das war nicht mehr. Die Fananzahl war kein Problem. Wir hatten relativ viele Fans. Also wir hatten zum Beispiel mehr Fans als Unterstützer. Das wäre zum Beispiel ein Potenzial gewesen, was wir hätten weiter verfolgen könnten, indem man die noch einmal konkret anschreibt ..."

RG: „Ja. Das ist normal. Ein Fan-Klick ist ja so wie ein "Gefällt mir". Da ist man zu noch nichts verpflichtet."

Mena Koller/Laura Schlingloff: „Das hat sich später ausgeglichen. Am ersten Tag der Kampagne hatten wir schon unser Ziel erreicht. Aber danach war ein großes Gefälle zwischen Fan- und Unterstützerzahl. Unser Betreuer hat gesagt, wir sollten mehr Nachrichten über Startnext verschicken."

RG: „Ja, das habe ich gesehen. Ich habt die Blogfunktion auf der Kampagnenseite gar nicht so benutzt?"

Mena Koller/Laura Schlingloff: „Nee haben wir nicht. Wir haben auf unser existierendes Netzwerk zurückgegriffen. Wir haben fast eintausend Fans bei Facebook. Dort haben wir die Leute, die uns eh schon mögen, aktiviert. "

Seit ein paar Minuten lief im Café die Musik so laut, dass sie wie aufdringlicher Krach wirkte. Gerade jetzt, wo ich mir die Audiodatei des Interviews anhöre, empfand ich diese Musik als lästig.

RG: „Wollt ihr das im nächsten Jahr noch einmal machen? Für die nächste Ausgabe eures Magazins? Oder mal ein anderes Projekt über Startnext machen?"

Mena Koller/Laura Schlingloff: „Wir wollen es jetzt nicht überbelasten oder das Thema zu sehr ausreizen. Für die nächste Ausgabe finanzieren wir das nicht so. Wir bringen das Magazin halbjährlich heraus.

Das Zwanzig-Euro-Paket war bei uns am besten gelaufen. Ich fand es interessant. Wir haben für fünf Euro die neue Ausgabe unseres Literaturmagazins angeboten. Und das lief bei Weitem nicht so gut wie das teure Paket. Wenn Leute neu dazukommen und das Projekt unterstützen möchten, dann sind sie bereit, etwas mehr zu investieren. Wir haben versucht, uns darauf zu fokussieren. Aber dass es dann im Endeffekt eher der obere Rand war, der tatsächlich besser funktioniert hat, hat uns erstaunt.

Am schnellsten ist eine Originalzeichnung von unserem Zeichner weggegangen. Das war das Allererste, was gebucht wurde. Das haben wir für fünfzig Euro angeboten. Das war innerhalb der ersten Stunde gleich weg."

RG: „Ja. Ich bin durch. Vielen Dank dafür, dass ihr euch für das Interview Zeit genommen habt."

Mena Koller/Laura Schlingloff: „Keine Ursache. Gern geschehen."

Bibliotheksbesuch

„Oasen der Großstadt" - Schreibwettbewerb

Startnext, Literatur

https://www.startnext.com/oasen-der-grossstadt

Ein Schreibwettbewerb soll über eine Crowdfunding-Kampagne finanziert werden. Die Projektseite wirkt sehr sachlich. Etwas mehr schwungvolle Literatur hätte ich mir hier gewünscht. Das Team, das hinter dem Schreibwettbewerb stellt, wird namentlich vorgestellt. Finanziert werden sollen Flyer und Plakate. Geld wird auch für die Honorare der Jurymitglieder gebraucht.

Die Liste der Dankeschöns ist lang und bunt. Während man bei anderen Literaturkampagnen Bücher und E-Books findet, sind es hier völlig andere Präsente. Das ist aber okay so. Es soll ja schließlich ein Wettbewerb finanziert werden. So gibt es Kugelschreiber, Autogrammkarten, Schreibblöcke, Turnbeutel und eine namentliche Erwähnung im Buch. Mit einem weiteren Dankeschön ist man Ehrengast und wird als solcher auch umschwärmt und betreut.

Die Funding-Summe lag bei 2.000 €. Erreicht wurden 2.070 €. Das Projekt erhielt 55 Fans und 50 Unterstützer. Im Weblog finden sich nur 4 Beiträge.

Das Pitchvideo ist mit 5 Minuten und 22 Sekunden etwas lang geworden. Es wirkt sehr authentisch. Die einzelnen Mitglieder stellen sich vor und man erfährt etwas über das Projekt.

Der Weg zu meinem nächsten Interview war lang. Diesmal ging es in eine Bibliothek in Berlin-Marzahn. Die Bahn schubberte mich eine lange Zeit durch Berlin.

Am Ziel hieß es dann, die Bibliothek zu finden. Bei einem Bäcker fragte ich nach der Bibliothek und kaufte mir ein belegtes Brötchen. Eine Stärkung muss sein. Natürlich wusste der Bäcker nichts von einer Bibliothek in Marzahn. Aber ich hab ja ein Smartphone. :-)

Google Maps gab mir die Richtung vor. Ein paar Gehminuten später hatte ich das gesuchte Gebäude gefunden. Ich war natürlich viel zu zeitig da. Die Mitarbeiterin war noch nicht da. Also wieder raus in den kalten Februar.

Ein Café war schnell gefunden. Bedient wurde ich nicht. Es kam nur jemand mal vorbei, um die Kerze auf meinem Tisch anzuzünden. Aber zumindest saß ich im Warmen. Draußen fing es plötzlich an, heftig zu schneien. Ein kleines Telefonat mit einem guten Freund vertrieb mir ein wenig die Zeit. Ich bin genau bei ihm vor der Tür lang gefahren. Das wäre doch eine tolle Gelegenheit, um am späteren Nachmittag nach meinem Interview vorbeizuschneien. Wenn ich schon einmal so nah war, konnte ich doch vorbeikommen und einen Kaffee schlabbern oder ein Bierchen? Oder auch beides? Natürlich hatte der andere keine Zeit und bombardierte mich mit Ausreden. Aber egal.

Es hörte auf zu schneien. Die Zeit meines Termins war näher herangerückt. Also machte ich mich auf in die Bibliothek. In dem hässlichen Klotzbau war es angenehm warm. Das Ganze war ein Freizeitcenter mit Schwimmbad, Bibliothek und allem Pipapo. Warm war mir ganz lieb.

Inzwischen war die Mitarbeiterin aus der Bibliothek, mit der ich verabredet war, eingetroffen. Auch das junge Mädchen aus der Literaturgruppe, deren Magazin mit der Startnext-Kampagne finanziert wurden, war eingetroffen. Ich hockte mich auf den mir angebotenen Platz, begrüßte die beiden Frauen und begann mit etwas Smalltalk. Dabei kramte ich das Blatt mit den vorbereiteten Fragen und der Einverständniserklärung für die Verwendung des Gesagten in meinem Buch heraus – es muss ja alles seinen bürokratischen Gang gehen und seine Richtigkeit haben – und begann mit meinen Fragen:

RG: „Ich habe hier ein paar Fragen aufgeschrieben, die ich einfach den Leuten, die eine Crowdfunding-Kampagne erfolgreich durchgeführt haben, stelle."

Renate: „Ja."

RG: „Ihr habt bei Startnext etwas gemacht?"

Renate: „Genau."

RG: „Und warum gerade Startnext?"

Renate: „Das kannst du sagen."

Vivian: „Na, wir hatten die Aufgaben in der Literaturgruppe verteilt. Da war ich für das Crowdfunding zuständig. Renate hat mir auch einen Link geschickt mit einem Artikel mit mehreren Crowdfunding-Plattformen. Ich hatte dann eine Vergleichsseite aufgerufen und dort wurde Startnext sehr hoch bewertet. Die Erfolgschance war hier relativ hoch, weil es eine bekannte Plattform in Deutschland und Österreich ist. Es hatte auch seriös gewirkt. Wir passten thematisch gut rein. Ich hatte die Plattform in Gesprächen mit der IGA und der Gruppe vorgestellt. Und dann hatten wir halt einheitlich beschlossen, das wir Startnext nehmen. Weil es halt einen guten Eindruck gemacht hat."

RG: „Okay. Es ist ja auch die größte Plattform bei uns."

Vivian: „Eben. Und die anderen Plattformen haben thematisch nicht gepasst. Weil es Plattformen waren, um Reisen zu finanzieren."

RG: „... oder so 'ne sozialen Geschichten. Kickstarter hat ja auch mehr eine internationale Ausrichtung oder ist gut für Technikkampagnen geeignet."

Vivian: „Genau. Für den deutschen Raum hat es von der Erfolgschance der bisherigen Projekte sehr gut ausgesehen."

RG: „Und habt ihr dann schon einmal geschaut, ob so ähnliche Kampagnen auf der Plattform sind? Dass es ein bisschen passt mit der Plattform...?"

Vivian: „Ja, also ich hatte mich da auch reingelesen und mir die ganzen Genres angesehen..."

RG: „Die Kategorien..."

Vivian: „Genau, die Kategorien. Als wir dann unsere Seite eingerichtet haben, hatten wir uns dann angeschaut, wie eine andere Seite, die sich im Genre Literatur eingetragen hatte, das gemacht hat. Wir haben uns ein bisschen daran orientiert. Da haben gesehen: Die haben es so und so gemacht."

RG: „Wo kamen den die Fans und Unterstützer her? Mehr so aus dem Bekanntenkreis oder sowohl als auch? Oder nur über Startnext?"

Vivian: „Sowohl als auch. Viele aus dem Bekanntenkreis."

Renate: „Vorwiegend aus meinem Bekanntenkreis, weil ich wirklich alle damit bombardiert habe. Auch die, die es wahrscheinlich gar nicht wissen wollten. Ich habe meine dienstlichen Kontakte, meine privaten Kontakte und meine Whats-up-Kontakte öfter darauf aufmerksam gemacht, dass es diese Plattform gibt. Auf die erste Mail haben nicht so viele reagiert. Auf die Erinnerungs-Mail haben dann auf einmal ganz viele reagiert. Ich habe das auch auf Facebook mehrmals gepostet. Das hat auch Wirkung gezeigt."

Vivian: „Na, ich hatte das auch geteilt auf Facebook. Und ich hatte auch Whats-up verwendet. Jeden, den ich da in den Kontakten hatte, habe ich angeschrieben. Da haben auch einige geantwortet und gemeint, das gucken sie sich an. Aber … weil ich größtenteils noch Jugendliche in den Kontakten habe, kamen dann doch nicht so viele Rückmeldungen. Da hatte Renate eindeutig mehr Reichweite."

Renate: „Auch Kollegen waren ganz viele."

RG: „Ja, das ist aber so normal. Es kommen sowohl aus dem Bekanntenkreis Fans und Unterstützer als auch von denen, die auf der Crowdfunding-Plattform herumstöbern. Habt ihr irgendwelche Probleme gehabt, die richtigen Dankeschöns für eure Kampagne zu finden?"

Vivian: „Ein paar Schwierigkeiten hatten wir am Anfang. Ein paar Dankeschöns standen schon zu Beginn fest. So zum Beispiel Kugelschreiber oder eine Erwähnung in unserer Zeitung. Das war aber noch zu wenig. Wir hatten dann eine Brainstorming-Runde gemacht und uns relativ viel zurechtgelegt. Durch die Kooperation mit der IGA und der Grünen Liga hatten wir noch Einiges mit reinnehmen können."

Renate: „Merchandising-Artikel …"

Vivian: „Wir als Schreibwerkstatt haben nicht so viele Möglichkeiten. Wir haben keine Kugelschreiber. Oder … keine Ahnung, was wir da verschenken könnten. Mit vereinten Kräften haben wir dann genug gefunden."

Renate: „Ja."

RG: „Einfacher ist es immer bei Büchern. Da kann man immer die Bücher selbst als Dankeschöns herausgeben."

Vivian: „Ja klar. Weil wir halt nicht so ein Buch oder einen Film oder so etwas machen, mussten wir uns etwas anderes überlegen."

Renate: „Wir hatten dann noch von der Autorin Cornelia Funke etwas bekommen. Sie hat uns vorgeschlagen, sie kann uns Autogrammkarten schicken. Das hat sie dann auch gemacht. Die haben wir mit reingenommen. Und von unserem Jurymitglied Horst Evers haben wir auch Autogrammkarten bekommen."

Vivian: „Von der Bibliothek haben wir einen Besuch mit reingenommen."

Renate: „Richtig. Genau. Also, dass jemand in der Bibliothek unsere Veranstaltung besuchen kann und dort bevorzugt behandelt wird. Das haben wir als Dankeschön mit hineingenommen. Und dass er umschwirrt wird mit „Möchten Sie noch etwas?" und „Kann ich noch einmal nachschenken?"."

RG: „Ein Premium-Fan."

Renate: „Ja, genau, ein Premium-Fan-Paket. Das haben wir auch einmal angeboten."

RG: „Habt ihr irgendwelche Probleme gehabt, das Video zu machen? Das ist immer nicht ganz so einfach."

Vivian: „Wir hatten uns zusammengesetzt und versucht, einen Ablaufplan zu erstellen, eben aufzuschreiben, was wir in dem Video alles haben wollen."

Renate: „Ein kleines Drehbuch."

Vivian: „Ja, genau. Das größte Probleme war es, das dann abzufilmen. Jeder aus der Gruppe sollte sich einzeln vorstellen. Die Leute sollten es alleine machen. Einige haben es immer wieder vergessen oder sind nicht zum Treffen gekommen. Einige haben auch immer wieder gesagt: „Ja, da muss ich erst wieder jemanden zum Film finden…"

Was am längsten gedauert hat, war eine Szene zu drehen, wo wir alle drauf waren. Weil immer prinzipiell irgendwer nicht konnte und keine Zeit hatte."

Renate: „Dann haben wir uns überlegt, noch Musik dazuzunehmen. Wir haben jemanden gefunden, der uns seine eigene Klaviermusik zur Verfügung gestellt hatte, die wir als Hintergrundmusik verwenden durften. Die war oft viel zu laut, sodass man im Video gar nicht mehr gehört hatten, was wir sprechen. Die das Video gemacht hat, hat auch nicht so die Ahnung von diesem Programm gehabt.

Oben auf dem Hochhaus in Marzahn ist eine Plattform. Da kann man einen Steg vorlaufen und über das Haus schauen. Da waren wir oben. Im Video hat man nur noch den Wind knattern hören. Es ist eigentlich ein grottenschlechtes Video geworden."

Beide lachen.

Vivian: „Sie hat sich sehr viel Mühe gegeben. Wir haben immer wieder gesagt: „Die Musik muss leiser sein. Die Musik muss leiser sein." Aber irgendwie hat sie gemeint, sie macht das, aber es ist nichts passiert."

RG: „Aber zumindest habt ihr ein Team gehabt?"

Renate: „Ja."

Vivian: „Ja."

RG: „Irgendeiner hat die Kamera gehalten. Und ihr habt das zusammen gemacht. Das ist sonst immer ein bisschen ein Problem, wenn man da allein dasteht."

Renate: „Stimmt."

RG: „Keiner der Bekannten hat Zeit. Und die kommerziellen Geschichten sind viel zu teuer."

Vivian: „Ja das stimmt."

RG: „Es gibt ja auch viele Videos bei Startnext, die einfach schlecht sind. Wo jemand vier Minuten im Dunklen sitzt und irgendetwas gegen die Wand labert. So sollte man sein Pitchvideo auf jeden Fall nicht machen."

Beide lachen.

RG: „Irgendwelche negative Reaktionen habt ihr gar nicht bekommen?"

Vivian: „Naja, auf Startnext direkt nicht. Aber auf das …"

Renate: „Auf das Video …"

Renate: „Ein Autor, mit dem wir einmal in der Schreibwerkstatt zusammengearbeitet haben, hat mir geschrieben: „Das geht gar nicht. Das ist das Erste, was die Leute anschauen. Das müsst ihr noch einmal neu machen." Das ging nun aber leider nicht. Wir standen unter Zeitdruck. Wir wollten das unbedingt noch vor Weihnachten rausbringen. Naja, da haben wir das halt so gelassen."

Das erinnert mich auch an die Reaktionen, die ich selbst bei meiner Crowdfunding-Kampagne bekommen habe. Gleich als Antwort aus einer Google plus-Gruppe mit Selbstständigen kam, dass sie von einem freien Autor ein professionelleres Video erwartet hätten. Die Idee und das Produkt wurden gar nicht so sehr in Augenschein genommen. Das hat mich damals auch etwas heruntergerissen.

Denken Sie selbst daran, dass Sie kein professionelles Video erstellen müssen. Sie müssen keine Filmpreise gewinnen! Sie müssen authentisch herüberkommen und andere für Ihr Produkt begeistern und interessieren. Klar sehen es andere zuerst. Nur weil es einem Einzelnen nicht gefällt, müssen Sie das Video nicht neu machen. Aber das nur am Rande. Weiter nun mit dem Interview…

Vivian: „Hat ja funktioniert …"

RG: „Und sonst habt ihr keine Schwierigkeiten oder Probleme während der ganzen Kampagne gehabt?"

Renate: „Erst hatte ich es privat gemacht. Auf meinem Namen … Und dann wusste ich aber nicht, wie das mit der Freischaltung ist. Dann habe ich erst was Falsches geschickt. Da hat mir Startnext geschrieben: „So nicht. Sie brauchen was anderes." Das ging so ein bisschen hin und her. Und dann habe ich mich entschlossen, das über den Förderverein zu machen. Der Förderverein besteht aus fünf Vorstandsmitgliedern und von denen musste ich von allen ein Passfoto auf die Kampagnenseite bei Startnext reinstellen. Ich musste mir die Unterschriften geben lassen, dass sie damit einverstanden waren. Da war ich viel unterwegs und hab alle abgeklappert. Das war schon ganz schön stressig. Das kann man schon so sagen. Aber dann hat es ja alles geklappt."

RG: „Und habt ihr während eurer Kampagne geschaut, was auf der Projektseite geschrieben wird? Kommentare, Pinnwandeinträge und so etwas?"

Renate: „Hm, da war nichts."

Vivian: „Wir haben immer gecheckt, wie es den mit der Unterstützung vorangeht. Aber Kommentare kamen da nicht so. Wenn, dann kamen Rückmeldungen per E-Mail."

Renate: „Und mit dem Blog wusste ich auch nicht so richtig, was ich damit machen soll. Ob man da pausenlos irgendwelche Kommentare von sich geben muss."

RG: „Ja… Einige schreiben da, wie sie sich bedanken, das Projekt läuft an und jetzt wird dies und das gemacht. Dass man da immer so sieht, wie das Projekt fortschreitet und was man wann tut."

Renate: „Ja das habe ich gemacht."

RG: „Ja, aber das ist auch sinnvoll, wenn man auch wirklich ein Produkt hat, das man zusammenbaut oder entwickelt und das dann fertig gestellt wird. Ein Produkt, das man herstellt oder zum Beispiel ein Buch, das man schreibt, zusammenstellt und drucken lässt."

Renate: „Wir haben ja unseren Projektblog noch. Da habe ich immer viel gepostet. Bei denen, die etwas gespendet haben, habe ich mich auch immer per E-Mail bedankt."

RG: „Und würdet ihr so eine Kampagne empfehlen oder selbst noch einmal machen?"

Renate: „Ja."

RG: „Ja, die Kategorie „Literatur" geht ja eigentlich ganz gut bei Startnext. Es sind einige, die ein

Buch, ein Literaturmagazin oder auch einen Bildband machen. Und es sind immer ein paar Fans und Unterstützer, die sich dafür interessieren."

Vivian: „Ja es hat doch ganz gut geklappt. Wenn wir es noch einmal brauchen, können wir es noch einmal verwenden. "

Renate: „Jetzt wissen wir ja, wie es geht."

RG: „Und man muss nicht mehr zur Bank. BankIdent hat man hinter sich gebracht."

Renate: „Genau."

Vivian: „Jetzt weiß man auch, was für Komplikationen auftreten können."

Renate: „Und man hat ja keinen Verlust, außer der Arbeit, die man reinsteckt. Wenn es nicht klappt..."

RG: „Eben. Das ist ja das Gute daran. Man sieht ja, ob es funktioniert, und muss ja eigentlich nur ein bisschen Zeit investieren."

Vivian: „Das war ja mit einer der Hauptgründe, warum wir uns für Crowdfunding entschieden haben. Weil das Prinzip „Alles oder nichts" ganz gut klappt."

RG: „Ja, ich bin durch mit meinen Fragen. Habt ihr noch etwas zu berichten oder zu ergänzen?"

Renate: „Die Nacharbeit ist nicht zu unterschätzen. Bei uns hielt sich das noch in Grenzen. Da muss man daran denken. Das man auch die Spendenquittung ausschreiben muss. Wir hatten auch Kugeln, so Plastikkugeln mit einem Regencape drin. Von der IGA war das ein Werbegeschenk. Da musste ich ein Päckchen schicken. Das kann ich ja nicht im Briefumschlag schicken. Solche Dinge muss man sich vorher möglichst überlegen. Denn das wird dann ja auch ein wenig teurer.

Wir hatten jemanden dabei, der hat sich mit einhundert Euro eingetragen. Und dann war das Konto von demjenigen wahrscheinlich nicht gedeckt. Jedenfalls konnten die von ihm das Geld nicht einziehen. Dann wären wir unter unserem Ziel gewesen. Die Kampagne war ja abgeschlossen. Und wie ist das dann? Das würde mich einfach mal interessieren."

RG: „Der bekommt eine Mahnung."

Renate: „Und dann?"

RG: „Er muss es trotzdem zahlen. Das macht dann der Zahlungsdienstleister, der zwischen Startnext und dem Unterstützer steht. Das Gebot ist bindend. Wenn ich mich anmelde und etwas unterstütze, dann ist das fest. Es sei denn, das Funding-Ziel wird nicht erreicht.

Das Einzige ist nur, dass man ein vierzehntägiges Rückgaberecht bei Produkten hat, die man unterstützt hat. Da könnte er das Geld wieder zurückbekommen. Dann direkt vom Funder."

Renate: „Aha. Ja, okay."

Vivian: „Im Prinzip ist es ja ein Vertrag, den er da eingegangen ist."

RG: „Ja."

Renate: „Ich dachte schon, dass die Hälfte sich da einfach mal einträgt und nicht bezahlt. "

RG: „Man kann auch sich selbst irgendwie unterstützen, was zwar komisch ist. Aber wenn dann irgendwie noch zweihundert Euro fehlen ..."

Renate: „Ja das habe ich auch gemacht. Ich habe für andere gezahlt. Viele wollten das nicht eintragen. Das ist auch recht interessant. Viele machen kein Onlinebanking. Die sagen: „Nein. Bloß nicht!" Und die haben mir das Geld in die Hand gedrückt und gesagt: „Hier, ich geb´ dir das. Zahl du das einmal ein!" Und da habe ich das halt gemacht. Da steht dann pausenlos Renate Zimmermann als Unterstützerin drin."

RG: „Ja, ich kenn das auch. Ein paar aus dem Bekanntenkreis wollen um Gottes willen mit Facebook und so nichts zu tun haben. Tippen zwar bei Whats up und schicken Nachrichten und Bilder herum, aber ... nee ... so was machen sie nicht. Das ist dann manchmal sehr eigenartig."

Renate: „Genau. Das stimmt."

Beide lachen.

RG: „Ich hätte eher gedacht, es wäre ein Problem für andere, etwas zu zahlen für etwas, dass man nicht gleich bekommt. Wenn ich in einen Buchladen gehe, dann schaue ich mir das Buch an und nehme es gleich mit. So zahlt man ja und bekommt es erst Wochen später. Aber es funktioniert."

Vivian: „Viele sind ja neugierig und interessiert an dem Thema oder haben einfach viel Vertrauen in diejenigen, die das so machen."

Renate: „Es ist auch wichtig, dass man immer ein Feed-back gibt. Dass die Leute merken, man freut sich drüber. Man kann sich auch zweimal bedanken. Das schadet auch nicht."

RG: „Ich bedanke mich dafür, dass ihr euch für mich und meine Fragen etwas Zeit genommen habt. Und dass ihr mich so auch ein wenig unterstützt habt. Vielen Dank."

Renate: „Ja, bitte, bitte. Gern geschehen."

Vivian: „Gerne."

Ganz im Unterschied zu meinem vorherigen Interview mit den beiden Studentinnen lief dieses sehr ruhig ab. In der Bibliothek war es ruhig. Wir konnten uns in aller Ruhe miteinander unterhalten. Vielleicht bin ich ja noch lernfähig und wähle mir das nächste Mal nicht gerade ein lautes Café für ein Gespräch aus. :-)

20 Jahre Raumstation

c-booc - 20 years of c-base in a book

Kickstarter, Kunstbände

https://www.kickstarter.com/projects/macrone/c-booc-20-years-of-c-base-in-a-book/description

Die c-base ist eine Raumstation unter Berlin. Was zunächst wie eine schräge, nicht ganz ernst zu nehmende Erklärung klingt, ist auch so gemeint. Das Ganze ist ein Club, der sich nicht ganz ernst nimmt. Hier kommen die Mitglieder zusammen und feiern. Clubabende, Kultur... Die c-base wird von einem Verein getragen, der sich auch um die Kommunikation nach außen und um die Veranstaltungen kümmert.

Zum 20-jährigen Jubiläum wurde ein 200-seitiger Bildband herausgebracht. Finanziert wurde der Band über eine Crowdfunding-Kampagne. Aufgrund der internationalen Bekanntheit des Clubs hat sich Mirko Fichtner, einer der Macher, für die Plattform Kickstarter entschieden. Das Funding-Ziel lag bei 12.000 €. 304 Unterstützer haben 12.234 € zum Projekt beigetragen.

Der Jubiläumsband ist ein sehr schöner und hochwertiger Kunstdruck, vollfarbig und zweisprachig (deutsch und englisch). 24 Kommentare auf der Projektseite zeigen, dass das Projekt auf ein sehr starkes Interesse gestoßen ist. Unter den Dankeschöns findet man einzelne Bücher, Buchpakete mit mehreren Büchern und ein Premium-Dankeschön für Unterstützer, die ihren Namen gern im Buch verewigen lassen wollten. Auf ein Projektvideo hat Mirko verzichtet. Zahlreiche Links führen zu den Webseiten der c-base. Interessierte können sich hier gut informieren und austauschen.

Der Weg zum vereinbarten Interview war einfach und problemlos. Es war der am leichtesten zu erreichende Treffpunkt, den ich bei den Gesprächen für dieses Buch habe aufsuchen musste. Das Café Tiriki liegt nur drei Minuten von meiner Wohnung weg. Ein sehr schönes kleines Café mit einem familiären Ambiente, in dem man sich sofort zuhause fühlt. Es dauerte auch nicht lang und mein Gesprächspartner bretterte mit seinem Motorrad an, kam in das Café und setzte sich mir gegenüber.

Mirko: "Aus verschiedenen Gründen haben wir uns für Kickstarter entschieden. Der erste war, das wir hier internationales Publikum haben. Wir haben ja ein zweisprachiges Buch gemacht. Auf jeder Seite deutsche wie auch englischsprachige Inhalte. Unser Kernbereich ist zwar in Deutschland. Aber die Netzcommunity ist auch englischsprachig.

Der zweite Grund bei uns waren die Zahlungsbedingungen der Crowdfunding-Portale. Viele andere Portale nutzten nur Kreditkarte und PayPal. Aber bei uns gab es eine große Scheu vor Datenanbietern und der Nachvollziehbarkeit von Datenbewegungen. Ein Teil der IT-Community hat diese Bedenken. Bei Kickstarter gab es die Möglichkeit, Überweisungen zu erstellen. Das wurde dann recht gern genutzt. Bitcoin hat bisher leider keine der Plattformen angeboten. Das wäre für uns auch attraktiv gewesen. Die Wahl der Zahlungsmöglichkeiten war der ausschlaggebende Punkt für Kickstarter und gegen Indiegogo. Letztere Plattform war bei uns auch im Gespräch. Die Plattform hatte damals noch 1 % weniger Kommission genommen."

RG: „Aber Überweisungen kannst du doch auch bei Startnext machen?"

Mirko: "Ja, aber das ist nur deutsch. Das fiel dadurch irgendwie heraus.

Wir haben uns die verschiedenen Portale sehr genau angeschaut. Und uns hier überlegt, welches Portal für uns das passendste ist."

RG: „Mit der Sprache gab es auch keine Probleme. Ich habe mir heute Früh eure Projektseite angesehen. Ihr habt ja englische und deutsche Inhalte kombiniert."

Mirko: "Ja. Das ist jetzt vielleicht kein perfektes Englisch, aber gut genug, um es zu verstehen. Die ganzen Kampagneninhalte haben wir auch selbst geschrieben. Wir mussten ja hier auch immer dranbleiben."

RG: „Ihr habt ja auch mehrere Updates in die Projektseite reingesetzt und viele Kommentare beantwortet."

Mirko: "Ja, klar."

RG: „Habt ihr vorgearbeitet? Oder erst mit dem Buch begonnen, als ihr gesehen habt, dass die Gelder reinkommen und das Interesse vorhanden war?"

Mirko: „Wir haben vorgearbeitet. Das Buchprojekt war schon vier Jahre geplant. Wir hatten schon lang im Kopf, dass wir das einmal machen müssen. Wir haben uns dann zusammengesetzt und passende Inhalte zusammengesucht. Wir haben kalkuliert, wie viel Geld wir für das Projekt brauchen. Und das muss man ja schon alles genau wissen, wenn man mit einem Crowdfunding-Projekt anfängt."

RG: „Projektkosten kalkulieren …"

Mirko: „Genau. Die Kosten fürs Buch mussten wir ermitteln. Der Umfang des Bandes musste geplant und festgelegt werden. Bei uns waren das zweihundert Seiten und Hardcover. Was das wirklich kostet, konnte keiner so sagen. Man muss Angebote von Druckereien heranholen und miteinander vergleichen. Dann haben die Logistik durchgerechnet, also was das Versenden, Verpacken und so weiter alles kostet."

RG: „Auch die internationalen Versandkosten."

Mirko: „Genau. Da fängt es auch wirklich an, unübersichtlich zu werden. Aus diesem Grund haben wir vorgearbeitet. Und da wir sowieso Lust auf das Projekt hatten, haben wir schon am Buch gearbeitet. Wir haben einzelne Seiten erstellt und ein Grunddesign aufgebaut. Die Hauptlast der Arbeit kam aber erst später während der Kampagne."

RG: „Ist das Buch auch über den Buchhandel zu bekommen und bei euch in der c-base?"

Mirko: „Bei uns ist es zu bekommen. Aber wir haben es nicht wirklich in den Handel gebracht. Ich weiß auch nicht genau, wie das tatsächlich funktioniert, dass unser Buch in die Buchhandlungen kommt."

RG: „Ja, aber es ist doch sicherlich im Onlinebuchhandel. Bei Amazon und anderen?"

Mirko: „Bei Amazon sind wir nicht. Da ist ja die Frage: Wie bildet man die Logistik ab. Wir haben gar nicht mehr so wahnsinnig viele Bücher übrig. Bei uns war das gar nicht so wichtig, unbedingt in den Buchhandel zu kommen."

RG: „Hm, … okay. Den Hauptteil der Bücher habt ihr über die Kampagne verkauft und über die Interessenten auf eurer Webseite?"

Mirko: „Genau. Wir haben etwa dreihundert Bücher über die Kampagne verkauft. Eintausend Bücher haben wir drucken lassen. Viele Bücher haben wir über Kongresse und direkt bei uns."

RG: „Hm. Ja. Ich denke mal, es war nicht das Problem gewesen, die richtigen Dankeschöns zu finden. Ich habe ja gesehen, der Bieter konnte seinen Namen im Buch verewigen. Dann gab es Buchpakete, Bücher … Es war jetzt auch kein Problem, das Richtige für die Unterstützer der Kampagne zu finden."

Mirko: „Nö, das war gar kein Problem. Viele Leute sagten uns, wir sollten noch T-Shirts und sonstige Sachen machen. Ich dachte mir hier: „Warum? Wir machen ein Buch!" Irgendwie fühlt sich dass artfremd an. Und nur weil das im Moment der Weg für viele zu sein scheint … Bei so einem physischen Produkt, was man danach auch in den Händen halten kann, ist es irgendwie Quatsch, dachte ich mir."

RG: „Ist es auch. Es gibt eine bestimmte Gruppe von Leuten, die auf die Plattformen kommen und die den Gedanken, der hinter den Kampagnen steht, toll finden. Sie wollen etwas unterstützen und auch bei der Kampagne dabei sein. Diese Leute wollen aber nur irgendwelchen Quatsch, irgendwelche Souvenirs kaufen und haben nicht wirklich Interesse am Produkt. Es gibt so Leute. Aber ich finde es auch quatsch."

Mirko: „Hm. Und…"

Er setzt zu einem weiteren Satz an, wird aber von der Bedienung unterbrochen. Mirko bestellt einen Milchkaffee. Der Kaffee hier ist wirklich gut. Aber auch ausgesprochen stark.

Mirko: „Ein Buch war das, was viele Leute wollten. Bei gibt ist es auch keine Dankeschön-Seite. Ein Dank an die Unterstützer es ist mitten im Buch in die Story eingestrickt. Da haben sich Hacker-Spaces eingetragen. Das ist quasi ein communitybildendes Element. Ich find eine Seite für Supporter generell spannend und schön. Ich glaube, das machen auch viele."

RG: „Ich habe selbst einmal ein Buch unterstützt und bin dann auch mit meinem Namen hinten auf einer Seite gelandet. Es ist eine nette Sache. Auch so zum Herumzuzeigen."

Mirko: „Genau. Manchmal kaufen die Leute auch zwei oder drei. Weil es ein tolles Geschenk ist, so ein Buch mit seinem eigenen Namen als Supporter in der Hand zu halten."

RG: „Es ist auch ungewöhnlich. Im Buchhandel bekommt man das nicht. Und so hat der Unterstützer etwas Besonderes in der Hand. Das macht Eindruck."

Mirko: „Ja, ja. Genau."

RG: „Mit Fans ist es, glaube ich, bei Kickstarter nicht so wie bei anderen Plattformen. Bei Startnext kannst du Unterstützer sein und Fan oder auch nur Fan. Das ist wohl bei Kickstarter nicht so?"

Mirko: „Es gibt auch eine Funktion, wo man den Artikel folgen kann. Das ist so eine Art Fan."

RG: „Die meisten Fans und Unterstützer kamen ja aus eurer Community. Ihr habt ja dort Werbung gemacht und auf eurer Projekt hingewiesen."

Mirko: „Ich habe die Statistik nicht ganz im Kopf. So sieben oder acht Prozent der Leute kamen über die Plattform. Der Rest kam von unserer Community. Dadurch, dass wir relativ stark vernetzt waren, wurden wir auch in anderen befreundeten Gruppen genannt."

RG: „Ja, so dreihundertundwas Fans ... Das ist schon ganz ordentlich. Zwölftausend und ein paar Zerquetschte eingenommen. Das ist ganz okay. Was habt ihr für das Buch gebraucht. Wie viel habt ihr da eingesetzt?"

Mirko: „So knapp neuntausend Euro haben wir für den Druck gebraucht. Uns war nicht ganz klar, was die Logistik kosten würde."

RG: „Am Ende hat es gepasst? Ihr seid ungefähr auf null gekommen?"

Mirko: „Ja, ja. Genau."

RG: „Also ohne Gewinn oder so?"

Mirko: „Bei uns ist ein Verein dazwischen. Alle Gewinne gehen an diesen. Wir als Autoren haben uns darauf geeinigt.

Was dazu noch zu sagen ist: Da gibt es einige Leute, die eine Zahlung zusagen. Nicht alle davon gehen durch. Trotzdem wird das Projekt als fertig gekennzeichnet. Man muss dann liefern. Bei uns war es so, dass um die siebenhundert, achthundert Euro ausfielen. Man sollte darauf achten, bei seiner eigenen Kampagne nicht zu knapp an dem Limit zu kalkulieren. Die Ausfälle, die es bei Kickstarter geben kann, muss man mit einkalkulieren."

RG: „Ich kenn das von Startnext. Es gibt hier und da auch schon mal jemanden, der nicht zahlen kann. Der findet die Kampagne toll, unterstützt sie und dann, wenn es soweit ist, ist die Kohle nicht da. Das war auch bei einem der Projekte so, bei dem ich den Funder getroffen habe. Aber bei Startnext bekommt man eine Mahnung und muss zahlen. Bei Kickstarter ist es leider nicht so. Weil es international ist, fallen einzelne Zahlungen einfach aus."

Mirko: „Genau. Man bekommt 'ne Mail mit ner Info "Die Zahlung ging nicht durch. Kontaktieren Sie die Leute."

RG: „Aber gezählt wird sie mit?"

Mirko: „Ja."

RG: „Das ist blöd. Habt ihr auch einmal negative Reaktionen bekommen? Haben Leute etwas kritisch geäußert? Haben Leute euch geschrieben und irgendwelche besonderen Wünsche geäußert?"

Mirko: „Das Buch wurde sehr, sehr positiv aufgenommen.

Aber es gab auch etliche Versandschäden. Das muss man dann selbst händeln. Das liegt einfach daran, wie die Pakete rumgeschmissen werden. Wir haben die Bücher zu Anfang noch nicht super verpackt. Wir dachten, ein stabiler Karton würde reichen. Inzwischen machen wir eine Doppelverpackung und eine bessere und sichere Polsterung.

Bei den Zahlungsbedingungen mussten wir schauen, wie wir das im Einzelnen umsetzen. Viele Leute wollten so anonym wie möglich zahlen. Sie wollten möglichst uns das Geld in die Hand geben. Sonst gab es nichts an Schwierigkeiten zu bewältigen."

RG: „Dass die Leute dir das Geld geben und du für die bietest, geht bei Kickstarter nicht?"

Mirko: „Nein. Ich kann meine eigene Kampagne nicht unterstützen."

RG: „Du müsstest dann einen Kumpel oder Freund bitten, der dann für jemand anderen die Bücher bestellt und die Kampagne unterstützt?"

Mirko: „Genau. Das wurde auch so gemacht. Es gab auch Gruppen, die sich dann organisiert haben. Aber ich kann das als Organisator der Kampagne nicht tun."

RG: „Ich kenn auch Freunde und Bekannte, die sagen: „Um Gottes willen, Facebook … niemals!" Die tippen zwar mit Whats-up herum, was ich dann immer sehr lustig finde. Aber Facebook wollen sie nicht und Onlinebanking … niemals. Und die würden dann ihr Geld nur so direkt in die Hand geben. Auf der anderen Seite kann man seine eigene Kampagne auch pushen, indem man die letzten zweihundert Euro selbst eingibt. Oder indem man gleich am Anfang der Kampagne bietet und sie hochpusht und darauf wartet, das andere nachkommen."

Mirko: „Genau. Ich verstehe den Ansatz, warum das bei Kickstarter nicht gemacht wird."

RG: „Ihr habt kein Video drauf?"

Mirko: „Nö."

RG: „Bei Startnext ist das ein Muss."

Mirko: „Ja, haben uns auch viele Leute gesagt. Es sollen sich Kampagnen mit Videos besser verkaufen. Es ist vielleicht auch so."

RG: „Jein. Ein Video ist schwierig. Es gibt viele gute Produktideen, wo der Funder keine Ahnung vom Videomachen hat. Er labert drei Minuten in die Kamera, sitzt in einem dunklen Raum. Das Ergebnis ist langweilig. Man muss einzelne Schnitte machen, das Video zuvor planen und braucht Hilfe beim Videofilmen. Einen professionellen Filmemacher kann man nicht nehmen. Der ist viel zu teuer."

Mirko: „Ja, vielleicht lohnt sich das. Ich weiß es nicht. Wir hätten das Knowhow gehabt. Wir hatten einfach keine Zeit. Die Kampagne lief auch so sehr gut. Aber ja, es gab schon Leute, die durchaus mehr Screenshots wollten. Wir hatten so fünf bis sechs Beispielseiten auf der Projektseite …"

RG: „Das kann man dann auch nachreichen?"

Mirko: „Ja, ja, natürlich. Das lohnt sich durchaus auch. Die Kampagnenphase lief bei uns, glaub ich, so 30 Tage. Über diese Zeit sollte man auch immer mal wieder etwas posten. Die Leute wollen etwas sehen. Sie wollen etwas zum Teilen haben und bei der Produktentwicklung dabei sein."

RG: „Das ist ein guter Tipp. Ich will auch einmal eine Kampagne bei Kickstarter machen. Ich habe mir schon überlegt: „Wie bekomme ich jetzt ein englischsprachiges Video hin?" Ich hab´ ja schon im Flieger Probleme gehabt, da Orangensaft zu bestellen. Aber wenn man es nicht unbedingt braucht … Gerade für ein Buchprojekt sind ja eher die Bilder wichtig, sodass man sieht, was man macht. Und wie das fertige Produkt aussehen soll. Da kann man sich so ein Video gleich sparen."

Mirko: „Also, ich find, man muss sich gut überlegen, wie schafft man es, dass die Leute der Kampagne vertrauen können. Es muss wirklich etwas dabei herauskommen.

Wir haben durch die langjährige Arbeit in der Community einen Namen. Wir haben uns vorgenommen, dass es auf jeden Fall unser Buch gibt. Wenn die Druckkosten nicht zusammengekommen wären, hätten wir es eben anders gelöst. Im schlechtesten Fall hätten wir uns für Print-On-Demand entschieden. Wir haben alle finanziellen Dinge transparent dargestellt. Ein Grund hierfür ist auch, dass die Kampagne über den Verein läuft. Alle Zahlungen gehen über den Vorstand des Vereins. Der Vorstand besitzt eigene Zahlungsprüfer. Diese sind in der Satzung des Vereins festgelegt. Es gab hier also mehrere Gremien, die auf die Kampagne, die Vorgänge und alle Zahlungen draufschauten.

Man sollte sich Gedanken darüber machen, wie man den Leuten plausibel macht, dass es keine falschen Versprechungen gibt. Man muss zeigen, dass etwas entsteht und es am Ende ein fertiges Produkt gibt."

RG: „Books on Demand find ich persönlich nicht so schlecht. Für einen Bildband ist es sicherlich nicht so eine ideale Lösung. Bei einem Sachbuch ist es schon eine gute Alternative."

Mirko: „Ja. Wir wären hier bei einem Buchpreis von neunzig Euro gewesen. Und das ist dann schon sehr unattraktiv. Über eine herkömmliche Druckerei kann man deutlich günstigere Kosten erreichen. Natürlich bei entsprechender Stückzahl. Wir waren jetzt bei einem Buchpreis von siebzehn Euro gelandet. Und das ist für einen zweihundert-seitigen Bildband „prima"."

RG: „Ja. Das ist okay. Schwierigkeiten und Hürden hast du schon einige genannt. Gab es da noch andere, die du nennen kannst?"

Mirko: „Ja, da kommen etliche hinzu. Viele sind diese typischen „Man-macht´s-zum- ersten-Mal-Schwierigkeiten". Gerade beim Versand der Bücher. Das ganze Handling hat sich als kompliziert erwiesen. Wir mussten nach der Kampagne nur einhundertundachtzig Bücher versenden. Das ist gut überschaubar. Trotzdem sind das zwei Tage Arbeit. Wenn man größere Summen einnimmt und größere Produktmengen versenden muss, wird es ein echtes logistisches Problem."

RG: „In welche Länder habt ihr die Bücher verschickt?"

Mirko: „Wir haben viele Bücher in die USA verschickt. Nach Japan war, glaub ich, das Weiteste. Viele Pakete gingen an Adressen in Europa.

Man kann vorfrankieren. Hier stellt man dann fest, dass sich das toll anhört, es dann aber sehr zeitaufwändig ist."

RG: „Da muss man sich doch anmelden, sein Konto aufladen und so weiter ..."

Mirko: „Genau. Es geht. Aber es ist nicht besonders toll umgesetzt.

Das Herausfinden von verschiedenen Versandkosten in die unterschiedlichsten Länder, die Zuordnung der unterschiedlichen Paketmaße, der verschiedenen Paketgewichte und das Ermitteln der unterschiedlichen Versandversicherungen erfordert sehr, sehr viel Zeit. Allein an der Recherche dieser Daten verbringt man sehr viel Zeit.

Die große Menge an Übersetzungen für das Buch war eine Herausforderung. Das haben wir über ein Übersetzungs-Online-Verwaltungstool gut gelöst. Wir haben dann Korrekturleser an die Übersetzungen gesetzt."

RG: „Ja, das habe ich bei meiner Kampagne auch genutzt. Ich brauche zwar keinen Übersetzer für mein Buch, aber einen Sprachlektor. Der muss einmal drüber- schauen. Man kontrolliert zwar selbst noch einmal. Man lässt Word durchschauen, macht einen Ausdruck und liest den Text durch."

Mirko: „Ja, aber man kann nicht alles sehen. Es ist auch so, dass das Gehirn die blöde Eigenschaft hat, Sachen richtigzustellen, die eigentlich falsch sind."

RG: „Ja richtig. Zumal man ja von seinen eigenen Texten immer der größte Fan ist.

Wollt ihr noch einmal eine Kampagne machen? Würdest du die Plattform empfehlen?"

Mirko: „Ich fand die Plattform an sich relativ gut. Ich habe jetzt nichts, wo ich sagen könnte, das vermiss ich. Gerade die Funktionen, wo man die Leute anschreiben und auf Fragen antworten kann und die ganze Projektverwaltung, all das ist ziemlich gut gelöst. Ich kann jetzt nicht sagen, das mir irgendetwas bei Kickstarter gefehlt hat. Es kostet 5 %, wenn die Kampagne erfolgreich ist. Aber das kosten alle, soweit ich das im Überblick habe."

RG: „Als Webdesigner tust du dich auch nicht schwer, dich umzugucken und auf einer Plattform einzuarbeiten?"

Mirko: „Nee, das ist kein Problem. So viel muss man sich da auch nicht einarbeiten. Es ist schon alles relativ gut gelöst."

RG: „Ich hab in der Bibliothek in Marzahn jemanden besucht und auch ausgefragt. Und die haben sich sehr schwergetan. Es war bei Startnext eine Kampagne von einem Lesekreis. Und da war es für die Frauen recht kompliziert, sich bei der Plattform durchzuwursteln. Wobei, Startnext ist schon etwas verzwickt. Man muss sich durch die ganzen Menüs und Funktionen durcharbeiten."

Mirko: „Ja. Es ist ja prinzipiell so, dass es keine ganz einfache Geschichte ist. Es hat ja viele Parameter. Die Software, die so etwas abbilden soll, ist demzufolge auch recht komplex."

RG: „Der Webdesigner spricht jetzt."

Wir beide lachen.

RG: „Einige Leute denken immer wieder, man macht sein Projekt und dann läuft es. Dann kommt die Kohle. Aber so einfach ist es nicht."

Mirko: „Nee, man muss sich schon Gedanken machen. Man muss schauen, was man wie kommuniziert. Und man muss schauen, was man wie handhaben will."

RG: „Man schaut sich ja auch vorher um und guckt, was für andere Projekte auf der Plattform sind.

Man schaut nach ähnlichen Projekten und wie diese gelaufen sind. Das habt ihr ja sicherlich auch gemacht?"

Mirko: „Ja klar. Haben wir."

RG: „Bei Kickstarter ist es etwas schwieriger. Hier muss man immer die einzelnen Rubriken durchschauen. Bei Startnext lässt sich das besser filtern, finde ich. Man schaut dort nach den neusten Projekten und nach regionalen Kampagnen."

Mirko: „Ich wusste, dass Kickstarter der größte Anbieter ist, mit dem schon sehr viele Kampagnen mit sehr hohen Funding-Summen umgesetzt wurden. Für uns war als Alternative Indiegogo interessant. Die Plattform wurde für Independent- und Kunstprojekte geschaffen. Inzwischen ist Indiegogo größer geworden und aus den ursprünglichen Zielen herausgewachsen. Es gibt noch einige andere interessante Plattformen, die sich an Nischen ausgerichtet haben. Man kann immer schauen, ob es nicht für das geplante Projekt eine Plattform gibt, die besser passt."

RG: „Ja ich bin jetzt mit meinen Fragen durch. Wenn du noch etwas ergänzen möchtest ... ?"

Mirko: „Ähm... ja gerne. Es gibt so Statistiken, dass man in den ersten drei Tagen etwa ein Drittel der geplanten Summe eingenommen haben sollte. Ist das der Fall, ist die Kampagne wahrscheinlich auch erfolgreich. Wir hatten das nicht. Wir hatten schwache erste zehn Tage. In den weiteren Tagen haben wir dann aufgeholt. Also ich sage immer, man braucht Vertrauen in das, was man sich überlegt hat. Es ist nicht immer so, wie es in Statistiken beschrieben wird.

Man bekommt von Kickstarter „Hilfe-Mails". Da steht drin, was in der jeweiligen Projektphase eine gute Variante wäre. Diese Mails sind sehr gut geschrieben und sehr hilfreich ..."

RG: „Ich bedanke mich bei dir, dass du dir für meine Fragen etwas Zeit genommen hast. Vielen Dank."

Mirko: „Gern geschehen."

Die Milch-Zapfanlage für Landwirtschaftsfans

Hofmilch selber zapfen

VisionBakery

http://www.visionbakery.com/milchquelle

MilchQuelle: Frische Hofmilch in Berlin

Startnext, Food

https://www.startnext.com/milchquelle

Die Landwirtschaft kommt bei den Crowdfunding-Kampagnen viel zu kurz. Sehr selten tauchen Projekte auf. Umso erfreulicher ist es, dass die Firma Agrafrisch aus dem beschaulichen Orte Steinhöfel in Brandenburg sich daran gewagt hat. Gleich zweimal gibt es eine Kampagne: Eine bei VisionBakery und eine weitere bei Startnext. Die Kampagne bei der letztgenannten Plattform hat es leider nicht ins Ziel geschafft.

Das Ziel dieser Kampagne lag bei 4.476 €. Erreicht wurden mithilfe von 101 Unterstützern 5.504 €. Die sehr schön gestaltete Projektseite zeigt die Milchgewinnung so, wie sie sein sollte. Wer sich für eine tierfreundliche Haltung und Produkterzeugung interessiert, der ist hier richtig.

Unter den Dankeschöns finden sich Jetons für das Zapfen von Milch, eine Hofführung, ein Namenseintrag für eine Kuhstatue, ein Crashkurs für eine Traktorfahrschule, ein Melkkurs und ein Gruppenevent, bei dem man einen Tag Landwirtschaft aus der Nähe kennen lernen kann. Ein Pitchvideo gibt es leider nicht.

Der Blog der Projektseite enthält 24 Einträge. Hier zeigt sich, dass die Macher der Kampagne sich sehr um die Unterstützer und Fans gekümmert haben. Es gibt jede Menge News und Informationen. Aber: Es gibt auf VisionBakery einen Blogeintrag mit einem Hinweis zur Startnextkampagne. Die

Plattformen konkurrieren miteinander und jeder kocht seine eigene Suppe. So sollte auch jede Kampagne für sich auf einer Plattform stehen. Einen Verweis von Anbieter A zu B kann bei manchem Anbieter für Unbehagen sorgen. Deshalb sollte man ihn vermeiden. Aber das mag auch nur meine persönliche Meinung sein.

Agrafrisch ist mit dieser Kampagne und ebenso der bei Startnext sehr stark in den Medien vertreten gewesen. Offensichtlich war dieser mediale Rummel auch das Ziel der Kampagnen.

Dörfer. Eins an dem anderen. Dank Gemeindereform tragen einige Nachbardörfer die gleichen Namen. Es war ein heißer Sommertag und ich laufe im Nirgendwo durch Dörfer. Idyllische Landstraßen, die an wunderbar-schönen Wäldern entlanglaufen. Super Landschaft - wenn man auf Wandern aus ist.

Der freundliche Landwirt holt mich Gott sei Dank ab. Ich bekomme zu hören, dass nicht so viel Zeit für mich übrig ist. Der nächste Termin sitzt meinem Interviewpartner bereits im Nacken. Ich bin in der Unternehmerwelt gelandet und fühle mich hier ein wenig unwohl. Aber ich brauche nicht lange.

Nach einem kurzen technischen Problem mit meinem Diktiergerät habe ich das Teil endlich neu gestartet. Das Autotelefon klingelt. Ich muss mich ruhig halten und warten, bis das Gespräch von „was-weiß-ich-wem" beendet ist. Mein Interviewpartner fährt mich durch die Dörfer bis zum nächsten Bundesbahn-Bahnhof. Das ist doch nett von ihm! Während wir so durch Dörfer, Wald und Feld fahren, stelle ich meine Fragen …

Benjamin Meise: „Wir hatten ein Investitionsvolumen von dreißigtausend Euro für ein Häuschen mit zwei Milchautomaten. Bei unserer ersten Kampagne lag die Zielmarke bei fünftausend Euro, also nur einem Bruchteil von der tatsächlich benötigten Summe.

Ich hatte mich im Vorfeld schlaugemacht, was bei Crowdfunding-Kampagnen so realistisch ist. Es gibt Statistiken, aus denen hervorgeht, je geringer die Zielsumme ist, umso wahrscheinlicher ist, dass man die auch erreicht. VisionBakery hat auch das „Alles-oder-nichts-Prinzip", genauso wie es auch bei Startnext der Fall ist. Ich habe noch eine Studienarbeit gelesen. In ihr wurde untersucht, ob Crowdfunding in der Landwirtschaft Sinn macht. Das Ergebnis war, dass es weniger als Finan-

zierungs-, sondern eher als Marketinginstrument gesehen werden sollte. Diesen Marketingeffekt wollten wir auch nutzen.

Mit dem Effekt am Ende war ich dann sehr zufrieden. Das „Hüttchen", was wir hier hingesetzt haben... Mit den beiden Automaten drin ...

Er deutet auf ein kleines Häuschen vor dem Eingang der Landwirtschaftsfirma, an der wir eben vorbeifahren. In der Hütte steht ein Milchautomat und ein Warenautomat.

RG: „Und die werden jetzt auch genutzt?"

Benjamin Meise: „Die werden sehr gut genutzt. Der Milchautomat steht seit einem Jahr hier. In dem einen Jahr haben wir um die dreißigtausend Liter verkauft."

RG: „Das ist ganz gut."

Benjamin Meise: „Zu einem guten Preis. Man muss dazu sagen, wir produzieren siebeneinhalb Millionen Liter im Jahr. Einen Bruchteil haben wir mit dem Milchautomaten ziemlich gut vermarktet."

RG: „Sie haben ja sehr viele Einträge auf der Pinnwand und im Blog der Kampagnenseite bekommen. Man sagt ja bei Startnext immer, dass man eine Community haben muss. Das finde ich persönlich nicht immer so wichtig. Da ja auch viele Fans und Unterstützer über die Seiten der Portale zu den Kampagnen kommen. Interessiert hat es die Leute. Gerade die Themen Food und Bio sind immer stark gefragt. Wobei, in Berlin wäre das ein bisschen schwierig. Wer fährt jetzt mit der S-Bahn oder U-Bahn zu einem bestimmten Punkt, um Milch zu holen."

Benjamin Meise: „Wir hatten viele Kritiker und Zweifler am Anfang der Kampagne. Wir verkaufen die Milch ja für einen Euro. Da haben viele auch gesagt: „Naja, wer fährt den schon von Fürstenwalde mit dem Auto bis zu uns, um sich da für teures Geld die Milch zu ziehen?" Wir sind ja nicht die erste Firma, die so einen Automaten hingestellt hat. Wir haben Mut gefasst und es einfach gemacht. Und es hat auch funktioniert.

Was Berlin betrifft: Unser Ziel ist nicht, jeden Berliner mit Milch zu versorgen. Unser Ziel ist, einen Service anzubieten für eine gewisse Premiumkundschaft, die eine höhere Zahlungsbereitschaft hat."

RG: „Es kommen ja immer einmal Kochbücher und Food-Ideen. Die Kategorie läuft ganz gut."

Benjamin Meise: „Ja."

RG: „Und bei Startnext hatten sie nicht gedacht, die noch fehlende Summe draufzupacken? Durch eine eigene Zahlung? Denn so viel hat ja nicht mehr gefehlt."

Benjamin Meise: „Der Großteil war durch eine Eigenzahlung schon drin. Das Marketingziel, das wir erreichen wollten, hatten wir geschafft. Wir waren in Zeitungen, im Radio und im Fernsehen. Es war kurz vor Weihnachten. Da hatte niemand mehr Lust, Zeit und Kraft für die ganzen Arbeiten. Wir haben entschieden, wir brechen das an der Stelle ab und schießen nicht mehr die letzten zweitausend Euro dazu."

RG: „Ich finde es recht schwierig, für eine landwirtschaftliche Kampagne passende Geschenke anzubieten. Ich schreib ein Buch. Ich kann das Buch anbieten. Ich kann für die Premium-Unterstützer ein Essen anbieten. Man finanziert hier etwas, was ich auch gut verkaufen kann. Bei Ihnen habe ich gesehen, dass jemand einen Namen für ein Kälbchen geben kann. Oder dass jemand eine Traktorfahrschule buchen kann. Da muss man sich schon für Landwirtschaft interessieren, um sich dann für ein solches Paket zu entschließen."

Benjamin Meise: „Die Gegenleistungen liefen bei der ersten Kampagne ganz gut. Die Beratung von VisionBakery hat uns geraten, verschiedene Dankeschöns anzubieten. Wir sollten einen Mix machen. Zum einen sollten die Gegenleistungen das Produkt selbst enthalten. Und es sollte etwas Ideologisches angeboten werden. Diesen Mix fand ich sehr gut und auch wichtig. Damit spricht man viele Leute an.

Für mich war die zweite Kampagne ein Gradmesser. Wir wollten die Milch in Berlin für zwei Euro anbieten. Man muss dazu sagen: Es ist keine Bio-Milch. Wir sind uns selbst nicht sicher, ob das funktionieren würde. Aber für einen Euro braucht man es nicht machen, weil hier die Kosten zu hoch sind."

RG: „Gab es negative Kommentare oder negative Reaktionen bei der Kampagne?"

Benjamin Meise: „Bei der ersten Kampagne bei VisionBakery war alles super gelaufen. Hier kamen viele Unterstützer aus unserem Kreis. Darunter Freunde, Familie, Nachbarn und viele Leute aus der Region. In der zweiten Kampagne kamen dann die Veganer dazu. Zu Beginn hatte ich da ein wenig Bedenken. Inzwischen betrachte ich diese als zusätzliche Kundengruppe."

RG: „Würden sie eine Crowdfunding-Kampagne bei VisionBakery oder Startnext noch einmal machen?"

Benjamin Meise: „Eine Crowdfunding-Kampagne bringt einen netten Marketing-effekt. Wir hatten den Vorteil, dass wir einer der ersten Landwirte waren, die so etwas gemacht haben. Das war schon außergewöhnlich. Landwirtschaft verbindet man mit traditionellen Methoden. Und dieses Crowdfunding ist schon relativ abgefahren. Diese Kombination war für die Medien etwas Außergewöhnliches. Wir müssten uns schon mächtig was einfallen lassen, um diese mediale Unterstützung wieder zu bekommen. Ich fürchte, bei einer neuen Crowdfunding-Kampagne für den sechsten oder siebenten Milchautomaten in Berlin würde es nicht funktionieren."

RG: „Ja. Es macht ja auch relativ viel Arbeit..."

Benjamin Meise: „Ja richtig. Es ist ja auch kein Selbstläufer. Die zwei Monate, die so eine Kampagne läuft, muss man auch jeden Tag schauen und etwas tun."

RG: „Die ganzen Texte, Bilder ... darum muss man sich kümmern. Und um das Video. Bei VisionBakery gibt es, glaube ich, kein Pitchvideo?"

Benjamin Meise: „Doch. Ich hatte ein Video, musste es jedoch sperren.

Mein Bruder ist Kameramann. Der hat uns dann geholfen, das zweite Video zu machen.

Viele sagen, das Video ist der Schlüssel. Andere meinen: „Hat man ein gutes Video, hast du die Kampagne schon gewonnen." Das ist in der Realität nicht so. Das Video ist mit die Basis. Ein Video macht schon Sinn. Es macht die Kampagne etwas anschaulicher. Die Leute wollen nicht so viel lesen."

RG: „Vielen Dank, dass Sie sich für meine Fragen etwas Zeit genommen haben."

Benjamin Meise: „Gern geschehen."

Wir reden noch ein paar Minuten über Crowdfunding und die verschiedenen Plattformen. Das Auto steht in Bahnhofsnähe. Ich muss nur noch ein paar wenige Schritte laufen und habe nicht mehr den Weg durch die Dörfer vor mir.

Später, als ich das Interview Satz für Satz vom Diktiergerät anhöre und in mein Buchkapitel übernehme, mache ich mir Gedanken über das Gesagte und den Macher. Der Funder hatte eine Superidee, hat aber die Crowdfunding-Kampagne als Marketinginstrument genutzt. Ist Crowdfunding wirklich dazu gedacht, um als Werbeinstrument von einem Landwirt verwendet zu werden? Vielleicht. Crowdfunding ist vielfältig.

Bei der ersten Kampagne hat der Funder das Pitchvideo sperren müssen. Bei der zweiten hat er sich mit einem „Brief an die Salatisten" lustig gemacht und die Kampagne nicht weitergeführt, weil Weihnachten vor der Tür steht. Und weil die Mitarbeiter keine Lust mehr auf die Arbeit an der Kampagne hatten. Das kann man verstehen und nachvollziehen. Der Crowdfunding-Gedanke geht hier aber verloren. Aber: Beides waren kreative und ungewöhnliche Kampagnen, die ihre Fans und Unterstützer gefunden haben. Gerade das Thema Landwirtschaft taucht sehr selten auf den Crowdfunding-Plattformen auf. Zu selten eigentlich. Die Kampagnen zeigen, dass sich die Leute durchaus für dieses Thema interessieren und begeistern.

Transform die Zweite

transform °2 - Empathie, da wo's wehtut

Startnext, Journalismus

https://www.startnext.com/transformag2

Bei dieser Kampagne hatte ich zu Beginn etwas Probleme. Kommen hier die Gutmenschen zum journalistischen Einsatz, die auf den fahrenden Populismus-Zug aufspringen? Werden hier Leute aus dem Osten in die rechte Ecke gedrückt und, wie es gerade in ist, niedergeredet. Oder sind irgendwelche rechten oder linken Wichtigmacher am Schreien?

Man muss genau hinsehen, um hier herauszufinden, warum es geht. Die Macher des Magazins, das nun in der zweiten Auflage erscheint, wollen miteinander reden. Kein Sichanschreien oder auch mit dem Finger zeigen, wie es sonst so üblich ist. Die Journalisten wollen in unterschiedlichen Beiträgen schauen, was schiefläuft und Lösungsansätze zeigen. Was tut man gegen Hass, Polarisierung und Unverständnis? Es geht jedoch nicht nur um unzufriedene Schreihälse, sondern auch um andere aktuelle Themen.

Unter „Was passiert mit dem Geld" ist exakt aufgelistet, welche Kosten wohin fließen. Nicht bei jeder Kampagne kann man so genau erfahren, wohin das Geld fließt.

Die Kampagnenseite zeigt Vorschaubilder vom fertigen Magazin und stellt dessen Ziele vor. Das Funding-Ziel lag bei 10.000 €. Erreicht wurden 10.192 €. Erstaunliche 661 Fans und 625 Unterstützer hat die Kampagne gefunden.

Der Blog enthält 12 Einträge. Auf der Pinnwand findet man 7 Einträge. Das ist nicht viel, aber okay. Die Mehrheit der Kommunikation mit den Fans und Unterstützern lief über Facebook.

Das Video ist mit 2 Minuten und 53 Sekunden kurz genug. Die Macher und deren Beweggründe werden vorgestellt. Man kann einen Blick auf eine Redaktionssitzung werfen. Das Video ist professionell gemacht und hinterlässt einen sehr guten Eindruck.

Der Weg zum Treffpunkt war schnell gefunden. Zugfahrt nach Leipzig. Raus aus dem Zug. Bahnhof raus und über den Bahnhofsvorplatz. Ein Stück in die Stadt, vorbei an bunten Läden, Restaurants und Cafés. Meine Verabredung war noch nicht da. Das Café war randvoll und für ein Interview sicher ungeeignet.

Nach nur wenigen Minuten erschien mein Interviewpartner. Wir suchten uns ein anderes Café und machten es uns gemütlich. Zwei Kaffees wurden bestellt und los ging es mit meiner Fragerei.

Mein Interviewpartner Richard Gasch war mir von Anfang an sympathisch. Ein Landsmann aus Sachsen. Da muss man sich ja grün sein! Wir haben uns gut verstanden und hier und da auch gelacht. Richard hat meine Fragen hervorragend beantwortet. Man hat sofort gemerkt, man spricht mit einem Journalisten, der klar und deutlich formuliert. Bei diesem Interview war die Arbeit am Ende, mit der ich den Text vom Diktiergerät abtippe und die Sätze etwas verschönere, nur minimal.

RG: „Ihr habt jetzt schon das zweite Heft gemacht?"

Richard Gasch: „Ja, genau."

RG: „Bei dem ersten weiß ich jetzt gar nicht, ob es auch so erfolgreich war und wie viel ihr da verkauft habt."

Richard Gasch: „Da waren es zweihundert Euro mehr, die wir eingenommen haben. Das Ziel ist bei beiden Kampagnen erreicht wurden."

RG: „Ihr habt mit der Startnext-Kampagne die Druckkosten hereingeholt, zugleich ein bisschen Werbung gemacht und das Magazin verkauft."

Richard Gasch: „Es ging tatsächlich darum, zuerst die Druckkosten aufzubringen. Und wir wollten natürlich auch herausfinden, wie viele Abnehmer es für das Heft gibt. Wenn sechshundert Leute das Heft vorbestellen, dann ist das für uns ein Zeichen, das wir mehr Hefte drucken können. Die Vorbestellungen zeigen, dass das Interesse da ist.

Bei der ersten Crowdfunding-Kampagne haben wir zehntausend Euro gesammelt. Von der Summe sind achttausend Euro Druckkosten. Wir haben hier viertausend Hefte gedruckt. Die gingen auch bundesweit in den Handel. Auch online haben wir Hefte vertrieben. Von den Heften haben wir dreitausend bis heute verkauft."

RG: „Also habt ihr nach der Kampagne weitere Hefte verkauft und zusätzlich auch noch ein paar Gewinne eingefahren?"

Richard Gasch: „Ja wir haben ein paar Gewinne eingefahren. Und die haben wir dann auch wieder investiert in Honorarzahlungen für die Autoren und in weitere Kosten. Ein wenig heben wir auch auf. Wir erhöhen die Auflage des Heftes immer ein wenig."

RG: „Und wie seid ihr gerade auf Startnext gekommen? Und auf die Idee eine Crowdfunding-Kampagne zu machen?"

Richard Gasch: „Startnext haben wir gewählt, weil es die größte Plattform ist. Später haben wir gemerkt, dass die Größe der Plattform gar nicht entscheidend ist. Natürlich kann man trotzdem sagen, dass die Startnext-Macher die modernste Crowdfunding-Plattform gebaut haben. Es gibt darüber hinaus noch VisionBakery, die hier in Leipzig sitzen. Die Plattform ist technologisch nicht so weit. Das Design hinkt etwas hinterher …"

RG: „Ja die Plattform nimmt, glaub ich, auch nicht so hohe Summen ein."

Richard Gasch: „VisionBakery, die nehmen elf Prozent der gefundeten Summe. Startnext nimmt eine freiwillige Leistung, die man selbst festlegen kann. Das ist auch ein Punkt, warum wir uns für Startnext entschieden haben.

Wir haben bei der zweiten Kampagne weniger Provision gegeben. Statt 5 haben wir nur 4 Prozent gegeben, weil die Plattform uns nicht weiter unterstützt hat."

RG: „Die meisten nutzen Facebook oder den Blog bei Startnext. Wie war das bei euch? Hattet ihr eine Community aufgebaut?"

Richard Gasch: „Anderthalb Jahre vor der ersten Crowdfunding-Kampagne war die Idee da. Wir wollten das Heft einfach machen. Da war uns auch noch gar nicht sicher, ob andere Leute das Heft überhaupt haben wollen.

Aus dieser Unsicherheit haben wir dann die Kampagne gestartet. Ich habe mich mit einer Gründerin unterhalten. Sie hat ein ähnliches Magazin herausgebracht. Sie hatte dafür Kredite aufgenommen und sich dabei verspekuliert. Uns war dabei klar, dass wir das ganz anders machen und wir da vorsichtiger herangehen müssen. Ich hab auch einen Business-Hintergrund. Für mich war Crowdfunding das, was zu unserer Idee gut passte.

Zurück zu deiner Frage: Ja, wir hatten schon eine Facebook-Community. Wir hatten selbst eine ganz gute Vernetzung."

RG: „Habt ihr irgendwelche negativen Kommentare bekommen?"

Richard Gasch: „An einen einzelnen Kommentar erinnere ich mich: Was das Heft den überhaupt soll? Um was es denn überhaupt geht? Da habe ich nett darauf hingewiesen, dass wir vom Heft und den geplanten Inhalten eine umfangreiche Beschreibung veröffentlicht hatten. Derjenige fragte auch, was das Heft einem denn bringe, wenn man es kauft. Für mich war das provozierend. Ich habe hier einfach versucht, sehr diplomatisch zu antworten."

RG: „Ja, ich war ja auch etwas kritisch…"

Wir beide lachen.

Richard Gasch: „Ja stimmt, du warst auch etwas kritisch …"

RG: „Nicht aber boshaft oder so …"

Richard Gasch: „Wir haben zu einem großen Teil sehr viel positives Feed-back bekommen."

RG: „Bei euch war es sicherlich auch nicht das Problem, die richtigen Dankeschöns für die Crowdfunding-Kampagne zu finden? Ihr wollte ja das Heft verkaufen und nicht irgendwelche Plüschfiguren oder Aschenbecher oder irgendetwas anderes."

Wieder lachen wir beide.

Richard Gasch: „Bei der ersten Crowdfunding-Kampagne waren wir ein großes Team. Wir haben ein Brainstorming abgehalten. Da kamen alle möglichen Ideen heraus. Eine Illustratorin wollte

Postkarten für die Unterstützer machen. Jemand anderes meinte, wir laden die Unterstützer nach Berlin ein und machen eine kleine Party. Die Ideen wurden von den Unterstützern gar nicht angenommen. Fast alle Leute von den 600 Unterstützern haben zehn Euro investiert. Das ist auch nicht unüblich beim Crowdfunding. Für uns aber war es überraschend. Dadurch haben wir bei der zweiten Crowdfunding-Kampagne gesagt: Wir verzichten auf das ganze Klimborium und verkaufen einfach nur das Heft."

RG: „Das ist bei meiner Kampagne genauso. Da wird eher das E-Book oder das Buch gekauft. Gekauft wird auch ein Paket, bei dem der Name des Unterstützers im Buch ist. Ich muss nicht herumfahren und Wohnzimmer-Lesungen mache."

Richard Gasch: „Intern haben wir gesagt, wenn wir jetzt noch einmal Crowdfunding machen, kommt das ungünstig rüber. Die Leute sagen vielleicht, warum machen wir schon wieder eine Kampagne und sammeln Geld ein. Deswegen haben wir uns überlegt, wir kommunizieren das ganz anders. Es ist ja eine Vorbestellungs-Kampagne. Du stellst einfach das Heft vor und wir benutzen das Tool „Crowdfunding", um vorab die Druckkosten zusammenzubekommen."

RG: „Der Kunde kauft es vorher, bevor es eigentlich da ist."

Richard Gasch: „Genau. Ja. Das haben wir uns auch ein wenig aus den USA abgeguckt. Da gibt es ja Crowdfunding ein wenig länger. Und da hat es sich auch in diese Richtung entwickelt."

RG: „Da gehen viele hohe Summen raus und es gibt viele ungewöhnliche Kampagnen.

Wir habt ihr die Startphase erlebt? Habt ihr viel Kontakt zu den Fans und den Unterstützern gehabt?"

Richard Gasch: „Wenig. Zu Beginn der Kampagne waren es Leute aus dem engeren Kreis. Unser Hauptaugenmerk lag auf der Pressearbeit. Wir haben Presseleute angeschrieben und zu denen gesagt: „Hier, schaut mal! Ein neues Magazin. Schaut euch das einmal an!" Eine digitale Version hatten wir schon vorliegen. Die haben wir den Presseleuten geschickt. So konnten sie reinschauen und vorab eine Rezension schreiben. Manche Leute haben auch gefragt, warum wir das mit Crowdfunding machen. So kamen wir ins Radio und in verschiedene kleinere Blogs, aber auch in größere Medien. Unter anderem war die Zeit online dabei. Das war merklich der größte Boost für die

Kampagne. Und so wurde die Kampagne außerhalb unser eigenen Kreise verbreitet."

RG: „Ihr habt sicherlich auch die Möglichkeit, euch selbst um das Design des Magazins zu kümmern oder eben die Leute dafür."

Richard Gasch: „Ja wir haben alles selber gemacht. Wir hatten auch ein Video. Ein Bekannter hat das Video für uns gemacht. Dafür haben wir ihn dann präsentiert und vorgestellt. Dadurch, dass wir selber alle Medienleute sind, konnten wir auch auf Leute zurückgreifen, die alles professionell machen konnten."

RG: „Ja, das ist ein großer Vorteil, den die meisten anderen Funder nicht haben."

Richard Gasch: „Ja, das stimmt. Den Vorteil hatten wir. Dadurch, dass wir selbst schon eine größere Gruppe sind. Insgesamt haben wir ungefähr dreißig Leute, die an dem Projekt mitwirken. Aber wenn es eilig ist und hart auf hart kommt, sitzen nur die engsten fünf an dem Projekt."

RG: „Ja, aber bei dreißig Leuten kannst du nicht so viele Honorare verteilen."

Richard Gasch: „Nee, nee. Wir machen das ehrenamtlich."

RG: „Irgendwelche Schwierigkeiten oder Hürden bei eurer Kampagne habt ihr nicht gehabt?"

Richard Gasch: „Es ging wirklich überraschend leicht."

RG: „Ihr seid vorgeschädigt mit der Medienarbeit? :-)"

Richard Gasch: „Ja. Es ging sehr gut von der Hand. Ein Grund hierfür war wohl auch das Thema des Heftes. Es hat, glaub ich, auch viele Leute interessiert. Wir konnten das ganz gut präsentieren.

Ich habe von vielen anderen Crowdfunding-Leuten gehört, dass eine solche Kampagne ein Vollzeitjob ist. Das kann ich so gar nicht so bestätigen. Ich habe oft ganz viele andere Sachen gemacht. Es ging relativ leicht von der Hand. Sowohl bei der ersten wie auch bei der zweiten Kampagne.

Bei der letzten Kampagne war es am Ende spannender geworden. Am letzten Tag hatten wir noch zweitausend Euro offen. Und da habe ich einfach noch einmal zu meinem Mailprogramm gegriffen. Da sind alle Leute drin, die das erste Heft unterstützt und bestellt haben. Ich habe eine E-Mail ge-

schrieben mit dem Inhalt, das zweitausend Euro bei der Kampagne fehlen. Und da hat man dann wirklich gesehen, dass stündlich mehrere hundert Euro ankamen. Bevor die Sonne unterging, war die noch offene Summe da. Es war am Ende gar nicht so dramatisch.

Mittlerweile habe ich auch anderen Leuten bei Crowdfunding-Kampagnen geholfen. Unter anderem meiner Freundin. Sie hat ein Café auf der Eisenbahnstraße in Leipzig aufgemacht. Wir haben von meiner Erfahrung profitiert. Wir haben zuerst das Konzept optimiert und ausgearbeitet. Beim Crowdfunding ist sehr wichtig, das sichtbar wird, was für einen gesellschaftlichen Mehrwert die Kampagne hat. Es ist schwierig zu sagen, ich mach jetzt mein Geschäft auf. Die Banken geben mir kein Geld. Ich möchte aber, dass alle Leute mir Geld geben, damit ich danach mein Ergebnis in den Händen halte.

Das geht nicht. Du musst irgendwie sagen, warum andere Leute dein Projekt unterstützen sollen. Ich glaube, es ist falsch, dass über die so genannten Belohnungen zu machen. Die Idee des Crowdfunding ist eher aus einer Vision geboren, in der die Gesellschaft zusammenhält, um an modernen Ideen zu arbeiten. Dass man Visionen unterstützt, die allen etwas nützen."

RG: „Die schlauen Sätze wollte ich in meinem Buch eigentlich schreiben! :-) "

Richard Gasch: „Das glaube ich wirklich so. Bei dem Café haben wir gesagt: es ist wichtig, einen Ort zu schaffen, der verschiedene Kulturen zusammenbringt."

RG: „Ja. Es gibt so viele unterschiedliche Crowdfunding-Kampagnen. Man ist auch nicht nur auf ein Thema festgelegt. Es gibt viele ungewöhnliche Projekte. Auch viele kleine Firmen, die interessante Projekte verwirklichen. Wie das Start-up mit seinen Kondomen. Das war ja „die Kampagne" auf Startnext."

Richard Gasch: „Man darf nicht vergessen: Es waren biologisch korrekte und fair hergestellte Kondome. Die hatten ein gutes Design. Das Start-up hatte bei dieser Kampagne den gesellschaftlichen Mehrwert hochgehalten. Es war eine ganz andere Produktionsweise im Vergleich zu den herkömmlichen Herstellern.

Anderes Beispiel ist der Supermarkt im Görlitzer Park in Leipzig. Mit einer Crowdfunding-Kampagne wurde nicht der Supermarkt verkauft, sondern die Vision des unverpackten Einkaufens.

RG: „Würdest du Startnext empfehlen? Wollt ihr so eine Kampagne noch einmal machen?"

Richard Gasch: „Ja ich würde es auf jeden Fall empfehlen. Wir haben bei uns gemerkt, dass eine Vorbestellungskampagne sich lohnt. Weil wir uns bisher nicht so sicher fühlen, dass wir jedes Heft mit einer dicken Auflage von Tausenden Heften herausbringen.

Wenn wir sehen, das interessiert weniger Leute, dann drucken wir deutlich weniger Hefte. Wenn wir weiter so machen, dachten wir uns, dann können wir das auch bei uns selber hosten. Wir bauen uns dafür eine eigene Software-Lösung. Den warum sollten wir immer Startnext für diese Vorbestellung nutzen? Wir haben selber Kapazitäten, um so etwas zu bauen."

RG: „Es gibt auch schon freie Lösungen."

Richard Gasch: „Ja wir nutzen eine Wordpress-Seite, da lässt sich immer einmal so etwas modular einbauen."

RG: „Ich glaube, es gibt sogar für Wordpress schon so etwas. Ein PlugIn, das einfach integriert wird."

Richard Gasch: „Das ist jetzt erst einmal so eine Idee. Dann würden wir auch etwas wegkommen von dem Wort „Crowdfunding". Die Leute sehen, das hier nicht ein neues Produkt unterstützt wird. Es geht tatsächlich nur darum, das Heft vorzubestellen. Damit wir sehen können, dass ein Interesse daran da ist."

RG: „So, ich bin dann mit meinen Fragen durch. Vielen Dank, dass du dir für mich und meine Fragen Zeit genommen hast. Vielen Dank."

Richard Gasch: „Bitte, gerne."

Leckeres Eis aus Weimar

BIEBEREIS EISFAHRRAD

Startnext, Food

https://www.startnext.com/biebereis

Bei dieser Kampagne war ich zu Beginn etwas skeptisch. Der Funder war ein Student, der sich für die Herstellung und den Verkauf von Eis interessiert und der über eine Crowdfunding-Kampagne ein Eisfahrrad finanzieren möchte. Das ist eine tolle Sache und eine Superidee. Aber der Funder war in Weimar unterwegs. Es war eine lokale Kampagne für diese Stadt. In der Kampagne selbst gibt es Gutscheine für verschiedene Eissorten. Das sind Super-Dankeschöns, aber man bekommt nichts per Post zugeschickt. Nur ein Eisbeutel war unter den Dankeschöns zu finden. Es gibt kein „Dankeschön-Geschenk" und kein Buch, in dem mein Name steht, wenn ich Unterstützer der Kampagne werde.

Doch die Kampagne lief. Und das sehr gut. Der junge Student Felix Bieber war für sein Eis und seine Idee in Weimar und den lokalen Medien bekannt. Felix war schon immer vom Eis-Machen und -Verkaufen begeistert. In einem Bericht eines Lokalfernsehsenders habe ich ihn bereits einmal gesehen.

Felix hat angefangen, seine eigene Eismischungen zu kreieren und auf einen kleinen Kofferkuli seine Kisten aus der Studentenbude auf die Straße zu schleppen. Nun war mit einer Crowdfunding-Kampagne ein Eisfahrrad hinzugekommen. Die Kampagne war so erfolgreich, dass es für einen Bonus reichte: Es wurde ein motorisierter Untersatz gebaut. Inzwischen hat Felix Bieber seinen eigenen Eisladen bekommen.

Die Projektseite wirkt bunt und kreativ. Der Felix Bieber braucht ein Eisfahrrad. Die Eistruhe ist einfach zu schwer, um alle Eissüchtigen zu beliefern.

An den Dankeschöns gefällt mir besonders, dass hier kleine Bilder verwendet wurden. Sie würzen so die Dankeschönliste. Die Bilder passen gut zu den sonst verwendeten Grafiken der Seite. Es müssen nicht immer Fotos der Dankeschöns sein. Bunte Grafiken tun es auch.

Viele Beschreibungen wirken kurz, frech, selbstironisch und direkt. Unter „Was passiert mit dem Geld bei erfolgreicher Finanzierung" findet man keine lange Liste, sondern nur „Fahrradbau". Kurz und knapp. Ein Stil, den man so auf der ganzen Projektseite findet.

In der Dankeschönliste finden sich Eisgutscheine, Cateringangebote und Eisbeutel. Die passen alle sehr gut zur Kampagne. Jedoch hatte ich zuerst hier ein paar Bedenken, dass genügend Unterstützer zuschlagen.

Das Video ist eine Klasse für sich. In 47 Sekunden bekommt man eine Info an den Hals geworfen, die aber super zur Projektseite passt. Die Fragen danach sind so gewollt. Das ist schräg und kreativ. Und es hat super funktioniert.

Die Fahrt nach Weimar war lang, aber günstig. Regionalzug von Falkenberg/Elster nach Leipzig. Ein bisschen warten und mit dem nächsten Regionalzug nach Weimar. Dank Sachsenticket konnte ich für lau den ganzen Tag durch die Welt fahren. Die Fahrerei dauert nur etwas.

Das Wetter war... naja, mies. Verregnet und kalt. Gerade wenn man auf den zugigen Bahnsteigen steht, ist das nicht gerade angenehm. Aber man kann das Wetter nicht ändern. Mein Gesprächspartner war schnell gefunden. Ich kam in Weimar an, ging aus dem Bahnhof und schaute mich auf dem Vorplatz um. Da war Felix auch gerade mit seinem Fahrrad angekommen. Kurzes Hallo. Ein Café im Bahnhofsgebäude wurde gesucht und schnell gefunden. Noch etwas gekauft, damit wir nicht so grundlos herumsitzen :-) und schon ging es los mit meiner Fragerei. Beim Gespräch war deutlich zu spüren, wie begeistert Felix von seinen Interessen war. Hier war mir auch klar, das Crowdfunding für Visionen steht. Richard Gasch in Leipzig hat dies mir schon gesagt. Steht man hinter einer Idee und bringt diese gut und begeistert rüber, hat man schon die halbe Miete eingenommen. Felix schrieb in einer seiner Facebook- und Blog-Nachrichten: „Scheitern ist keine Option". Sehr gutes Motto.

Ich musste zu Beginn gar keine Fragen stelle. Felix erzählte munter drauflos und berichtete mir von seinem Interessen, dem Eis-Machen und den kleinen und großen Hürden, die er dabei hatte nehmen müssen. Es machte Spaß, ihm zuzuhören. Der junge Student war vom Eis-Machen so begeistert, dass man das bei jedem Satz zu spüren bekam.

RG: „So, jetzt geht´s los…"

Felix Bieber: „Am Anfang habe ich mir gar nichts dabei gedacht. Ich studiere eigentlich Kunst. Und da kam mir die Idee während eines Gartenprojektes. Da hab ich mir gedacht: „Boa, ich mach ´ne Saftbar." Und da ist mir aufgefallen: Für die Sommerausstellung wäre es eigentlich viel cooler, wenn ich Eis mache. Und dann kam so eins nach dem anderen. Meine Freundin hat mir damals ein Eisbuch geschenkt. Die Rezepte fand ich alle blöd. Dann habe ich Stück für Stück experimentiert und mir sofort eine fette Eismaschine gekauft. Das hat sehr gut funktioniert. Meine Freunde waren begeistert. Und da wollte ich auf dieser Sommeraustellung Eis verkaufen. Aber man kann nicht einfach Eis machen und Eis verkaufen. Gerade, wenn man rohe Eier benutzt."

RG: „Ja, da braucht es Genehmigungen und, und, und…"

Felix Bieber: „Genau. Das war eigentlich alles nervig für mich. Ich wollte eigentlich nur Eis machen. Aber irgendwann habe ich an diesem ganzen Gewerbezeug auch Spaß gefunden und gemerkt, das kann das sein, was ich später mal machen möchte. Und Stück für Stück habe ich mich da reingesteigert und alle möglichen Projekte ausprobiert. Ich habe zum Beispiel dieses Leuchteschild gebastelt.

Ich mach das jetzt seit drei Jahren. Ich habe mich weiterentwickelt, besseres Eis gemacht und neue Maschinen gekauft. Ich habe mich ausprobiert und mehr gelernt über Gewerbe, über Eischemie, über Verkaufen und Gestaltung."

RG: „Ich stelle mir das auch schwierig vor, irgendwelche Geschmäcker auszuprobieren. Du bekommst sicher irgendwelche Chemiearomen zu kaufen, aber toll wären die nicht. Es soll ja auch passen…"

Felix Bieber: „Das war gar nicht so schwer. Das Eis war nie das Problem. Die Ideen kommen immer schnell und die Umsetzung habe ich einfach durch Ausprobieren gemacht. Ich habe begonnen ein Grundeis mit Eis mit Eigelb, Sahne, Milch und Zucker herzustellen und zu pasteurisieren. Dann habe ich mit Schokolade und Banane herumprobiert. Da habe ich das sahnige Milcheis ausprobiert und später noch die vegane Schiene mit den sehr fruchtigen Eiscremes."

RG: „Aber mit den Ämtern hast du keine Probleme gehabt? Ich stell mir den Umgang mit den Vorschriften recht schwierig vor."

Felix Bieber: „Es ist kompliziert. Aber dadurch, das es eine Übergangslösung war, ging das gut. Ich konnte in meiner WG Eis machen."

RG: „Das war ja in der Fernsehdoku drin. In dieser kleinen Ecke hast du dein Eis verstaut."

Felix Bieber: „Genau, die kleine Ecke. Die ist nicht perfekt. Sie ist auch sehr anstrengend für mich. Das sauber zu halten, ist aufwändig. Fünfzig Prozent der Zeit vom Eismachen ist einfach Putzen. Mindestens. Nach dem Putzen muss ich eine Vordesinfektion machen und danach eine Enddesinfektion. Dass da kein Mist passiert. Das nimmt viel Zeit in Anspruch.

Ich habe letzte Woche doch noch einmal Eis gemacht für eine Messe in Berlin. Das hieß, ich habe erst einmal zwei Tage lang geputzt und dann ..."

RG: „Das heißt, du wirst schon angeschrieben, dass du da auf irgendwelche Messen ...?"

Felix Bieber: „Ich sollte da nicht verkaufen, sondern jemand hat sehr, sehr nett gefragt, ob ich nicht einmal fünfhundert Eis machen kann und er gibt sie an seine Kunden auf der Messe weiter.

Ich habe sehr, sehr viele Aufträge, wo ich gar nicht hinterherkomme. Das ist auch gut so. Ich mag auch diese Knappheit und den Stress. Aber dieses Jahr wird halt alles auch ein wenig größer."

RG: „... durch die Fernsehdoku, in der du aufgetreten bist und die Startnext-Kampagne? Wahrscheinlich bist du lokal in den Medien auch noch gewesen?"

Felix Bieber: „Ja, ja. In der Zeitung war ganz viel los. In den Medien in Thüringen war ganz viel los. Ich habe eine ziemlich große Medienpräsenz. Da wurde auch von dem Fahrrad und der Crowdfunding-Kampagne bei Startnext berichtet.

Das Fahrrad stand jetzt hier in Weimar einen halben Tag lang vor einem Fahrradladen. Da wurde noch Feintuning gemacht und der Typ hat das ausprobiert und ist damit herumgefahren. Und einige Leute haben ihn angesprochen: „Ach, ist dies das neue Eisfahrrad vom Felix Bieber?!"

Felix erzählt über seinen Fernsehdokuauftritt und seine Erfahrung mit den Medienmachern. Ich kann hier auch etwas zum Besten geben, schließlich hat es mich dank einer vorweihnachtlichen Schnaps- ähm Grog-Idee in eine Schwimmkurs-Doku-Soap beim RBB verschlagen. Wir lachen. Ich erfahre, dass ich noch zehn Gutscheine für Eis bei ihm habe und ich bekomme ein leckeres Eis geschenkt. Später genieß ich das köstliche Geschenk meines Interviewpartners.

RG: „Und wie bist du gerade auf Startnext gekommen?"

Felix Bieber: „Das war einfach. Ich hab eine Crowdfunding-Plattform gesucht. Da ich überhaupt kein Geld groß habe, muss ich an solchen Ecken sparen. Startnext war einfach das Vernünftigste. Die Plattform hat eine sehr hohe Erfolgsquote. Kickstarter ist sehr groß und bekannt. Da gibt es viele Leute, die kommen auf die Webseite der Plattform und schauen durch. Bei mir sind die meisten Leute nicht durch die Projektseite auf mich aufmerksam geworden, sondern eher durch soziale Netzwerke. Und durch die Zeitung. Ich musste hier auch kein superinformatives Crowdfunding-Video machen, wo ich sage: „Hey, ich bin Felix Bieber. Ich mach Biebereis. Bitte unterstützt mich!" "

RG: „Mit dem Blitz und so. Sehr schräg ..."

Wir beide lachen.

Felix Bieber: „Ich hab einfach nur ein Video gemacht, wo man sich fragt: „Hä?! was war denn das?" "

RG: „Ja."

Wir lachen beide wieder.

RG: „So ungefähr ist die Reaktion. Aber es hat ja funktioniert!"

Felix Bieber: „Ich wusste, es funktioniert. Ich habe schon eine große Reichweite. Ich habe auf der Facebook-Seite eintausendsiebenhundert Fans."

RG: „Das heißt, die meisten, die bei der Kampagne geboten haben, sind auch hier aus der Gegend?"

Felix Bieber: „Tatsächlich sind viele dabei, die ich gar nicht kenne. Das hat mich etwas gewundert.

Durch die Kampagne habe ich ein Fahrrad mit E-Motor. Das geht richtig ab und ist ganz schön schnell."

RG: „Andere Dankeschöns als die Eis-Gutscheine wolltest du nicht anbieten?"

Felix Bieber: „Ich habe auch überlegt, ob ich einen Eis-Kurs anbiete. Aber diese Eis-Gutscheine kann ich zeitlich gut planen und sie sind kein großer Mehraufwand für mich. Nur bei der Produktion muss ich aufpassen. Wenn ich eintausend Becher produziere, muss ich einhundert davon zur Seite räumen. Es ist einfach die sicherste Variante, mit der ich auch am besten kalkulieren kann."

RG: „Du musst auch nicht viel verschicken ..."

Felix Bieber: „Ich verschicke diese Beutel, die ich als Dankeschön angeboten habe. Diese habe ich für die Leute gemacht, die nicht aus der Gegend kommen und die hier nicht herkommen können."

RG: „Du hast auf deiner Pinnwand und deinem Startnext-Blog gar nicht so viel gemacht, sondern alle Infos auf der Facebook-Seite geschrieben?"

Felix Bieber: „Genau, weil ich da schon das Netzwerk hatte. Diesen Blog habe ich gar nicht so wahrgenommen. Erst kurz vor Schluss der Kampagne habe ich gemerkt, dass ich da auch etwas machen kann.

Ich habe ganz bewusst das Fahrrad gewählt und das über Crowdfunding laufen lassen. Weil es die beste Werbung war, die ich habe so bekommen können. Man hat bei dem Eisfahrrad, das auf der Straße fährt, immer eine Assoziation: „Guck mal! Das habe ich mitfinanziert!" Deswegen habe ich mich für das Fahrrad entschieden."

RG: „Irgendwelche negativen Reaktionen bei der Crowdfunding-Kampagne hast du nicht bekommen?"

Felix Bieber: „Eine Sache war ganz lustig. Nicht unbedingt negativ, aber ganz lustig. Ein Kumpel von mir hat zweihundertfünfundzwanzig Eis gekauft. Er hat zweimal überlegt, ob er es macht. Er meinte, er fand es immer ganz lustig, wenn ich meine schwere Eistruhe rumschleppen musste. Er hat gesagt: „Eigentlich will ich gern, dass du die Truhe weiter durch die Gegend schiebst." "

Wir beide lachen.

RG: „Das Video hat ein Kumpel zusammengestellt? Er hat dann auch mit Grafiken gearbeitet und die Blitze hineinkopiert? "

Felix Bieber: „Genau. Wir haben keinen Plan gehabt, was wir machen wollen. Wir haben uns eine Kamera ausgeliehen und sind rausgegangen. Und es war tierisch kalt. Wir hatten keinen wirklichen Plan, nur irgendwie die Idee: Ich schiebe die Truhe durch die Gegend und wir müssen im Film zeigen, dass die Truhe richtig schwer ist."

RG: „Das Video hat ja gut funktioniert. Es gibt viele Videos von anderen Fundern, die richtig schlecht sind. Wo jemand drei Minuten im dunklen Raum irgendetwas erzählt. Ich tue mich da auch recht schwer."

Mein Eis ist etwas angetaut und nun essbar. Felix stellt mir die Sorte vor und verrät mir auch, dass sich der Löffel im Deckel verbirgt. Ich bedanke mich und probiere die Köstlichkeit.

RG: „Hast du noch etwas zu ergänzen? Mit meinen Fragen bin ich durch."

Felix Bieber: „Hm… Zum großen Teil geht es beim Crowdfunding gar nicht so sehr um das Geld. Bei dem Back-up-Festival hier in Weimar haben die Macher eine Crowdfunding-Kampagne gestartet. Die Macher haben noch zweitausend Euro gebraucht für einen Award, also einen Preis. Und da haben die so hart dran gearbeitet und so viel Medienrummel gemacht, nur um diese zweitausend Euro zu bekommen. Dadurch haben sie extrem viel mediale Aufmerksamkeit bekommen."

RG: „Hm… ja. Aber du kommst nicht unbedingt in die Medien. Ich finde eher, dass es wichtiger ist, dass du etwas Kreatives machst und irgendwo an die Leute herankommst. Wenn du kein soziales Netzwerk hast, ist es schwierig, geht aber auch."

Felix Bieber: „In erster Linie kann man das Geld auch anders bekommen. Es geht darum, dass du in dieses Crowdfunding-Netzwerk kommst und dass du eine große Reichweite erreichst.

Probleme gab es auch noch. Viele ältere Leute und Leute, die nicht so computeraffin waren, haben die Bezahlfunktion nicht richtig verstanden. Manche Leute haben gar nicht verstanden, dass man ein Dankeschön auswählen muss. Die haben sich gedacht, sie tippen achtzig Euro ein und bekommen das dann für diesen Betrag. Und manche haben gedacht, dass diese Provision, die man beim Buchen der Dankeschöns auswählt, dass diese für mich ist und nicht für Startnext."

RG: „Du hast also auch viele Leute aktiviert, die sonst nicht so im Internet „rumgurken" und sich da nicht so gut auskennen?"

Felix Bieber: „Das lief über meinen Vater. Das waren viele Freunde von ihm. Ich habe immer das Feedback über meinen Vater zurückbekommen. Er hat mit den Leuten geredet. Es waren nicht wirklich viele, aber so kam sehr gutes Feed-back zurück. So habe ich erfahren, dass manche Leute dieses „Crowdfunding" gar nicht verstanden haben. Sie haben nicht verstanden, wie das alles so funktioniert. Das war völlig neu für sie und diese Struktur von der Website hat bei ihnen manchmal nicht funktioniert. Weiss ich nicht, warum. Für mich selbst war alles sofort übersichtlich und erkennbar. Ich habe ja die Projektseite ausgearbeitet.

Aber auch jemand in meinem Alter ist an der Website gescheitert. Das Dankeschön richtig auszuwählen und die Provisionen richtig zuzuordnen, hat bei ihm nicht geklappt."

RG: „So, ich bin jetzt durch mit meinen Fragen. Vielen Dank, dass du dir dafür Zeit genommen hast."

Felix Bieber: „Bitte, bitte. Gerne."

Anhang

Im Anhang dieses Buches finden Sie ein Glossar, in dem wichtige Begriffe erklärt werden. Hier habe ich Ihnen eine Liste der wichtigsten Crowdfunding-Plattformen, der sozialen Netzwerke und der dazugehörenden Webadressen zusammengestellt. Ergänzend dazu finden Sie hier eine Liste von Websites, auf denen Sie Foren, Infoseiten, Netzwerke, Onlinemagazine und weitere zum Thema passende Seiten. Ebenfalls im Anhang enthalten sind Checklisten, die für Ihr eigenes Crowdfunding-Projekt behilflich sein können. Im letzten Teil des Anhanges finden Sie die Inhalte, mit denen ich mein eigenes Crowdfunding-Projekt, das als Beispiel in diesem Buch dient, umgesetzt habe.

In letzter Minute

Während ich die lektorierten Kapitel Abschnitt für Aschnitt und Bild für Bild in Quark XPress in eine Druckdatei einfüge, gibt es ein paar Neuigkeiten bei der Crowdfunding-Plattform Startnext. Diese möchte ich Ihnen nicht vorenthalten.

Das Wichtigste zuerst: Auf der Crowdfunding-Plattform gibt es eine neue Kategorie. Diese heißt "Wissenschaft". Die ersten vier Projekte in dieser Kategorie finden sich auf der Plattform. Diese sind: "Außen Alt Doch Innen Jung - Gefäßalterung", "(Ober-)Bürgermeisterkandidaten in Deutschland", "Innovation - wie intelligent sind Pferde wirklich?" und "Evobodies - (R)evolutionär gegen Zika & Co.". Kuratiert werden diese von sciencestarter. Die zuletzt genannt Kampagne ist besonders erfolgreich. Sie hat bereits 796,- € eingenommen, 10 Fans und 14 Unterstützer gefunden. Ziel waren 1.000 € bei noch 51 Tagen Laufzeit.

Der Monat September stand bei Startnext im Zeichen der neuen Kategorie. Vier Geldpreise wurden für die besten vier Projekte vergeben. Da ich diese Zeilen am 5. September schreibe, kann man sicher sein, das noch einige Projekte in dieser Kategorie hinzukamen.

Startnext kann nun auch in englischer Sprache verwendet werden. Dazu gibt es auf der Plattform eine kleine Schaltfläche. Mit dieser können Nutzer von Deutsch auf Englisch umschalten.

Es gibt einige optische Veränderungen und Verbesserungen. Einige davon habe ich bereits im Buch beschrieben.

Glossar

Immer wieder tauchen in diesem Buch Fachbegriffe auf. Diese werden selbstverständlich im Buch selbst erklärt. In diesem Abschnitt habe ich diese Begriffe in alphabetischer Reihenfolge zusammengestellt.

Authentifizierung

Überprüfung der eigenen Identität und des Bankkontos bzw. der Kreditkarte. Mit der Authentifizierung wird festgestellt, ob die jeweilige Person wirklich die ist, als die sie sich ausgibt. Mit ihr wird auch das Bankkonto überprüft. Die Authentifizierung ist Voraussetzung für eine eigene Kampagne auf einer Crowdfunding-Plattform.

Belohnungen

Anderer Begriff für Dankeschöns, der bei Kickstarter verwendet wird.

Crowdfunding

Schwarmfinanzierung. Die Besucher einer Crowdfunding-Plattform beteiligen sich aktiv an der Finanzierung von Produkten, sozialen Projekten und Servicediensten.

Crowdinvest

Finanzierungsform, mit der Investoren die Crowdfunding-Kampagnen von Start-ups sowie kleinen und großen Unternehmern unterstützen. Oftmals werden auch mehrere Investoren "mit ins Boot" genommen und finanzieren ein Projekt gemeinsam. Diese Finanzierungsform unterliegt in Deutschland dem Kleinanlegerschutzgesetz.

Deadline

Zeitpunkt, bis zu dem eine Crowdfunding-Kampagne beendet sein muss. An diesem Datum muss die Funding-Summe erreicht sein. Der Funder legt fest, wie lange seine Kampagne läuft und bestimmt damit auch die Deadline.

Dankeschöns

Kleine und große Geschenke, mit denen sich der Funder bei seinen Unterstützern bedankt. Oftmals ist auch das zu finanzierende Produkt unter den Dankeschöns zu finden. Die Finanzierung eines Projektes findet über die Buchung von Dankeschöns statt.

Entwurfsphase

Erste Phase eines Crowdfunding-Projektes, mit dem die beschreibenden Informationen, Bild- und Videodateien eingegeben werden.

Fan

Der Fan eines Crowdfunding-Projektes unterstützt dieses mit einem Mausklick. Er muss kein Geld zahlen, kein Dankeschön kaufen und nicht zum Unterstützer werden.

Fanpaket

Als Fanpakete werden die Dankeschöns auf der Crowdfunding-Plattform 100 Fans bezeichnet. Bei 100 Fans können Autoren Buchprojekte veröffentlichen. Die Fanpakete enthalten entsprechend die E-Book- oder die gedruckte Version des Buches oder auch beides.

Funder

Jemand, der eine Crowdfunding-Kampagne erfolgreich abgeschlossen oder eine Kampagne gestartet hat, wird als Funder bezeichnet.

Funding-Phase

Der Zeitabschnitt, in deren Verlauf in einer Crowdfunding-Kampagne das Geld gesammelt wird. Das Funding-Ziel muss erreicht werden.

Funding-Schwelle

Finanzielles Zwischenziel bei Kampagnen, mit denen eine größere Summe Geld eingesammelt werden soll.

Funding-Ziel

Damit ist das finanzielle Ziel der Crowdfunding-Kampagne gemeint.

Kommunikationsplan

Übersicht oder auch Zusammenfassung der Kommunikationskanäle, die ein Funder nutzt. Dazu gehören die sozialen Netzwerke, eine eigene Website, ein Weblog u.ä..

Pitchvideo

Vorstellungsvideo, mit dem ein Funder sein Produkt vorstellt und um Fans und Unterstützer wirbt.

Projektseite

Website mit allen Informationen zu einer Crowdfunding-Kampagne.

Schwarmfinanzierung

Deutscher Begriff für Crowdfunding.

Soundcloud

Musik-Streaming-Dienst; zu erreichen unter *https://soundcloud.com*.

Spotlight

Funktion von Kickstarter, mit der die Projektseite nach dem erfolgreichen Abschluss einer Kampagne überarbeitet werden kann. Spotlight bietet die Möglichkeit, einen dokumentarischen Abschlussbericht über die Kampagne zu erstellen.

Startphase

Zweite Phase eines Crowdfunding-Projektes. In dieser werden die Fans gesammelt. Je nach angestrebter Funding-Summe ist eine bestimmte Anzahl an Fans notwendig, um das Projekt in die Funding-Phase zu bringen.

Storytelling

Mit dem "Erzählen von Geschichten" bringt man eine Produktidee näher an den Kunden und begeistert ihn bildhaft, ohne dabei aufdringlich zu werben oder sachlich und langweilig ein Produkt und dessen Vorteile zu beschreiben.

Unterstützer

Jemand, der durch den Kauf eines Dankeschöns eine Kampagne unterstützt und so den Funder näher an sein Ziel bringt (das Erreichen der Funding-Summe).

Vimeo

Videoplattform.

YouTube

Bekannte Videoplattform im Internet.

Die Website zum Buch

Sie finden auf meiner Website einen Bereich mit Infos zum Thema Crowdfunding und zu diesem Buch, ebenso auf meinem Weblog. Sie erreichen die Website unter der Adresse *http://www.computerbuch-gaebler.de*. Wählen Sie im Menü „Do-it-Yourself-Crowdfunding" und dann eines der untergeordneten Menüelemente. Mit der URL *http://www.computerbuch-gaebler.de/index.php/do-it-yourself-crowdfunding* gelangen Sie direkt in diesen Bereich. Das Weblog erreichen Sie über *http://zwiebellatsch.blogspot.de*.

Auf der Website finden Sie auch einen Downloadbereich. Wählen Sie im Menü Downloads und klicken Sie auf Crowdfunding. Sie sehen nun eine Übersicht der Downloadkategorien. Enthalten ist eine Checkliste, die Sie für Ihre eigene Crowdfunding-Kampagne nutzen können, Kostenkalkulationen für Kampagnen auf Startnext und Kickstarter, eine Checkliste für den Legitimationsvorgang und eine Übersicht der nationalen Paket- und Päckchengebühren der Versanddienstleister Hermes und DHL.

Die Checklisten, Infos und Übersichten werden von mir bei gegebenem Anlass aktualisiert und ergänzt. Der Download ist kostenlos. Schauen Sie sich ruhig einmal um! Später kommen Ergänzungen und Aktualisierungen zum Buch sowie Informationen zu einer neuen, überarbeiteten Auflage und zu weiteren Sachbüchern aus meiner Feder hinzu.

Die folgenden Kategorien sind aktuell vorhanden:

- *Kalkulationen*

- *Versandkosten*

- *Vorüberlegungen Funder*

- *Übersichten Crowdfunding*

Die folgenden Inhalte finden Sie in den jeweiligen Downloadbereichen:

Inhalte des Downloadbereiches Kalkulationen:

- *Checkliste Legitimation*

- *Kostenkalkulation für Startnext*

- *Kostenkalkulation für Kickstarter*

Inhalte des Downloadbereiches Versandkosten:

- *Versandkosten für das Verschicken von Päckchen und Paketen in Deutschland (national, Hermes und DHL)*

Inhalte des Downloadbereiches Vorüberlegungen Funder:

- *Checkliste mit Vorüberlegungen für alle, die eine Crowdfunding-Kampagne erstellen wollen*

Inhalte des Downloadbereiches Übersichten Crowdfunding:

- *Übersichten zum Thema Crowdfunding*

Der Download aller vorhandenen Dokumente ist kostenlos. Die Verwendung für private Zwecke ist möglich. Die Liste erhebt keinen Anspruch auf Vollständigkeit. Der Inhalt des Downloadbereiches wird laufend überarbeitet und ergänzt.

Die Website und sozialen Netzwerkadressen des Autors

Hier habe ich Ihnen die Adressen meiner Website, meines Weblogs, meiner sozialen Netzwerke und mehr aufgelistet. Über einen Besuch würde ich mich sehr freuen. Pflicht ist er aber nicht. :-) Die Liste ist nur eine Auswahl der wichtigsten Adressen und Anlaufpunkte.

Meine Autorenwebsite

http://www.computerbuch-gaebler.de

Der Crowdfunding-Bereich meiner Website

http://www.computerbuch-gaebler.de/index.php/do-it-yourself-crowdfunding

Mein Weblog zum Thema Crowdfunding

http://zwiebellatsch.blogspot.de

Die Projektwebsite des Buches „Do it Yourself-Crowdfunding für Einsteiger" bei Startnext

https://www.startnext.com/do-it-yourself-crowdfunding

Das Startnextblog zum Buch

https://www.startnext.com/do-it-yourself-crowdfunding/blog/#pnav

Meine Facebook-Adresse

https://www.facebook.com/rene.gabler.5

Meine Twitter-Adresse

https://twitter.com/AutorBln

Meine Instagram-Adresse

https://www.instagram.com/rene.gaebler

Ich bei Google +

https://plus.google.com/116352928551724940353

Die wichtigsten sozialen Netzwerke

In diesem Abschnitt habe ich Ihnen eine Liste verschiedener sozialer Netzwerke und Plattformen aufgeführt, die Sie für das Bewerben Ihrer Crowdfunding-Plattformen nutzen können. Auch diese Liste ist nicht vollständig. Sie stelle lediglich eine kleine Auswahl bekannter und interessanter Social Communities dar.

Einige soziale Netzwerke lassen sich besser mit einem Smartphone „bedienen". Es gibt zwar Apps für jedes Betriebssystem und für verschiedene Browser, aber um Textinhalte und Bilddateien hochzuladen, benötigen Sie ein Smartphone oder ein Tablet sowie eine passende App.

Klout ist eine Plattform, mit der Sie Ihre „Beliebtheit" in den sozialen Netzwerken messen können. Hier registrieren Sie sich, erstellen ein Profil und verknüpfen Ihre sozialen Netzwerke. Anhand des Teilens von Beiträgen, des Likens und der Anzahl eigener Beiträge, Bilder und Videos, die von anderen wahrgenommen werden, steigt Ihre Beliebtheit. Der Begriff „Beliebtheit" ist nicht zu ernst zu nehmen. Er ist vielmehr ein Messwert dafür, ob und wie stark Ihre Anwesenheit in den sozialen Netzwerken wahrgenommen wird. Der Wert kann zwischen 0 und 100 liegen.

Klout ist nicht unumstritten. Wie der Klout-Score entsteht, ist nicht wirklich ersichtlich. Einige soziale Netzwerke nehmen eine stärkeren Einfluss auf den Ergebniswert als andere. Es gibt auch soziale Netzwerke, die beim Errechnen des Endwertes kaum oder gar nicht berücksichtigt werden. Mein Tipp: Nutzen Sie den Klout-Score als Orientierung. Viel wichtiger ist jedoch, dass Ihre Crowdfunding-Kampagne wahrgenommen wird und Sie hier Reaktionen, Fans und Unterstützer finden.

Noch ein kleiner Tipp am Rande: Bewerben Sie Ihr Projekt nicht zu aggressiv nach dem Motto „Das mache ich jetzt und ihr müsst das kaufen! Ihr braucht das! Ihr könnt ohne mein Produkt nicht mehr leben!" Informieren Sie über das, was Sie tun. Machen Sie andere neugierig auf das Projekt. Seien Sie witzig und originell. Lassen Sie Bilder und Videos für sich sprechen.

Facebook

https://www.facebook.com

Twitter

https://twitter.com

Google plus

https://plus.google.com

Instagram

https://www.instagram.com

Tumblr

https://www.tumblr.com

Fickr

https://www.flickr.com

YouTube

https://www.youtube.com/?hl=de&gl=DE

Vimeo

https://vimeo.com

Blogger

https://www.blogger.com/home

Pinterest

https://de.pinterest.com

WordPress

https://de.wordpress.com

Xing

https://www.xing.com

LinkedIn

https://de.linkedin.com

Klout

https://klout.com/home

Alternativen zu Klout sind zum Beispiel:

Twitalyzer

http://twitalyzer.com/5/index.asp

TwitterScore

http://twitterscore.info

Hubspot

http://www.hubspot.com/products/social-inbox

Tweetreach

https://tweetreach.com/

Booshaka

https://www.booshaka.com

How Sociable

http://www.howsociable.com

Brandwatch

https://www.brandwatch.com/de

Google Analytics

http://www.google.com/analytics

Liste der wichtigsten Crowdfunding-Plattformen

In diesem Abschnitt finden Sie die Webadressen der wichtigsten Crowdfunding-Plattformen. Beachten Sie bitte: Die Liste erhebt keinen Anspruch auf Vollständigkeit. Es kommen immer einmal neue Plattformen hinzu. Es gibt viele regionale und auf bestimmte Gebiete spezialisierte Plattformen. Schauen Sie sich auf den verschiedenen Informationsseiten um. Surfen Sie ein wenig und suchen Sie bei Google & Co nach dem Thema „Crowdfunding".

100 Days

http://www.100-days.net

100Fans

https://100fans.de

Correct!v

https://crowdfunding.correctiv.org

Crowdfans

http://www.crowdfans.de

Crowdfunding

https://www.crowdfunding.at

fairplaid

https://www.fairplaid.org

Fundedbyme

https://www.fundedbyme.com

Fundraizer

http://www.fundraizer.at

I Believe in you

http://www.ibelieveinyou.at

Indiegogo

https://www.indiegogo.com

Inkubato

http://www.inkubato.com/de

Kickstarter

https://www.kickstarter.com

Leetchi

http://www.leetchi.com/de

Oneplanetcrowd

http://www.oneplanetcrowd.com/de

ping it!

https://www.pling.it

Projektstarter

http://www.projektstarter.ch

Rockethub

https://www.rockethub.com

Sciencestarter

https://www.sciencestarter.de

Seedshirt

https://www.seedshirt.de

Sparksters

http://www.sparksters.com

Spieleschmiede

https://www.spiele-offensive.de/Spieleschmiede

Startnext

https://www.startnext.com

Ulule

http://de.ulule.com

Unbound

https://unbound.co.uk

VisionBakery

http://www.visionbakery.com

wemakeit

https://wemakeit.com

Writethatdown

https://writethatdown.de

YouCan2

http://www.youcan2.de

Liste der wichtigsten lokalen Crowdfunding-Plattformen

Auf lokalen Crowdfunding-Plattformen finden Sie Crowdfunding-Projekte für die jeweilige Region. Oftmals fungieren diese Seiten auch als Hinweis auf Projekte, die auf anderen Plattformen aktiv sind, sich aber auf die jeweilige Region beziehen. Eine Auswahl von wichtigen lokalen Crowdfunding-Plattformen habe ich Ihnen hier zusammengetragen:

Nordstarter

Crowdfunding-Kampagnen in der Region Hamburg

https://www.nordstarter.org

Crowdfunding-Berlin

http://www.crowdfunding-berlin.com

Dresden-Durchstarter

https://www.dresden-durchstarter.de/home.html

99 Funken

Crowdfunding-Plattform für Projekte aus der Region Dresden

https://www.99funken.de

Rostock Republik

http://www.rostock-republic.de

Unikat

Crowdfunding-Projekte in der Region Kassel

https://www.startnext.com/pages/unikat

Padercrowd

Crowdfunding-Projekte in der Region Paderborn

https://www.padercrowd.de/padercrowd-crowdfunding-in-paderborn

Crowdfunding Bad Nauheim

http://www.crowdfunding-bad-nauheim.de

Blackforest-Crowd

Crowdfunding in der Region Südbaden

http://www.blackforest-crowd.com

BW-Crowd

Crowdfunding-Projekte in der Region Baden Württemberg

http://www.bw-crowd.de

Wir bewegen.SH

Crowdfunding-Plattform für die Region Schleswig Holstein

https://www.wir-bewegen.sh

Place2help

Crowdfunding-Plattform für die Region München

http://www.place2help.org/muenchen

Liste verschiedener US-Crowdfunding-Plattformen

In der folgenden kleinen Liste finden Sie eine Auswahl von Crowdfunding-Plattformen aus den USA. Die Liste erhebt keinen Anspruch auf Vollständigkeit. Quelle der Webadressen ist der Twitter des US-Crowdfunder-Magazines CFM (Crowdfunder Magazine). Hier sehen Sie aktuelle Kampagnen und News. Den Twitter finden Sie unter *https://twitter.com/crowdfunder_mag*.

Fundraising

https://www.crowdrise.com

Fig

https://www.fig.co

GoFundMe

https://www.gofundme.com

Kickstarter

https://www.kickstarter.com

Patreon

https://www.patreon.com

RocketHub

https://www.rockethub.com

Liste der wichtigsten sozialen Crowdfunding-Plattformen

Es mag vielleicht nicht unbedingt zum Thema dieses Buches gehören. Dennoch habe ich Ihnen in diesem kurzen Abschnitt eine kleine Liste von interessanten Plattformen aufgeführt, mit denen soziale Hilfsprojekte finanziert werden. Helfen ist eine gute Sache. Auf diesen Plattformen sehen Sie ganz unterschiedliche Projekte. Schauen Sie sich einfach einmal um.

Betterplace

https://www.betterplace.org/de

Evangelisch Bildungsstark

https://www.evangelisch-bildungsstark.de

Gemeinschaftscrowd

http://www.gemeinschaftscrowd.de

I care for you

http://www.icareforyou.ch

Social Funders

https://www.socialfunders.org

Websiten zum Thema Crowdfunding

Hier finden Sie wichtige Websiten zum Thema Crowdfunding.

Crowddialog

http://www.crowddialog.de

CFM

Twitter-Account eines Crowdfunding-Magazines aus New York

https://twitter.com/crowdfunder_mag

Fundscene

Magazin zum Thema Crowdfunding.

http://www.fundscene.com

Germancrowdfunding

http://www.germancrowdfunding.net

Informationsportal zum Thema

http://www.crowdfunding.de

Krautpublishers

News-Blog eines Crowd-Publishingverlages mit vielen Infos und News rund um Crowdfunding. Der Schwerpunkt liegt hier auf dem Thema Crowdfunding für Autoren und Kleinverlage.

http://www.kraut-publishers.de/blog

Wikipedia-Beitrag zum Thema

https://de.wikipedia.org/wiki/Crowdfunding

Liste der wichtigsten Crowdinvest-Plattformen

Ergänzend zum Thema Crowdfunding habe ich Ihnen hier eine Liste von Crowdinvest-Plattformen zusammengestellt. Diese Liste erhebt keinen Anspruch auf Vollständigkeit und soll das Thema dieses Buches lediglich ergänzen. Gerade für junge Unternehmer und Starter ist das Thema Crowdinvest interessant. Hier können Sie Geldgeber für Ihre Projekte und Ihr Unternehmen gewinnen. Crowdinvest ist aber auch interessant, um selbst als Investor in erfolgversprechende und kreative Projekte zu investieren.

Unternehmerich

https://www.unternehmerich.de

Bankless24

https://www.bankless24.de

Deutsche Mikroinvest

https://www.deutsche-mikroinvest.de

Bergfürst

https://de.bergfuerst.com

Funder Nation

https://www.fundernation.eu

Conda

https://www.conda.eu

Companisto

https://www.companisto.com/de

Seedmatch

https://www.seedmatch.de

Fundsters

https://www.fundsters.de

Tausend mal Tausend

https://1000x1000.at/home

Geldwerk1

http://www.geldwerk1.de

DUB, Deutsche Unternehmer Börse

https://www.dub.de/crowdfunding

Bürgersins

https://www.buergerzins.de

Green Rocket

https://www.greenrocket.com

Cinedime

https://www.cinedime.de

Apps

Für Crowdfunder gibt es auch Apps fürs Smartphone. Nicht viele, aber ein paar sind schon im Playstore und AppStore vorhanden. Diese nachfolgend aufgeführten Apps habe ich für Sie festgehalten:

Crowdfunding Campaigner Magazine

E-Paper-Ausgabe des englischsprachigen Magazines Crowdfunding Campaigner Magazine. Über die App bestellt man die epaper-Ausgaben. Android-App, erhältlich im Playstore.

Fundscene-epaper

App des Magazins Fundscene. Die aktuelle Ausgabe und weitere Ausgaben können über die App als E-Paper bestellt werden. Die App gibt es für Android-Smartphones und Tabletts im Playstore.

GoFundMe

App für die gleichnamige Plattform. Erhältlich für Android und iPhone / iPad.

Indiegogo

App der Crowdfunding-Plattform Indiegogo. Erhältlich für Android-Smartphones und -Tablets im Playstore.

Eine weitere App für Indiegogo gibt es für iPhone und iPad.

Kickstarter

Die App von Kickstarter gibt es für iPhone und iPad. Eine weitere App, die noch recht neu ist, gibt es für Android-Smartphones und -Tablets.

Patreon

App für die gleichnamige Plattform. Erhältlich für Android, iPhone und iPad.

Startnext

Für die Plattform Startnext gibt es eine App für iPhone und iPad.

Weitere Apps gibt es zum Austausch von Ideen und Erfahrungen (Crowdfunding-Netzwerke), Apps mit Magazinen zum Thema Crowdfunding und Apps, mit denen Sie nach aktuellen Projekten auf den Crowdfunding-Plattformen suchen können. Stöbernb Sie einfach einmal durch den AppStore und den PlayStore. Eine ergänzende Übersicht und einen kleinen Test der Apps finden Sie auf meinem Weblog und meiner Website.

Checklisten

Die aufgeführten Checklisten können Sie auch als PDF-Datei von meiner Website downloaden und ausdrucken.

Vorüberlegung und Kostenkalkulation / Checkliste Legitimation

Welches Produkt will ich umsetzen?

Gibt es das Produkt schon?

Wird sich mein Produkt durchsetzen? Gibt es Konkurrenz?

Warum bin ich der Richtige dafür?

Was kann ich und was kann ich nicht?

Welche Hilfe brauche ich und was kostet mich diese Unterstützung?

Welches Fachwissen muss ich mir vor dem Start der Kampagne aneignen? Was kostet mich das?

Welche Mittel brauche ich und was kostet das?

Was kostet mich die Entwicklung des Produktes?

Welche Plattform ist die richtige und warum?

Sind meine sozialen Netzwerke für die Crowdfunding-Kampagne bereit?

Welche Probleme und Risiken sind möglich?

Welche Dankeschön-Geschenke sind für diese Kampagne sinnvoll?

Schritt der Legitimation	Status
Auswahl der Rechtsform	
Eingabe der Personendaten	
Eingabe des Auszahlungskontos	
Auszahlungskonto bestätigt	
BankIdent ausgeführt	
Treuhandvertrag bestätigt	

Welche Kosten sind für die Plattform notwendig?

Welche Eigenmittel kann ich aufwenden?

Ist ein Kredit notwendig?

Wie sieht meine Gesamtkalkulation aus?

Das Beispielprojekt Sachbuch und E-Book „Do it Yourself Crowdfunding für alle" kurz und knapp

In diesem Abschnitt finden Sie noch einmal meine Notizen und Kalkulationen zu meinem eigenen Crowdfunding-Projekt. Der Inhalt ist etwas gekürzt. Vollständig finden Sie alle Angaben im Buch.

Die Projektidee

Sachbuch zum Thema Crowdfunding

Titel: Do it Yourself Crowdfunding für alle

Zielleser: Einsteiger bis fortgeschrittene Anwender

Umfang: 500 Seiten

Medium: Gedrucktes Buch und E-Book

Umsetzung bei: BOD als Books on Demand

Welches Produkt will ich umsetzen?

Entstehen soll ein Sachbuch zum Thema Crowdfunding. Das Buch soll gedruckt und als E-Book erhältlich sein. Das Buch richtet sich an Macher, nicht an Start-ups und Firmen mit dickem Geldbeutel. Der Titel weist darauf schon hin.

Drei Schwerpunkte werden vorhanden sein: eine Übersicht und Beschreibung der Crowdfunding-Portale und die dazugehörigen Webadressen. Weiterhin nachvollziehbare Beschreibungen zum Erstellen der Kampagne, zum Erstellen von Bild- und Videomaterial, zur Pflege der Kampagne und der Arbeit mit den sozialen Netzwerken. Im dritten Teil findet der Leser Erfahrungsberichte von erfolgreichen Crowdfundern aus den Regionen Berlin und Brandenburg.

Der Umfang soll etwa 500 Seiten betragen.

Die Umsetzung erfolgt bei Books on Demand (BOD).

Gibt es das Produkt schon?

Nein. Es gibt Bücher und E-Books zum Thema Crowdfunding und Crowdinvest. Hier werden auf sachliche Art und Weise die Plattformen und Möglichkeiten vorgestellt. Ein Buch mit Erfahrungsberichten gibt es ebenso wenig wie ein praxisnahes Buch mit Anleitungen und Tipps.

Das Taschenbuch „Crowdfunding - Grundlagen und Strategien für Kapitalsuchende und Geldgeber besitzt 64 Seiten und fasst das Thema nur grob zusammen.

„Auf die Masse, fertig, CROWDFUNDING, los!: Was Sie für ein erfolgreiches Crowdfunding-Projekt wissen müssen" ist ein interessantes Buch, das nur als E-Book verfügbar ist. Es hat einen Umfang von 151 Seiten und enthält interessante und wichtige Inhalte zum Thema. Es ist in seinem Umfang jedoch recht knappgehalten und enthält kein Beispiel.

Das Buch „Das Crowdfunding-Handbuch: Ideen gemeinsam finanzieren" ist 2015 erschienen und damit recht aktuell. Das Buch bringt es auf 240 Seiten.

Mit „Crowdfunding als Finanzierungsmodell: am Beispiel von Independent Video Games" ist ein interessanter Titel zu haben, der das Thema sehr praxisbezogen angeht. Das 72-seitige Buch ist jedoch mit 35,90 € sehr teuer.

Wird sich mein Produkt durchsetzen? Gibt es Konkurrenz?

Es gibt nur wenige Konkurrenztitel. Der Markt für das Buch ist vorhanden. Das Thema ist aktuell und interessant.

Warum bin ich der Richtige dafür?

Ich arbeite seit 17 Jahren als freischaffender Autor. Ich habe bisher 53 EDV-Bücher und mehr als 300 Beiträge in Magazinen, Online-Magazinen, Sammelwerken und Zeitungen geschrieben.

Welche Hilfe brauche ich und was kostet mich das?

Für das Erstellen des Vorstellungsvideos brauche ich jemanden, der die Kamera hält – ein Freund, ein Bekannter?

Ein Korrektorat ist für das fertige Buch notwendig.

Welches Fachwissen muss ich mir vor dem Start der Kampagne aneignen? Was kostet mich das?

Ich muss mir den Umgang mit dem DTP-Programm Quark XPress aneignen. Hierzu stehen kostenlose Videoanleitungen im Internet bereit.

Was kostet mich die Entwicklung des Produktes?

Bei meinem Produkt handelt es sich um ein Buch, für das keine Rohstoffe oder Entwicklungskosten notwendig sind.

Es entstehen Kosten für das Paket BoD Classic. Kosten hierfür: 19,- €

Welche Plattform ist die richtige und warum?

Startnext ist die richtige Plattform. Die Crowdfunding-Plattform mit Sitz in Berlin ist gut besucht und in den sozialen Netzwerken sehr aktiv.

Sind meine sozialen Netzwerke für die Crowdfunding-Kampagne bereit?

Ja. Ich bin durch meine Arbeit als EDV-Autor in den sozialen Netzwerken sehr aktiv.

Welche Dankeschön-Geschenke sind für diese Kampagne sinnvoll?

Die Bücher und das E-Book selbst erscheinen als Dankeschön-Geschenke.

Wie sieht meine Gesamtkalkulation aus?

Kosten für das Korrektorrat des Buches: 1.750,-€

Kosten für das Paket BoD Classic: 19,- €

Verpackungsmaterial für den Versand von 300 Büchern: 35,70 €

Verpackungsmaterial für den Versand der hochwertigen Dankeschöns: 19,25 €

Freiwillige Gebühr bei erfolgreicher Kampagne an Startnext: 25,- €

Gesamtkosten: 1848,95 €

Fundingsumme: 1400,- €

Eigenanteil: 448,95 €

Die tatsächlichen Kosten des Korrekturrats beliefen sich auf 1.170,94 €. Das Verpackungsmaterial für den Versand der hochwertigen Dankeschöns und der Bücher entfiel. Hier nutzte ich vorhande Polstertaschen etc. Hinzu kam ein Template (Vorlage) für das Buchcover zu einem Preis von 94,14 €. Dazu die Versandkosten der Bücher von 23,88 € und das Paket BoD Classic zu 249,- €, sowie die freiwliige Gebühr an Startnext von 25,- €. Macht in der Summe 1562,96 €. Gut kalkuliert, sage ich da nur. :-)